ロバート・D・パットナム
Robert D. Putnam
河田潤一＝訳

哲学する民主主義

伝統と改革の市民的構造

MAKING DEMOCRACY WORK

Civic Traditions in Modern Italy

NTT出版

親愛なるアルベルトらに

Japanese translation published by arrangement with Princeton University Press through The English Agency (Japan) Ltd.

叢書「世界認識の最前線」刊行によせて

低迷続き、変革がない、無為無策、司令塔がいない……。今日、日本政治の特徴と思しき現実を数え上げはじめると、苛立ちよりもむしろ虚しさが先に立つ。

しかし旧態依然とした中央政治に比べ、地方政治には続々と新たなムーブメントが発生しつつある。それは既存の政党を直接的に代表するのではなく、また既存業界の支持や既存地盤に依存するのではなく、まったく新しいパーソナリティ、イニシアティヴ、スタイル、政策、組織によって、何ごとかを動かそうとしているのである。わたしたちは、こうしたムーブメントがどのように動機づけられ、説明されるのか考えておく必要がある。

ひとつの解答として「その地方ごとに一種の政治的伝統があり、そのなかには変化を受容する風土もある」という考え方ができるだろう。言い換えると「伝統があればこそ改革もある」ということになる。ここでいう伝統とは、過去の困難な時期に偉大な改革者を輩出したことがあり、民主的な道を拓いたことがある、そしてその伝統に誇りと敬意を抱く「温故知新」の記憶がある、ということを指す。東京、三重、長野、大分、高知、富山、静岡……元気の良い地方を思いつくままに並べてみると、その歴史的な背景に想いを馳せないわけにいかない。福沢諭吉を生んだ大分、強い自立心を持つ一向一揆の地、富山、自由民権運動の濫觴となった高知、長野……といった具合である。

ロバート・D・パットナムによる本書は市民社会における伝統と改革の政治構造を明らかにすることを目的としている。市民社会が一定の力量を示し、その力が構造的に制度や記憶として温存されているか否かが、のちの改革の成果を左右することを検証している。

具体的にはイタリアの地方政府の公共政策におけるパフォーマンスを比較分析することで、高い地域にはそれなりの伝統、つまり市民的政治文化があり、結局のところそれがパフォーマンスを上げているとの結論にたどりつく。パフォーマンスの高い地域とされた、中部イタリアには数百年に及んだ共和政の伝統があった。北部イタリアはフランスやオーストリアの勢力に翻弄されることが多く、共同体主義が発達しなかったし、ローマ以南の地域では何世紀にもわたる征服王朝による封建的土地所有が地域社会の基礎にあったため、その根本に不信があるという。著者は、共同体主義の伝統がない地域では政治の改革は深まらないと指摘する。

本書の最大の長所が、二〇世紀の後半に隆盛を極めたアメリカ社会科学の粋ともいうべき精緻な分析によって構成されている点であることはダニエル・ベル（Daniel Bell）のつとに指摘するところである。これは見事というほかない。同様の分析的方法を日本政治に用いたら何が明らかになるのだろうか興味は尽きない。

また近年、これほど多くの議論を巻き起こした書物も少ない。代表的な反論のひとつはジョヴァンニ・サルトーリ（Giovanni Saltori）のものである。本書が対象にしている一九七〇年代は、中央政府の与党はキリスト教民主党、フィレンツェなどの地方政府は共産党であった。サルトーリによれば、中央政府は仲間であるキリスト教民主党の地方政府に対しややもすると甘く、競争者となる共産党の地方政府には厳しく当たるので、予算の使い道を含めた公共政策のパフォーマンスも左右されるというのである。パットナムが分析の結果を政治的伝統や政治文化に求めるのに対し、サルトーリは身内びいきで説明する。見守る読者を引き込まずにおかない論戦である。

パットナムは本書に続いてアメリカの共同体主義の研究に取り組み、二〇〇〇年には『一人でボウリングを（原題Bowling Alone：The Collapse and Revival of American Community)』を刊行。アメリカの共同体主義の再発見を唱えて爆発的なベスト・セラーとなったのである。時は奇しくもジョージ・W・ブッシュが「共感する保守主義」を旗印に大統領選に当選する年でもあった。

二〇〇一年三月　猪口孝・邦子

序　文

本書は、イタリアにおける州の研究を通じて、イタリア人の市民生活に関する根本的な疑問のいくつかを検討するものである。本書は、二つのまったく対照的な読者層を想定して書かれている。第一のグループは、筆者同様にイタリア人の生活の豊かな襞《ひだ》に魅せられた読者層であり、もう一つのグループは、そうした憧れ感覚はないとしても、民主主義の理論と実践に関心がある人々である。

本書の基盤をなす研究は、一九七〇年の春までさかのぼる。当時、ピーター・ラング、ピーター・ワイツと筆者の三人は、ローマでいろいろな角度からイタリア政治の研究に取り組んでいた。本研究のきっかけのようなものは、そうした彼らとの談話のなかで生まれた。思いがけなくその年に、イタリア政府は地方制度改革を実現し、長い間座視されてきた州政府の憲法規定を実施することを認めた。州政府の新たなスタートは、多彩な顔を持つ変化に富む多くの州が、自らの政府を一から構築しなければならないことを意味した。州の創設というこの新たな実験は、そうした意味で、制度はどのように発展していき、また社会環境にいかに適応していくのか、という疑問に対し、長期的な観点から体系的に研究に取りかかるという、またとない機会をわれわれに与えてくれた。だが、この研究が、まがりなりにも一応の形をとるまでには、実に四半世紀もかかったことになる。また、研究を進めるうちに、当初想像だにしなかったゲーム理論やイタリア中世史といった学問分野とも格闘するはめになった。このような事態をあらかじめ承知していたなら、こうした研究は最初からあきらめていたかもしれない。

今は亡きアルベルト・スプレアフィーコ教授の激励や、ミシガン大学からの資金援助のおかげで、筆者は、一九七〇年の秋、イタリア半島のいくつかの州で、この年新たに当選した州会議員を対象に最初の面接調査を行うことが可能となった。その後、ミシガン大学に戻った筆者は、これらの面接結果を、二人の有能な同僚、ロバート・レオナーディ氏とラッファエッラ・ナネッティ氏の協力を得て分析し始めた。次の地方選挙の年である一九七五年までには、ロバートもラッファエッラも別の大学に移籍し、ボブは政治学部、ラッフィは都市・地域計画学部の教授陣に加わっていた。われわれは、二度目の面接作業で協力し合うことで意気投合し、緊密かつ揺るぎない生産的な協力関係を確認しあった。

その後二〇年もの間、われわれ三人は何百時間も一緒に過ごし、本書で報告される研究を計画・実施してきた。研究の後段の方では、ボブとラッフィは、徹底した現地調査をやりこなし、その重責に応えてくれた。われわれ三人は、本研究のコア部分をなす六つの州に幾度となく往き来する機会を持った。さらには、本研究がイタリアで人の知るところとなるにつれ、六州以外にもいくつかの州政府が、州施政を同じように研究してくれないかというありがたい申し出をしてくれるようになった。

このプロジェクトの成果である一連の公刊物は、一部共著の形をとっているが(1)、そうでないもの（本書やボブとラッフィの単著、あるいは共著(2)）は、われわれの共同作業の証拠や着想が参考になったとしても、個別に独立して書かれたものである。ボブもラッフィも本書で展開されている議論には責任がない。だが、二〇年以上に及ぶ協力、彼らの創造性、勤勉、そして友情の証と感謝の印に、お二人の名前を本書扉に航海協力者というかたちで並記させていただいた。

このプロジェクトを創造的に展開するにあたってつきまとった複雑なプロセスは、少なくともイタリアの州政府の発展それ自体の複雑さに勝るとも劣らないものであった。社会科学では、諸仮説は、理論や収集された証拠、提出された判断からあたかも直接に導き出されたかのように一般に考えられている。理論と証拠がプロジェクトでも重要であったことは事実だ。だが、本研究は、一編の魅惑的な探偵物語のように進められた。様々な疑問が浮かんでは解き明かされる。探偵がはく靴は、あまり確信もない思いつきっぽいヒントに翻弄され、数足を履きつぶす始末であった。見知らぬわき道が突如現れ、直感が功を奏したと感じることもあった。それまで抱いていた疑問は、新たに収集した証拠を検討するなかで再び解釈し直され、迷路のような謎の一つひとつが氷解していった。だがそうしたなか、また別の謎が持ち出される。探偵には、このやっかいな謎解きの旅が、どこへと漂着するのかさっぱり見当もつかないのだ。

当初、われわれの研究は、制度の発展を測定する基準として、一九七〇年に実施した面接調査を利用しながら制度の連続と変化に焦点を当てた。その後、州政府の成功と失敗に、州による驚くべき違いが見られることを示す証拠が増えるにつれ、われわれは制度の時間的変化よりも空間的比較に注目するようになった。だんだんと州と州の違いが、驚くほどはるか過去にその歴史的水源を有することが明らかになりだした（振り返ってみると、実に多くの探偵物語がそうであるが、謎解きの答えはあまりにも分かりきったものであり、もっと以前にその手がかりが発見されていてもよかったはずではある）。これらの歴史的連続性は、イタリア一国を超えて、民主主義、経済発展、市民生活に関する根本的な種々の疑問に関する重要な理論的諸問題を提起した。

研究がこのような形で進んでいったことを受けて、本書の章立ても、まずは州政府自体に焦点を絞ったかたちで始まるが、先へと進むにつれてわれわれが発見した知見のもっと幅広い意味を包み込むようにして展開していく。本書は、全体として取り上げれば、現代アメリカにおける不満とも関係している、と信じる民主主義とコミュニティについての議論も盛り込んでいるが、こうした含意の読み解きは今後にとっておいた課題の一つである。

二〇年以上にもわたり、多数の研究者にこのプロジェクトへの御協力をいただくことができた。とりわけ、パオロ・ベルッチ、シェリ・ベルマン、ジョヴァンニ・コッチ、ブライアン・フォード、ニジェル・ゴート、セリンダ・レイク、フランコ・パヴォンチェロ、クラウディア・レイダーの各氏には大変お世話になった。記して感謝の意を表したい。

御指導、御支援をいただいた数多くのイタリア人研究者・役人のなかでも、とくにカルメロ・アッザーラ、セルジオ・バルトーレ、ジャンフランコ・バルトリーニ、サビーノ・カッセーゼ、フランコ・カッゾーラ、ジャンフランコ・チアウッロ、レオナルド・クオーコ、アルフォンソ・デル・レ、フランチェスコ・ドノフリオ、マルチェロ・フェデーレ、エリオ・ジッジ、ルチアーノ・グエルゾーニ、アンドレア・マンゼッラ、ナンド・タシオッチ、ランフランコ・ツルーチの各氏、さらにはお名前はいちいち挙げないが、長年にわたりわれわれとの会話に付き合ってくださった何百人という地方リーダー、州リーダー、全国リーダーの皆さまに深く感謝いたしたい。

アルベルト・スプレアフィーコ教授には、現代イタリア政治に関する多方面での他の諸研究の場合と同じく、本プロジェクトでも独自の役割を果たしていただいた。アルベルトは、今からさかのぼること二五年も前に筆者をイタリアに引き合わせてくれた。アルベルトが創設した社会科学委員会には、幾度となく筆者の現地受け入れ先を引き受けていただいた。教授の心優しくも思慮に富む激励は、本プロジェクト立ち上げ段階では決定的に重要なものであった。本書を、アルベルト・スプレアフィーコ教授ならびに、複雑なイタリア社会の素晴らしくも不思議な神秘を探究しようとする筆者の努力にご支援をいただいた寛大で公徳心にあふれる数多くのイタリアの人々に対して、深甚なる謝意とともに献呈させていただきたい。

長年にわたり多数の同僚からも、早い段階での草稿や梗概に対して洞察に満ちた容赦ないコメントや批判をいただいた。とりわけ、アルベルト・アレシーナ、ジェームズ・アルト、ロバート・アクセルロッド、エドワード・C・バンフィールド、サミュエル・H・バーンズ、マイケル・バージリー、テリー・ニコラス・クラーク、ジョン・カマロフ、ジェフ・フリーデン、ポール・ギンズボーグ、リチャード・ゴールズウェイト、レイモンド・グルー、ピーター・A・ホール、ジェンズ・ヨアヒム・ヘッセ、ジョン・ホランダー、スティーヴン・ケルマン、ロバート・O・コヘイン、ロバート・クリットガード、イエイチェック・カグラー、ダニエル・ルヴァイン、マルク・リンデンバーグ、グレン・C・ラウリー、チャールズ・メイヤー、ジョン・D・モントゴメリー、ケネス・A・シェプスリ、ジュディス・N・シュクラー、マルコム・スパロー、フェデリーコ・ヴァレーゼ、ジェフ・W・ワイントローブ、ヴィンセント・ライト、リチャード・ゼックハウザーの各教授、および数名の匿名の査読者《レヴュアー》にも感謝申し上げたい。「自分という石からもうひとかけらの創造的思考を絞り出すように」というアアロン・ウィルダフスキー教授の物静かな助言のおかげで、この仕事に早まった結論を出そうという誘惑を抑えることができた。また、ウォルター・リッピンコット教授の落ち着いた思慮に富む激励のおかげで、学内外の雑務に多忙をきわめていた間にも、本研究への一向に変わらぬ情熱を保ちつづけることができた。

研究の種々の段階で、以下の機関から寛大にも資金的援助をいただくことができた。ミシガン大学、全国科学財団（研究費補助金番号は、GS-33810、SOC76-14690、およびSES-7920004）、合衆国ドイツ・マーシャル基金、ハーバード大学、ジョン・サイモン・グッゲンハイム記念財団、カルロ・カッターネオ研究所、イタリア首相府、ヨーロッパ大学連合、EC委員会、および一団の州政府（バシリカータ、フリウリ＝ヴェネツィア・ジューリア、エミリア＝ロマーニャ、マルケ、トスカーナ、ウンブリア）。記して感謝申し上げたい。

ミシガン大学、ハーバード大学（とくに国際問題研究センター）、行動科学高等研究センター、ウッドロー・ウィルソン国際研究センター、ロックフェラー財団ベラージオ会議センター、ナッフィールド・カレッジ・ヨーロッパ研究センター（オックスフォード大学）は、筆者の研究の種々の段階で手厚い歓待をしてくださった。

妻のローズマリーと息子ジョナサン、娘ララの三人も、このプロジェクトに協力してくれた。三人の誰もが覚えていると思うが、いろいろな地域を旅行し、データ分析を手伝ってくれ、際限のない草稿にコメントをくれ、また新たな発見熱を喜び合った。こうしたことすべてに、いやそれ以上のものに対して心からありがとう、と言いたい。

哲学する民主主義　目次

序文

造本・装幀　間村俊一

哲学する民主主義

イタリア ― 探求の航海

―ロバート・レオナーディと
ラッファエッラ・Y・ナネッティの協力をえて―

第一章　はじめに――制度パフォーマンスの研究

民主的な政府がうまくいったり、また逆に失敗したりするのはなぜか。この疑問は、昔からあるものだが、時宜を得たものでもある。騒々しい二〇世紀も終わりに近づくにつれ、自由民主主義者とその論敵との間の壮大なイデオロギー論争は色あせつつある。近年、自由民主主義の理念的優位が伝えられている。だが、皮肉なことに、そうした上り調子も、実は自由民主主義体制の現実の政治運営への鬱憤と不満が渦巻くなかでのことなのだ。モスクワからイースト・セントルイスまで、メキシコシティからカイロまで、公的諸制度を絶望視する態度は深刻な様相を呈している。アメリカの民主主義諸制度が、三世紀めに足を踏み入れるこの時期になって、市民の間に自治への国民的取り組みに対して厭世的な気分が立ちこめ始めた。他方、東側の、ユーラシア大陸に広がる旧共産主義国家は、民主的な統治体制を真空地帯から創建しなければならないことを強く意識している。地球上の至るところで、人々は人類共通の諸問題――よりきれいな空気、より確実な雇用、より安全な都市――の解決法を模索しているのだ。政府なしでこの手の難問に対処できると心底考えているような能天気者はおそらくいないであろう。だが、ではどうすれば政府が統治という公的責務を順調に果たしうるのか。自信を持ってその解を知っていると断言できる人間はさらに少ないであろう。

本書は、民主的諸制度のパフォーマンスに関する人々の理解に資することを目的として書かれた。公的諸制度は、政治や政府の実際にいかなる影響を及ぼすのか。制度を改革すれば、政治や政府の実際も改善されるのか。ある制度のパフォーマンスは、その制度を囲繞する社会的・経済的・文化的環境に左右されるのか。民主的な諸制度は、移植されても新しい環境の下で従前通りに育つのだろうか。また、民主主義の質は、民主主義の構成員たる市民の質に依存するのだろうか。だとすれば、市民は身の丈以上の政府など望みようがないのではなかろうか。われわれが腐心したのは理論的な問題である。われわれの方法は経験的であり、イタリアの州で実現をみた二〇年に及ぶ制度改革のユニークな実験からなんらかの教訓を導き出そうとするものである。われわれの知的探検は、市民生活の特質、集合行為の明快な論理、イタリア中世史の徹底的な探究にわれわれを誘い込むが、ひとまずこの旅を現代のイタリアの豊かな多様性を検討することから始めよう。

探究の航海

イタリアのアペニン山脈の尾根高く蛇行する自動車専用道路《アウトストラーダ》で、先を急ぐ旅行者は、北のセヴェソから南のピエートラペルトーザまで、一日で八七〇キロを疾走できる。ミラノ郊外の車が混む工業地帯を一周し、肥沃なポー川流域を突っ走り、誇り高きルネッサンスの都、ボローニャとフィレンツェをわき目もふらず後にし、ローマ、さらには汚れたなんの取り柄もないナポリ郊外の道路を周回し、やがて半島の長靴の足先あたりに投げ出されたバシリカータの荒涼たる山々を駆け上るのだ[1]。ところで、注意深い観察者にとっては、この疾走の旅は、出発地と終点の距離もさることながら、それ以上に両地の歴史的対比に強い印象を受けることになる。

一九七六年、ミラノの北一〇マイルに広がる農工混在地帯の上品で近代的な町セヴェソは、生態系に甚大な災禍をもたらした大惨事の現場として広く世界に知られるところとなった。化学工場の高圧炉の爆発により猛毒のダイオキシンが流出し、家屋、仕事場、田畑、住民を襲った。このセヴェソを超高速道路が突っ切っている。事故後何ヶ月もの間、セヴェソを通るドライバーは、窓を板張りした家や、白頭巾にゴーグル姿の異様ないでたちの住民が汚染物質を町や表土から除去しようと必死に作業している姿を目撃した。車は窓をしっかりと閉め、全速力でその地を走り去る日々が続いた。工業化された世界において、セヴェソは、生態系を破壊する危険社会の加速化を象徴するようになった。なすすべのない地方役人にとってセヴェソの大惨事は、二一世紀に気味悪く立ちはだかる公共政策への挑戦が形となって現れたものであった(2)。

公的統治という視点からすると、一九七〇年代のセヴェソからピエートラペルトーザへの長旅は、時間軸を数世紀過去へとさかのぼることを意味した。ピエートラペルトーザの多くの住民は、一、二部屋しかないあばら屋に居を置きつづけている。そうしたボロ家は、幾世代も前に、ルカニアの父祖たちが時折登った岩の多い山頂から真下に広がる山面に、へばりつくように建てられていた。近くでは、農民が、太古以来何も変わらぬように穀物の一粒一粒のもみがらを手で取っていた。助けとなるのは、馬鍬の櫛形に並ぶ鉄歯をときおり吹き抜ける一陣の風だけであった。土地の多くの男どもは、北のヨーロッパに出稼ぎ先を探すが、うまくいく者はごくわずかである。そうしたラッキーな連中は、村の外れの山すそに止めた車のドイツ・ナンバーで分かろうというものだ。だが、運に見放された多くの村人にとって頼れる「足」といえば、何軒かの岩小屋で共用しているロバだけであった。ロバの周りには、痩せさらばえた数羽の鶏と数匹の猫がうろちょろしていた。丘を望むあたりには、出戻り移民数人が、屋内配管を施した化粧漆器の家を建てていた。水道や他の公共設備がないことは、三、四世紀前のヨーロッパではほぼどこでも当たり前のことだったが、村人の多くにとっては、今もなお最もせっぱ詰まった問題であった。

セヴェソの仲間と同じくピエートラペルトーザの住人も、経済学者が「公共財」や「負の公共財」と呼ぶ深刻な問題に直面していた。経済的・社会的・行政的資源の点では、二つの町は、懸案の問題の細部がそうであるように劇的に異なっていた。だが、どちらの町の住民も政府の援助を必要としている点では変わりはなかった。一九七〇年代初葉、公衆衛生、治安等これら数々の行政課題についての主たる事業責任が、その他の市民関連事項ともども、ローマの中央政府から創設されたばかりの公選型州政府に突然移譲された。セヴェソとピエートラペルトーザの住民も、住民共通の関心事の解決を求める場合、今ではその矛先を遠いローマではなく、近くのミラノやポテンツァに向けるようになったのだ。新規の州制度は住民の要望に対してどの程度の応答性を示すのか。またその訳は。こうした問題を研究することによって、市民生活や公益実現のための協力に関する基本的な問題に立ち会うことになる。

新設された州政府の境界は、トスカーナやロンバルディアという高名な公国を含めて半島の歴史的な地域的広がりをほぼ踏襲するものであった。だが、一八七〇年の教皇領占領によるイタリア統一完成以来、行政構造はナポレオン型フランス国家をモデルとして高度に中央集権化されてきた。記憶にある限り、地方役人は、ローマ直属の知事が厳格に統制してきた。州に相応する政府は、いかなるレベルのものもかつて存在してこなかった。したがって、セヴェソやピエートラペルトーザを含む半島に点在する大小無数の地域社会の公的諸問題に、なんらの行政経験もない州政府が対応を迫られるようになったのである。このことからも州制度改革は、地域社会の住民にとって相当に実際的重みを持つ実験であった。

一九七〇年以来、われわれは、イタリア半島に広範に広がる経済的・社会的・文化的・政治的諸環境を代表する一群のこれら初期の州制度の発達をつぶさに追ってきた。だが、いろいろな州都を何度も訪れるなか、州政府の制度パフォーマンスに歴然たる格差があることに気づくのにさして時間はかからなかった。

州都バーリでプーリア州庁の役人に出会う。この一事でさえもが、州民だけではなくわれわれにとっても一つの挑発であることが分かった。訪問調査員であるわれわれ同様プーリア州民にも、操車場の奥手に気が滅入るような州庁舎が嫌でも目に飛び込んでくる。むさ苦しい待合室には、州職員が数名はいるようだ。どの職員も不機嫌そうにだらだらと仕事をやっている感じで、一日一、二時間働き、その間でさえきちんと仕事をする気がなさそうなのだ。忍耐強い来客は、人けがない机がカウンター越しに亡霊のように何列も並んでいる光景を目にすることになろう。ある市長は、州庁役人を動かせない自分の非力に苛立ちを隠せず、「連中は手紙にも返事をよこさないし、電話にも出ない。

小生が事務処理をやりにバーリに出向くときは、タイプライター持参、タイピスト同行といったありさまだ」と愚痴った。蔓延した猟官制が行政効率を蝕んでいるのだ。われわれの目の前で、一人の職員が、肩書きだけは上司の男に、「俺に命令する気か。俺には、『大物のバックがついているんだ』」と口答えしたことがある。他方、州リーダーといえば、情実や地位をめぐり権謀術数的な派閥争いに必死で、実現の見込みなどまったくなさそうな地域再開発の約束をちらつかせている。もしプーリア州で、地元の都市振興推進グループが時に喧伝するように「新しいカリフォルニア」が実現したとすれば、それは新設のプーリア州政府のお陰というよりは、そうした政府ができたにもかかわらずと言ったら言い過ぎであろうか。プーリア州民は、州政府への軽蔑的な態度を隠そうとはしない。実際、彼らは、州政府を「自分たちのもの」とはあまり考えていないのである。

ボローニャにあるエミリア・ロマーニャ州政府の有能さは、プーリア州と比較した場合、驚嘆に値する。ガラス張りの州庁舎を訪ねた者は、近代的なハイテク企業のなかに入ったのかと錯覚しそうになる。きびきびした礼儀正しい受付が、来客に担当窓口をきちんと教えてくれる。そして、窓口の職員が、州の問題・施策に関するデータベースをコンピューターで検索してくれる。市の中心にあるマッジョーレ広場は、市民や政治活動家が夜を徹して議論し合う場所として広く知られている。現代の諸問題をめぐるこの種の熱の入った議論が、州議会の議場にもこだまする。多くの分野で立法のパイオニア的存在であるエミリア州政府は、有言実行の姿勢でその力量をいかんなく発揮してきた。その力のほどは、州全域に点在する何十もの保育所、工業団地、レパートリー劇場、職業訓練所が物語るところだ。ボローニャ市の広場のあちこちで討論、話し合いに興じる市民=討論仲間は州政府に批判がないわけではないが、プーリア州民よりも州政府の現状への満足度ははるかに高い。では、新設された州制度が、なぜエミリア・ロマーニャ州で成功し、プーリア州で失敗してきたのであろうか。

本書の探究の航海が提示する中心問題は、こうである。すなわち、強力で、応答的で、実効ある代議制度を創出する条件とはいかなるものなのか。イタリアにおける州政府の実験は、こうした研究課題に取り組む上で比類なき機会、新制度の誕生と発展を体系的に研究する貴重な機会を提供してくれたのである。

まず第一に、イタリアでは一九七〇年に地方制度改革が行われ、その結果、新たに一五の州政府が導入され、各政府に対して基本的に同じ憲法的構造・権限が付与された。一九七六―七七年には、激しい政治闘争（第二章を見られたい）の末、広範な公共事項に対する権限が全州に付与された。いち早く特別自治制が施かれ、州制度が実現していた五つの「特別」州は、一五の「普通」州よりも国家の法制度から独立した広範な権限を有する。五つの「特別」州は、前の大戦が終わる頃、少数言語民族や文化を背景に分離主義的な感情に脅かされていた国境伝いの地域であった。いくつかの点で特別州の政府は、その多少の長命とより広範な権限によって「普通」州との違いが見られるが、大半の政策目標に関しては両者に大差はないと考えてよかろう。一般的に言えば、本書においてわれわれは、イタリアのこれら二〇州全域から証拠を引き出している。

これらの新たに設けられた州政府は、一九九〇年代初めまでのたかだか二〇年の間にイタリアの国内総生産の約一〇分の一を費消するに至っている。すべての州政府は、都市問題、農業、住宅、病院・保健サービス、公共事業、職業教育、経済開発といった分野に対する責任を引き受けてきた。中央省庁が州政府に課す縛りに対して州の自治権を重視する州分権論者からの不満は絶えないとしても、新制度はことごとくその進取の気性を検証するに十分な権限を獲得するまでに成長してきた。形式上これら二〇州の諸制度はほぼ同一であり、強い権限を有している。

だが、第二に、新制度が導入されることになった社会的・経済的・政治的・文化的文脈は劇的に異なった。一部の州、例えばピエートラペルトーザのバシリカータ州などは、社会的、経済的には第三世界の水準に甘んじていたが、セヴェソがあるロンバルディア州のような州はすでに脱工業化社会に突入していた。社会的・経済的発展の次元を政治的伝統の違いが交錯する。例えば、隣り合うヴェーネト州とエミリア・ロマーニャ州は、一九七〇年には経済的には似通った存在であったが、政治的伝統の点では大きく異なっていた。ヴェーネト州は熱心なカトリック文化圏だが、他方、中部イタリアの「赤い地帯」の要であるエミリア・ロマーニャ州は、一九四五年以降イタリア共産党が支配してきた。封建制の昔から多かれ少なかれ手つかずに放置されてきた恩顧＝庇護主義的政治をいまだに引きずっている州があるかと思えば、一九五〇年代、六〇年代の経済ブームを通じてイタリアを襲来した人口移動や社会変動の大規模な波によって変質してしまった州もある。

イタリアにおける州政府の設立という新たな実験は、制度発展の動態と生態の比較研究にとっておあつらえの素材となった。植物学者は植物の成長を測るのに、同じ種を別々の場所に植えてその種の生育ぶりを測定する。同様に、政府パフォーマンスを研究する者も、新たに始動した公式上同一のこれら諸組織・機構がたどった道筋を、その環境をなす多様な社会的・経済的・文化的・政治的背景のなかで検証することになる。新たな組織は、セヴェソとピエートラペルトーザの土が違うように、違った土壌にあっても同じように現実には成長していくのであろうか。もしそうでないとするならば、植物の成長との違いはいかなる要因によって説明できようか。こうした疑問への答えは、世界中の国々——工業化社会、脱工業化社会、前工業化社会の研究者、政策決定者を問わず——の一般市民が、いかにすれば代議制度が実効的に機能しうるのかを発見しようとやっきになっている点を考えれば、イタリア一国の問題を超えてきわめて重要となろう。

航海の海図

制度は、古典古代の時代より政治学にとって変わることのない関心事であった。だが最近に至って、「新制度論」という名の下に制度研究は新たな活況を呈し、多くの政治学者が創造力豊かに制度の問題に理論的に取り組むようになってきた。ゲーム理論や合理的選択モデルが使われ、制度は、「広範な形態のゲーム」とみなされ、そこではアクターの行動は、ゲームのルールにより構造化される。(3) 組織の理論家は、制度的役割・慣例、象徴、職務を強調してきた。[4] 歴史的制度論者は、統治＝政治の連続の起源を探究し、制度発展のタイミングと順次性を強調してきた。[5]

新制度論者は、理論でも方法論の上でも一括できないところが多々あるが、次の基本的な二つの点では一致している。

（1）制度が政治を形成する。制度を束ねるルールと標準の作業手続きが、政治行動の構造化を通じて政治的帰結にその制度の痕跡をとどめる。帰結は、個々人の玉突きボールのような相互作用に単純に還元できないし、広範な社会的諸勢力の交錯に還元することもできない。制度が、帰結に影響を与えるのである。なぜならば、制度がアクターのアイデンティティ、権力、戦略を形成するからにほかならない。

（2）制度は歴史によって形成される。他の諸要因が制度の形態にいかなる影響を与えようとも、制度は慣性と「しぶとさ」を有する。それゆえに制度は、歴史的な軌道と分岐点を具現する。歴史は、「経路依存的」であるがゆえに重要となる。先行するものが（ある意味で、それが「偶発事」だとしても）、その後の出来事を条件づける。個々人は、自分たちの制度を「選択」するやもしれない。だが、個々人は、自分たちが創り出しつつある条件下では自分たちの制度を選択できない。そして、彼らの選択が、今度は、彼らの後続者の選択の幅を規定する諸ルールに影響を及ぼす。

イタリアにおける州の実験に関するわれわれの研究は、これら二つのテーマに実証的な証拠を提供することをもくろんでいる。制度を独立変数として扱うことで、制度の変更が、政治アクターのアイデンティティ、権力、戦略にどのように影響を及ぼしたかを実証的に検証したい。そうした作業の後に、今度は制度を従属変数として扱い、歴史が制度パフォーマンスをいかに条件づけているかを明らかにしたい。

その上で、これら二つの課題に、近年の制度研究が無視してきた第三の点を付け加えたい。推察するに、実際の制度パフォーマンスは、制度が作動する社会的文脈によって創生されるからである。

制度的な文脈に応じて自己利益を違ったように定義し、また追求する個人の場合とまったく同様に、公式の制度も文脈が変われば異なった働きをする。近年の制度論ではさほど強調されてはいないが、この点は、制度や制度改革の観察者の多くにはなじみ深いものだ。イギリスが帝国の版図から撤退するとき、現地に残してきたウェストミンスター型政体の命運は地域によって大きく異なった。われわれは、「文脈が重要である」というこの種の一般論を超えて、社会的文脈のどの特徴が制度パフォーマンスに強く影響するのかを問う作業に取り組むつもりである。

われわれは、「制度パフォーマンス」という用語で何を意味しようとしているのか。一部の理論家は、政治制度を、主として「ゲームのルール」として、集合的決定を左右する手続きとして、紛争がそのなかで表出され、(時には)解決されるアリーナととらえる[6]。(この手の理論家は、一つのモデルとして米下院議会をしばしば引く)。この種の制度にとって「成功」とは、諸アクターが、自分たちの相いれない諸選好を前提として、できるだけ実効的にその相違点を解決可能なものにすることを意味する。政治制度についてのこうした考え方は当を得たものではあるが、公共生活における制度の役割を言い尽くすものではない。

制度は、目的達成のための工夫ではあるが、単に合意達成の工夫にはとどまらない。政府に期待するのは、以下のような事項の実行であって、単なる決定にとどまるものではない――子どもの教育、年金支給、犯罪防止、雇用創出、物価抑制、家族的価値の勧奨等々。これらの項目中、緊要の事項は何で、またその実現方法は何なのか。さらにはこれらの問題すべてが価値を有するかどうか等に合意など得られるはずがない。だが無政府主義者でもなければ、少なくともある時点で、少なくともいくつかの問題については、統治諸制度に行為が要求されることに文句を言う者もいないはずだ。この事実は、われわれが、制度の成功と失敗を考える方法を教えてくれる。

本研究が採用する制度パフォーマンスの考えは、以下のような統治に関するきわめて単純なモデルに依拠している。つまり、社会的需要――→政治的相互作用――→政府――→政策――→実施という流れがそれである。統治諸制度は、社会環境から入力を受け取り、その環境に応答するために出力を生み出す。共働きの親は安価な保育所を求めるし、商売人は万引きに悩むし、退役軍人は愛国心の消滅を公然と非難する。政党やその他の集団は、自分たちの関心事を明確にし、役人は敢えて言えば行うべきことは何かを考える。最終的には、ある政策（単に象徴的でしかない場合もありうる）がとられる。政策は、「不作為」が政策ではない限り、実施に移される――託児所が新たに設置されたり（または、民間の同業者に事業展開を奨励したり）、パトロール地域に今まで以上の数の警官を張り付けたり、国旗掲揚の頻度を増やすことになったりするのだ。高いパフォーマンスを誇る民主主義的諸制度は、応答的かつ実効を伴うものでなければならない。住民の要求に敏感で、かつ同時にこれらの諸要求に対応するために、限られた資源を有効に使用しなければならないのである。

この分野は複雑きわまりない。例えば、政府がその有効性を誇示しようとすると、まだ海のものとも山のものとも分からない諸要求を先取りして対応するくらいの機転がしばしば要求される。討議と交渉が行き詰まってしまえば、そのプロセスはどこで中断されるか分からない。政府活動の効果は、その活動がいかに意を尽くして設計され、実効的に執行されたとしても、市民の要求とずれている可能性がある。とはいっても、統治の質は究極的には人々の生活を左右するので、制度パフォーマンスが重要なことに変わりはない。奨学金が支給され、道路が舗装され、学童に予防接種が実施される――あるいは、（へたすると）実施されない。(7)

制度パフォーマンスの動態の理解は、比較社会科学にとって長年の関心事であった。従来の研究には、パフォーマンスの説明に当たって、大要三つの論法を見出すことができる。第一の論者は、制度デザインを強調する。この伝統は、法形式論の研究、一九世紀の政体建設の騒乱が生んだ政治分析の一派に水源を持つ。(8) ジョン・スチュアート・ミルの『代議制統治論』は、この派の「構造的・手続き的工夫」に徹する信念を表明するものである。(9) ミルの有名な論は、概ね立憲的工学、有効な代議政府に最適の制度形態を発見することに関心がある。(10) この考えの流れにある思想家は、民主的パフォーマンスの分析の主流として二〇世紀前半まで力を振るってきた。「活力ある代議政府は、その公式の諸機構の適切な配置と、経済生活、国際問題での適度な幸運にのみ依存し、また良き統治構造は僥倖《ぎょうこう》なきときでさえ役立つものと、[こうした分析を通して]広く考えられてきた」[11]。

戦間期イタリア、ドイツでの民主主義的な企図の崩壊や、フランス第三・第四共和政のイモビリズムの例は、政治の社会的・経済的基盤に関する研究者の感性を高めるとともに、制度を通じての操作に関してより冷徹な見方を促した。念入りな制度デザインは、良好なパフォーマンスを保証しなかった。だが、それにもかかわらず、今日、制度パフォーマンスを組織的に規定する要因への注目が、現場の改革家のみならず、「新制度論」の主唱者のなかにも再登場しだした。憲法起草者、経営コンサルタント、開発アドバイザーは、パフォーマンスの向上に対する彼らの処方箋に関し、その制度的工夫に真剣に取り組んでいる。第三世界の開発問題の専門家、アルツーロ・イスラエルは、道路の建造が、道路建設を担う組織の設立よりも困難なことを観察している。制度の発展に関する最近の研究のなかで、イスラエルは、制度実施を阻害する経営的・組織的諸制約に注意を促し、制度が今まで以上に実効性を上げるための制度デザインの改善を勧めている[12]。エリノア・オストロームは、「共有地の悲劇」――給水地、漁場等、「共有資源」を脅かす「集合行為のジレンマ」――を乗り越えるための制度を非常に思慮深く熟考してきた研究者の一人である。彼女は、「共有地の悲劇」を乗り越えるために払われた多大の努力を、その成功・失敗を不問にして比較検討し、この難問をうまく切り抜ける制度はいかに設計されるべきかに関する教訓を引き出している[13]。

われわれの研究は、制度デザインに関するこの種の諸問題には間接的にのみ触れる。事実、われわれの研究にあっては、制度デザインは一定に保たれた。というのも、同一の組織構造を持つ州政府が、全州に同時に導入されたからである。われわれの研究設計における変化要素は、経済的文脈や政治的伝統といった制度を取り巻く環境的諸要因であった。これらの諸要素は、少なくとも短期的には、「改革」家がうまく扱うのはより難しい。したがって、われわれの研究は、制度がうまくいく近道を示唆しまい。一方、州制度改革の試みにおいて制度デザインが一定だという事実は、他の諸要素が制度の成功に及ぼす影響力をより確実につまびらかにすることを可能とする。

制度デザインが、パフォーマンスに及ぼす効果はじかに明らかにはできない。そこで、われわれの研究は、制度の変化が生み出す諸結果を検討する。制度改革後二〇年に州政府が歩んだ足跡を検討することは、制度改革の影響を測る上で有益な改革の「前・後」比較を含む。制度とその制度の下で活動するリーダーが、時代とともにどのように学習を積み重ね、また環境に適応していったのか。制度成長のいわば「発達生物学」こそが、われわれの研究が解明したい課題である。新しい州制度の創設が、イタリアの政治＝統治の実際に変化を生み落としたのか。制度変革は、リーダーや一般市民の間に公共政策への協力や対立のあり方に変化を生んだとすれば、その中身はどのようなものなのか。実際問題として、行動は制度改革によってどのように変化し、その変わりようはどの程度のものだったのか。これらの諸問題は、第二章で検討することにする。

民主的な制度のパフォーマンスをめぐる第二の思考群は、社会経済的要素を強調しようとする。アリストテレス以来、実効ある民主主義の展望は社会発展と経済的豊かさに依存する、と政治社会学者は論じてきた。ロバート・A・ダールやシーモア・M・リプセットのような現代の民主主義理論家も、安定した実効的な民主的政府の基礎的諸条件を議論する際に、近代化の種々の側面（富、教育等）を強調してきた。(14) 実効的な民主主義が、時代、場所を越えて社会経済的近代性と密接に関係しているという事実ほど、両者の因果関係を探ろうとする観察者にとって自明のものはない。第三世界の制度的発展を説明しようとする社会科学者も同様に社会経済的要素を強調してきた。例えば、先ほどのアルツーロ・イスラエルは、「制度パフォーマンスの改善は、近代化プロセスの重要な一部である。発展した世界では今や常識となっているレベルにまで制度パフォーマンスを引き上げるには、その国が『近代的』になることが是非とも必要である」(15) と主張している。イタリアの各州間の社会経済的発展レベルの鋭い差異は、近代性と制度パフォーマンスの間の複雑な結合を直接評価することを可能にする。

民主的制度のパフォーマンスを説明する第三の思考群は、社会文化的要素を強調するものである。この伝統も、ある際立った知的系譜を引く。『共和国』のなかでプラトンは、政府は、構成員たる市民の資質次第だと論じた。より近年では、社会科学者は、政治システムの国家間の違いを説明する際、政治文化に注視してきた。この分野の古典的研究であるアーモンドとヴァーバの『現代市民の政治文化』は、アメリカ、イギリス、イタリア、メキシコ、西ドイツの五カ国の民主的統治に見られる差異を、「市民文化」という概念で類別した政治的態度・志向の検討によって説明しようとした。[16] 政治分析の社会文化的伝統の最も生彩に富んだ例（そして、われわれの研究にとってとくに密接に関連する作品）は、今でもなおアレクシス・ド・トクヴィルの『アメリカの民主主義』であることに違いはない。[17] トクヴィルは、ある社会の「慣習《モーレス》」とその政治的実際との間の結び付きを強調する。例えば、市民的な自発的結社は、安定した実効的な民主的制度に不可欠な「心の習慣」を鍛える。この仮説は、関連する諸仮説共々われわれの分析において中心的な役割を果たすことになる。

イタリアの実験を詳しく検討し、一般的に重要な教訓をそこから引き出すには、われわれは地方の制度発展を早くに研究したフィリップ・セルズニックの考えを正確に理解しておく必要があろう。彼は、その古典的著作『ＴＶＡとグラスルーツ』のなかで、次のような観察を披瀝している。「理論的な探究が、ある特定の歴史的な構造あるいは出来事を対象とする場合、それは常に冒険的な企てである。それは、調査すべき資料を歴史として十全に把捉し、その上で解釈を施さなければならないということへの関心と、抽象的・一般的な諸関係を帰納していくことへの特殊な関心との間の果てることなき緊張ゆえにである[18]」。豊かなイタリアの経験が持つ独自性の意味を歪めないように努力しつつ、イタリアの経験が民主的な統治に関するわれわれの理解に持つ幅広い含意を、これまた十分に評価するように努める必要があるということである。

調査方法

カール・ドイチュが観察したように、真理は、証拠の独立した流れが合流する地点に存在する。賢い投資家同様に、思慮深い社会科学者も、単独の道具がなんであれ、その長所を伸ばし短所を補うためには、多様な手法に依らなければならない。これこそが、本研究の取り組みを導いてきた方法論的な箴言である。ある制度は、いかに動いているのか——さらには、制度が異なれば、その働きにいかなる違いが生じるのか——を理解するために、われわれは種々の分析技法を効果的に使う必要がある。

人類学者と練達のジャーナリストからは、訓練された現地観察と事例研究の技法を拝借したい。「時間をかけた対象への深い沈潜《ソーキング》と不案内な場所での広範な調査収集《ポーキング》」は、リチャード・フェンノが説明しているように、ある制度の細目に調査者がどっぷりつかること——制度の諸慣行・実践、制度の成功・失敗を、そのなかで市井の人々のように経験すること——を要請する。こうした分厚い経験を通して、直感は鋭敏となり、制度はいかにして相互に調和するのかという疑問や、また制度はいかにして環境に適応するのかといった疑問に対して無数の手掛かりがつかめるのだ。本書が語る物語も、多くの点で、ここ二〇年の間にわれわれがイタリア各地を探訪し、いろいろな州の実態についての知識や情報を足で拾い集め、その地方特有の香りを満喫するなかで集めた数々の例証や洞察をベースに展開されている。

だが他方で社会科学は、洞察と証拠は別物であることを思い起こさせる。バーリの政治とボローニャの政治についての対照的な印象がどれほど強烈であっても、その印象が事実かどうかは検証された上で確認されなければならないし、その際の理論的推察は、念入りに彫琢されなければならない。印象というものは、それが一、二の際立った事例に基づく結果、誤解を招いたり、一人勝手なものに陥る場合には、数量的技法による検証を加えることで、その危うさに気づくのである。同じく重要なものとして統計分析が挙げられる。多くの異なる諸事例は統計分析によって比較可能となる。フランスの画家スーラの点描画は離れてこそよく鑑賞もできるというものだ。それと同様に、統計分析によって諸事例のいっそう微妙かつ重要なパターンを識別できることが多い。

われわれの探究の論理は、一五あるいは二〇の州を多次元的に同時に比較することを要請する。重回帰分析や因子分析は、この種の作業を劇的なまでに単純化してみせる。しかし他方で本研究は、パーセンテージや散布図といった統計工夫に多くを頼り、複雑な統計処理がわが物語にやたらと顔を出さないようにした。本書が提示する諸結果は、統計的有意性の通常検定を充足するものであるが、さらに重要な点は、ジョン・タッキーのよく知られた「内視外傷検定《インター・オキュラー・トローマティック・テスト》」(19)も充足していることである。本書の統計パターンはきわめて強力で明白だということだ。

探偵小説の多くがそうであるように、制度パフォーマンスの謎解きにとっても過去——より正確には変化に富む諸州の対比的な過去——の探診が必要である。扱う時代にもよるが、われわれの検討課題に大いに関係する非常に豊かな説明が、イタリア史家によって行われている。われわれの物語も彼らの仕事に大きく依存している。さらに、ここ四百年余りについては、われわれの最も印象的な諸結論の一部を数量化し、その結果いっそう厳密な検証を可能とする広範な統計データも発見できた。われわれの本業は歴史家ではないので、もとよりこの方面では初学者である。だが、制度分析をより豊かなものにすべく援用した歴史家の諸道具は、人類学的・行動科学的方法を補うのに必要なこともまた確かである。

要するに、われわれの目的が多岐にわたるため、学識の広さ——長期間にわたり異なる種々の問題とそれらの変化を取り扱う能力——と州制度改革の特定の諸問題、諸州、諸時期に関するより深い分析を用意しうる方法が種々求められたということだ。そこで、長期的な分析と横断的分析とを同時に進められるように、時間と空間を横断する体系的な証拠の収集を願ったのである。

このタイプの情報を用意するために複数の個別研究を立ち上げた。イタリア半島の漫々たる多様性を表現する六つの州を選び、そこに焦点を絞った研究がそれである。その後、研究対象は、二〇州すべての政府に拡大された（調査地点の概観に関しては、図1－1参照）。詳細は補遺Aに譲るが、われわれの研究には以下の資料が含まれている。

・まずは、われわれが任意に抽出した六つの州の州会議員への、一九七〇年から八九年にかけて行った四波の個人面接。ほぼ二〇年間に延べ七〇〇名を超す面接調査は、議員というアクターの立場からの、州諸制度についての無類に雄弁な「映像」を提供する。

・地域リーダーへの全国大の一九八三年郵送調査、ならびに六州の地域リーダーを対象とする一九七六年から八九年の間の三波の個人面接。銀行家や農場リーダー、市長やジャーナリスト、労働リーダーや財界代表といった回答者は、自分たちの州政府の事情に明るく、また州庁外の情報通としての視点を提供してくれた。

・六回の全国規模の特別依託調査、ならびにそれ以外の一般有権者を対象とする多くの標本調査（一九六八—八八年実施）。これらの面接調査により、政治的意見や積極的な社会的参加の面での州ごとの違いを跡づけ、新たな諸制度に関する選挙民の見方も徹底して調査できた。

・詳細については第三章に回すが、二〇州すべてで制度パフォーマンス関連の数多くの統計的測度を詳しく検討した。

・一九八三年に二〇州を対象に行ったユニークな実験で、「日頃の」市民生活に関する問い合わせへの州政府の応答性を検証するもの。詳細は、第三章で取り上げたい。

・一九七〇年から八四年の間に成立した二〇州の法律の詳細な分析、およびわれわれが選んだ六州で一九七六年から八九年の間に見られた政治の制度面と州計画に関する事例研究。これらの作業により、各州の政治＝政府の日

図1-1　イタリアの州研究（1970−89年）

常業務に対する評価に関して、生の資料を入手でき、味気のない統計資料を解釈する上で役立った(調査対象に選んだ六つの州には定期的に足を運んだ。それにより、一九八〇年の南部大地震の壊滅的惨状と復興状況をじかに経験できた)。要するに、これらの州と諸アクターを存分に知ることができたのである。

本書の概観

一九七〇年代、地方制度改革の混乱した時期に、一世紀にも及ぶ中央集権的政府のパターンをイタリアは捨て、新しい権限と資源を新たに誕生した州政府に移譲した。第二章では、制度改革の過程がいかにして起こり、政治の実際と草の根レベルでの政府の質がどのように変わったのかを問いたい。旧制度の惰性の上で改革はいかに達成されたのか。新しい制度は、政治的リーダーシップの性質、さらには政治家が課題に取り組む手法に実際的な影響を及ぼしたのか否か。新制度によって政治権力や影響力の配分状況は変化したのだろうか。また、新しい州政府によって一般の有権者にも見るべき変化が生じたのか。もしそうした場合、新制度への選挙民の評価はどのようなものだったのか。制度を変えたことが政治行動に与えたと言われる影響力を明示する証拠は存在するのだろうか。

この研究の主たる関心は、実効的な政府の起源の解明にある。この探究の基礎を敷くために第三章は、二〇州各々の政策過程、政策表明、政策執行についての包括的かつ比較可能な評価を提示する。第二章が経時的変化を検討するのに対して、第三章（ならびに続章）は空間横断的な比較を行う。州各様の政府はどの程度に安定しており実効的であるのか。州政府の法律はどれほど革新的なのか。政府は、保健、住宅、農業、産業開発といった分野でどれほど有効に政策を執行できているのか。州政府は、州民の期待をどれほど迅速かつ効果的に満足させているのか。要するに、どの制度が成功し、また失敗したのはどれか、ということである。

制度パフォーマンスのこうした差異を説明するのが第四章の目的であり、以下の諸点でわれわれの研究の中核をなす。ここでは、経済的近代性と制度パフォーマンスの関係が明らかにされる。さらに重要なことには、制度パフォーマンスと市民生活——本研究では「市民共同体」という語を使う——の関連を検討する。アメリカ民主政治についてのトクヴィルの古典的な解釈やそれ以外の市民的徳の説明が語るように、市民共同体は、積極的で公共心に富む市民層、政治的平等、信頼と協力の社会的織物を特徴とする。イタリアでも州によっては、市民的積極参加の活発なネットワークや規範が目に眩しいが、逆に垂直的に構造化された政治やばらばらに分解し、また疎外を特徴とする社会生活、不信の文化に覆われている州も存在している。市民生活におけるこのような差異が、制度の成功・失敗を説明する際に重大な作用を果たすことが分かるであろう。

制度パフォーマンスと市民共同体との強い関係は、市民性の程度が州によってなぜ異なるのかを問うことに必然的に結び付く。この問いに答えを出すことが、第五章の主題である。この作業は、われわれを一千年も前の決定的な時代へと誘う。当時、敵対する二つの革新的な体制が、イタリアの別々の地域で樹立された。一つは、イタリア南部の強大な君主制であり、他方は中・北部に広く認められた共和主義的な統治形態であるコムーネ共和政である。中世初期から一九世紀のイタリア国家統一に至るまで、持続的な地域差を市民的関与と社会的連帯のパターンに見て取れよう。このような特性が、今でもイタリアの州の公的・私的な生活の質に決定的に重大な影響を及ぼしているのである。

最後に第六章では、市民的な積極参加の規範とネットワークが、実効的かつ応答的な政府に対してこれほどまでに強い影響を与える理由と、市民的伝統の長期の安定性の原因を解明する。集合行為の論理と「社会資本」という概念はわれわれのアプローチを理論的に独自なものとする。それは、イタリアの事例説明だけではなく、他の多くの事例での制度パフォーマンスと公共生活の理解を深めるためにも、歴史的視座と合理的選択の考え方を結び付けようとするものである。われわれの結論は、政治生活を再創造するための制度変革の力と、歴史や社会的文脈が制度の成功に押し付ける手強い諸制約を十二分に考え尽くそうとするものである。本書は、民主主義を求める改革家に対し実践的手引きであることは約束できないが、われわれ誰しもが直面するより広範な挑戦を表現してはいよう。

第二章　ルールの変更――制度発展の二〇年

シドニー・タローが観察したように、一九七〇年にイタリアで発足した州制度の新実験は、「国民国家における新たな代表制度の創設であったが、それは近年、西側諸国で試みられた数少ない例の一つである」[1]。他の国々、地域にあっても、民主化への期待が高まりつつある。そうしたなか、イタリアにおける実験は、現代の政治の世界を考える上で十分に検討に値する有意義な教訓を引き出すものである。というのも、そもそもの論点が、公的諸制度の変更によって政治行動がどの程度まで変化するか、ということにほかならないからである[2]。権威主義的な国家での「改革」家がぶつかる難題の一つは、ゲームのルールの変更が、その変更によって想定される効果を実際のゲームの作動様式にもたらしうるのかどうかということである。イタリアの州が経験した出来事は、重要なこの論点にわれわれが真摯に取り組む一助となりうるものと考えられる。

新制度論者によれば、政治は制度によって構造化される。ジェームズ・マーチとヨハン・オルセンは、制度の効果をめぐって、この系譜に立つ理論を次のように要約した。

政治生活の組織はそれぞれ違っており、制度は歴史の流れに影響を与えている。……政治制度内のアクションや政治制度によるアクションが、政治的利害や資源の分布とかルールを変えてしまうのは、次のようなことが制度に発生するからだ。すなわちそれが、新しいアクターやアイデンティティを生み、アクターに成功と失敗の基準を与え、適切な行動についてのルールを設定し、ある特定の個人に権威やそのほかの資源を与えたりするのである。制度は、確立された制度の内外で個人や集団を活性化させる方法、市民とリーダーとの間の信頼のレベル、政治コミュニティの共通の期待、共通の言語・理解・規範、および民主主義・正義・自由・平等といった概念の意味などに影響を与える。(3)

制度改革がこれほど多大な効果をもたらすとすれば、改革を目指す者にとっては朗報には違いない。だが、世界の憲法起草の二世紀に及ぶ経験は、新制度の設計者が多くの場合水上に文章をしたためている、という事実をわれわれに警告をもって教えている。制度改革は、根本的な政治パターンを必ずしも変えるものではない。デ・シャネルは、フランス第四共和政の政治と統治形態を、「頭は共和政、腰から下は帝国」(4)として描いた。イタリアで州制度が創設されたとき、誰もが、「新しい革袋に古い酒を」と期待した。それもそのはずであった。イタリアの人々はこれまでに制度変革を数多く経験してきていたが、そのいずれもが何も変えてはこなかったのだから。(5)「制度改革によって行動が変わる」は、一つの仮説ではあっても公理ではない。制度論者は、ルールの変更が持つ効果を実証的に測定しうるコントロールされた環境をこれまで手に入れずにきた。

この点に鑑みても、イタリアの州創設という実験は特別な関心を引く。本章では、州創設という試みに対する評価から始め、新制度の背景、当初二〇年間の展開過程を検討することにより、この試みが制度論的アプローチに対して持つ含意を確認したい。州創設なる制度改革は、制度論者が予想するように、諸政治アクターのアイデンティティを現実に作り変えたのか。それは、政治的諸資源の再配分をもたらしたのか。はたまた、新たな規範の内面化に成功したのだろうか。イタリアの統治に澱《おり》のように沈殿してきた昔ながらの諸慣行は、新制度の導入でいかに変容したのか。現実に、そうした諸慣行はなんらかの目に見える形で変化したのか。

州政府の創設

州・地方への強い一体感はイタリア史の遺産の一部である。地域的な広がり――地理的に限定され、政治的に独立し、経済的に独自性を有し、一般に強大な都市によって支配される――は、千年以上にわたりイタリアという歴史の綴れ織の、顕要な経糸でありつづけてきた。[6] 事実、新イタリア国家が一八六一年に宣言されたとき、言語的な多様性には驚かされるものがあった。当時、「イタリア人」のわずか一〇%(おそらく二・五%程度)だけが、国語を話した。[7] イタリア統一を実現したピエモンテの君主主義者にとって地域主義は、国家の発展を阻害する由々しき障壁と映った。「イタリアという国家を創り出す前に、イタリア人を創り出さなければならない」が、彼らのスローガンであった。高度に中央集権的なナポレオン型統治モデルが、当時の統治科学の最新用語であった。彼らによれば、誕生したばかりの国民国家のおぼつかない統合状態を救う手立てとして、強大な中央権力が不可欠であったのだ。[8]

当時、新生国家内に自治的な州政府を確立せよ、という声も少しは聞かれた。だが、南部の後進性を恐れ、さらには教会や農民の反動性を恐れて、近代イタリアの建国者の多くは(現代の第三世界での新興国家の建国者の大半と同様に)、分権化が国の繁栄や政治的躍進の足枷になると主張した。中央集権か地方分権かという論争は、ほどなく前者に軍配が上がった。地方の幹部行政官は、ローマの中央政府が任命するところとなった。地方の政治的な行き詰まり(また、中央政府の方針に反対する地方の異議申し立てはなおさらのこと)によって、中央政府任命の行政長官がその土地を長年支配するに至った。[9] 隣国フランスの制度をモデルとした強大な県知事は、あらゆる地方法令、財源、契約をこと細かに認可することで地方政府の人事と政策を統制した。[10] 農業、教育、都市計画に至る公共政策の大半の分野が、国の出先機関によって執行された。

イタリア特有の政治的妥協によって、この極度の行政的な中央集権の厳格さが実際にはいくぶんかは緩和された。初期の議会では、自らの脆弱な政治的支持を保持するためにイタリアの政治指導者は、変移主義《トラスフォルミズモ》という手段を開発し、地方の名望家はこの政治技術のなかで情実的な取引にうつつをぬかした。中央の統治連合への支持と、地方の諸条件（もしくは、少なくとも地方の有力者が突き付ける諸条件）を聞き置く国の政策のさじ加減が天秤にかけられた。県知事は地方政府の統制に責任を持ちつつ、反面伝統的な地方エリートを懐柔する責任も負った。この傾向は南部でとくに顕著であった。恩顧＝庇護主義的絆の垂直的ネットワークが公共事業の配分の手段となり、また行政の集権化を緩めるあめ玉となった。変移主義《トラスフォルミズモ》を通して、地方エリートと代議士は選挙や議会での支持と引き換えに、ローマの方針にそぐわない地方的利害のために取り引きすることが可能となった(11)。中央への政治チャネルは行政ルートよりも重要であった。だが、いずれの場合でも、中央への結び付きは依然として決定的に重要なものであった(12)。

中央統制のこうした交渉的＝差別的システムは、事実ファシズムの幕間劇をも生き残った。選挙、政党、政治的自由は廃止されたが、執行権の伝統的機関、旧支配階級の大半が権力にとどまった(13)。公的諸制度はきわめて集権的でありながら、地方エリートに対する実際の統治の顔はある種暗黙の応答性を備えていた。だが、こうした統治の実際にもかかわらず、君主制のもと、ファシズムのもと、さらには戦後二〇年もの間、地方の政策決定者にとりすべての道はローマに続くものであった。

第二次大戦後初めて民主政治が到来し、また極端な集権化に対して草の根レベルで強い反発が強まった。その結果、再び地域主義的な感情が表面化しだした。新生の強力な政党――中道右翼のキリスト教民主党、左翼の社会党、共産党――は、歴史的に中央政府に抵抗してきた経験があり、したがって一般論として分権化の拡充を求める議論を展開してきてもいた。これら諸政党の指導下、一九四八年のイタリア共和国憲法は、直接公選の州政府の規定を設けた(14)。

だが、州政府は憲法規定が設けられただけで放ったらかしにされ、直ちに実現されたのは、国境沿いのシチリア、サルデーニャの島嶼部等、分離主義や少数民族問題に脅かされている地域の五つの「特別」州だけであった(15)。人口の八五％が住む残りの「普通」州が実現されるには州設置法が必要であったが、政治的な強い反対が、「普通」州の実現を阻んできた。国の行政官僚機関は、当然のことながら重要な諸権限の放棄に乗り気ではなかった。さらに重要なことだが、今では国を牛耳るまでになったキリスト教民主党にしても、「普通」州が実現すればイタリア北中部のいわゆる「赤い地帯」の諸州が共産党支配下に入るのではないか、という不安を抱くもっともな理由も存在した。二〇年以上にわたり、憲法上の州政府規定は死文のまま放置され、国の中央統制が原則として生き残ったのである。

だが、制度改革を取り巻く情勢は、一九六〇年代半ばまでに大きく変わろうとしていた。その背景には、戦後イタリアが猛烈な勢いで社会的・経済的変化を経験したことが指摘される。一九五〇年から七〇年までの二〇年間で、イタリア経済はかつてないスピードで拡大し、その急成長ぶりたるや、事実、西欧諸国で随一であった。膨大な人が、貧困にあえぐ南部から工業化した北部へ移動した(16)。農業労働人口比率は、四二％から一七％へと急減した。その速度は、同様の経験をした他のヨーロッパ諸国の二倍であった。食料事情も改善し、非識字率、幼児死亡率も以前の三分の一に減った。自転車はヴェスパ（スクーター）に代わり、そのヴェスパも自動車のフィアットに取って代わられた。何百万というイタリア人が、仕事を変え、古い家を後にし、生活様式も変えた。イタリア、そしてその大半の州や市民は、未曾有の大規模な社会変動を経験したのである。

社会的・経済的変化と比べると、政治や統治のあり方はまったくもって旧態依然としたものであった。だが、州政府の問題が、中央行政機構の動脈硬化症への不満の高まり、地域計画の必要性への関心の高まり、中央政界の左傾化によって再度浮上しだした。一九六八年二月、法案反対の保守系政治家による議事妨害というハプニングもあったが、議会はついに普通州に対し選挙機構の規定を設ける法律を通過させた。二年後には地方財政確立法が成立し、それに続き最初の州議会（州会議員数は、各州人口に比例し三〇名から八〇名）が一九七〇年六月に創設されるに至った。その後、数ヶ月内に各州議会は、イタリアの政党政治型議会制に倣い、州代表と内閣（＝評議会 giunta。本書では内閣と訳す――訳者）を選出し、共和国憲法と国の授権規定に従って、組織・手続き・州の管轄権を記した州「制定法」

を作成した。

新制度の提案者が掲げる目標は、多方面にわたった。民衆派《ポピュリスト》は、州政府は市民参加の促進や地方のニーズへの応答性を高め、それにより民主主義のレベルを高めうると主張した。穏健派は、地方分権化が行政効率を高めると論じた。南部主義者は、州政府の確立が南部諸州の社会的・経済的発展を加速させ、南北格差の縮小につながるものと確信していた。州の自治は、中央政界ではたまたま「部外者」であったグループ――数十年前のカトリック、二〇世紀中葉のイタリア共産党――の心情をとらえた。進歩的なテクノクラート集団は、合理的な社会経済的計画にとって州政府はなくてはならないものであり、州政府の実現により、従来の伝統的・イデオロギー的な政治様式よりもプラグマティックな「政治の新しいやり方」が生まれると主張した。

州分権論の支持者は、政治を創り直す制度変更の力を信じていた。彼らは、新しい州政府の運命を半ば救世主的な言葉で解釈し、「政治的に自立した州政府が創設されることで、社会と政治の両面で本格的な刷新が実現する」[17]ことを確信していた。一九七〇年に行った新しく選出された州会議員に対する第一回目の面接調査は、彼らが期待と熱狂の渦の中にあったことを示している。制度改革の将来に楽観的な彼ら議員たちは、州を中央政治機構に対抗する力強い挑戦者と見ていた。この時期は、州分権論者に理想主義と幸福感がみなぎっていた時代であった。

だが、生まれたばかりの州にとって、十分な財源と権限を確保する闘争はまさに始まったばかりであった。国家が権限・財源・人員を州に移譲する法令を発布するのに、さらに二年を要した。新しい州制度は、一九七二年四月一日にようやく現実的にその一歩を踏み出すことができた。だが不幸にも、一九七二年法令は、州レベルでは、州庁官僚自身からだけではなく、ほぼ全政党の代表や関心の高い市民層など各方面からその不備を厳しく非難された。州制度創設の初動期に、保守的な中央の政治家、頑迷な中央官僚機構、旧弊な裁判官が一種の同盟を組み、共謀して州に多くの法的・行政的・財政的制約を課そうとした。中央政府機構は、州業務への「指揮・調整」という総括的権限を保留しており、また躊躇なくこの種の権限を行使した。例えば、第一立法期で州議会が通過した法律の約四分の一について、中央政府機関が拒否権を行使した。さらに、国は発足したばかりの州政府の財源にもきつい縛りをかけていた。一九七二年に公表された財政支出計画は、州に対する向こう三年間の財源配分の事実上の据え置きを示すものであった。これに対して、中央官僚機構の支出は二〇％の伸びが予定されていた。州分権論者の間に、地方分権の真の実現のためには国との政治闘争が必要だとする考えが強まるにつれて、彼らの幸せな気分は不満と怒りに取って代わられた。

自治志向が強いロンバルディア州政府（進歩的なキリスト教民主党が支配）やエミリア・ロマーニャ州（共産党支配）の主導性、また一九七四―七五年の全国的な政治の左傾化を追い風に、州分権論者は国家への攻撃を再開した。この動きを支持する新聞は、州の各種利益団体や世論から草の根的な支持を再結集するのに与った。多彩な縞模様――北と南、赤と白――にも似た各州政府は相互に協力し、いわゆる「州分権化実現統一戦線」に加わった。この連合は、第一次州制度改革の一部として新設された政府諸機関――州政府省、州政府設置議会内委員会――の支持を受けて強化された。

前回の部分的地方選挙から四年ぶりに実施された一九七五年六月の統一地方選挙において、左翼勢力は大躍進を果たした。そして選挙直後の七月、州分権論者は新たな重要な権限の州への移譲を迫る第三八二号議案を議会で強引に通過させることに成功した。この第三八二号法は闘争舞台を政策決定へと振り向け、中央官僚機構の次なる妨害の機先を制すべく、政府に政令実施の議会承認の取り付けを要求するものであった。こうした政令を整備するのに、主要政党以外に、国、州政庁機関、州議会委員会で激しい、時にはとげとげしい交渉が二年以上にわたって繰り広げられることとなった。一九七六年の面接調査時では、州がその自治権を主張する能力についてきわめて悲観的な見方が多くうかがわれた。六年前の面接調査に表れた州政府の将来についての楽観的な予想に比べると、中央＝周辺間の対立激化、中央統制の強化を口にする者が増えた。緊要な社会的・経済的諸問題に対する新制度の対応能力について、かつて見られた楽観主義は薄れ、被験者は国の非協力的な態度を口々に非難した。当然のことながら、今や自治への要求は彼らの政策課題の相当に高い地位を占めるに至ったのである。

どの政府間の関係にも言えることだが、この中央＝周辺間ゲームは、二つの別々だが相互に関連し合い、われわれが言う「一州対国家《ワン・オン・ワン》」、「全州対国家《オール・オン・ワン》」という形で同時進行した。一州対国家型ゲームを通じて、各州は、特定の決定に対する国の統制を回避、あるいは弱めようとした。全州対国家型ゲームでは、すべての州政府が一団となって自らの交渉資源を拡張しようと、一州対国家型ゲームのルールを変更すべく国家と闘った。州制度発足時には、一州対国家型闘争は中央政治機構のほぼ全面的な勝利に終わった。この時期の中央＝周辺関係を指して、誰もが形式主義的、敵対的、非生産的だと評した。

だが、一州対国家型闘争は国に有利に展開したが、全州対国家型闘争は地方優勢で展開し、ついに絶頂の時を迎えるに至った。一九七七年六月、七月、主要政党の代表が長期に及ぶ一連の頂上会談を行い、その結果として包括的規制が法律（いわゆる政令六一六号）として実現したのだ。政令六一六号により、国直属の地方行政機関が廃止され、また中央官僚機構から準公的社会機関、さらには農業省など数省の重要な部局をも含む約二万の行政機関が州に移管された。また社会事業、地域計画を含む複数の重要な政策分野での包括的な立法権が州に移譲された。政令六一六号は、その財政条項により、州に対し国家予算の約四分の一、一部の計算では三分の一程度を予算計上する権限を付与した。そこには、国立病院や保健医療制度へのほぼすべての責任を州に移管する、政令六一六号とは別の改革も含まれていた。一九八九年までに、この二部門のみで、全州の歳出の半分を上回った（またどの州でも同じだが、保健医療政策のような難しい行政課題に半分以上を支出した）。

州分権論者のこのような勝利の一因は、国政レベルの政治事情にある。与党キリスト教民主党は、一九七〇年代中葉から党勢を急速に拡大していた共産党にその地位を脅かされつづけた。その共産党は、社会党およびキリスト教民主党左派の支援の下、今まで以上の分権化を強く求めていた。政令六一六号は、キリスト教民主党のアンドレオッティ首相が、内閣への共産党の協力を維持するための譲歩であった。また、直接公選の州政府の存在も、こうした政治的駆け引きと同様に重要で、従来にもまして実質的な地方分権への強い圧力と政治的な動機を生み出した。勝利を収めた州分権論者は、初期改革によって鎖が解き放たれ、また場合によっては改革によって現実に生み出された諸勢力を利用した。

自治権の移譲はたんに法律行為にとどまらず、ある種の取引過程とならざるをえない。法・憲法の枠組み、行政の枠組み（州への統制、権限移譲、人事パターン等）、財源は、現代におけるゲームにとってきわめて重要な資源であると同時に、過去のゲームの帰結でもある。州のリーダーがにらんだ通り、中央政治機構の主たる取引資源は、財源の統制と公式権威の移譲に対する統制――財布と規則集――であった。北イタリアの豊かで野心的な州のリーダーは、南部が財布を気にするのとは対照的に規則集により関心があった。

中央政府は、法律・規則・財源への統制を強めた。そうした中央の頑迷な態度を前にして、州はより非公式な政治資源を活用しだした。州は、州同士の連帯、さらには州、地方の利益団体、新聞、世論に後押しされた草の根支持に大きく依存した。南部諸州は、どちらかといえば州権論に同調する中央の庇護者《パトロン》への陳情という「垂直的」戦略に依存し、他方北部は、州分権論者の広範な統一戦線という「水平的」な集合行為に強く訴えた（南部の垂直的政治と北部の水平的政治の区別は、本書でいろいろな形で再論されよう）。国と州の激突は主として北部主導のなかで最高潮を迎えた。本章で後述されるが、北、南を問わず七〇年代半ばまでに、有権者や地域リーダーが州庁の行政実態を批判するときでさえ、州制度改革の原則は強く支持されているという状態が現れた。自治権移譲への政治的推力は、外からの力がなくとも前進しうるまでに成長していたのである。

政令六一六号は、州の公式の権威を樹立する決定的闘いで、州が国家を負かしたことを表現するものであった。新しい権限を有効に発揮し、新たな財源の使用を目指す大して劇的とはいえないがいっそう厳しい闘争は、もっと後になってのことであった。州の全州対国家型勝利が大勝利を収めたので、もはや州それ自体の諸欠陥をもっともらしく中央政治機構のせいにすることはできなくなってしまった。後の祭りだが、ある州リーダーは、一九八一年に、「国の連中ときたら、われわれを水のなかに放り込んだのだ。こちらが立派に泳げることを望みつつね」と語ってくれた。中央の高級官僚の一人は、より冷徹にだが、おそらくより的確に事態をイメージさせてくれた。「一九七七年の政令で、州の連中に首吊りでもなんでもできる麻縄をとうとうくれてやった」と彼は言い放ったのである。

第二立法期（一九七五―八〇年）には、主導的な州のいくつかでリーダーが交代した。この事実は、州が新たに直面する挑戦が変質しつつあることを象徴するものであった。ピエロ・バセッティ（キリスト教民主党）ロンバルディア州知事、グイド・ファンティ（共産党）エミリア・ロマーニャ州知事、レリオ・ラゴリオ（社会党）トスカーナ州知事といったカリスマ的な改革の士は、国政へと転身、出世し、退屈な経営者タイプの政治家が後釜に座ったのである。

国と州の権限の新たな分業の形は、連邦制とはいまだほど遠いものであった。州財源の大半は国からやってき、中央政府は州立法への拒否権を依然として保持していた。だが州は、統一イタリアのかつての地方政府よりも強力なものとなっていた。州の立法権は、保健、住宅、都市計画、農業、公共事業、教育の一部という分野を今やカバーするに至った。さらに、州法は、地域計画、経済計画、構造計画への管轄権を主張するのに成功した。南部での大規模な公共投資を所掌する南部開発公庫の肥大化した事業は、州政府代表が強めた統制下に置かれた。

それ以降、州あるいは州監督下にある自治体が、自州の福祉専門家機関を作り、職員を配置し、農民や職人への自州の補助金制度を運営し、自前の協同組合や保育園を組織できるようになった。州は地域開発計画や土地利用計画を策定することもできた。州は商工会議所を乗っ取ることができた。……おそらく、最も面食らうのは、「社会の風紀を守る」のに欠かせぬ職務――すなわち、レストラン経営者、店主、タクシー運転手、銃所有者などへの免許発行権――の州への移譲であった。これらこそ、情実政治と治安維持の真の権力であった。いやはや、そこにこそ統治における一つの革命があったのである。(18)

表2－1　イタリアの州歳出（分野別、1989年）

	経常収支[a]	資本収支[a]	総計[a]	総計[b]	%
保健	48779.2	2269.7	51048.9	37,208	56.3%
農業	2004.3	4895.7	6900.0	5,029	7.6%
運輸	4561.7	1646.9	6208.6	4,525	6.8%
一般行政	4874.6	1059.0	5933.6	4,325	6.5%
住宅／土木	121.7	5149.4	5271.1	3,842	5.8%
教育	2232.4	385.4	2617.8	1,908	2.9%
環境	340.6	1863.7	2204.3	1,607	2.4%
社会扶助	1364.4	539.0	1903.4	1,387	2.1%
工業／職人企業	282.6	1513.9	1796.5	1,309	2.0%
商業／観光業	447.5	896.4	1343.9	980	1.5%
文化	429.4	386.0	815.4	594	0.9%
公債償還	0.0	622.7	622.7	454	0.7%
その他	1711.2	2262.9	3974.1	2,897	4.4%
総歳出	67149.6	23490.7	90640.3	66,064	100.0%

a　単位＝10億リラ
b　単位＝100万ドル

普通のイタリア市民の生活に関係する統治活動の多くの面への責任――従来の中央諸統治機構が遂行できずにきた本来的機能の多く――が、州の手に移った。

州政府の重みを測る実際的な測度は、州政府が今や支配する諸資源であった。新政府のために何万という行政職が創設され、一九七〇年代初め地方分権化の波に乗って何千という職員が国の行政官僚機構から州に移った。一九八一年四月までに、一五の普通州の行政職員は四万六二七二名を数えるに至った。五年間で七六％の伸びであった（これに加えて、五つの特別州は、別途二万九三八三名を雇用した）[19]。

州財源の総額は、一九七〇年代、八〇年代を通じて急増した。一九七三年の約一〇億ドルが、一九七六年には約九〇億ドル、一九七九年には二二〇億ドル、一九八九年には六五〇億ドルを超えるまでに増大した。その最大部分は、国からの一般目的および特定目的の財源移転であった[20]。（一九八九年の州歳出の概要は、表2－1に要約してある）。一九九〇年代初頭までには、国内総生産の約十分の一を州政府が使うまでになっており、その値は、アメリカの州の値をわずかに下回る程度であった。一五年前には紙上の存在にすぎなかったが、州は今や膨大な財源を支配するまでになった。事実、一九七〇年代、八〇年代の大半を通じて、予算年に使い切れずに翌年に持ち越された未消化分がほぼ至る所で急増した。州に流れ込む諸資源は、州政府の未熟な行政能力を超えるものであったのだ。

組織や手続きの確立を別にすれば、新制度立ち上げ期での州立法の主たる焦点は、農業組合への貸付、要支援学生への奨学金給付、障害者支援、都市間バスへの補助金、スカラ座への助成金等、資金の配分であった。大半の州は、公的な財政支援を求めはするが、しっかりした社会的な改善を行うのに必要な行政インフラや、法的権威を欠くことすら少なくなかった。その結果が配分政治――しばしば、イタリア人が「小立法《レッジーネ》」、「ばらまき介入《インテルヴエンティ・ア・ビオジャ》」（州に無差別に「振る舞う」プロジェクト）と呼ぶきわめてばらばらな形態をとる――への埋没であった。

ところが、一部の州は、都市計画、環境保護、イタリアの混乱した保健医療・社会サービスといった分野で実質的な改革を導入した。これらの州は、後に全国に広がった保健医療・社会的補助の改革の基本的な組織構造――「保健医療・社会サービスのための地方ユニット」――の草分けとなった。多くの専門家の意見によれば、都市計画は、立案責任が州に移譲されたことにより大幅に改善された。例えば、エネルギーや環境のような一定の「新たな」公共政策の分野では、腰の重い中央省庁が、変化する公的需要や社会的ニーズに対応しきれずにきた政策的空白に、多くの州が取り組むようになった。州の立法能力の範囲が州庁の行政能力を超えていたかどうかは、次章以下で再度言及する重要な問題の一つである。だが価値判断を別にすれば、イタリアの国内政策は今や州へと分権化されたのである。州政府は、マックス・ウェーバーの喚情的な表現を使えば、「堅い板に力をこめて徐々に穴をあけてゆくこと」[21] となったのである。

州の政治エリート──「政治の新しい手法」

イタリアにおける統治のゲームのルールは、一九七〇年以降二〇年の間に様変わりした。これらの制度変更は、政治手法と統治の実際にどのような影響を与えたのであろうか。この問題を今こそ検討する必要がある。モンテスキューの省察によると、政体が新たに誕生するときには、指導者が制度を作り出すが、その後は制度が指導者を形作る。制度変更と政治エリートの相互作用は、イタリアにおける州の実験という物語の重要な一部をなしている。

州創設以前の議論を通じて、一部の識者は、州議会が、「古株の政治屋」、すなわち時代遅れの政党ゴロで固められるだろう、と予測していた。他方、少数のユートピア的な州分権論者は、新参の市民政治家の新たなグループが草の根レベルから現れる、との予想を示していた。結局は、どちらの予想もはずれることになった。新議会は、スタート時点から十分な訓練を積んだ上昇志向の野心家で、高度に職業化した政治家が集う結果となったのである。(22)

平均的な州会議員像は、選挙時に四五歳前後、党歴二五年という感じであった。州会議員は、国会議員に比して平均二、三歳若く経験不足は否めないが、その他の点では市会議員よりも国会議員に近かった。事実、一九七〇─八五年の全州会議員の少なくとも二〇%(州の指導部経験者全員の三分の一以上)が、州会議員から国会議員に転身することになった。(23)イタリアの政治的階梯では、州会議員の仕事は、非専従の素人政治家と職業政治家の中間に位置する政治経歴の重要な一段階となっていた。

新人の州政治エリートは、おおむね自力で政治的に成功した議員であった(州会議員の女性比率は五%未満。この点、州議会が他の重要な次元でオープンであろうがなかろうが、男性支配の世界であった)。州会議員の社会的出自と経歴は国会議員には劣るが、市会議員に比べれば見栄えがするものであった。州会議員は一人を除いて、各自の州の町や村に固い基盤を持っていた。(24) 州会議員の約三五—四〇%は、労働者、職人ないしは農民の息子であるが、その種の仕事を実際にやった人間となると、彼らの一五—二〇%にすぎなかった。父親の最終学歴が小学校までが半数以上、大卒・中退組は一〇—一五%にすぎなかった。だが、議員本人は、圧倒的多数(一九八九年には七七%)が大学に通った経験があった。この数字は国会議員と大差なく、市会議員の約二倍であった。

州会議員は、地方政府および党務に長い経験を持つベテラン政治家である。彼らの四分の三以上がかつてなんらかの公選職に就いた経験があり、五分の四が所属政党の指導的地位にあった。市議会は州議会への重要な踏み台で、全州会議員の三分の二に市政の経験があった。州政府が設置されて二〇年、州はイタリアの政治的階梯の決定的な地位を、県(州と地方政府の中間にある行政単位)から少しずつ奪い取ってきた。一九七〇年から八九年の約二〇年間に、州会議員に占める県の公職経験者数比率は、四五%から二〇%に激減し、県の現職も含めた政党幹部の比率も、八二%から六五%に下落した。それとは対照的に、州会議員で自州の党幹部経験者(あるいは現職)比率は、一九七〇年の二六%から八九年には五九%にまで増加した。キャリア・パスに見られるこうした傾向は、イタリアの政党組織の着実な(いまだ不完全だが)「州分権化」を反映し、州独自の政治的名誉が出現した最初の証でもある。

州会議員は、自らの役割を専従職——制度化の深化の一指標——だと、少しずつだが認識し始めた。(25) 州政府における本務以外に仕事を求める州会議員は、一九七〇年時点では六九%もいたが、八九年には四五%にまで減った。州議会は、職業政治家にとって公認の活動舞台となったのである。(26) 新しい政治制度はどのようなものであれ、多くの障害にぶつかる。その最初のハードルでは、新制度が政治家の野心を引き付け、やり手の政治家の野心をとらえる必要がある。イタリアの州政府は、この重要なハードルを乗り越えてきたのだ。

さらに重要な点は、州政府の存在によってエリートの政治文化が変質したことである。一九七〇—八九年の州会議員や地域リーダーとの頻繁な面談で認められるようになった最も印象深いメタファーは、イデオロギーの著しい脱政治化であり、それは公共事象へのプラグマティックな接近への強い傾向を伴うものであった。

イデオロギーの脱政治化の主たる背景には、一連の論争上の争点についての考え方における右への収斂傾向があった。この流れは、共産党や他の左翼政治家を穏健化の方向へ大きく押しやるきっかけとなった。例えば、「イタリアにとって資本主義は脅威だ」という設問に賛成と答えた左翼（共産党、社会党、他の小さな左翼グループ）の割合は、一九七〇年の九七％から七六年には七六％、八一—八二年の五四％から八九年にはついに二八％へと着実にまた急速に低下していった。(27) 他方、この設問、さらには幅広い類似の設問に対して、キリスト教民主党や他の中道右翼政党の政治家の保守化ははるかに緩慢かつ波がある傾向を示した。例えば、「労働組合はイタリアで力を持ちすぎだ」という設問に賛成した中道／右翼の割合は、一九七〇年の六七％から七六年には七四％に微増し、八一—八二年では八六％という高い数字を示したが、八九年には六五％と二〇年前の水準に逆戻りしてしまった。その結果、左翼政党と右翼政党のイデオロギー的な距離は、一九七〇年から八九年までの二〇年間で実質的には狭まることになったのである。

図２－１は、右に指摘した変化の最終結果を要約してある。図２－１は、資本主義、労働組合の力、所得分布、離婚、公共部門のストライキに関する質問をベースに作成されたもので、《左翼—右翼争点》指数上に政治家の位置が確認される（《左翼—右翼争点》指数の成分は、表２－２に列挙）。面接に応じた政治家の意見は、一九七〇年時点では、古典的な分極的両峰型（極左に傾斜）を描いている。その六年後には、両峰型という点では変わりなかったが、両峰の間隔は狭まった。一九八一—八二年までには、意見分布の重心はかなり右に移動し、その結果分極化の程度は弱まったが、左翼・右翼の開きはまだ相当にあった。振り子は一九八九年時点までに中央に戻った。意見の分布は、典型的な「正規曲線」を描き、中央値が意見の最頻値をなし、左・右の幅が二〇年前より格段に狭まったのだ。(28)

表２－３は、同じ証拠をやや違った形で表している。《左翼—右翼争点》指数上、極右、極左に位置する州会議員の急減がこの表から分かる。表に示した意味での両極グループは、一九七〇年の四二％から八九年にはわずか一四％にまで急減した。新制度発足後二〇年で、州政治は着実で強い中道的性格を実現したのである。

図2－1 《左翼－右翼》イデオロギーの穏健化（1970－89年）

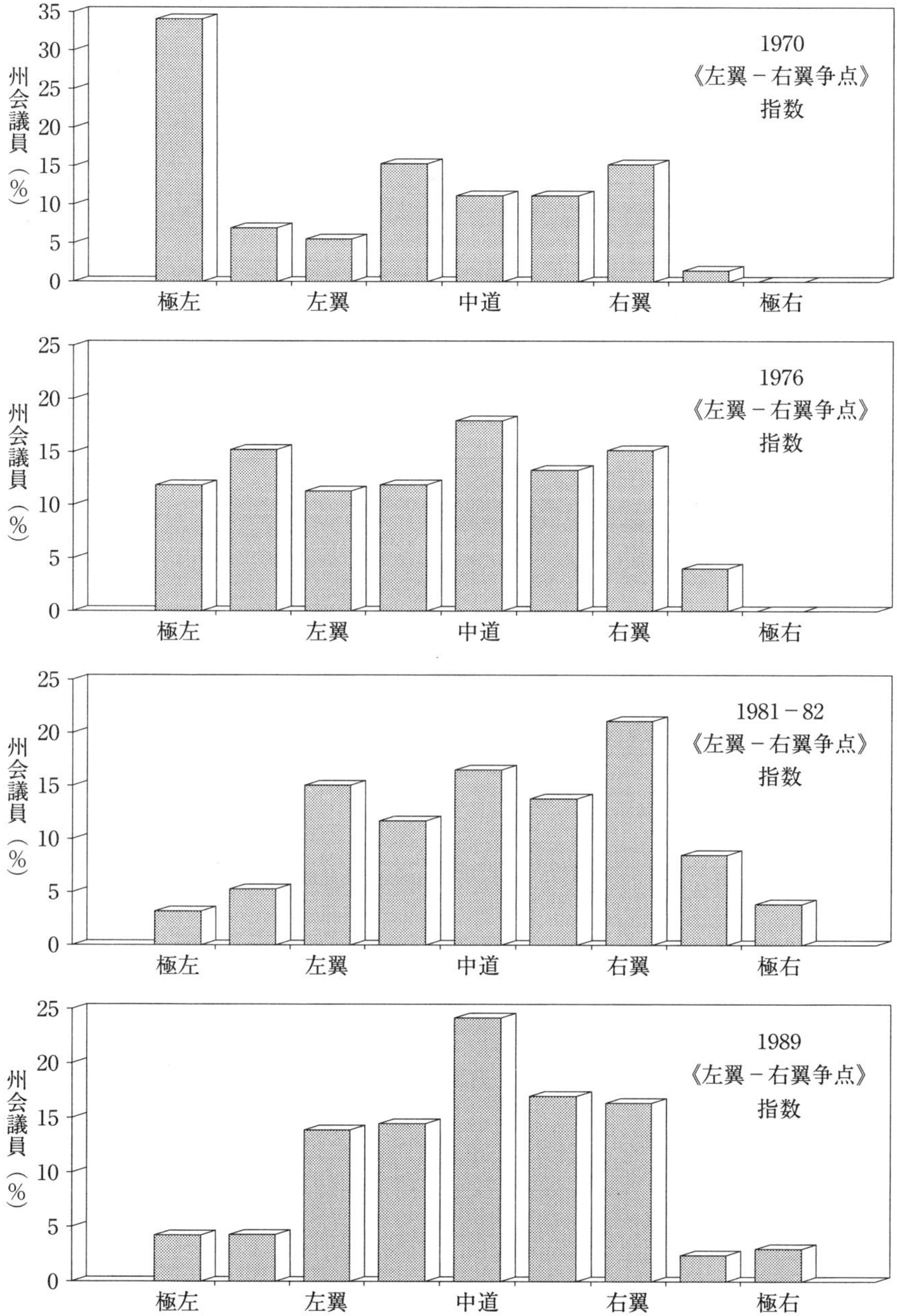

表2－2 《左翼－右翼争点》指数の成分

1. 所得配分において労働者は実際に不利な立場にいる。（賛成）
2. 労働組合はイタリアで力を持ちすぎだ。（反対）
3. イタリアの離婚制度は進歩の証だ。（賛成）
4. 公共事業体（例えばガス、運輸）でのスト権は制限されるべきだ。（反対）
5. イタリアにとって資本主義は脅威だ。（賛成）

注：各設問には、「まったく賛成」、「どちらかといえば賛成」、「どちらかといえば反対」、「まったく反対」のいずれかを答えてもらった。指数は、5つの設問すべてへの回答の加算値である。〈左翼－右翼〉のスコアリングは、設問2と設問4で逆になっている。

表2－3 州会議員の穏健化（1970－89年）

	比率			
	1970	1976	1981－82	1989
＜過激主義者＞	42	31	21	14
＜穏健主義者＞	58	69	79	86
	100	100	100	100
（数）	(72)	(154)	(151)	(166)

注：〈過激主義者〉と〈穏健主義者〉は、《左翼―右翼争点》指数のスコアで測定。図2-1の各ヒストグラフの「外」4つ（左端の2つ、右端の2つ）の階級が〈過激主義者〉、また中5つの階級が〈穏健主義者〉とコード化されている。指数と階級の境界値は前後4回の面接調査とも同じ。

図2－2 州会議員の政敵への共感度（1970－89年）

PSI：イタリア社会党
PRI：イタリア共和党
DC：キリスト教民主党
PCI：イタリア共産党
PSDI：イタリア社会民主党
PLI：イタリア自由党
DP：プロレタリア民主党
MSI：イタリア社会運動

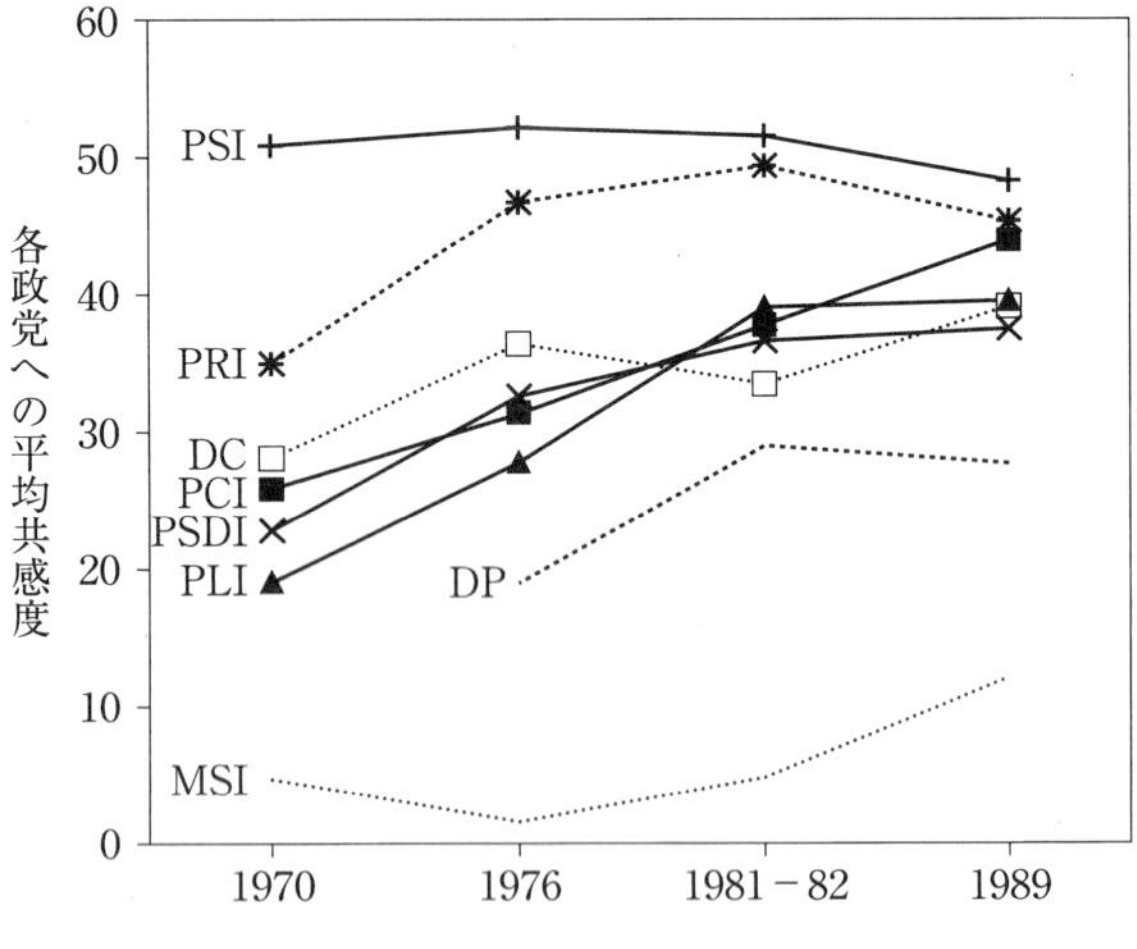

イデオロギー的な距離が狭まるにつれ、党派を越えた寛容な精神が開花しだした。毎回の調査で、政党への共感／反感を州会議員に聞いた。指標に《感情温度計》を用い、〇点（完全な反感）─一〇〇点（完全な共感）の温度を設定した。図2－2は、敵対する州会議員が、他党に表明した共感点の経年変化を示している。結論的に言えば、現実に全政党間で相互承認の態度が着実に増大しつつあることが分かる。非共産党系政治家の対共産党共感点の平均は、例えば一九七〇年には二六％であったものが、八九年には四四％にはね上がり、また他方キリスト教民主党への共感点の平均は、一九七〇年の二八％から八九年には三九％に上昇した。ネオ・ファシストのイタリア社会運動（また、それほどまでではないが極左のプロレタリア民主党）のみが、他党の政治エリートから相手にされていない感があるが、そうした反感でさえも七〇年代当初に比べ、八〇年代末までにはさほどむきになるようなものではなくなった感がある。

実際には、これらいずれのスコアも、《共感─反感》尺度で共感点五〇を越えたものはない。というのは、競争システム内の政治家が、その政敵に深い愛着を表明することなどはほとんど期待しえないからだ。敵対する政党（結構受けがいいイタリア社会党も含めて）への共感は、中位点の五〇点が壁となっている感じがある。それにもかかわらず、州の実験がスタートして初めの二〇年間で、イタリアの政党政治の古くからの特徴であった強い政治的緊張は徐々にほぐれ、代わりに相互尊重の精神が芽生えだしたのである。

州の政治エリートの間で党派的アレルギーが薄らいできた事実は、イタリア社会の広範な変動の単なる反映ではなかった。エリートと同時に行った一般人対象の調査では、一九七〇年代後半にエリートの間で進んだ政党間関係の好転とは逆に、有権者レベルでは党派的な敵対心が実際には強まる傾向にあることが示された。だが、こうした大衆レベルでの党派心も、八〇年代に入ると弱まりだした。このタイミングは、イタリア政治の脱政治化現象が、「エリートが引っぱった」という解釈（この仮説を詳細に検証するには、さらなる研究が必要だが）に合致する。いずれにせよ、州政府創設時には、種々の政党から新たに選出された州会議員は、彼らの選挙民各層に比べ党派的にみて敵対的

表2-4　エリート政治文化の傾向（1970－89年）

州会議員への設問	賛成率			
	1970	1976	1981－82	1989
今日の社会・経済問題の解決には、政治上の考慮よりも専門技術的な考慮が重視されるべきだ。	28	43	64	63
政敵との妥協は、普通は味方を裏切ることになってしまうので危険だ。	50	35	34	29
一般に政治的な論争では、妥当な解決法はふつう中間にあるので極端な立場は避けるべきだ。	57	72	70	70
つまるところ、仲間市民への忠誠が自分の党への信義よりも大切だ。	68	72	84	94
（概数）	(77)	(158)	(154)	(171)

であった。だが、その後二〇年でこのパターンは完全に逆転し、政党間関係は、党派の違いにこだわる選挙民よりも州会議員の間で著しく開放的かつ寛容になった。(29)

こうした傾向は、州の政策決定にある重大な結果をもたらした。実務的な問題の調整過程が、以前のように党派的な敵意感情で邪魔されることが少なくなったのだ。この観察は、イデオロギー的な政治様式が二〇年の間に着実に弱まったことを示す証拠によって補強される。州会議員は、政治の世界を硬直した白／黒対立でもはや見ず、微妙な灰色という色調の（そして、議論を通して解決可能な）陰影で見るようになったのである。

表２－４は、一九七〇－八九年の間に州会議員の政治文化がいかに鋳直されたかを要約している。「今日の社会・経済問題の解決には、政治上の考慮よりも専門技術的な考慮が重視されるべきだ」という設問に賛成の州会議員の割合は、一九七〇年の二八％から八九年には六三％へと急増した。「政敵との妥協は、普通は味方を裏切ることになってしまうので危険だ」と考える州会議員の比率は、一九七〇年には五〇％もいたが、八九年には二九％まで減少した。また、「一般に政治的な論争では、妥当な解決法はふつう

中間にあるので極端な立場は避けるべきだ」といった穏健な立場を支持する議員の割合は、七〇年の五七％から八九年には七〇％に増えた。「つまるところ、仲間市民への忠誠が自分の党への信義よりも大切だ」という設問で「その通りだ」と回答した議員の割合は、一九七〇年の六八％から八九年には実に九四％にはね上がった。党より市民への忠誠を重視するという考えは、二〇年の間に、議論すべき命題から平凡な話題へと変わってしまった。表2-4の数字を経年でよく検討してみると、エリート政治文化に起こった著しい変化の大半が、一九八〇年代初めまでに起こったことが分かる。

州政府へのかかわりがエリートに熱情を抑制させ、穏健な態度を培うのに一〇年余かかった。その後、非妥協的なイデオロギー的態度は影を潜め、妥協と技術的な専門知識を美徳と重視する態度が強まった。州会議員に自州を、「イデオロギー的」／「プラグマティック」の五点法で評価してもらった。非常にイデオロギー的だと回答した議員の割合は、一九七〇年の二六％から七六年には二一％に、さらに八一―八二年には一四％へと漸減し、八九年にはとうとう一〇％となった。プラグマティズムは、もはや枕詞ではなくなり、仕事の一つのやり方となったのだ。

州会議員を対象とした一九七〇年、七六年、八一―八二年の自由回答式面接を相互に比較すると、彼らが社会サービス、経済開発といった州の特定の問題を分析する仕方にいくつかの興味深い変化が起こっていることが分かる。[30]州会議員との自由な談笑を通して明らかになったことだが、彼らは問題分析の視点を最終目標には置かず、現実的な手段という観点から当該問題のフレーム化を図る傾向にあることが年々目立ってきた。彼らの役割認識には、「〜に応答的」という役割像が減少し、代わって「〜への責任」が増え、また民衆の大義を体現する雄弁な指導者といった自己イメージは弱まり、代わって公益の有能な信託人といった自己像を描くようになった。州政府樹立後一〇年で、州のリーダーは、理論家肌、夢想家といった性格を薄めると同時に、他の利害を無視して特定の地域団体の権益のみを防御しようという関心も弱めた。行政、立法、財政の現実的な諸問題が今まで以上に強調されるようになった。州会議員は、効率的なサービス配給、道路や職業教育への投資を口にするようになり、「資本主義」や「社会主義」、「自由」や「搾取」をあまり語らなくなった。

こうした傾向は、明らかに制度的な優先事項へのリーダーの感受性に関係した。州政府が直面する最重要課題や将来への期待を語るとき、一九八〇年代の州会議員は一九七〇年の時点ほどに正義、平等、社会改革に注意を向けなくなったのである。彼らは今や、行政改革、政治改革、手続き改革に時間とエネルギーを惜しまず割き始めた。立法自治や行政的能率(いや、より多いのは行政的非能率)が、従来の比ではないほど彼らの議論の中心となった。これに対して、制度改革時のメシア的な「ラディカルな社会的革新」への関心は薄らいでしまった。

新たに選ばれた議員が初登院したときには、彼らには、政治や社会関係は究極的には非妥協的な対立をめぐる本質的にゼロ・サム的な闘争との考えが強くあった。根が過去の社会的・イデオロギー的闘争にあるこの種の政治観が強いものだから、州政府スタート当初、州会議員は金切り声を張り上げ、実際的な協力を拒みがちであった。この手の社会的・政治的対立観は、州設置後一〇年ほどで著しく変化した。図2-3から明らかなように、対立を和解不可能なものだと主張する州会議員は、この一〇年間で減り、逆に合意を強調する姿勢が着実に目立つようになった。

州をアリーナとする政治は、概して自制の効いたものとなっている。ここ二〇年ずっと、州会議員の大半は、同僚議員が政治的に反対派であっても連中は信じられる、と言ってきた。議員のほぼ三分の二は、イデオロギー的に敵対関係にある議員も州の実務的な諸問題では意見の一致を見出しうる、と述べている。四分の三の議員は、州議会の活動は対立よりも協調が特徴だと言っている。こうした態度は、われわれが話を交わしたほとんどの地域リーダーにも共通していた。

これらの報告は、当然のことながら、州会議員全員があらゆる争点で意見が一致しているなどと言おうとしているのではない。事実、特定の政策問題をめぐる意見の対立は、一九七七年以降広がっている。この年、中央政府からの権限と資源の移譲は、州リーダーに初めて実際的な選択の機会、その意味では意見が対立して当たり前の実際的な論争点を生み出した。論争が州の政治から霧散したわけでもないし、また(第四章で見るように)対立そのものが、良

図2－3　州会議員の「対立」観の傾向（1970－89年）

社会的対立、利害共有に関する州会議員の見方の傾向（1979－81／82年）

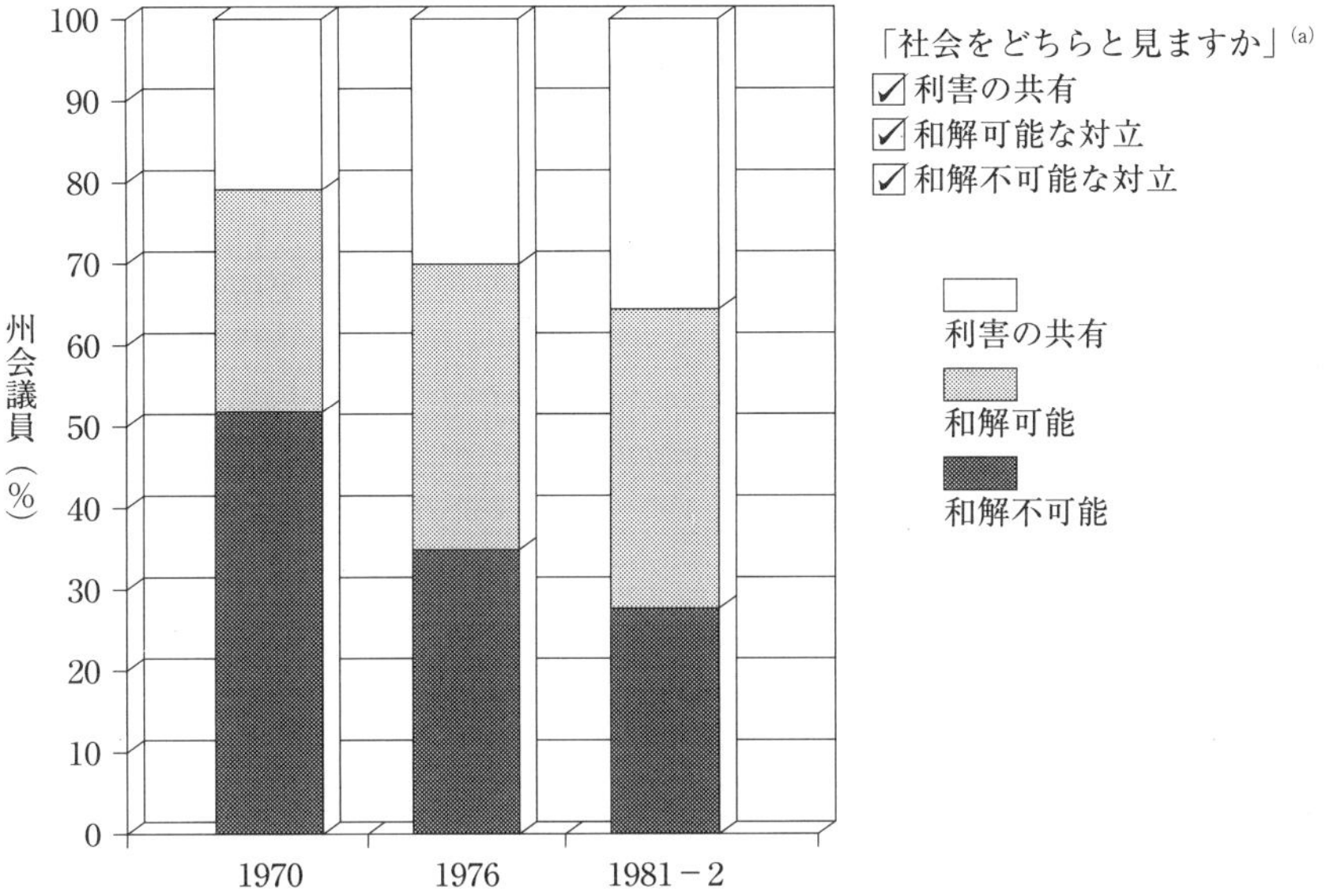

州会議員の自分の州への見方（1970－89年）

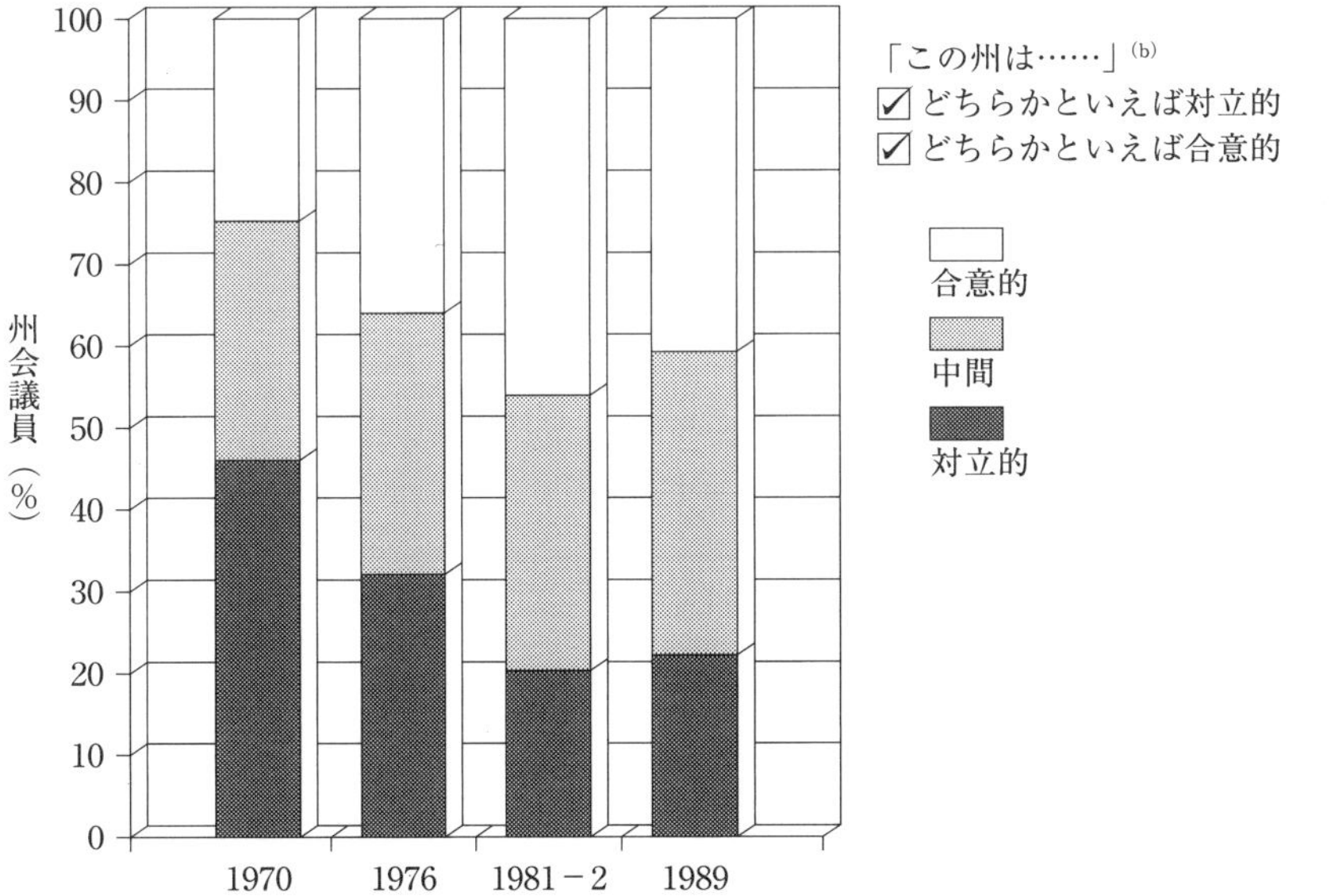

き統治と矛盾するものでもない。論争の存在にもかかわらず、イタリア政治のこれまでの伝統を破って、州議会では、「閉鎖的な」党派心が薄らぎ、「開放的な」党派心が強まったのだ。州で展開される政党政治の多元主義は、イタリアの国政を長年語る用語であった「分極的多元主義」ではないのである。(31)州のリーダーは、相手の気分を害さないように異見を述べるようになり、と同時に論敵を敬うようになったのである。

右の事実を証明する証拠は多く蓄えられている。州の実験が始まって二〇年、その間に政治風土、政治文化に劇的な変化が見られた。その変化とは、イデオロギーの衝突から協調関係へ、過激主義から中道主義へ、ドグマティズムから寛容へ、抽象的教養から実務的経営へ、利益の分節化から利益の集積へ、ラディカルな社会改革から「良き統治」へといった傾向である。

州分権論者の一部には、「理想に燃えた緊張が緩んだこと」を嘆く者がおり、その気持ちも分からないわけではない。理想主義を忘れ単なる「能力」へと向かう勢いは、やがて不毛で退屈で無責任なテクノクラシーを導くかもしれない。(32)だが、イタリアの文脈では、先ほど指摘した諸傾向はイタリア政治の変容の重要な一段階を印するものだと確信を持って言える。善悪は別にして、「理想に燃えた緊張」は、新しい州リーダーが新制度を創設する仕事を継続してやっていくなかで緩んでいったのだ。

州のエリート政治文化は、この二〇年間にどのようにしてこれほどまでに大きく変質してしまったのであろうか。一連の州議会の集計意見に見られるこれらの傾向を説明することは、およそ単純ではない。説明にはいくつかの選択肢があるが、そのうち次の三つが重要である。(33)

・議員の交替

たぶん、初期の州会議員にあっては扇動型ほど再選に失敗し、彼らに代わって有権者あるいは州庁外の党候補者推薦人お好みの穏健派が進出した。もしそうだとすると、議会の構成に変化はあったが議会の態度変容は起こらなかった、ということになる。この仮説は、一九七五年と八〇年の各時点での新人議員と離職議員を比較することにより検証できる。

・全国政治

たぶん、われわれが州会議員に認めた変化は、全国政治の脱分極化現象の反映である。おそらく、イタリアの政治家——州会議員も含めて——は、全体として一九七〇年代、八〇年代に中道色をいっそう強め、プラグマティックになった。先に見たように、この解釈は、一般有権者レベルでこの時期の大半を通じて党派的分極化が持続、あるいは強まりさえしたという証拠を前にすると問題ありと言えよう。国会議員の態度変容と直接比較できる証拠を持ち合わせていないが、一九七五年、八〇年の各新人議員を、それぞれ五年前に当選した先輩議員の考えと比較して、この仮説の当否を検討したい。当選議員は、年を追うごとに穏健化してきたのか。また、このことは、州会議員の全国的な補充プールがより穏健になりつつあったことを示唆しているのか。

・制度的社会化

たぶん、州政府そのものにかかわっていくなかで、州分権論者の態度は、イデオロギー的なドグマティズムからより合意的なプラグマティズムに変化した。右に挙げた三つのいずれも考えうる説明方法のうちこの制度的社会化仮説のみが、制度改革自体によって政治リーダーの間に妥協的態度がうながされ、彼らが自州の実際的な諸問題に慣れうる場を用意し、その意味で制度改革が州の政治に重要な影響を及ぼしたことを示唆している。この仮説に最も関連がある証拠は、一九七五年と八〇年の現職州会議員の意見をそれぞれ五年前の彼ら自身の意見と直接比較することから引き出せる。

われわれは、一九七〇年と七六年、さらに再び一九八一—八二年に同一議員の多くを対象にパネル調査として面接を行った。このパネル調査は、エリート政治文化の変化といった問題を完全には解き明かせないが、それによって右に挙げた仮説的な解釈の当否が明らかにされた。[34] いかに綿密周到だとしても、われわれの研究は完全に統制された科学的実験ではなかった。一度選ばれた州会議員ならば、「選出のあとさき」で比較はできるが、州制度外の政治家の直接の統制集団をわれわれは持っていない。にもかかわらず、われわれが収集した証拠は、以下の諸結論を支持するものである。[35]

・議員の交替は、州議会の穏健化にほとんど資するところはなかった。新人議員は、彼らに追い落とされた離職議員と同様総じて穏健的ではなかった。事実、新人議員は、時として離職議員より穏健的でなかった。議員の交替は、穏健化の傾向を進めるよりは遅らせることが多かった。穏健化は、有権者あるいは州庁外の党候補者推薦人によって制度に対して加えられなかった。

・国全体の傾向は制度固有の傾向と見分けにくいことが時にはあるが、州のエリート政治文化の変化には大した影響を与えなかったようである。最近の新人議員ほど、彼らの前任者の新人議員時代に比べて中道志向の感があるが、前任者が今やそうなっているほどには中道的ではなかった。国政の影響は、一九七〇—七六年には重要とは言えなかった。だが、一九七六年からの五年間に国政レベルの脱分極化が加速し、そうした事情が州政治に以前より重大な影響を及ぼすようになった。そうした点をわれわれの証拠は示唆している。

・制度的社会化——すなわち、現職議員一人ひとりの態度変化——の効果は強く、穏健化への流れの大半がこれで説明できる。制度の効果は、制度改革の初期で最大であった。その理由として、初めて議席を得た州リーダーが顔なじみとなり、共通の課題が何かを知るようになったことが考えられる。初めて議員バッジを胸にしたときには極端なイデオロギーと強い党派心を持っていた議員も、五年、一〇年と経つうちに考え方が穏健になってきた。当選回数を重ねるにつれて穏健度を強める議員は、まさに連続当選の現職組に集中した。州制度発足直後から三期連続当選組（初回当選組の約三分の一）は、当初は最も過激でドグマティックなグループであったが、第三回目の面接調査時までには最も穏健で寛容なグループとして数えられるほどにまでなっていた。制度発足時に最も頑迷な党派的議員は、また最年長組議員でもあった。その彼らも、新しい制度の息吹を吸うほどに、制度の穏健化効果に浴すこととなったのである。

これらの時には十分と言えないデータから導出しうる最も穏当な結論は、新しく発足した州制度が、州会議員の間に寛容かつ協力的なプラグマティズムを増進させたということである。一九七〇年代、八〇年代のイタリアでは州会の議場内外で政治的な変化が生じたが、七〇年代初めには議場内の変化のほうが急激かつ広い範囲にわたるものであった。イタリア政治は伝統的に、イデオロギー的なドグマティズムと閉鎖的な党派心によって特徴づけられてきた(36)。新しい州政府の現場で顔と顔を突き合わせる政治的現実のいっさいがっさいが、伝統的な政治文化の変容に役立った。新しい組織を鍛造するという困難な挑戦に一緒に取り組むのに費やした年月が、州会議員に忍耐、現実感覚、穏当さといった美徳を教えたのである。州分権論者が期待していたように、州制度改革は、「新しい政治のやり方」を育んだと言えよう。

州の自律性の深化

「政治制度の自律性は、政治制度が他の制度や社会勢力のそれとは識別できる独自の利益や価値をもつ度合によって測定される(37)」。この意味で、イタリアの州政府は、制度化しつつあるのであろうか。地方や国の社会・政治諸力とは違った独自性《アイデンティティ》を誇れる真に州と言える政治システムに向かう動きがあるのか。ルールの変更は、イタリアの政治＝政府における権力と利益の現にある均衡を変化させたのか。

これらの疑問は当を得たものと言えよう。というのも、州は、国と地方の強大な勢力の狭間に生まれ落ちたからである。既に見たように、州はある部分、国家レベルでの政党政治の副産物であり、州政治は中央の政治風土の影響からいまだに抜け出ていない。だが一方で、州会議員の第一世代は地方政治にしっかりと根を下ろしてもいる。州制度が発足したての頃は、候補者推薦は地方の党機構に牛耳られており、州会議員にとって最も重要な政治コネも地方のものであった。当初、州は根のところでは、地方政治家のイニシアティブによる国の被造物であった。州政府が、瀕死の公的諸機関を集めたイタリアのカタログに新たに形式的に追加登録されるのではなく、目を見張る一つの強力な制度となるには、そもそもの起源から抜け出る必要がでてこよう。州の新たなリーダーは、かつての地方や国の庇護者から今まで以上に自立しなければならないのだ。

われわれの調査によれば、州の制度的自律性と独自性《アイデンティティ》は、一九七六年以降とりわけ強まってきた。例えば、毎回の調査で州会議員と地域リーダーに対して、地方名望家から閣僚、農業団体から労働組合、財界からカトリック教会、州知事から地方官僚まで、各アクターの影響力を判定するように依頼した。はっきりと現れた一つの傾向は、州執行部の地位の上昇である。州知事、州閣僚、党州連合会幹部、州庁キャリア組への評価は、一九七〇年から八九年の間に上昇した。逆に、州庁の外のほぼ全グループ、すなわち農業団体、労働組合、財界、新聞、カトリック教会、代議士、地方党幹部は、その政治的旗色とは無関係に政治的影響力を低めた。この経年調査で分かったことは、州庁役人の影響力が強まったという注目すべき変化、正確にはハンチントンが言う意味での外部勢力からの自律性の増大（影響をまったく受けないということはないが）である。[38] 代議制民主主義の枠内だが、新制度の指導者たちは、自らの運命にますます責任を取らざるをえなくなったのである。

党内での権力パターンの変化も、州政治の制度化の証拠となる。調査ごとに州会議員に対して、国・州・地方の各レベルの党指導部が、州議会への候補者推薦、組閣交渉、議会への提出法案の決定といった三つの特定のアリーナで持ちうる影響力について尋ねた。その結果、三アリーナとも、ほぼ全州で州の党指導部の力が一九七〇年から八九年

図2－4　3つのアリーナにおける政党リーダーの影響力（1970－89年）

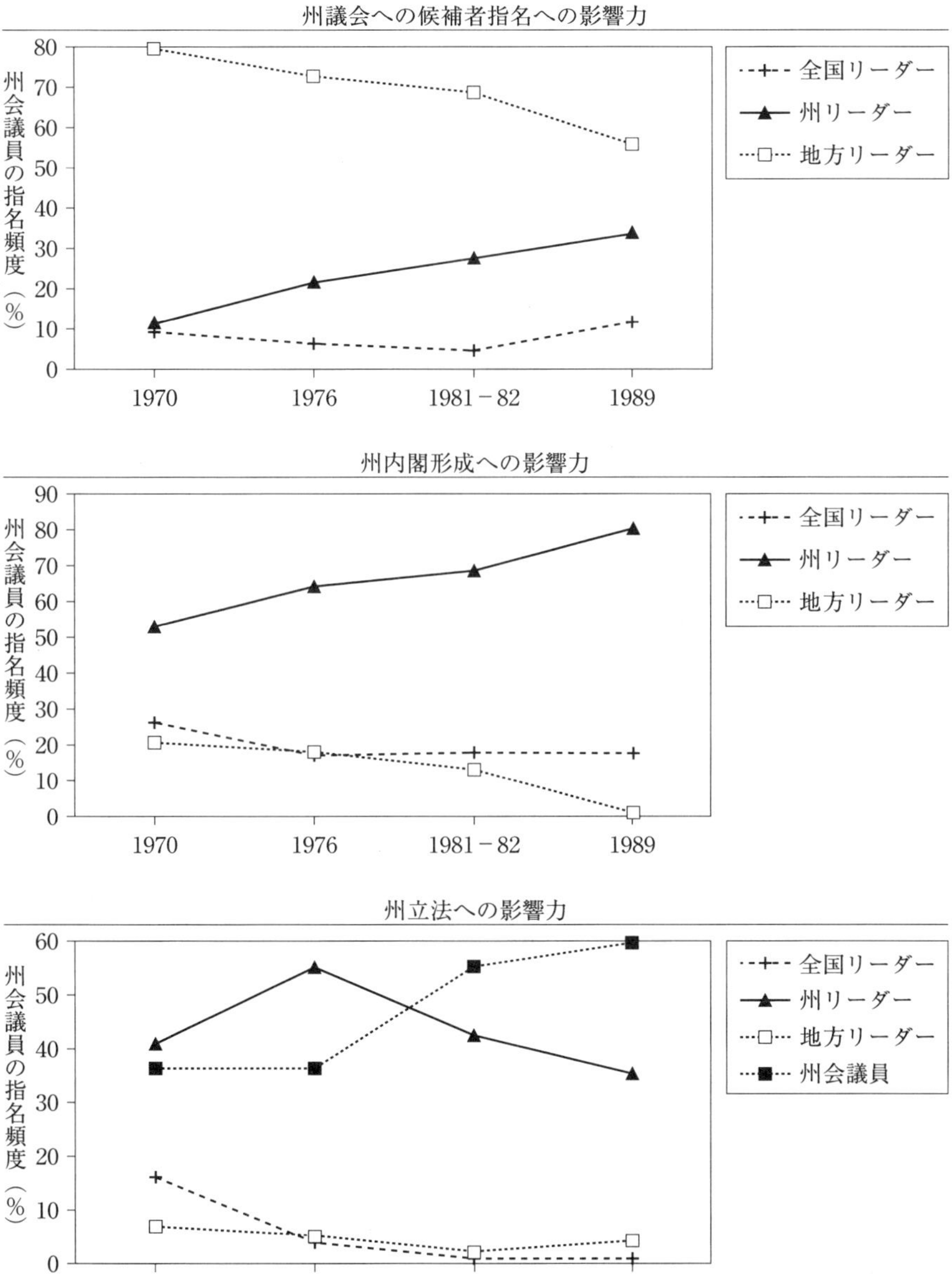

注：「（3つのアリーナそれぞれで）最も影響力を持っている政党リーダーは、全国・州・地方のどのレベルのリーダーとお考えですか（州立法の場合には、州会議員ご自身も含めて）」

にかけて着実に強まり、逆に国と地方で弱まったことが明らかになった（図2－4参照）。

かつては地方の政党ボスが州会議員の候補者推薦への影響力を独占していたが、今では急速にそうしたことはなくなった。他方、地方役人は一九八九年時点でさえこの領域で一定の力を保持していたが、州の党幹部の影響力は高まった。中央の党指導者がこの問題に口をはさむようなことはまずなかったが、彼らは連合の構築にしばしば影響を与えようとした。例えばサルデーニャ州では、（州キリスト教民主党が好意を示す）共産党との同盟関係が中央での党戦略の脆弱化に結び付くことを恐れたキリスト教民主党本部は、州政府の組閣を何ヶ月も遅らせた。だが、図2－4が示すように、候補者推薦という問題では、州の自律性はこの二〇年で強まった。その結果、立法プログラムでの州の自律性は、疑問の余地がないものとなった。この点での近年の最も顕著な変化は、州会議員が議会外の州の党リーダーから彼らの自律性を強めたことである。この傾向は、州制度の確かさが本物になりつつある、というわれわれの命題を確実なものとする。

州の権限と自律性がこのように強まるなか、州のニーズと党中央の方針がぶつかる場合、州政治家は、昔ほどには党中央の方針に進んで従うことがなくなった。図2－5は、《党中央の規律への支持》指標によって、州政治家がとくに一九七六年以降、党中央の指令から自律度を高めていく様子を要約的に示している。一九七〇年代初めには、党規律の堅持を主張する者はそうでない者の二倍強もいたが、八九年までにその比率は逆転し、四対一強で批判派が堅持派より多くなった。こうした態度変化は、行動次元にも同様に現れているようである。マルチェロ・フェデーレによれば、中央の内閣危機のあおりで政党連合を変えた州政府が州政府の全連立内閣に占める比率は、一九七〇年から九〇年の間に低下した。州政府の平均寿命が、一九七〇－七五年の五二五日から八五－九〇年の七〇〇日以上に伸びたのも、こうした傾向の一つの現れであろう。この点は、同時期のローマの内閣の平均寿命が、二五〇日にすぎなかった事実と比較してみると興味深い。[39] 党本部との関係でも州の自律性は高まりつつあるのだ。

州の自律的な政治システムの出現は、州会議員の日常接触にも反映している。地元第一の人物も州会議員になると、

図2-5　党中央の規律への支持の低下（1970－89年）

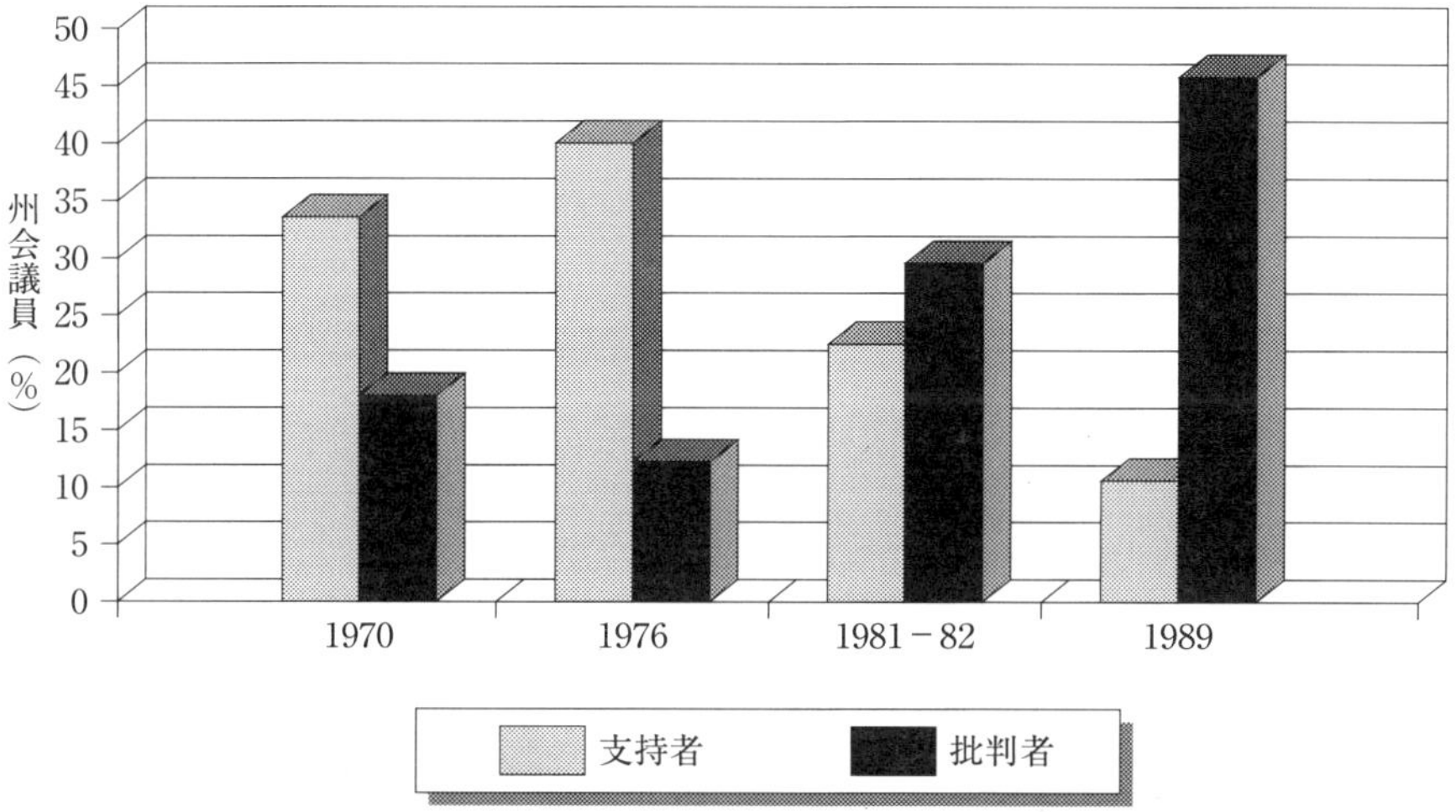

《党中央の規律への支持》指数
1. 州の政治闘争は、何よりもまず中央の政治闘争の一環と見られなければならない。（賛成）
2. 党戦略は、州によって異なってもよい。（反対）
3. 入党時には、ある程度は個人の自律性を放棄しなければならない。（賛成）
4. つまるところ、仲間市民への忠誠が自分の党への信義よりも大切だ。（反対）

注：各設問には、「まったく賛成」、「どちらかといえば賛成」、「どちらかといえば反対」、「まったく反対」のいずれかを答えてもらった。指数は、4つの設問すべてへの回答の加算値である。

他の公選政治家と同様に地元の政治基盤を維持しつつも、真に州政に顔を向ける政治家に変貌した。図2-6から明らかなように、平均的な州会議員は、一九七〇年には州の諸団体の代表よりも地方諸団体の代表と足繁く接触し、また州庁役人よりも地方役人と会う機会の方が多かった。だが、こうしたパターンも、一九八〇年代までに逆転した。とくに州庁役人との接触に目を見張る変化が起こった[40]。これらの図から透けて見えるのは、州の政治システムが、実際の重要な諸決定（議員＝州庁行政官間接触で表した）や、これらの諸決定に影響を及ぼそうという実際的な努力（議員＝州利益団体間接触で表した）の面で自律度を高めつつあるという実態である。

州のこうした自律化は、投票行動への影響力の変化についての州会議員の報告と一致する。一九七〇年に州議会選挙の動勢を決めたのは、旧来の政党の絆と党中央の綱領であった。候補者自身は付け足しとして軽んじられた。だがその後、候補者の個性が重視されるようになり、逆に政党帰属

図2－6　州会議員の州・地方接触（1970－89年）

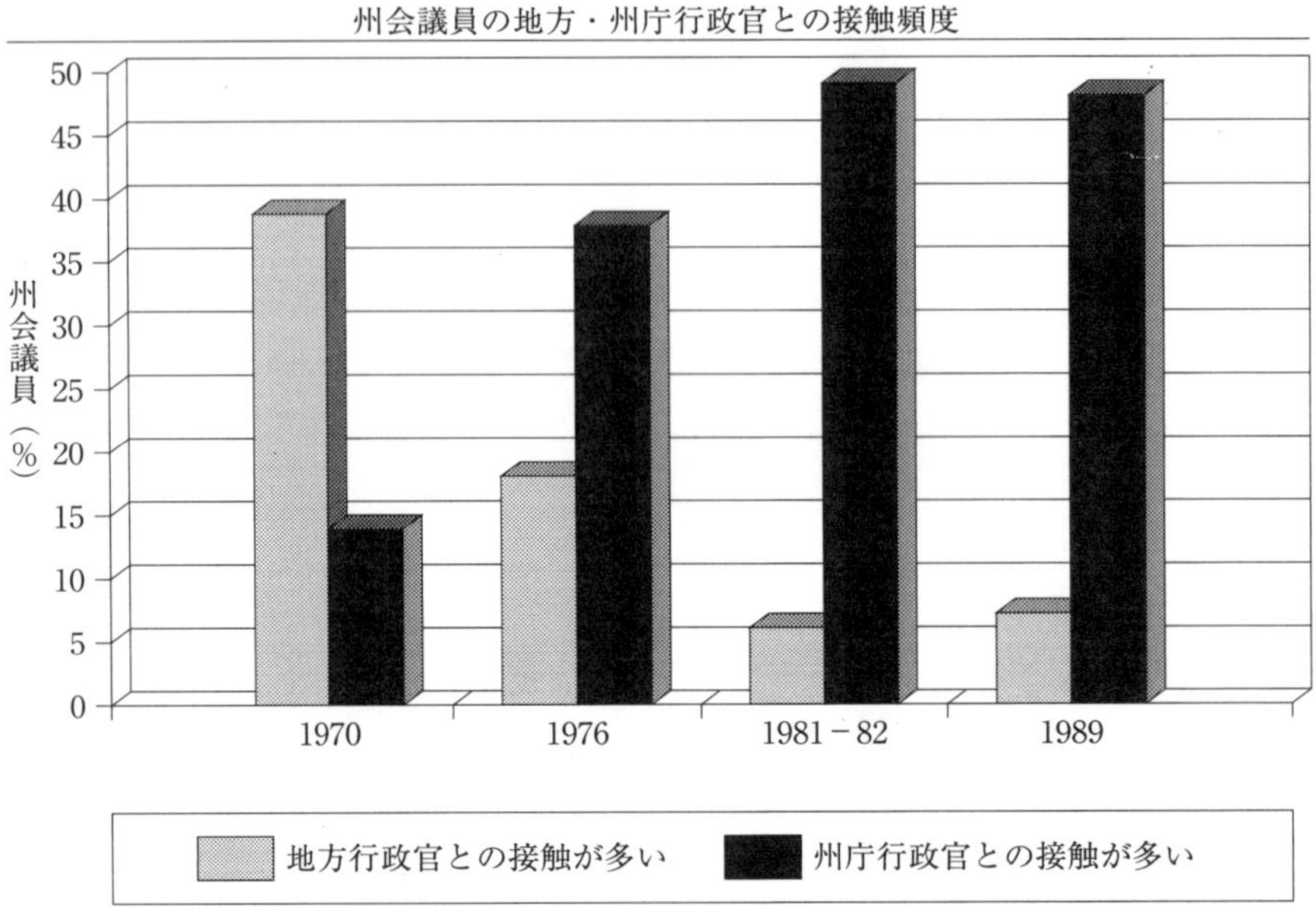

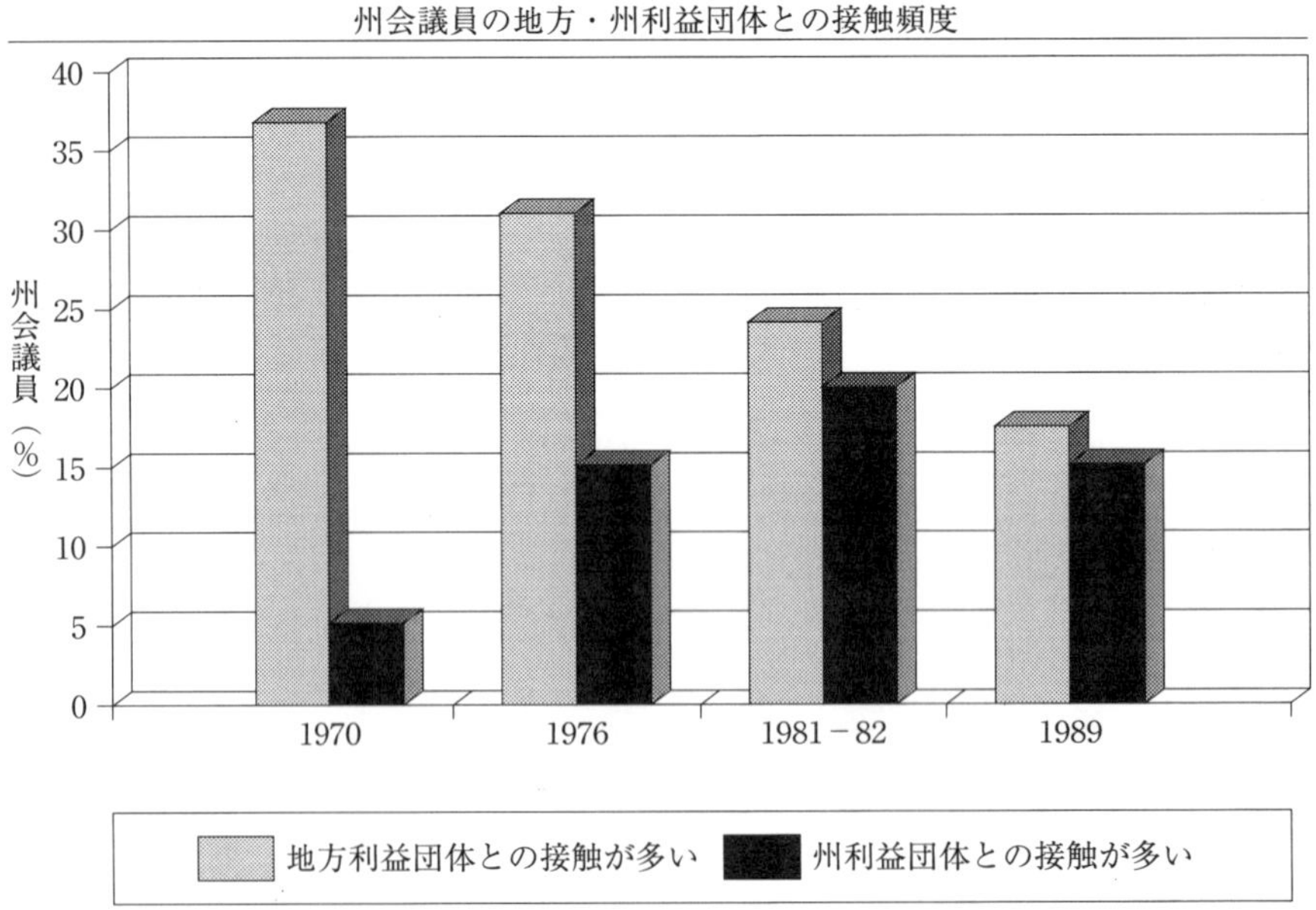

や党綱領の比重が低下した。一九七〇年から八九年の間に、政党帰属を重視する州会議員の割合は、七二％から四八％に減り、また党綱領にあっては五五％から二四％に半減した。これとは逆に、候補者自身を重視する議員は、三八％から五七％へと急増し、第一位に躍り出た。(41) 確かに、有権者の動機を知る直接的証拠は存在しないが、現実政治の世界では直感力はそれなりに重要である。州会議員は、州議会選挙を国政をめぐる中間レファレンダムにすぎないとは考えなくなってきた。徐々にではあるが、州会議員は自らの政治的運命は自分たちの手中にあると思うようになってきたのである。

州と中央政治機構との関係は、厳密な意味での政府間政治の点で一九八〇年代に明らかに改善した。既に本章でも説明したように、一九七七年政令六一六号は、国と州の関係の分岐点を表すものであった。政令が発布された後は、州への権限移譲闘争の危機的段階は過ぎ去った。権限の中央＝州間での適切な配分を目指す七〇年代の偉大な改革運動は、八〇年代になると権限争いの遺恨も薄らぎ、小さな小競り合いが目立つようになった。中央集権派と州分権派の戦線が落ち着くにつれ、州の自律性を主張する必要が切迫度を薄めた。八〇年代には州会議員も地域リーダーも、七〇年代中期に先輩らが難儀した事情と比べて、より円滑な中央＝地方関係を報告している。だが、後で詳しく述べるが、州の実際的な欠陥は、州リーダー当人には以前より明白なものとなってきた。政令六一六号公布後は、州庁役人は州の失政を今までのように過度の中央統制のせいだ、とは説得力を持って言えなくなったのだ。

これらの諸変化の結果の一つは、州会議員、地域リーダーの間に中央政治機構への敵意が弱まったことである。例えば、一九七六年から八九年の間に、「県知事制度は廃止できるし、また廃止しなければならない」（設問）と主張する地域リーダーは、六〇％から三二％に急減した。これに対して、「中央政府は、州の諸活動に対する統制権限を厳格に行使する必要がある」と答えた州会議員は三九％から五八％に増えた。これら二つの質問を合成した《反中央政府》尺度を作ると、図２‐７に示されているように、州会議員の態度にある著しい傾向を確認できる。ここ二〇年の間、熱心な中央集権論者（大半が極右に位置する）は常に一〇％前後と一貫して少数グループであるが、他方、熱心

図2-7　中央政府への州会議員の態度（1970−89年）

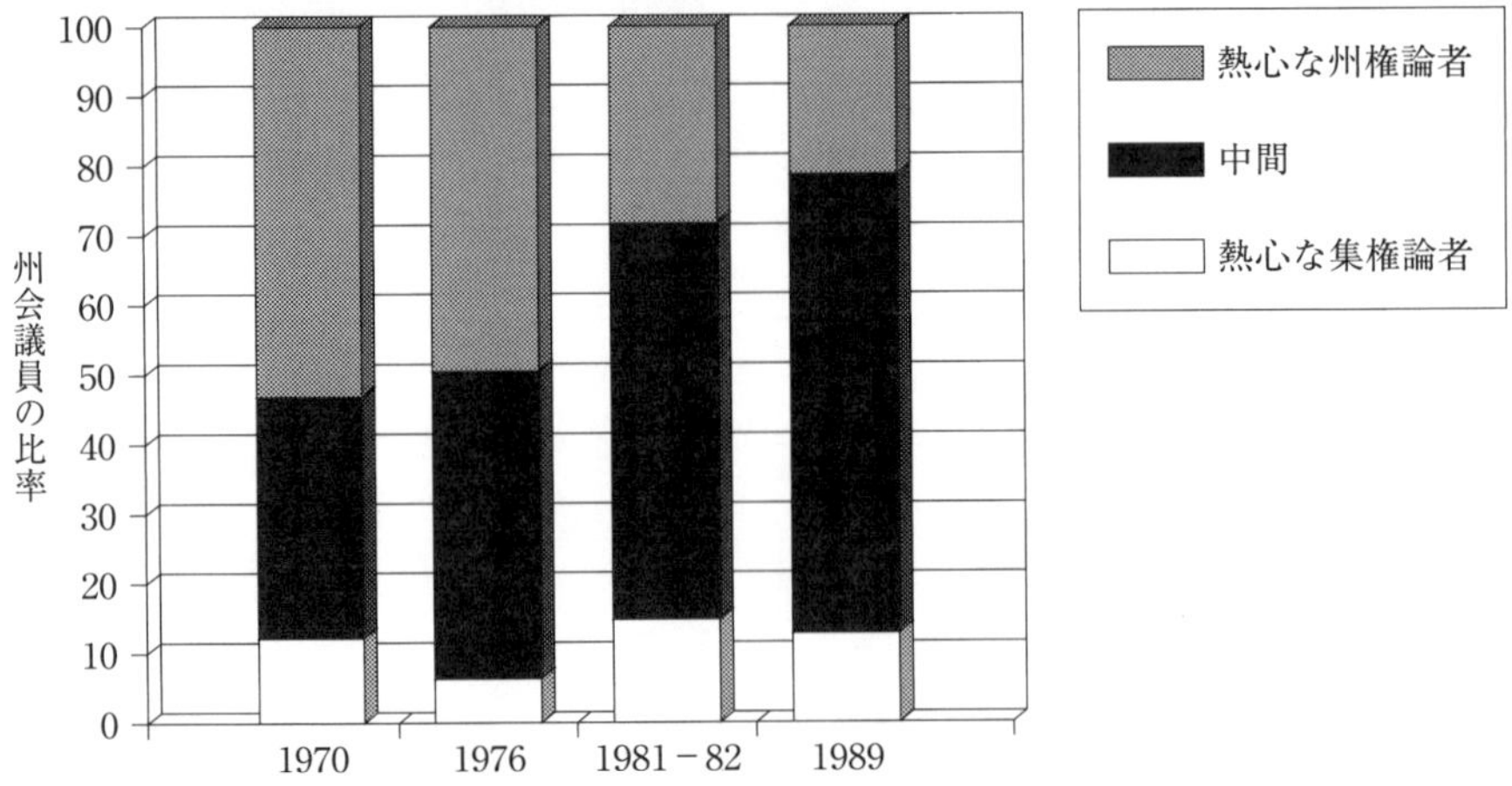

《中央政府による統制への反対》指数

1. 県知事制度は廃止できるし、また廃止しなければならない。（賛成）
2. 中央政府は、州の諸活動に対する統制権限を厳格に行使する必要がある。（反対）

注：各設問には、「まったく賛成」、「どちらかといえば賛成」、「どちらかといえば反対」、「まったく反対」のいずれかを答えてもらった。指数は、２つの設問への回答の加算値である。

な州分権論者は、半減に止まらなかった。極端な両派が減少するのに反して、中間の穏健な州分権論者は倍増している。州政府の誕生がらみの緊張感は徐々に緩み、州エリートは二〇年前ほどには州の自律化を恐れなくなった。

確かに、中央でも周辺でも、中央政府と州政府のそれぞれの縄張り侵害についての不平の声を今でもよく耳にする。この手の非難合戦は、真に分権化された統治システムに付き物の当然の論争である。中央の役人は、州の無責任な非能率――「徴税なき代表」――が原因だと考える財政赤字の拡大を懸念し、州財政の実質的なカットを要求する。州庁役人は、中央政府からやってくる財源のうまみが、例えば補助金がつく作物の指定といった特定補助金プログラムに縛られすぎだと反発する。その言い分は、中央省庁は州を国家行政の単なる出先機関とみなしすぎだというわけだ。[42]

連邦補助金や連邦政府の統制に対する州知事の不満を聞き慣れたアメリカ人にとって、イタリアの州庁役人の嘆きは旧聞に属する。同様に、イタリアの国会議員は、イタリアの大部分で重要な政治資源である情実任用の掌握をめぐり、州庁役人を敵視していると言われている。政治的分権化にイデオロギー的に取り組んでいる左翼系議員でさえも、州政府のさじ加減をやりづらくするために議場裏で走り回っているらしい。連邦議員間の、あるいは中央と地方の役人間におけるこの種の敵対関係が、シカゴからバイエルンまで政府間政治におなじみであることは言をまたない。

この間、地方政府に対する新たな監督権限を州政府が行使するにつれ、旧来の単純な中央＝地方間の対立が、今度は州政府と地方政府の争いにお株を奪われ出した。国・州・地方の役人間での三つどもえの政府間関係において、新たな提携と複雑な三方戦略が徐々にではあるが発展しだした。[43] イタリアの何人かの法律学者を驚かしたことに、イタリアの政府間システムは、小綺麗なレイヤーケーキ・モデルよりはマーブルケーキ・モデルに向かっていた。[44]

大半の問題は、かつてのような国と州の単純な管轄権争いから、今日では、例えば地方政府、諸レベルの党幹部、さらには民間の諸機関を巻き込み、多方面に波紋を呼ぶ対立を引き起こすようになった。[45] 農業、住宅、保健サービスといった分野の多くのプログラムは、国、州、地方のいずれか、あるいはいずれかのみに責任分担を特定できるというよりは、事実上三者で責任を共有し合うことになる。各級の政治家と行政官は、非公式に相談・交渉の場を持たねばならない。交渉や相談は、政策決定の主たる法的権限が、国、州あるいは地方のどれか一機関にある場合にも行われ、時には後味がひどく悪いケースもある。一九八〇年代初期までに、ほぼ一〇〇の合同委員会が、特定の政策分野における州と国の政策調整機関として設置された。

逆に州は、国の経済政策やさらには通商といった公式には州の権限外の問題についても、中央政府に対して影響力を強めようと努力した。各州は、州益を代表させ、また中央政府にロビー活動を行うためにローマに州事務所を開設した。一九八一年には、全州の執政幹部が、中央政府に意見表明のフォーラムを創設すべく常置の州代表会議を設置した。一九八三年までに、この会議は中央政治機構と州政治機構のトップレベルでの調整を図るべく、国の閣僚会議と制度的な関係を作り上げた。ECが一九九二年統合へ大きく歩み出すと、イタリアの各州はブリュッセルの政策決定にも直接的な影響を与える道を模索しだした。

州＝中央政府間に「好感情の時代」を宣言するのは、せいぜいのところぬか喜びであろう。というのも、連邦制度がアメリカに誕生したとき、ジェームズ・マディソンが同郷人に向けて注意を促したように、権限の共有は永遠の論争を意味するのだ。イタリアの統治システムは完全には連邦的にはなっていない。というのも、イタリアにおける州の憲法上、政治上の地位は、例えばアメリカやドイツの州ほどには自律的にはなっていないからである。だが、集権体制と連邦制の区別は程度の問題であって、二分法にはなじまない。(46) 過去二〇年の間に、イタリアは、公式制度としても、また実際政治や政策立案の点でも分権化の度合いを相当深めてきたことは事実である。

州の指導者は、州制度がスタートした頃の先輩連中に比して、二〇年後にはより自律的な影響力を行使しうるまでになった。新たな構造は、いかなる単純な意味でも非公式の権力関係を規定しはしなかったが、公的諸構造が変わることで、そうした非公式の関係も徐々に新しく鋳直された。分権化の論理が、他の力を借りずに自前で動きだしたのである。二〇年の間に州は、イタリア政治における真に自律的で、ますます独自なアリーナにせり上がってきたのである。

根を下ろす――州と選挙民

「どんな抗議デモも、今じゃ県ではなく州本庁に向かう」と、ある南部の県知事は個人的な面談で愚痴をこぼした。イタリアで最も遅れた州の一つバシリカータ州。一九八〇年十一月、州庁があの大地震で壊滅的打撃を受ける前々日。その日だけでも結構いろいろなことが起こった。州のイオニア海観光開発事業への同行記者レポート、障害者たちによる州政批判の抗議活動、産業開発への投資で失敗した破産者の州に対する支援要求、製鋼所と地元スーパーに対する一時解雇者支援対策の州への要求、州営高齢者用ホームの開所レポート、提案された石油化学プロジェクトにおける州の役割への批判。県から州への抗議先の変更は、イタリアの統治活動で州政府が果たす重要性が増してきたことを雄弁に語っている。

早くも一九七六年にはイタリア全土で、市長、労働リーダー、銀行家、産業家、商人、農業代表者、ジャーナリストといった地域リーダーが、まだできて日が浅い州政府にそれなりに積極的にかかわっていた。われわれが面談した地域リーダーのほぼ半数が、州閣僚、州会議員、州庁役人と定期的に会っていた。彼ら地域リーダーや団体トップは、地方政府あるいは中央の出先機関の役人よりも、同じ要件であれば州庁役人と接触を頻繁に持った（イタリア政府の分権化の一つの影響であろうが、政党以外にも、労組連合、ビジネス団体、農業団体を含む数多くの全国組織が、近年は州別に再編される傾向にある）。一九八〇年代までには、面接した地域リーダーの多く（約六〇％）が、州の政治が関連分野で、「非常に」あるいは「かなり」重大な影響を及ぼす、と考えるようになった。この数字は、影響は「まったくない」とする人々が一〇％以下だったこととは好対照である。彼ら地域リーダーは、新たな州制度に批判的な面もあったが（すぐ後で詳しく述べる）、ほぼ三人に二人は、関連分野への州の影響力を基本的にはポジティブなものと考えていた。制度発足一〇年も経ないうちに、新しい政府は根を下ろし始めたのである。

以上、イタリアにおける州の実験について書いてきた。その内容は、この実験を支持、称揚する立場を強調するものであった。だが、州権論議にもいろいろな側面があり、実際の州庁の行政パフォーマンスについては、大概の人々がその大方に文句があった。多くの州において、州庁の公的運営は無気力と混沌のカフカ的結合と形容できるものであった。

一九七〇年代後半から八〇年代を通じて、失望感、実を結ばない計画、機会の逸失、時間の浪費が多くの州庁を覆った。行政資源の浪費は南部でとくにひどかった。だが、この事態はひとり南部だけのものではなかった。州権論者の高邁な野心と連中の貧弱な実務実績のギャップについて陰気な気分が広がり始めた。一九七六年までに、州会議員の四二％と地域リーダーの六七％が、自分たちに利害が最も関係する分野での州の公式の諸施策を「良い」と評価した。だが、その施策の執行への評価となると比率はぐんと減り、それぞれ二四％、三五％となった。州の立案が、大

表2-5　地域リーダーの州庁行政官観（1982年）

州政府の諸活動の側面[a]	「かなり満足」／「大いに満足」と回答したリーダーの比率
貴団体との協議にオープン	55
施策の選択	41
政府構成員の資格能力と勤勉さ	32
地方政府との協力	28
州の事業計画の実行可能性	23
1つの事例を処理するのに要する時間	15
（概数）	(302)

[a] 被験者は、「州政府の活動にどの程度満足していますか。各項目についてお答えください」と質問された。

半の州政府の最優先事項の一つとなっていた。だが、一九七六年の時点で、立案作業が本務のはずの州会議員でさえも、その三分の二が州の努力は実っていないと判断し、実に二人に一人が、「大」失敗との烙印を押した。最も多かった批判は、州政府が公約した理念を行政が実行できなかった点に向けられた。

地域リーダーは、くどくどとこの手の非難を繰り返し、州政府のちょっとした失態を攻撃した。一九八〇年代に面談した地域リーダーの半数以上（一九八二年には五五%、八九年には六〇%）が、「州の行政は明らかに非能率だ」と回答した。(47) 国民保健サービス制度の州への権限移譲は、七〇年代中頃の医療改革によって州の管轄となった最大の行政部門であるが、多くの人々は、この実験は行政的な大失態だと断じた。地域リーダー、一般市民との面接調査で、「保健医療サービスの州への分権化は、良い結果を生み出した」と回答した者は、全体の三分の一にすぎず、かろうじて五—一〇%だけがこの能天気な質問に無条件で賛成した。

表2-5には、地域リーダーの不満が子細に記されてある。(48) 官僚的手続き（国の行政慣行を過度に模倣）は、恐ろしく時間がかかり、非能率で、官僚的な有効性よりも手続き上の規則性の確保を願った統制によって一種の痙攣状態に陥っている。州行政官は、しばしばそれらしき動機づけもなく、専門能力もなく、能率が悪く、資格すらない連中も多々いる。部局は、互いに、あるいは州庁以外の各級政府と調整もとらずに無

視し合いながら勝手に仕事をやっている。州庁提案の事業計画が、現実離れしており実行可能性がゼロであることがたびたび起こる。ビジネス幹部も労働リーダーも、州政府には州の開発計画を怜悧に議論できる人間がいないと考えている。変なところで、彼らは意見を同じくしているのだ。最悪なのは、州から返事——内容にかかわらず——をもらうのにあきれるほどの時間がかかるということだ。地域リーダーも認めているが、州庁役人は彼らの情報獲得に熱心で、基本的な政策指針は往々にして実に見事でもある。だが、これらの共有目標の執行は、あまりにも多くの州諸機関の能力を超えていることが明らかになった[49]。だいたい、これらの地域リーダーが言うように、州政府は、「ご用聞きの仕方は知っているが、どうやればいいのかは知らないのだ」。

州行政の困難の多くは、職員の人材問題に端を発する。一九八〇年代を通じて、面接した地域リーダーの約三分の一が、「この州の公務員は、よく訓練され、仕事も真面目だ」とは考えていなかった。行政官僚制の肥大化を意味する官僚制的象皮病を恐れて（また、おそらく州の強化に対する両義的な態度により）、国会は、州庁役人をひとまず中央省庁や準公的機関からの振り替えで済まし、生え抜きの職員を州政府が自前で選び、配属する力を封じ込めようとした。さらに悪いことに、この職員人事のやり方は、州改革の成功に意欲的な最も良質の職員を中央諸機関が州に配属する誘因とはまったくならなかった。このシステムが現実に請け合ったのは、州権論者が夢想した「ラディカルな社会的・政治的革新」を切り盛りするにはふさわしくない人材の州への押し付けであった。

州がなんらかの裁量人事を抜け目なく行う気であったかどうかは、まったく分からない。州政治諸機構に決定権が残された職員採用の主たる基準は、専門的知識・経験よりは恩顧＝庇護主義と党派性であった。州の政治家は積極的に自治権を要求するものの、自治権が与えられてみると、その自治権を使いこなす気はさほど見られない。多くの州で政党は、新しい政府を、金と仕事が生る新木と見た。とくに貧しい南部諸州においては、選挙時には、効率的な行政は旧式の情実任用ほど実利的ではない。門衛、お抱え運転手、種々の幽霊職に対して途方もない大金がドブに捨てられてきた。職員の振替制度も州の職員補充システムも、新機軸の州施策を執行しようという強い意欲を持ち、またそれにふさわしい能力を有する幹部職員を育ててこなかった。

州の最高執行階級は、こうした批判が当たっていることをしばしば自ら認めている。事実、一九八一―八二年に面接した州の幹部行政官のうち八八%が、州の効率的な行政を阻んでいる重大な一因として州庁職員の質と彼らの研修不足を指摘し、また八一%が州庁諸機関間の調整不足を指摘した。ある幹部官僚は、「遺憾なことだが、無数の点でローマの精神構造の欠陥を再生産してきた」と告白した。

州庁が辛辣な批判にこのようにさらされるなか、地域リーダーが州行政に接近しやすさを感じている事実――州を国家行政から鋭く区別する重要な一つの要素――は興味深い（表2‐5参照）。州・地方の諸組織は、不満や提案を州庁役人に持ち込み、彼らに相談に乗ってもらえた。地域リーダーを対象とした四次の面接調査でも、彼らの四人に三人は、「中央との接触は、州庁に比べてフラストレーションが高い」といった感じを一貫して表している。州に不満があるとしても、ローマよりはましというわけだ。(50)

州庁役人への接近のしやすさの大きな理由の一つに、もちろん地理的な近さが指摘される。州都は、単純に言ってローマより便が良いのだ。だが、地理的な便と同じく、行政風土も重要なのかもしれない。というのも、中央の役人より州庁役人の方が民主的に映るからだ。国の高級官僚を対象とした一九七一年の調査は、「イタリアの行政エリートの典型は、古典的官僚――規則一点張りで、およそリベラルではなく、エリート臭く、多元政治の慣習・実際に敵意を感じ、根本的に非民主的な人間――そのもの」(51)であることを明らかにした。だが、そのつい五年後に面接した州庁役人には、民主政治へのはるかにオープンな態度を見出すことができた。表2‐6が示すように、州のトップ行政官にとっては、彼らの多くの出身母体である中央官僚制内の規範よりも、民主的な州政府の方が居心地がよさそうである。

要するに、政府の「入力」面で、州は中央政治機構に比べて相当に良いが、「出力」面ではまだまだ州の行政には改善すべき点が多々ある、ということだ。州のリーダーは、確かに「政治の新しいやり方」を勉強したかもしれない。

表2－6　中央行政官と州庁行政官の民主的態度（1971－76年）

行政官が賛成した設問	賛成の比率	
	中央行政官	州庁行政官
自分の本当の利益などほとんどの人には結局は分からないものだ。	75	39
現代のように複雑な世界では、政府への一般市民のコントロールを強めることは意味がない。	63	23
政治宣伝は無制限に行っていいような自由ではないので、国はそうした活動を慎重に規制すべきだ。	57	14

だが、彼らの大部分は、有効な「行政経営の新しいやり方」をこれまで以上に身に付ける必要がある。州庁役人自身が、州の欠陥について州庁外の地域リーダーに負けず劣らず批判的であることは興味深い。

イタリア人有権者が州改革に下す判断は、無知によってかき消される。当初、新たな州制度が人口に膾炙《かいしゃ》していく速度は遅かった。ある全国調査によれば、州がまだ主に机上の存在であった一九七二年時点で、自分の州政府の存在を、「ほとんど／まったく知らない」と答えた有権者は全体の三分の二にも上った。四三％もの有権者がそんなもの聞いたことがないというわけだ。新しい州政府に関する大論争が国家的なアジェンダに浮上するにつれ、七〇年代中葉を通じてこの新たな制度は注目されだした。その結果、州についてのそれなりの知識や情報が、政治意識があまり高くない層にも浸透した。その後、新たな州制度が人口に膾炙するのに時間をとった南部イタリア（後に述べるが）では、州政府の存在感は薄れたが、一般市民の意識はある水準で落ち着いた。[52] 自分たちの州政府について少しでも聞いたことがあるという有権者は、八〇年代末までに南部で三分の二、北部で四分の三となった。州政府は、地方政府ほど普段の市民生活に直接的な接点がないし、また全国的な問題をもっぱら取り上げるメディアの注目度も低い。アメリカにおける州と同様にイタリアの州も、州をはさむ中央・地方の各政府ほど目立たない宿命かもしれない。[53]

イタリア人は、自州の政府パフォーマンスに満足しているとは断じて言えない。一九八〇年代に入るまでは、州政に「大いに」あるいは「かなり」満足だという

表2－7　州自治権に関する一般有権者と地域リーダーの態度（1982年）

政策分野	州にいっそうの権力を付与したいと考える者の比率[a]	
	有権者	地域リーダー
環境	72	85
農業	70	84
保健	63	70
産業開発	50	69
教育	47	46
警察	24	13
（概数）	（1585）	（295）

政策分野	州は国からもっと大きな財政的自立性を持つべきだ、という設問への賛成比率	
	有権者	地域リーダー
財政	78	81
（数）	（1376）	（305）

[a] 被験者には、「ここに国と州に関係する事項のリストがあります。国と州のどちらがより大きな力を発揮するのが望ましいとお考えですか。分野ごとにご意見をお聞かせください」と質問した。

表2－8　州政府への一般市民の満足度（1977－88年）

満足度[a]	比率				
	1977	1981	1982	1987	1988
大いに満足	3	2	2	2	3
かなり満足	30	33	32	38	42
少し不満	43	44	42	42	39
まったく不満	24	22	23	17	17
	100	100	100	100	100
（数）	（1497）	（1936）	（1845）	（1923）	（1899）

[a] 被験者には、「州政府の活動についてどの程度満足していますか」と質問した。

割合に熱心な州支持派は、イタリア人の三分の一にすぎなかった。「少し不満」が二分の一、「まったく不満」と答える「憤慨派」も六分の一いた。これらの数字は、地域リーダーも一般有権者も大差がなかった。ある市長が、一九七六年の談話で、「州の一般的方針はご立派だが、実際の運営はそうではない」と語った。大方の同意が得られそうな言葉であった。

だが、有権者も地域リーダーも、集権的な中央政府に代わるものを考えたとき、州政府への批判的な態度の勢いはなくなる。長い年月、イタリア人は公的諸制度をほとんど信頼してこなかった。この疎外意識は、一九七〇年代初め、まさに州制度の発足時点で強まっていた。事実、国家へのこうした幻滅感が、新たな州政府への期待感を膨らませたのかもしれない。とにかく、州改革の結果にはあまり満足していない有権者、地域リーダーも、州政府のパフォーマンスは中央政府に比べてましだとの態度は崩していない。例えば一九八一―八二年調査で、政府満足度が「かなり満足」以上の割合は、中央政府に対しては一五％にすぎなかったが、州政府の場合には三四％であった。地域リーダーの数値は、前者で八％、後者で二九％であった。頭数で比較すれば、州政府と中央政府の支持率は八対一であった。一緒に仕事をしたい役人は州庁役人か中央の役人かを地域リーダーに聞くと、その比率は、州が中央の三、四倍に達した。公的諸制度への一般的拒絶感覚がなかなか消えないなか、州政府は実験開始後一〇年で、すでにローマの中央政府よりも敬意を払われる存在になっていた。

イタリア人は、自分たちの住んでいる州政府の運営実態をどれだけ辛辣に批判しようとも、中央政治機構ではなくて州の管轄権と自治の拡大を好む。その点は、表２－７に掲げた一九八二年調査が例証している。[54] 法と秩序の維持は国家の責任によって、と大方のイタリア人は考えているが、二人に一人は、調査時に国家のコントロール下にあった教育や産業開発などの部門はもっと州に権限が移譲されることを望み、保健医療、農業、環境といった分野では州の優位を望む人々は三人に二人を数えた。また八割の人々が、いっそうの財政的自立を求める州庁役人の姿勢を支持している。地域リーダーにあっては、これらの政策分野で州の力を強めようと考える者は完全に多数派である。イタリア人が州政府を批判するにせよ、州の力が強くなることを望む者はいても、その反対を望む者はいないのである。[55]

表2-8が示すように、一九八〇年代に入ると有権者の間に、州政府パフォーマンスに対する満足度が、少しずつだが確実に高まってきた。一九七七年から八八年末までに、少なくとも「かなり満足」と回答したイタリア人の割合は、三三%から四五%に増えた。この値は全国平均なので、これだけでは州間の重大な差異は分からない。図2-8によれば、一九八八年末までに、自分の州政府に満足していると答えた有権者は、南部で二九%にすぎなかったが、北部では五七%にも達した。[56] 八〇年代末までに、北部ではほぼすべての州政府(一〇州のうち九州)が、州民の大半から満足されるまでになったが、南部ではそうした州は皆無であった。[57]

図2-9——中央政府、州政府、地方政府への満足度の比較——から明らかなように、大半のイタリア人の満足度は政府レベルで異なっている。住民から最も遠く不信も最大の中央政府への満足度は最低で、逆に地方政府で満足度は最大である。イタリア北部では、州民の大半は中央政府に相当に不満であるが、州政府と地方政府には結構満足しており、中央政府との落差は歴然としている。北部とは対照的に南部では、どのレベルの政府にも住民は不満で、あえて言えば、州・地方政府が中央政府より少しましといった程度である。[58]

行政の非能率と立法の非実効性についての質問は、南・北イタリアの違いを際立たせている。一九八〇年代を通じて、「自分の州では、行政は明らかに非能率的だ」と考える者は、南部で有権者の約六〇%であったが、北部では約三五%にすぎなかった。他方、「全体として、この州の議会はこれまでのところ満足いくように働いてきた」という設問に同意した者は、北部で約六〇%であったが、南部では三五%にすぎなかった。

新たな州の行政の欠点がどのようなものであれ、北部人は、少しでも身近な政府が住民を統治することを望んでいる。これとは逆に、多くの南部人にとって、バーリやレッジョ・カラブリアから統治されることは、ローマからの支配と大差があるわけではない。その上、多くの南部人にとって州はあまりなじみがない、という州にとって不利な条件も加わる。「新しい悪よりも、既知の悪の方がまし」という声は、南部でいまだにときおり耳にする声だが、北イ

図2－8　一般市民の州政府への満足度（北・南別、1977－88年）

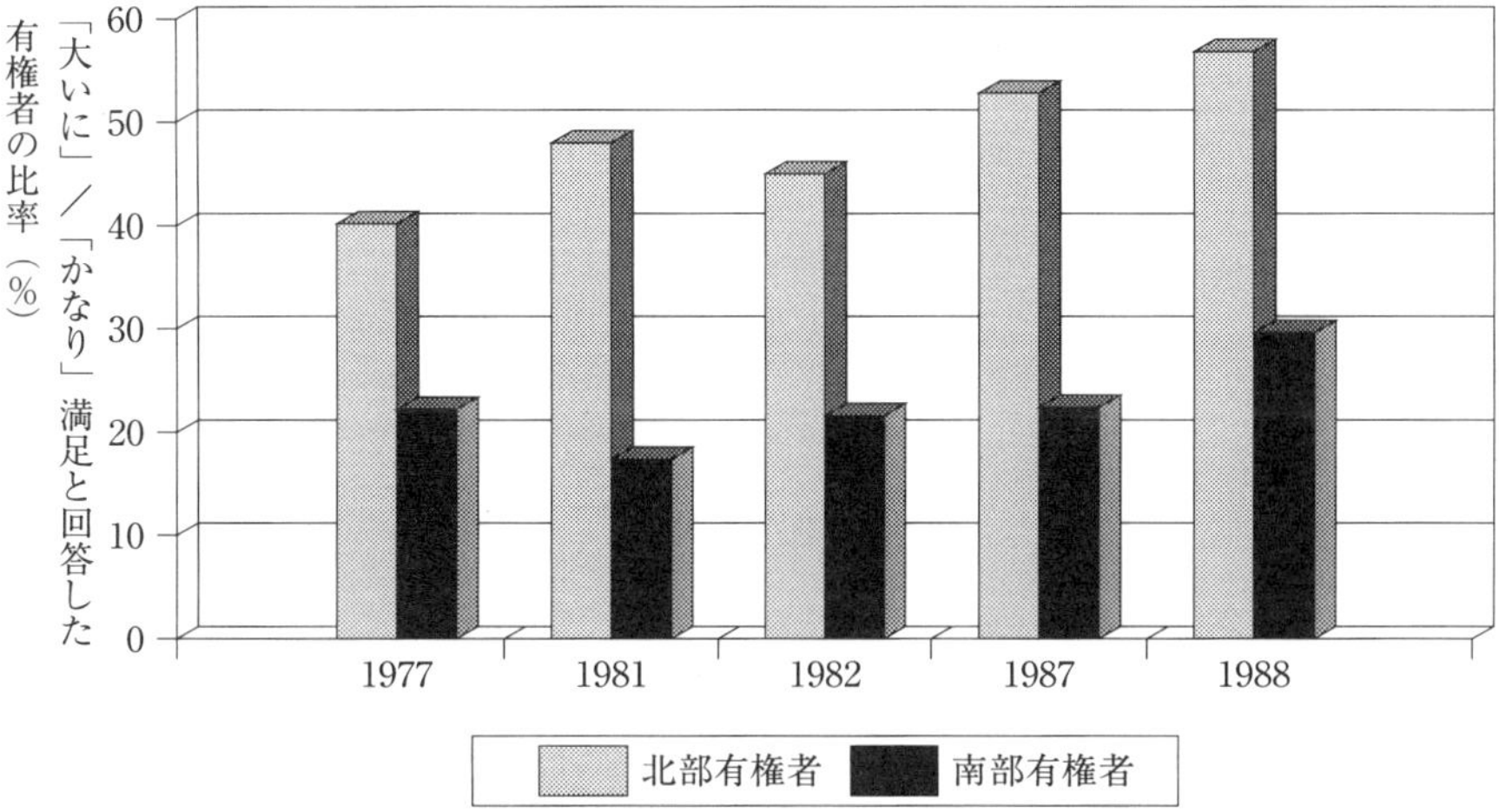

図2－9　中央政府、州政府、地方政府への満足度（北・南別、1988年）

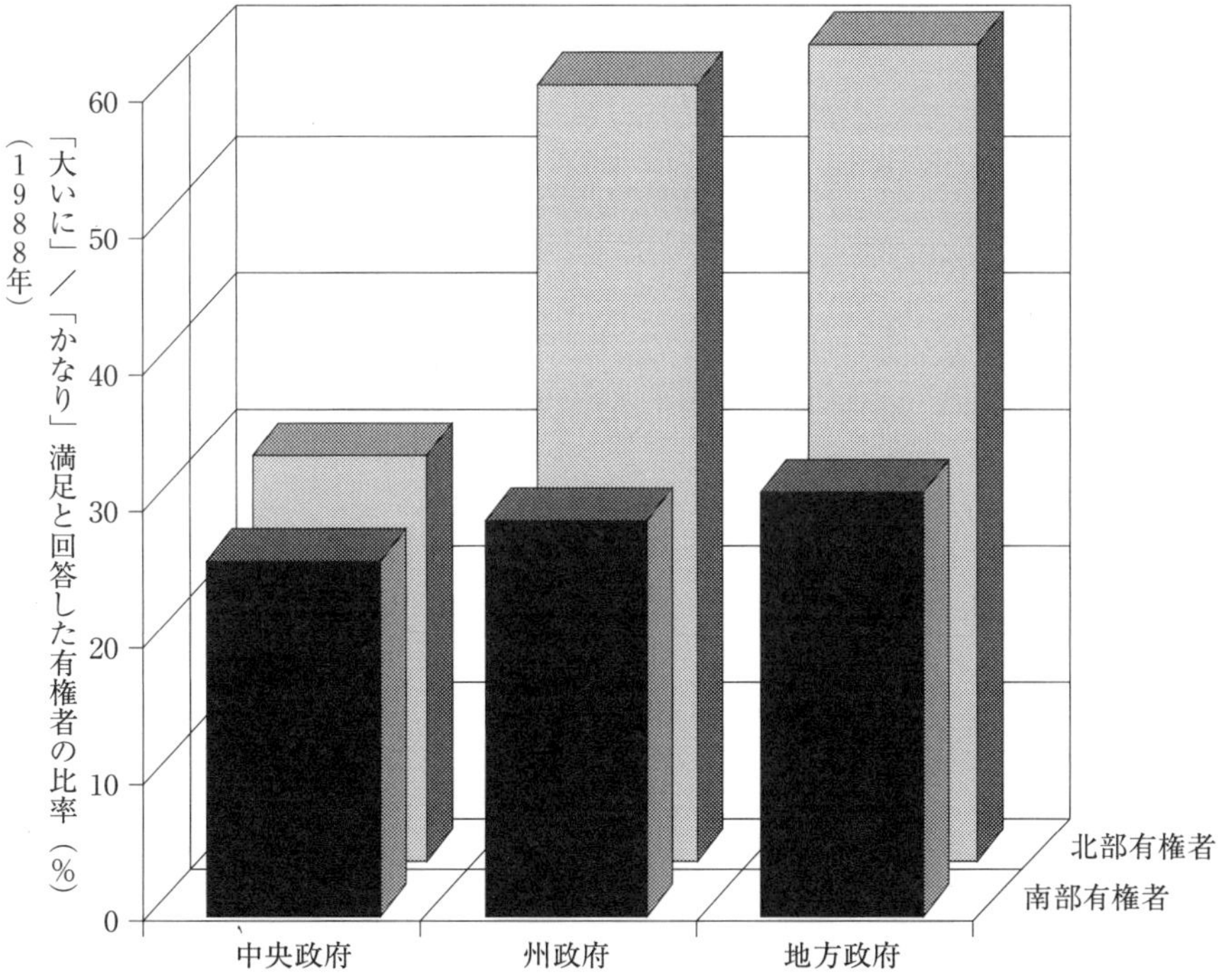

図2-10　州政府への楽観主義：州会議員、地域リーダー、有権者（1970−89年）

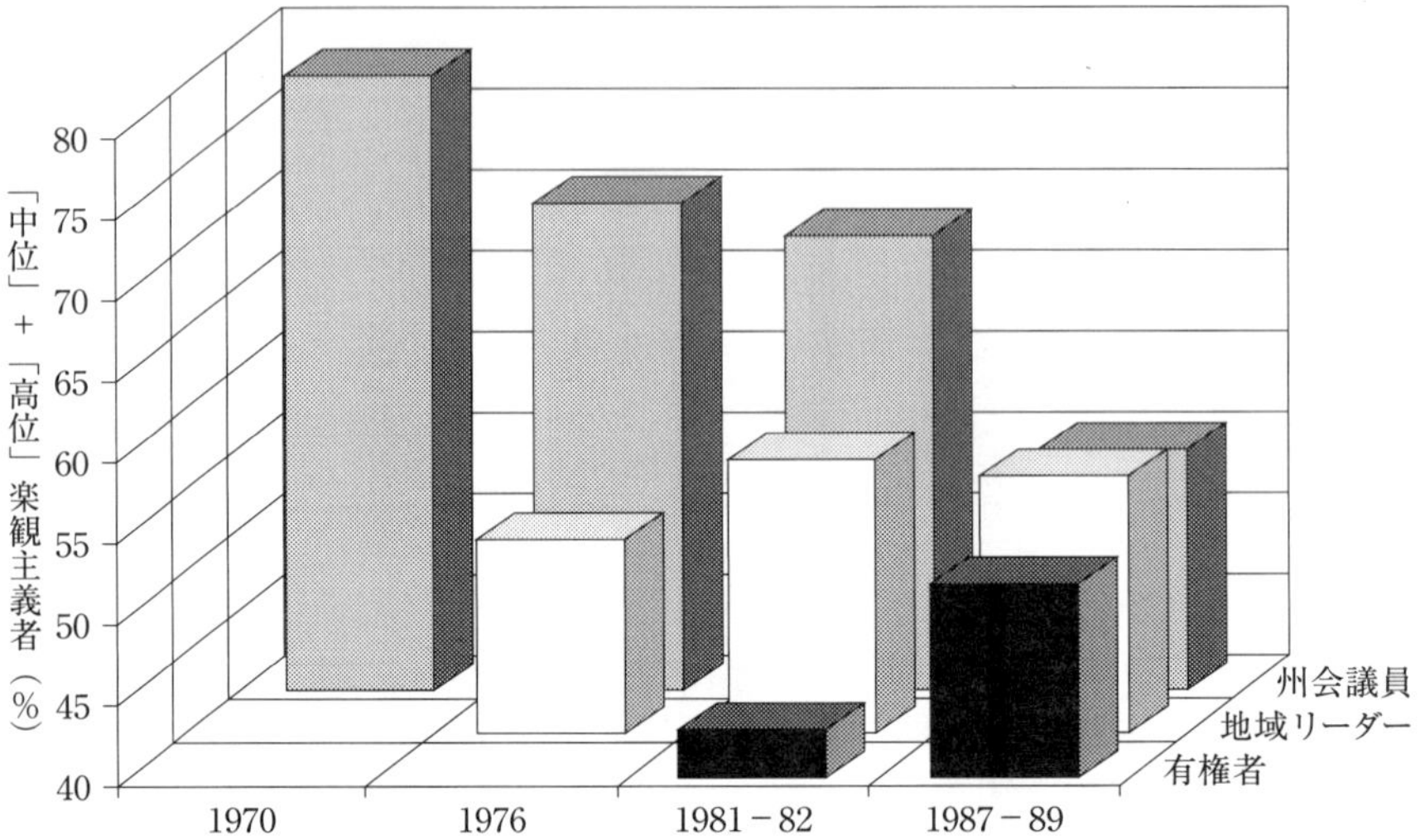

《州政府への楽観主義》指数

1. 全体として、この州の議会はこれまでのところ満足のいくように働いてきた。（賛成）
2. 本音を言えば、この州では州政府に具体的な大きな成果を予見しがたい。（反対）

注：各設問には、「まったく賛成」、「どちらかといえば賛成」、「どちらかといえば反対」、「まったく反対」のいずれかを答えてもらった。指数は、２つの設問への回答の加算値である。

タリアでは寡聞にして知らない。

市民満足度でのこの大きな南北格差は、州政府の種々のパフォーマンスについての他の測度とも一致する。このテーマは次章以下で繰り返し検討したい。一方で、図2-8は、八〇年代末までには南部も北部同様に、有権者の間で州政府の地位がかつてなく上昇したことも示している。

州政府の過去二〇年の動態の大部分は、州会議員の考え方の変化を彼らの選挙母体でもある地域リーダー、一般有権者両方の考えと直接比較することで要約できる（図2-10を参照）。制度改革の発足時点では、州会議員は、新制度の主たる主唱者として乗り気で意欲満々であった。だが、一九七〇年から八九年までの間に、制度創設という野心的試みを包む快活な至福感は、州政府の運営という実務的な取り組みへの現実的評価に着実に取って代わられた。地域リーダーや一般有権者の場合には州会議員とは逆であり、初めの頃の懐疑的な態度が、少しずつ穏健な楽観主義に席を譲りだした[59]。図2-10が示しているように、八〇年代末までに、州の政治生活を営むあらゆる階層が、穏健だがまだ多望な現実主義に収斂しつつあった。二〇年の経験を経て、平均的イタリア人は、実際には二つの別々の問題を区別するようになったのである。

（1）自分たちの州政府のパフォーマンスに満足いっているか。

（2）州改革の原理は好ましいものなのか。

多くのイタリア人は、設問（1）には否定的だが（とくに南部では）、質問（2）には肯定的に答える。その意味で、彼らを「思いやりのある批評家」と呼ぶのがよかろう。この区別は、政治的に重要な意味を持つ。というのも、設問（1）の回答に見られた批判的な態度は、州政府に対して改善すべき重要な事柄に注意を促す一方で、州中心主義の原理への強い共鳴は、州政府の自律性を高める必要性を強調するからである。州政府の実際のパフォーマンスへの不満が、強力で自律的な州制度を支持する一般市民の態度を蝕みはしなかった。州政府の実働への批判と原理への強い支持のこのパラドキシカルな結合は、地域リーダーはもちろんのこと、若い有権者の大きな特徴ともなっている。[60]非常に多くの人々（とくに若い世代では）が、州制度のいっそうの改善を望み、制度の縮減、廃止は望んではいない。

イタリア人は、より制限された州政府ではなく、より有効な州政府を願っているのである。たぶんこの説明には二つの重要な側面がある。その一つは、パフォーマンスの評価の点で、多くのイタリア人は州政府よりも中央政治機構に懐疑的だということだ。二つ目の説明は、多くの市民が新しい州制度をいまだに善意に解釈したがっている、ということかもしれない。イタリア人は、州政府への満足度を少しずつ高め、また中央政府よりも州政府を称揚しているようであるが、そうした態度は両政府のパフォーマンスの点での実際の違いに応じている。例えば、政府の安定度では、州政府は中央政府の二倍以上に達し、さらに、州政府の安定度が着実に高まりつつある事実を想起してほしい。[61]

表2‐9は、この結論を総括する若干のデータを付け加える。同表の基礎的な設問は、ほぼ三〇年以上、すなわち

普通州発足のかなり以前からイタリア人を対象に実施されてきたものである。[62] 当然のことだが、当初かなりの数の一般人は、州改革に何を期待したらよいのか見当もつかなかった。また、そうでない多くの人々も、州改革によって最悪の事態がもたらされるのではないかと不安であった。その後は着実に州改革に賛同する人々が増えてきた。一九八七年（比較可能データが入手可能な最終年）までには、州改革に好意的な有権者（四一％）は、そうでない者（一七％）の約二・五倍となった。地域リーダーは、州政府の実際の働きには批判も厳しいが、改革については一般人よりもさらに好意的である。八〇年代には、州分権化に好意的な地域リーダーは批判派を約六対一で上回った。[63] 南部人が州政府の実働に強い不満がある点に鑑みても、彼らが結局は、州改革を是認していることを強調しておくことは重要である。[64]

新しい政治制度の創出は、時間もかかるし容易な作業でもない。つまるところ、その成功・失敗は、年単位ではなく一〇年単位で計る必要がある。西ドイツでは、州政府は一九四九年に創設された。ドイツ人の州政府への態度はどのようなものであったのか。その歴史をイタリアと手短に比較しておくことも有益だと思われる。州政府廃止の賛否を問うと、一九五二年のドイツでは、廃止派が存続派を四九％対二一％で上回った。六〇年の世論調査になって初めて、存続派がわずかの差で廃止派を上回った（四二％対二四％）。そして、支持はその後一〇年以上にわたり一応この水準で横ばいした。だが、さらに一〇年経つうちに州の支持者は着実に増え、七八年までには支持派は批判派を大きく上回るに至った（七一％対一〇％）。[65]

図２－11から確認できるように、イタリアの場合、州創設の早い段階を通じて強力な下位政府への支持態度が認められたが、ドイツではそうした支持は少しずつ増大していった。イタリアはドイツと比べていち早く住民が州を支持した。その後ゆっくりではあるが州を支持する態度が市民の間に広がっていったのである。もちろん、そのような好意的な態度が今後もスピードアップし、ドイツが先鞭をつけた道を歩むという保証はない。また、イタリアの州が、ドイツのより強大な州と比肩しうる頑丈で有効な制度となる保証もない。だが、下位国家制度の創出におけるドイツ

表2－9　州制度改革への評価（1960－1987/89年）

一般人[a]	比率						
	1960	1963	1976	1979	1981	1982	1987
有益無害	19	31	38	31	31	31	41
害もなければ益もない	6	11	16	29	30	28	30
功罪相半ば	4	6	7	8	13	11	7
有害無益	20	22	21	14	18	21	17
わからない	51	30	18	18	8	9	5
	100	100	100	100	100	100	100
《支持－批判》指数[b]	－1	9	17	17	13	10	24

地域リーダー[a]	比率		
	1981	1982	1989
有益無害	65	59	62
害もなければ益もない	22	6	13
功罪相半ば	6	18	17
有害無益	7	17	8
わからない			
	100	100	100
《支持－批判》指数[b]	58	42	54

[a] 被験者には、「州の創設がもたらした（1960年・63年の質問文は「もたらすであろう」）ものは有益無害か有害無益か、どちらだと考えますか」と聞いた。
[b] 《支持－批判》指数＝(有益無害－有害無益)

図2－11　下位政府への支持：西ドイツ（1952－78年）、イタリア（1976－87年）

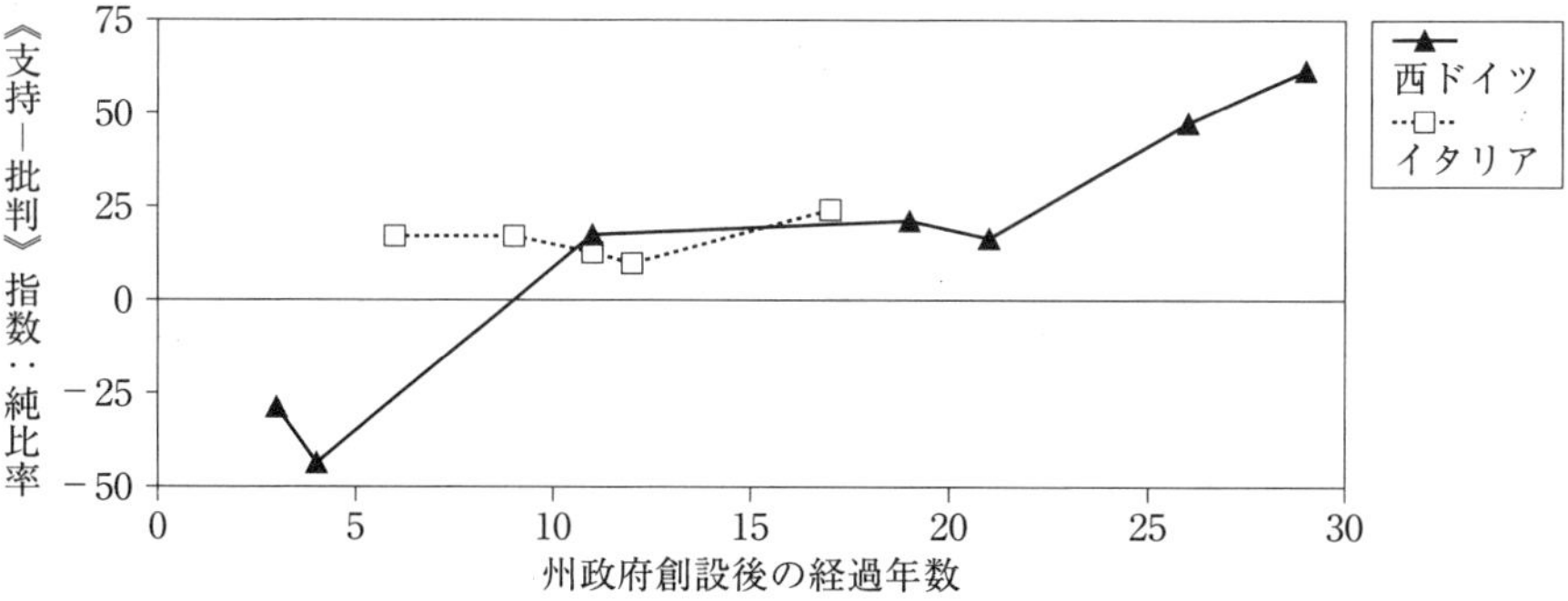

西ドイツ：「州政府が廃止され、ボンの連邦政府だけになったらどうお考えですか。こうした提言をどう感じますか」
《支持－批判》指数：増減差し引き後の比率は州政府支持がプラス値
イタリア：「州政府の創設から有益無害、有害無益のどちらが生まれるとお考えですか」
《支持－批判》指数：増減差し引き後の比率は州政府支持がプラス値

の経験が示す証拠は、新制度への正当性感覚は、うまく制度が機能した場合でも少しずつしか育っていかないことを教えてくれる。これが普通の姿だとすると、世界のほかの地域で建設途上の新たな民主的諸制度を評価する場合も同様だが、こうした基準から州政府へのイタリア人の態度変化を評価することは、実態に即した穏当な判断の目安だと言えよう。

結論

人間が作り出した制度の発展は、週、月、時には年単位で検討してみても、その軌跡をなかなか描けるものではない。制度変化のリズムはゆっくりとしたものである。新しい制度が文化や行動に及ぼす制度独自の影響が明らかになるには、しばしば数世代をその制度が存続しなければならない。つかの間のはやりすたりや個々の参加者のむら気は、もっと底流を流れる趨勢を見えにくくする。われわれも、この州調査を開始したての頃は、何か重大な制度の発展の徴候を認めることができたと思う瞬間がたまにあったが、そのような期待も次にそこを訪れたときに手に入れた新証拠でふっ飛ぶというありさまであった。新しい制度を創設する者、またそれを評価する者には辛抱が必要となる——これこそ、イタリアの州の実験の最も重要な教訓の一つである。

それでも、本章が議論してきた諸傾向は、数十年のイタリアの政治的混乱を通して続いてきた。われわれの調査方法は、曖昧で誤りやすい記憶に頼らずに、現在の態度や行動を一〇年、二〇年前と比較することをじかに可能とした。党規律、資本主義あるいは州政府の能率についての指導者の現在の考えを、当時一般的であった見方について国民が現在思い出す内容とだけではなく、彼（あるいは彼の前任者）が何年も前にわれわれに実際に話した内容と比較することができた。

要求がきついこれらの証拠基準から判断しても、州改革はイタリアの草の根政治に重大な影響を及ぼしてきたと言える。普通州の設置という制度変更の結果、イタリアの政治リーダーは各人、別々のキャリア・パスを追求し、別々の理念を支持し、別々の言葉で社会悪に取り組み、別々の競争相手と争い、別々のパートナーと協力するようになった。イタリアの市民と地域リーダーは、政府活動に関して別々の機関を当てにしだした。しばしば彼らは、確かに常にではないにせよ、向上したサービスを受け、またそうしたサービスを受けることができないときには、別の役人に自分たちの不満を申し入れる。州改革によって重大な変化が生まれたのである。

州の実験も二〇年目に入り、下位国家政府は、公共政策の主要な課題について一九七〇年よりも九〇年代初めのほうが、明らかに重要な位置を占めるようになった。新しい制度が根を下ろし、自律性を獲得し、選挙民の支持を（ゆっくりだが）獲得したのだ。それらは、進取の気性に富む職業政治家幹部を引き付けた。この制度改革は、イタリアの政治＝統治のやり方に重大な結果をもたらした。だが、政治＝統治の質という点では、これら新制度のバランス・シートはいかなるものであろうか。

ポジティブな面では、新制度は主唱者の思惑通り国民にとって身近なものと感じられるようになった。遠いローマの官庁よりもその後釜に座った州政府のほうが、州の実態をよく承知しており、また州の要求に対して機動的に応じられる（詳細は、第三章を見られたい）。州政府の努力のおかげで、政策決定と紛争管理の面で、穏健で実際的な効果の創出を目指す寛容なスタイル――「新しい政治のやり方」――が培われつつある。州政府は、州のいろいろな社会集団や地域リーダーの利害を保証し、選挙民によっても慎重にではあるが認められつつある。

以上は、新制度が生み出した良い面であるが、バランス・シートにはマイナス面もある。その点で二つの重要な問題がある事実を認めないわけにはいかない。第一の問題は、一部の州改革論者が期待した行政能率が具体的に現れていないことだ。実態はこうした期待とは裏腹で、公平な陪審員ならば多くの州に失政の有罪判決を下すであろう。第二の、そしてイタリア政治の将来にとってはいっそう重要な問題は、州改革によって南北間の昔からの格差が和らぐどころか、いっそう厳しさを増した感があるという点である。改革のおかげで先進的な州ほど改革を骨抜きにしようとたくらむローマの支配から解放されたが、後進的な州ほど問題は放置されたまま、なすすべもないのが実状だ。だが、これら二つの告発をうんぬんする場合、達成不可能な理念ではなく現実的な代替案について問うてみる必要がある。南部のある市長は、一時間ほどカッカしながら自分の州をあれこれ批判した。そこでわれわれは市長に、では今までのような集権主義システムのほうが良いのかと聞いてみた。あまりに質問が単刀直入すぎたのか、あっけにとられた様子で、彼は「神の御慈悲を。それはダメだ」と叫んだのである。

州改革後三〇年目に入る頃にまでに、州分権化の再流行といった新たな季節が始まりそうな予感がする。州政府の活動が、当初の期待に十分応えてこなかったという失望感が広範に広がったが、それにもかかわらず中央政府の非有効性が改めて関心を引くようになり、その結果イタリア国家のさらなる「州分権化」が広く口の端に上るようになってきたのである。裕福な北部の諸州では、成り上がりの州分権論者の「同盟」、例えばロンバルディア同盟やヴェーネト同盟が、一九九〇年、九一年の州選挙、地方選挙、そして九二年の総選挙において躍進した。この手の同盟の台頭は、州の誇り、ローマの非能率に対する憤り、腐敗した南部人向けの「施し物」への巻き返し、無言の人種差別によって煽り立てられた。「ロンバルディアの民の解放」を訴えるロンバルディア同盟は、最も裕福でもっとも人口稠密な州で二〇％を超す得票率を記録した。十指に余る州政府が、主要な諸権限を州レベルにさらに移譲する国民投票を請求した。

一九九一年、下院の憲法調査会は、いくつかの主要な中央行政機構（とりわけ公教育省、保健省、農業省、社会問題省、都市問題省を含む）を完全に撤廃した。各々の責務は州に移譲され、国の財政全体に占める州比率を、従来の二倍以上の約七〇％へと引き上げることを認める憲法修正も事実上満場一致で承認された。[66] いくつかの点で、その野心は一九七〇年代の州誕生時のムードを彷彿とさせるものであった。だが、北部のムードは、もっと以前のもっと楽観的な時代に比べて、より暗くいっそう憤りに満ちていた。イタリアの政府改革の歴史は、これらの発展を解釈する際に注意深くあらねばならないことを示唆している。というのは、中央政治機構がこれ以上権限を地方に移譲することに強く抵抗したが、州権論者の圧力は高まりつづけた（とくに北部では）からである。イタリアの州政府の物語は、さらなる一ページがめくられようとしていた。

新しい章が何を語ろうが、州の実験についての従前のいかなる画一的な判断も、州の不均一さや州のパフォーマンスを考えれば、誤解を与えかねない徴候を見せてきた。今こそ制度パフォーマンスそれ自体を評価し、それらの違いをこそ調べなければならないのである。

第三章　制度パフォーマンスを測定する

「統治するのは誰か」と「どれほど良く統治するか」が、政治学にとって最も基本的な二つの問題である。前者は、「誰が、何を、何時、いかにして得るか」という、分配と再分配にかかわる問題を提起する。分配と再分配をめぐる論争は、この数十年間、政治学の最前線に位置してきた。これとは対照的なのが、制度パフォーマンスに関する厳密な評価作業である。かつては「良き統治」が政治学の最重要テーマだったのに、ほとんど取り組まれてこなかったのが実状である。パフォーマンスと実効性を問う作業には必ず規範的な判断が伴う。それゆえ、この四〇年ほどこの問題に積極的に取り組んだ政治学者は皆無に近かったのだ。少なくとも価値自由的で「客観的」な社会科学の分野では、「趣味嗜好については議論するに能わず（*de gustibus non disputandum est*）」というわけだ。一般市民と同様政治学者も、政府パフォーマンスについてはとやかく言いたいものである。だのに政治学は、政治哲学者、政治評論家にとって昔からの重要なこの主題・遺産――この「昔からの職業的責務」[1]――をあまりにも淡泊に放置しすぎてきたきらいがある。

制度の成功・失敗の要因を調べる第一段階として、イタリアの二〇州の政府を多様な角度から評価することが求められる。だが、ではそうした学問的作業はどのように始めればよいのだろう。制度の成功を、厳密、公平、かつ説得的に評価しうる基準とはいったい何であるべきか。事実、ある政府が他の政府より現実に一貫して実効的であり、その結果、「制度の成功」という表現を一般的に使う意味がある、とどのようにすれば確信できるのか。

ここで評価を加えたい制度は代議政である。したがって、その構成メンバーに対する政府の応答性と公共事務を司どる統治の能率を評価する必要がある。[2] ジョン・スチュアート・ミルからロバート・ダールに至る民主主義理論家は、「民主主義の一つの重要な特性は、市民の要求に対し、政府が政治的に公平に、常に責任をもって応えることである」[3] と主張してきた。民主主義は、市民に個人・集団の一定の目標の実現が可能だという期待の上に彼らがその政府に要求を行う権利を与えている。民主主義はまた、公益をめぐる種々の立場・見解間の公正な競争を要求する。だが、良き政府は、競争し合う諸見解にとっての公開討論場《フォーラム》や、あるいは苦情の相談相手にとどまるものではない。良き政府は、実際に物事を処理する。良き民主的政府は、市民の諸要求に配慮する（＝応答性）だけでなく、諸要求を実現すべく実効的に活動する（＝有効性）。

制度パフォーマンスを研究するには、それを注意深く、説得的に測定する必要がある。新たな州政府が、エミーリア・ロマーニャ州では成功し、プーリア州で失敗した原因を厳密に解き明かすには、制度パフォーマンスの評定が単なる酔狂や印象論でないことをまず示すことが必要である。政府パフォーマンスを正面切って測るには、方法いかんによらず次の四つの厳格な基準を満足しなければならない。

（1）包括性。政府は多くの業務――法令の可決、財貨の支出、役務の提供、政府内部の運営管理――を行う。政府は、時には日常業務を超えて革新的な改革――リンドン・ジョンソンのような左からの改革であれ、マーガレット・サッチャーのような右からの改革であれ――に意欲を燃やす。パフォーマンスを評価するには、日常業務と新規の取り組み双方での諸活動を取り上げる必要がある。さらに政府は、多様な政策領域――保健医療、農業、公共事業、教育、社会サービス、経済開発等――に責任を有している。制度パフォーマンスを包括的に評価するには、これらの諸領域全体を分析しなければならない。過去二〇年、二〇の州政府が行ってきた業務を一件ずつ測定するなど実際には望みようもない。だが、各州政府の有効性を推計する作業に当たっては、できるだけ広範に様々な政策領域を網羅する必要はある。

（2） 内的一貫性。政府は、きわめて多くの、しかも多様な業務を行う。まさにそれゆえに、政府には、資本主義的企業にとっての利潤のような単一の「決算点《ボトムライン》」は存在しないのだ。こうした事情を反映して、政府によって得意分野が違ってくることがある。保健医療制度で実績を挙げるリーダーがいるかと思えば、道路建設で力を発揮する指導者もいる。また、立法活動で創造的な人物もいれば、行政マンとして有能なリーダーもいる。そこで、制度パフォーマンスの様々な操作的測度間の一致をしっかりと見据える必要がでてくる。「多次元性」の徴候が認められないかどうかを絶えず注意しておかねばならないのだ。本研究は、いろいろな指標を用意した。もし、各州がそれら諸指標でほぼ同順位であるような結果が実証されれば、またその場合のみ、制度の成功・失敗を包括的にうんぬんすることが許されよう。

（3） 信頼性。制度パフォーマンスを一般的な言葉で説明することに意味を持たせるには、それが一過的なものではなく、それなりに持続的である必要がある。時間経過による若干の変化は、とくに新制度設置の早い段階では予想できよう。政府によっては、失速もするし勢いづきもする。だからといって、パフォーマンス度の順位が毎年ころころ入れ替わるようでは、制度パフォーマンスの基本的概念を修正しなければならない。だが、統治実績が良好な州が、長年一定だとすれば、制度パフォーマンスは時々の政治諸力の一時的な配置状況や、あるいは特定の現職者の統治技能（または幸運）を超えた何かに依存していることが示唆されるのである。

（4） 制度主唱者と選挙民の目標・評価の一致。この条件を満たす政府は、何だかんだ言っても民主的な政府、すなわち州民に責任を持つ政府と言えよう。これらの選挙民になじみがない変な基準を押し付けないように気をつけなければならない。また、考案したパフォーマンスの「客観的」測度と各州の有権者や地域リーダーの物の見方を注意深く比較する必要がある。前章での検討から、満足度は州で相当に違いがあることが明らかとなっている。いろいろな州での統治の質を評定する前に、われわれの諸測定をボローニャとバーリ、セヴェソとピエートラペルトーザの人々の判断と照らし合わせる必要がある。

本章は、これら四つの課題を達成するように構成されている。[4] まず最初に、二〇の州政府の有効性を測定する一二の探針を個別的に検討したい。次に、これら一二の測度間の相関性を検討したうえで、われわれが州政府パフォーマンスに下した概括的な評価がいかに長期間にわたり安定したものであるかを問いたい。最後に、われわれの評価と、イタリアの有権者、地域リーダーの考え方を州ごとに比較したい。こうした厳密なプロセスは、制度の成功・失敗を理解するというわれわれの目標にとって欠くことのできない第一歩である。

制度パフォーマンスの一二の指標

各州政府を、(1) 政策過程、(2) 政策表明、(3) 政策執行の点で評価するよう努力しよう。

ある制度の有効性は、何よりもまずその制度が制度固有の内部問題をいかにうまく管理するかに依存する。だから、例えば、制度の意思決定装置の安定性、あるいはその予算過程の効果、あるいはその管理情報システムの有効性の測定が浮上する[5](指標(1)―(3)、七九―八一頁)。本来的に、この系に属する測度は、当該制度がほかにどのような働きをしていようと、その制度が制度内部の重要な運営を円滑かつ迅速にこなしているかどうかを問うことを目的とする。

だが、政府パフォーマンスの研究は、これと同時に諸政策や諸施策を研究することを意味する。政府は、社会的ニーズをすばやく確認したうえで、革新的な解決法を提示できるのか。政府が制定した法律は、直面する諸問題に包括的、統一的、創造的に対処する力能を反映しているのか(指標(4)―(5)、八一―八三頁)。

最後に、パフォーマンスの評価は、言葉ではなく行動を問わなければならない。政府の成功は、問題解決者、サービス提供者としての政府の役割といった観点から評価されなければならないのである。州政府は、急激に変化する社会的ニーズに対処すべく入手可能な諸資源をうまく活用しているのか。州政府は、標榜する政策目標――家庭医制度の創設、保育所の建設等――をうまく実現したのか。州政府は、州民一人ひとりの要求にどれほど能率的に応えているのか（指標(6)―(12)、八三―八七頁）。

政府の評価はこのように、言葉ではなく行政活動を測定する必要がある。それと同時に、政府のコントロールが及ばない問題については、政府を称賛したり（あるいは、逆に非難したり）することは慎まなければならない[6]。政策分析の用語を使えば、「帰結《アウトカム》」よりも「出力《アウトプット》」――例えば、死亡率よりも健康管理、大気の質よりは環境政策、企業利潤よりは経済開発施策――を比較評価したい。健康、大気の質、利潤は確かに重要ではあるが、それらを政府パフォーマンスの評価から除外する理由はいたって単純である。社会的帰結は、政府以外の諸般の事情が影響を与える。健康度は、いかなる民主的な政府も監督できないようなダイエット、あるいは生活スタイルといった要因に左右される。大気の質は、政府の政策だけではなく、気象条件、人口動態、産業の影響を受ける。また利潤は、企業家の才覚、働き手の勤勉さ、世界経済の状態などの結果である。政府パフォーマンスの評価に社会的帰結を含めることは、「マサチューセッツの奇跡の誤り」を犯すことになる。一九八〇年代、アメリカのニューイングランド地方は豊かさを享受した。だが、この愛でるべき事態も、一九八八年の大統領選キャンペーンが誇張したものの、その経済的な奇跡をマサチューセッツ州政府に実際に帰すことができるのは、そのほんの一部にすぎなかったのである（また、その後の景気後退の場合も同様である）。

政策出力を量的に比較評価することは、もちろん複雑な上に価値判断を含む作業である。

現実の政治では政策の優先課題は州によってまちまちである。政策パフォーマンスを測るすべての測度から、そうした実態の影響をできるだけ排除するということが、この作業を説得的にするためには肝要となる。奨学金制度や灌漑施策の革新性、有効性、社会的重要性を比較することは簡単ではないのだ。だが、われわれの研究の文脈では、こうした困難はある程度の許容範囲まで押さえ込むことができた。大ざっぱに言えば、同じテーマが、イタリアのどの州においても、政策立案者や地域リーダーとの面談で力説された。急を要する問題は州ごとに違うが、どの州政府も発足当初は、公衆衛生、職業教育、公共事業といった同じ問題に取り組んだのであった。だが、取り組みのスピード、包括性、有効性、創造性は州によって異なっており、産み出された結果は、政策立案者、選挙民を同じように満足させたわけではない。エクスタインが述べたように、「政治体が達成するつもりもない目標が達成されるのを望むのはばかげたことだ。だが、要望が強い目標を政府が有効に追求することは期待されてもおかしくはない」(7)。

われわれは、制度の成功を細部にわたって評価したい。その際の評価は、多くの異なる政策セクターの内部過程、政策表明、政策執行をカバーする一二の多様な指標に基づいて行われる。これらの測度は、だいたいが一九七八年から八五年にかけ、すなわち一九七六年の改革法三八二号と一九七七年政令六一六号が全州に実質的権限を移譲し、はっきりとした財政上の自主権も移譲した後に設定された。この時期は、新制度の第二立法期の大部分と第三立法期全体をカバーする。一部の指標は、実質的帰結との関係が間接的だが数量化は精確である。また他の指標は、制度パフォーマンスとの結びつきは明確だが、数量化の精確さでは今一つである。どの測定基準も単独では、州を公平に順序づけることには無理があろう。だが、これらの指標を全体として扱えば、制度の成功・失敗を幅広い基礎づけの上で評価することが可能となる。

では、政策過程と内部運営に関する三つの測度、すなわち州内閣の安定性、予算の迅速さ、統計情報サービスの説明から始めよう。

(1) 内閣の安定性

各州政府は、国の政府と同様に、議院内閣制モデルに基づく。州によっては、内閣の高い安定性によって、ほぼ一貫した政策立場を取ることができた。だが、連立交渉が難しく、その維持に至ってはさらに難しい州も存在した。内閣の安定性を測定する基準として、本書では、一九七五―八〇年、一九八〇―八五年に成立した各州の内閣数を採用した。この測定基準で順位を付けると、一〇年間の内閣数は、トレンティーノ＝アルト・アーディジェ州やウンブリア州の二から、シチリア州、サルデーニャ州、カンパーニア州の九まで幅がある。[8] 内閣の安定性という測度は、制度パフォーマンスを示す全指標のなかでも最も単純なものだが、高い説明力を有する測度の一つだということが分かる。

（2）予算の迅速さ

一九七二年、国の権限の多くは二〇の州に移譲・分権化され、ここに州制度がスタートした。どの州も、会計年度が開始する一月一日までには次年度予算の策定は終了しているものとされた。だが実際は、この目標を達成できた州は皆無で、八〇年代初期には、州が統制できない国家予算周期の遅れで思うにまかせぬ、というのが州の実状であった。予算の迅速さは、州議会が予算を実質的に承認した時期（一九七九―八五年の平均値）といった単純な測定基準で測られた。判定値は、フリウーリ＝ヴェネツィア・ジューリア州の一月二七日平均（予定日程から数週間遅れ）からカラーブリア州の八月七日（会計年度の約三分の二がすでに経過）までの幅があった。[9]

（3）統計情報サービス

他の事情が同じならば、政府は選挙民や彼らの問題に関して良質な情報を有するほどに、いっそう有効に対応できる。そこで、各州の統計情報施設の充実度をもって州のランクづけを試みた。その結果、最下位にはこの種の施設がゼロの六州（アブルッツォ、カラーブリア、カンパーニア、マルケ、モリーゼ、プーリア、シチリアの各州）が確認できた。一方、トップにランクされたエミーリア・ロマーニャ、フリウーリ＝ヴェネツィア・ジューリア、ラツィオ、ロンバルディア、トスカーナの五州は、恵まれた情報サービス施設を誇り、そこには出先機関や原データ収集・統計処理・コンピュータ分析用施設が含まれていた。[10]

次に、われわれの研究は、「過程」関連の測度から政策決定の内容の測度の開発に移った。諸測度の以下のペアは、州立法の包括的な検討に基礎づけられている。

(4) 改革立法

われわれは、三つの異なる政策分野——経済開発、地域・環境計画、社会事業——において、各州が一九七八年から八四年にかけて制定した全法律を検討した。これら広範な立法のテーマは、都市のゾーニング、腎臓透析からソーシャル・ワーカーの現職教育や産業リサーチ・マーケティング地域センターに及んだ。われわれの分析は、次の三つの幅広い評価基準を使っている。

・立法の包括性——この期間に生み出された州法の集成が取り組んだ社会的ニーズの範囲の広狭の度合い。

・立法の一体性——種々の立法発議が、調整され内的に矛盾なく統合されている度合い。一例を挙げよう。職業訓練やインフラ事業計画と調整済みの小企業向け助成施策は、州全域に無差別に補助金を「どっさりばらまく」(イタリア人の言い回し)施策よりは一体性の得点が高いことになる。

・立法の創意性——立法が、新たなニーズを識別し、新しいサービスに取り組み、あるいは新しい民間イニシアチブの諸形式に対する誘因を生み出す度合い。

各州は、経済開発、地域・環境計画、社会事業の三つの政策分野ごとに五点法で順位づけられた。エミーリア・ロ

表3-1　立法でのイノベーションの評価

模範法の内容	因子負荷量
露天採掘規制	0.812
漁場の振興	0.806
大気／水質汚染のコントロール	0.776
ホテルの格付け	0.756
予防医療診療所	0.718
野生動物保護	0.638
商業合理化	0.624
消費者保護	0.501
労働市場の監視監督	0.432
ボランタリー・サービスの奨励	0.392
州「オンブズマン」制度	0.222
メンタル・ヘルスケア	−0.026

マーニャ州のように三部門ともに優れたパフォーマンスを示し、総スコア一五点を記録した州から、カラーブリア州やモリーゼ州のように三点が精一杯といった州まで様々であった。立法に関するこれらの評価は、従来の測度に比べてやや印象論的で正確とは言えないが、各州の政策内容についての注意深い評価を反映しており、また（後述するように）各州の住民が下す評価に近いことが明らかとなった。改革立法を評価するためのわれわれの基準は、イタリア人有権者が依拠する基準と実際にはさほど違いがないようだ。[11]

（5）立法でのイノベーション

アメリカの場合と同様にイタリアでも、多くの立法理念は比較的先進的な議会によって取り入れられ、その後そうした魅力的な新機軸を遅れた州が拾い上げ、法律として議会を通過させることで下位政府に普及する傾向がある。[12] われわれは、同種の法律が多くの州に現れていることを確認しているが、そうした法律の一二の多様なテーマ、具体的には大気・水質汚染、漁業振興、消費者保護、予防医療診療所、露天採掘規制、ホテルの格付け、野生動物保護などを吟味した。地方のニーズ・優先事項は州によって違うはずだが、三つ、四つの例外を除けば、ほぼすべてのテーマでトップ州と最下位の州とが決まっている（予防医療診療所、州「オンブズマン」制度、ボランタリーの奨励というテーマはその限りではない。模範州法は、表3-1を参照）。[13] ここでの測定基準は、一二の分野において模範州法が現れてから他州がその法律を取り入れたのに平均どれほどの時間を要したかを許ろうとするものである。模範州法のパイオニアとなった州には一〇〇点、逆にそういった法律が見向きもされない州には〇点を与えた。(14) 平均点は、エミリーア・ロマーニャ州が七四点、カラーブリア州はわずかに四点であった。事実、カラーブリア州は、一二の模範州法のうち制定に踏み切ったのはわずか一つだけであった。他方、エミーリア・ロマーニャ州では、一二の法律すべてを法制化し、そのうち五件で法制化の草分けとなった州であった。

次に、政策表明から政策執行の検討に移ろう。次の六つの指標は、公衆衛生、社会福祉、工業・農業開発、住宅・都市政策等主たる州政府の活動部門のほぼ全体での政策執行能力を測定するものである。最初の二つの指標は直接サービスの提供を意味し、三番目の指標は各州が動員する政策道具のレパートリーを表している。最後の三つは、州政府が中央政府が提供する資金をどれほど有効に使うか（「支出能力」）に焦点を当てている。

支出能力は、常に制度パフォーマンスの適切な指標であるとは限らない。だが、これらの三つのケース（農業、公衆衛生、住宅）では、追加投資の必要性は広く認められていたし、各州は支出金全額を中央政治機構から容易に活用できた。そうした状況のなか、いくつかの州政府は支出予算の厖大な部分を使わずに残してしまった。その理由は、そうした州政府には、潤沢な資金を具体的な政策活動へ転換しうる組織能力と経営基盤がなかったからだ。他方、より有能な州は、支出しようと計画した時点で、支出したい事業に資金を投入できたのである。

（6）保育所

新しい州政府が最初に取り組み、最も成功した政策発議の一つが、反対など起こりようがない保育所の設置であった。一九七七年、中央政府は、そのために各州が支出しうる相当の特別財源を認めた。その結果、この施策にかける州自体の「機会費用」はわずかなものとなった。それから六年後の一九八三年までに、いくつかの州では保育所の広域ネットワークが生み出された。だが、事実上なんらの進展もみない州も存在した。ここでの測定基準は、〇―四歳児人口数をにらんだ一九八三年一二月までに稼働した州助成による保育所の数である。(15) この測度は、外部資金が確保されたなかで草の根レベルの政策を執行しうる州の能力を測定するのに珍しく明快な指標を用意した。スコアは、保育所一件当たり幼児数四〇〇人というエミリア・ロマーニャ州から、カンパーニア州の一万二五六〇人まで大きな開きがある。

(7) 家庭医制度

保健分野での重要な一つの試みは、一九七四年に初めて法制化された家庭医制度《コンスルトーリオ・ファミリアーレ》であった。政策改善を実行しうる州の能力を見るのに有益な測度は、一九七八年五月までに稼働した家庭医の数（州人口数で標準化した数）である。一九七八年五月時点で、ウンブリア州（第一位）は、住民一万五〇〇〇人当たり一人の家庭医がいた。プーリア州では、人口三八五万人に家庭医一人の割合であった。トレンティーノ＝アルト・アーディジェ州、モリーゼ州、ヴァッレ・ダオスタ州では家庭医制度がスタートしていなかった。(16)

(8) 産業政策の手段

第二章で見たように、一九七〇年においては、州政府の新設が従来にないスピードで経済発展をもたらすという広範な期待が、州制度改革への重要な動機の一つであった。その後資金利用が可能となると、州のなかには、個別企業の助成のために小切手を切るだけの州も現れた。それは、往々にして一種の恩恵のばらまきであった。先進的な州は、基盤整備支援を行ったり、公共サービスの改善に取り組んだり、官民提携を積極的に推し進めた。(17) あまり洗練された測度とはいえないが、産業政策に関して思いつく諸手段のうち実際に州が展開した政策手段の数を確認することで、産業政策に発揮する州の見識を測定できる。

・州の経済開発計画
・州の土地利用計画
・工業団地
・州の開発財源担当機関
・産業開発・マーケティング事業連合
・職業訓練施策

フリウーリ＝ヴェネツィア・ジューリアなど二、三の州が、一九八四年の時点で右に挙げた六つの政策手段すべてを使っていたが、カラーブリア州のように二つだけという州もあった。(18)

(9) 農業支出の規模

一九七七年、中央政府は、灌漑、再植林、家畜生産、園芸、ブドウ栽培を含む農業への投資を目的に、各州に相当の資金（総額約四億ドル）を配分した。例えば、ラツィオ州は、フラスカティワインを増産すべく割当資金を使った。他方、一部の州は、利用できる資金を政治的停滞や行政的非能率が原因で一銭も使えなかった。悲しいかな、そうした州でこそ、農業が経済的にきわめて重要であるにもかかわらず、である。農業という重要な経済部門において州が政策発議を実行に移せた能力は、その後の三年間（一九七八―八〇年）に州が目途通り支出できた資金額が、国から州への配分総額に占める比率から算出された。その割合は、ヴァッレ・ダオスタ州の九七％からカラーブリア州とモリーゼ州の〇％と非常に大きな幅がある。(19)

(10) ＵＳＬ（地域保健機構）の支出

財政面で、一九七七年以降、州への権限移譲が行われた最も実質的な分野は、病院、診療所、健康保険などの国民保健サービスであった。地域住民に保健医療サービスを提供する初期の組織上の刷新は、一九七八年の国家法によって設置されたＵＳＬ（Unità Sanitaria Locale 地域保健機構）であった。この分野で州の積極性を測定する測度は、国家法施行五年後の一九八三年時点でのＵＳＬの州民一人当たりの支出額である（ここでも、国民保健サービスの実施に必要な費用は、全額、中央政府の負担である。ＵＳＬ支出額と罹病率・幼児死亡率の測度は負の相関にあることが示された。したがって、ＵＳＬ支出が少ない州が公的医療制度へのニーズも低かったという解釈には無理がでてくる）。この測度のスコアは、全国平均より三四％も多く支出したトスカーナ州から、シチリア州やバシリカータ州のように全国平均を二五％も下回る州までいろいろであった。[20]

（11）住宅・都市開発

われわれの研究は、住宅問題がとくに一九八〇年代に全国の州庁役人にとって重要となってきたことを示している。一九七一年にスタートはしていたが、とくに七八年以降中央政府は、政府の助成住宅供給計画（公営住宅、持ち家を問わず）、住宅修復、都市開発のための土地買い上げを支援する潤沢な資金を各州に与えた。州は四年間の住宅施策を練り上げ、資金配分のために基準を設けることが要請された。われわれは、一九七九年、八一年、八五年、八七年に、州がこうした資金を使う能力に関するデータを収集した。ここでの測度は、中央行政府が認めた資金に占める州の実際の支出分とした（こうした意味での州の支出能力と住宅の質を測る初期の諸測度は正の相関にあるので、鈍い支出は社会的ニーズの低さを単に反映しているだけだ、というありそうな解釈を退ける）。四次のデータをカバーする合成測度は平均で、エミーリア・ロマーニャ州の六七％からシチリア州、カンパーニア州の三二％まで幅がある。[21]

以上のパフォーマンスに関する測度はすべて、政策立案者の目からするものであった。予算過程はどれほど能率的であるのか。立法はいかに革新的であるのか。どのくらいの数の保育所あるいは家庭医が、もしくは農業用貸付金が提供されてきたのか。だが、これまでの分析で抜け落ちてきたのは、市民の立場から見た一つの問題に関する州政府への評価である。

(12) 官僚の応答性

「ストリート・レベル」の政府の応答性は、どのように評価すればよいのか。そこで、われわれは少々記述的だが、無害で情報の点で非常に得るところの多い実験をひねり出した。(22) 一九八三年一月、イタリアの同僚が、各州の官僚に働きかけて、次の三つの特定の(しかし仮想の)設問に関して情報を求めた。

- 保健局には、照会者が休暇中に海外でこうむった医療費請求への払い戻し手続きを尋ねた。
- 職業教育局には、中学出たての「弟」向けの職業訓練施設について尋ねた。
- 農業局には、「ある農夫の友人」のために試験作物への貸付制度と補助金に関する情報を尋ねた。

最初の依頼は郵送で行った。照会への州側の返事を、迅速さ、明晰さ、包括性を基準に順位づけた。時宜を得た返事がない場合は、電話をかけ、必要なときには役人に会いに行った。いずれの場合も、接客の態度と迅速さを測定した。この作業を通じて、三つの主要行政機関の応答性を、二〇州について比較可能な形で判断する複合尺度を作ることができた。(23) 最も能率的な州(エミーリア・ロマーニャとヴァッレ・ダオスタ)は、三つの打診中二件について、最初の手紙による照会から一週間以内に過不足のない回答をよこした。残る一件は、簡単な電話一本で用事が済んだ。最も非能率な州(カラーブリア、カンパーニア、サルデーニャ)では、書面での照会は無視された様子で、三件中二件の照会に満足いく回答を得るのに何週間もかかり、何回も電話をしたり、係まで出向かなければならなかった。

《制度パフォーマンス》指数の整合性と信頼性

一二の指標リストは、現代の政府が、住民に対し、また彼らのために行う事業の多様さを反映すべく考案された。これらの指標の検討を通して明らかとなったパフォーマンス水準の違いは、どこから見てもきわめて著しい。内閣の安定性では、安定度で両極端の州にわれわれの指数で五倍の開きがあった。また、予算執行が予定時期からどのくらいの日数遅れたかを調べてみると、早いところでは三週間という州もあったが、なんと七ヶ月も遅れた州がある始末であった。座視できないこうした大きなギャップは、保育所や家庭医、農業貸付や助成住宅でも確認できた（政府資金への接近条件は、どの州も同じ）。住民の照会への対応の迅速さでも、同じような差が見られた。

だが、このような知見が得られても、測定方法の不備や州による優先課題の違い、さらには制度的活動は多方面からの影響を受けざるをえないことを考慮すると、制度パフォーマンスのこれら別の諸指標は密接に関連し合っているのだろうかと不安がよぎった。そう思いつつもこの研究に取りかかったのである。例えば、州内閣の崩壊は、制度の不安定性を一般に表しているかもしれないが、内閣の崩壊が有力政治家の突然の死によって生じることもありうる。立法の創意性は、行政が政策を最後までやり抜くこととまったく無関係とは言えない、というのがわれわれの推論でもある。また、住宅建設に力を入れる州もあれば、農業にエネルギーを注ぐ州もあろう。ことによると、保育所や家庭医の創設が滞る理由が、州の行政的非能率ではなくて、イデオロギー的選択の結果かもしれない。どの指標をとってもそれだけで制度的成功に見られるあらゆる差異を忠実に捉えることはできないし、ある次元の成功は、他の次元での成功とはまったく関係がないかもしれない。

こうしたことを顧みると、制度パフォーマンスを測る一二の指標間に驚くほど高い整合性を発見できたことに満足をしている[24]（補遺Cを見られたい）。内閣が安定しており、予算を日程表通りに可決し、計画通りに予算を執行し、新たな立法を先導する州は、たいてい保育所や家庭医を整備し、包括的な都市計画を展開し、農民への貸付を行い、市民が寄せる照会文書にも迅速に回答をよこす州でもある。これら一二の指標をベースに、われわれは要約的《制度パフォーマンス》指数を作成した。表3－2は、全指標のリスト、および各指標と合成指数間の相関性を表している。

制度パフォーマンスのこれら諸測度間の相互相関性は、とても完全とは言い難いところがある。大半の州は、現実には政策領域によって力を入れているところもあればそうでないところもある。細かく検討してみると、制度的成功は一つの次元だけで測定してもだめである。だが、おおむね、これらのバラバラな諸指標を単一指数に集約するためのわれわれの技法は、どの単一の測度を考えてみても、その測度固有の影響を弱めている。いっそう重要なことだが、これらのデータが同様に確証しているように、ほぼどの測度でも高位である州が存在する一方、まったく逆の州も存在している。われわれの合成測度は、包括的かつ内的整合性を示しているのである。

この評価は、時間的にどれほど安定しており信頼しうるものなのか。制度パフォーマンスは、われわれが測定したように州政府の永続的な特徴なのか。それとも、州の順位は年々ランダムに上下するものなのか。

イタリアで州の実験が始まった頃、最初の州議会の閉会直後に、一五の「普通」州を対象に州政府の成功・失敗に関する予備的な評価を行った[25]。この予備的評価は、本章で検討したパフォーマンス指標とだいたい同じ指標に基づくものであった。予備的評価の基礎となったデータは一九七〇年から七六年にかけて収集されたもので、本章が評価の対象とするデータとは時期的にはずれている。予備的評価は、本章で概観した評価ほど幅広い評価基準からなるものではなかった。とくに州創設期だったので、政策執行に関する測度は利用不可能であった。

これらの二つの分析結果を比較したのが、図3－1である。図は、顕著な安定性をかなりうまく示している。予備的評価での州の順位と、後のより整備された《制度パフォーマンス》指数とはおおむね相関しており、ロンバルディア州やピエモンテ州のように一部例外が目につくものの、パフォーマンスの順位はどの州も二つの調査でだいたい同

表3－2 《制度パフォーマンス》指数（1978－85年）

パフォーマンス指標	因子負荷量
改革立法（1978－84年）	0.874
保育所（1983年）	0.851
住宅・都市開発（1979－87年）	0.807
統計情報サービス（1981年）	0.797
立法でのイノベーション（1978－84年）	0.779
内閣の安定性（1975－85年）[a]	0.681
家庭医制度（1978年）	0.640
官僚の応答性（1983年）	0.625
産業政策の手段（1984年）	0.580
予算過程の開始時期（1979－85年）[a]	0.577
地域保健機構の支出（1983年）	0.545
農業支出の規模（1978－80年）	0.468

[a] 内閣の安定性と予算過程の開始時期のスコアリングは、本文中のものとは逆になっている。従って、高スコアほど高パフォーマンス。

図3－1 制度パフォーマンス（1970－76年、1978－85年）

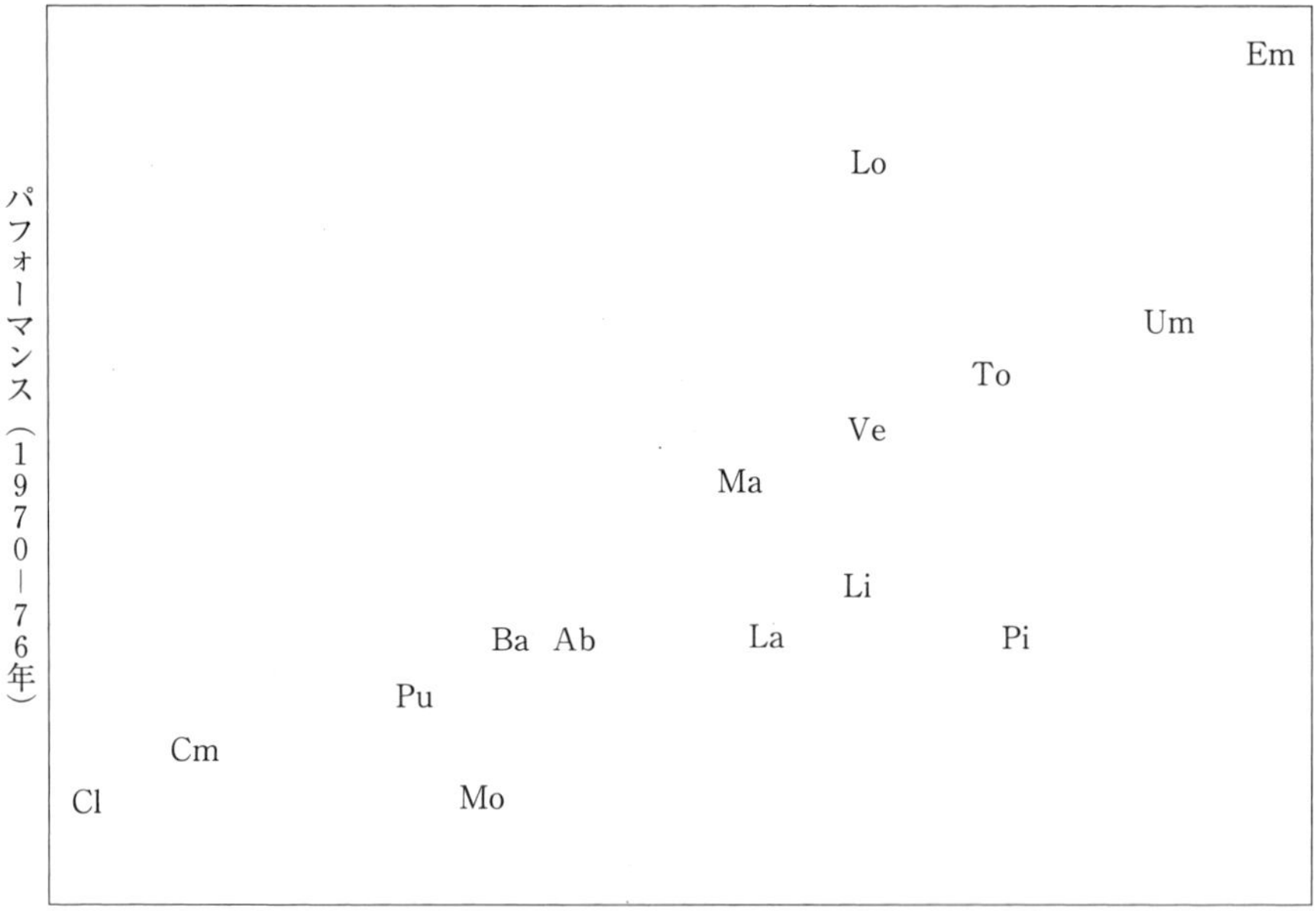

《制度パフォーマンス》指数（1978－85年）

相関係数 $r=0.78$

注：本書のすべての散布図で用いられている州名の略記リストに関しては、補遺Dを参照。

じであった。ロンバルディア州は、予備調査でトップに迫ったが、本調査では少し順位を下げ、ピエモンテ州は逆に順位を大きく上げたが、全体として安定度には著しいものが確認できる。パフォーマンス評価の順位があまり変わらない現実には、下位に泣いた州政府は落胆の色を隠せない。だが、このように順位に大きな入れ替えがない状態は、理論にとっては重要で、方法論の面でも心強いものがある。制度パフォーマンスの差異は、ここで測定したように、理に適って安定しており、したがって説明に値する。

制度パフォーマンスと選挙民の評価

この要約的指数は、制度パフォーマンスの重大かつ整合的な違いを反映している。だが、そうした違いは、制度の主唱者や選挙民が下した評価と一致しているのだろうか。制度パフォーマンスの「客観的」測度は、イタリア人が彼らの州政府に抱く考えと違和感はないのであろうか。あるいは、政府を評価する基準がまったく特異で、文化相対主義におおわれた結果、われわれの判断とイタリア人有権者や地域リーダーの判断に関係がなくなっているのではないか。(26)

この検証は容易ではない。というのは、どの州であれ州内部の観察者にとって、自分の州政府をそれ以外の州政府と子細に比較するには、あまり良いポジションにあるとは言えないし、またいろいろな州の住民が、同じ満足基準・閾値を有する保証もないからだ。(27)他方で、経営者、市長、労組幹部、ジャーナリスト、その他の地域リーダー、さらには相当数の一般市民が自分たちの州政府の優れた点と弱点をよくわきまえている事実が、面接調査の結果明らかになった。さらに、州政府は住民の代表機関でもあるので、選挙民の態度は、州政府のパフォーマンスを評価する場合、格別の地位にあると判断される。

事実、《制度パフォーマンス》指数は、州政治の評価が、州の注意深い市民層や一般有権者全体が下す評価と著しい一致を示している。まず最初に、一般のイタリア人が、自分たちの州政府をどのように評価しているかを問うことから始めよう。

一九七七年一月から八八年一二月にかけて計六回、だいたい二年に一度の割合で、イタリア人に、「この州の統治のされ方にどの程度満足していますか、あるいは不満ですか」と質問した。小州の場合、完全に信頼しうる意見評価を得るための標本数が、どの調査でも少なすぎた点はおくとして、州の順位は長年の間総じて安定していた。したがって、六回の調査を、市民満足度（州別）のかつてなく信頼度が高い単一の評価指標を獲得するために、一つに合成することが可能となる。[28]

その結果、州政府のパフォーマンスについて、われわれの「客観的」評価と州民の考え方は今や比較可能となったのである。図3－2は、これら二つの測度間にかなり強い一致があることを示している。トレンティーノ＝アルト・アーディジェ「特別」州一州だけがちょっと変則的ではあるが、全体として州民の考えとわれわれの評価は完全に一致している。[29] 有効性と応答性——民主的政府の二つの基本規準——が密接に関連し合っていることが（少なくともこの事例では）明らかになったのである。革新的な立法を制定し、計画通りに予算を執行し、保育所を作り、州民からの問い合わせの手紙に迅速に回答をよこす州政府は、そうでない州よりも人気が高いというわけだ。[30]

制度パフォーマンスは、われわれが測定したように、実際、誰が州政府に満足しており、誰が不満であるかを示す唯一の一致予測尺度である。六回の全国調査とも州政府の活動を支持する態度は、一般的な社会的カテゴリーのどれとも相関していない。教育程度、富裕度、都市と農村、農民・主婦と経営者・ブルーカラー、性別、年齢などで、政府活動への支持態度に違いは見られなかったのである。[31] 言い換えれば、われわれの「客観的」測度でかなり上位の州は、社会的カテゴリーとは無関係に州政府への満足を引き出しており、また逆も真なりということだ。これらの諸政府は、特殊利益の分配よりは、いかに巧みに共通利益を促進しうるか、という点で明らかに異なっているのである。

図3－2　制度パフォーマンス（1978－85年）と市民満足度（1977－88年）

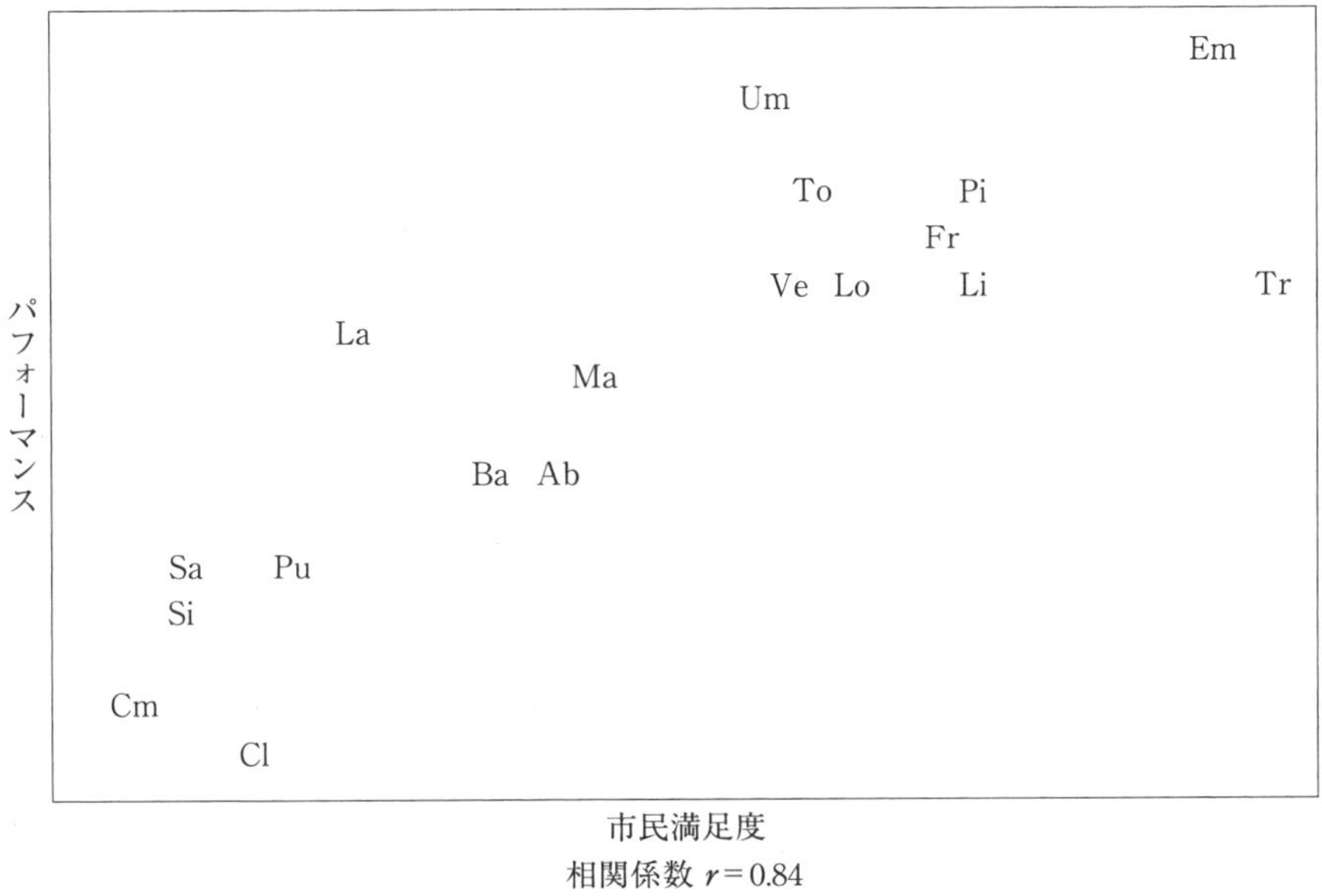

図3－3　州政府への満足度（パフォーマンス別、政党支持別）

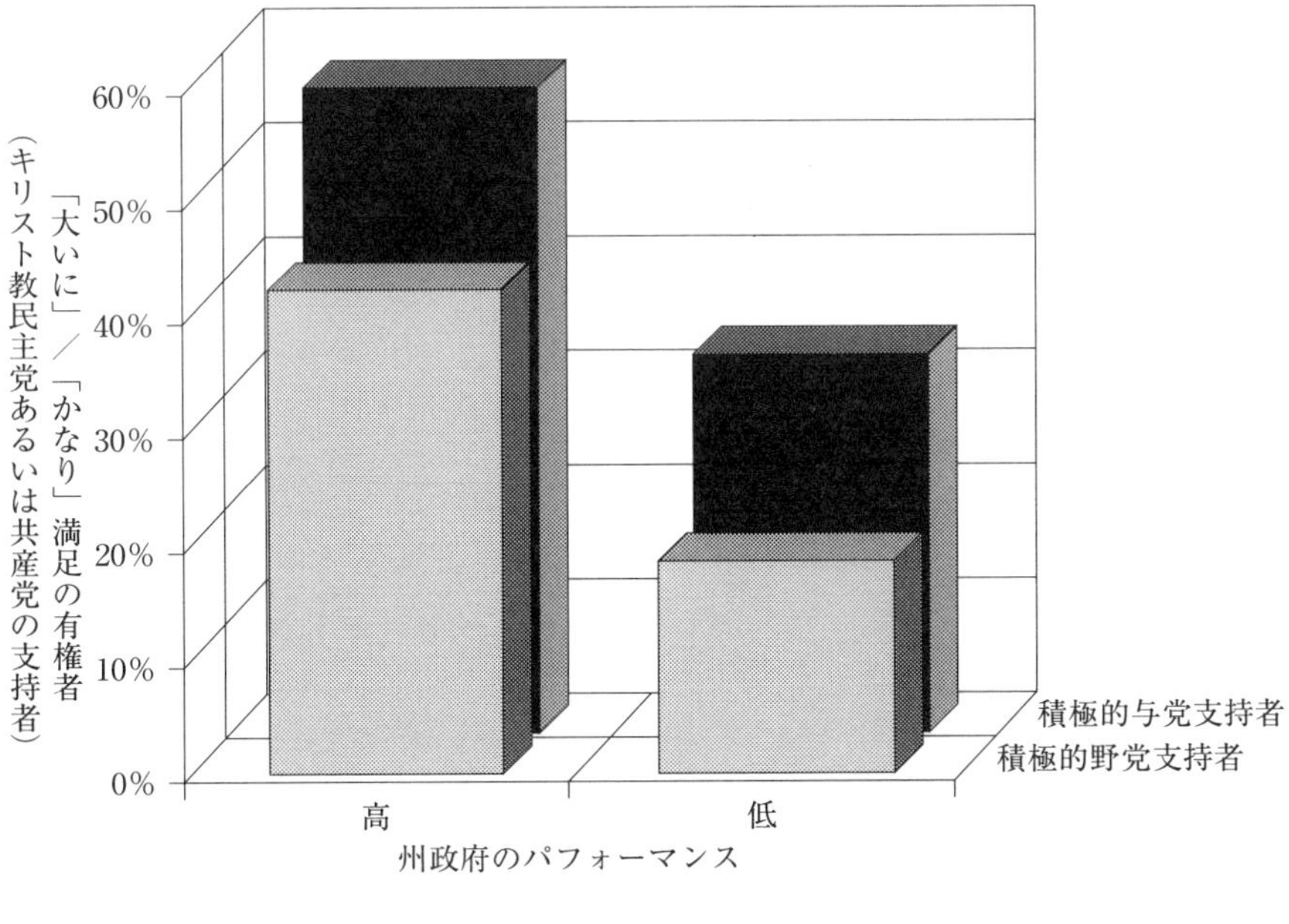

州政府の与党を支持する人々が、野党支持者よりも、政府のパフォーマンスに高い満足度を示す事実は、別段驚くに値しない。だが、与党支持か野党支持かといった政党への忠誠は、政府の「客観的」パフォーマンスと比較すれば、パフォーマンスへの満足度を規定する要因としては強くない。一九七七年から八八年にかけての計六回の調査とも、低パフォーマンスの州の与党支持者は、高パフォーマンスの州の野党支持者ほどには、州政府のパフォーマンスに満足していない。図3－3が示しているように、高パフォーマンスの州の野党支持者の平均四二％が政府パフォーマンスにかなり満足している。この事実は、低パフォーマンスの州では、政府忠誠者でさえも満足派はその三三％のみだという現実を考えると興味深い。[32]パフォーマンスをコントロールすると、政党忠誠心は市民満足度に約一四％の差を生むが、政党忠誠心をコントロールするとパフォーマンスは約二四％の差を生み出した。言い換えると、イタリアの選挙民の州政府満足度を説明する力は、客観的なパフォーマンスの違いが政党忠誠心の違いよりも重要で、数字で言えば約二倍ということになる。

だが、州政府の稼働に関するもう一つの視座は、地域リーダー（県知事、大都市の市長や小さな町・村の首長、銀行家、労組幹部、ジャーナリスト、工業・商業・職人・農業・協同組合運動の各代表）を対象とした一九八二年全国調査が提供している。これら指導者たちの半数以上が、州行政官と定期的に会合を持ち、五九％の人々が彼らが代表する組織の利害に州政府が「非常に重要な」、あるいは「かなり重要な」影響を及ぼしてきたと答えた。このように、これらの地域リーダーの大半は、州政府のパフォーマンスを判断する際の準拠となる直接的・個人的な情報を持っているのである。

これらの地域リーダーは、州政府と定期的に接触している。市長は、ゾーニングの承認を州政府に求める。農民リーダーは、灌漑事業計画について州庁と掛け合う。経営者は、州の経済計画に関し州庁官僚と相談をする。労働指導者は職業訓練施策について、といった具合である。こうしてわれわれは、彼ら地域リーダーから州制度の諸活動に関する詳細な評価を引き出すことができた。第二章で述べたように、われわれは、州庁役人への接近可能性、州諸施策の方針指示、州の特定事業計画の実現可能性、州行政機構が特定の問題群を処理するスピード、州・地方政府間の調整、州の行政官僚の技術的適正能力や勤務態度について調査した。大部分の地域リーダーは、新しい政府の施策選択や接近可能性は評価したが、それに比べ政策執行に関する州の無能さについては非常に厳しく非難した。(33)

制度パフォーマンスのこれらいくつかの異なる局面についての評価が、どの州政府の場合でも、政府のパフォーマンスの六つの特定の局面すべてで一貫して好意的に（あるいは一貫して非好意的に）ランクづけられる傾向があるという意味で、相互にかなり緊密に関連していることが明らかになった。計画の創造性でトップと判断された州はまた、行動の迅速性、市民の声への応答性でも優れている、ということである。われわれは、個々の評価を一つの包括的な地域リーダーの評価指数に合成した（概要は、表3－3）。地域リーダーの回答は、州政府の有効性と能率性のさらに別の測度を用意してくれる。

この調査の各州の標本数は、一州平均一五名足らずと非常に少なく、どの州のスコアも標本誤差で有意ではなくなるかもしれない。(34)だがそれでも、これらの評価を州ごとに、《制度パフォーマンス》指数と比べてみるのは有益である。図3－4は、少ない標本数の希薄化効果をとくに念頭においておく必要があるとしても、《制度パフォーマンス》指数と地域リーダーの満足度がきわめて密接に相関していることを示している。われわれが下した制度パフォーマンス評価は、これらの政府を日々相手にしている人々の判断に大体において合致しているのである。(35)

これらの州政府に関するわれわれの非人格的・「客観的」な評価と、そこの州政府の選挙民の評価の間の密接な相関性は、方法論の点で満足がいくというだけではない。この緊密な相関関係は、同時に、統治の帰結を住民の願望の反映と見る「選好の顕現」アプローチ――政府は、構成員が望む種類の政府で、それ以下でも以上でもないという仮説――の危険性のみならず、度を超した文化相対主義の危険性をも強調している。イタリアの一部の地域の――そして、そのことなら世界の多くのほかの地域の――政府が、不活発、非能率で腐敗しているのは、「そこの連中がそうしたやり方が気に入っているから」とよく言われる。だが、図3－2と図3－4は、この俗説に対して強力な反証と

表3－3　州政府への地域リーダーの評価（1982年）

州政府の諸活動の側面[a]	因子負荷量
州の事業計画の実現可能性	0.735
1つのケースを処理するのに要する時間	0.714
地方政府との協力	0.700
政府構成員の資格性と勤勉さ	0.697
施策の選択	0.676
貴団体との協議にオープン	0.657

[a] 要約的指数は、「州政府の活動にどの程度満足していますか、これら6つの側面についてそれぞれお答えください」という質問への回答を基礎に作成。

図3－4　制度パフォーマンス（1978−85年）と地域リーダーの満足度（1982年）

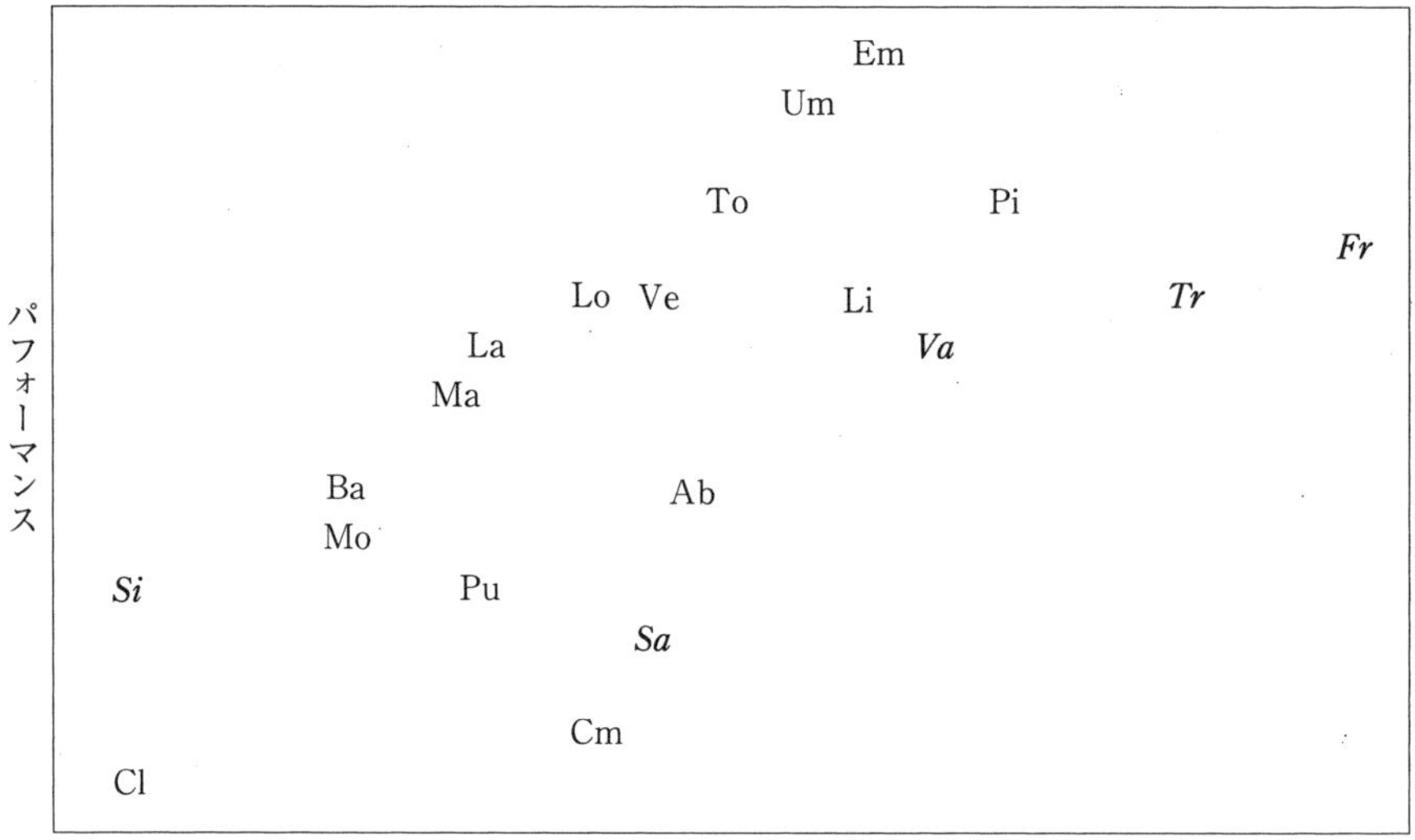

地域リーダーの満足度
相関係数 $r = 0.66$

普通州のみ：$r = 0.77$
特別州のみ：$r = 0.84$
特別州はイタリックで表示

なる。少なくともイタリアでは、どこの住民も、能率性、創造性、整合性、応答性、実際の成果という同じ基本的な基準を本来使い、政府の良し悪しを識別するのだ。彼らは良い政府を好み、悪い政府を嫌っている。この事実はもちろん、どのような政策の優先順位が追求されるべきかとか、またこれらの政策がいかに執行されるべきかといった問題に関して、全員の意見が一致しているとか、また統治には「ただ一つの最善の方法」があるのみだとか、あるいは施政は結局は技法の問題に還元しうる、といったことを意味するものではない。それは、よりましとより悪いの違いが広く識別されていることを意味するのである。

結論

われわれは、本章からどのようなことを学んだのだろうか。ある州政府は、他の州政府よりも一貫して成功している――州政府内の稼働ぶりも能率的だし、政策発議でも創造的だし、これらの発議をより有効に執行する。パフォーマンスにおけるこうした違いは、一〇年以上もの間変わらずにきた。こうした違いは、州政府の選挙民である一般市民と地域リーダーが広く認めるところである。

たとえ政府が同じ構造、同等の法的・財政的資源を有していても、うまく統治される州もあればそうでないところもある。(36) さらに、州ごとに一貫して変わるのは一般的な制度的有効性であり、単にある政府が今年は優れた保育プログラムを用意していたり、あるいは有能な予算策定官がいるとかいったレベルの話ではない。

もしそうだとすると、当該市民のみならず政治学者にとって最も緊要な検討課題の一つは、その理由を理解することでなければならない。確かに、ある種の利益は、われわれがまずいパフォーマンスと名づけた政府活動がもたらす。例えば、弱いゾーニング規制は、建設会社や土地開発業者を利するかもしれない。だが、にもかかわらず、より良い政府——ほとんどの時間、大部分の住民の利益を図る政府——を見分けることは可能なのだ。これらの新しい諸制度もうまく作動するのもあればそうでないのもある。何が制度パフォーマンスのこうした違いを説明するのであろうか。次に検討するのは、この疑問である。

第四章　制度パフォーマンスを説明する

一葉の地図から探究の旅を始めるのが最善である。図4‐1は、イタリアの二〇州の制度パフォーマンス水準を示している。この地図に最も顕著な特徴は、南北間に見られる鮮やかな濃淡の段差である。緯度と制度パフォーマンスの相関性は、完全なものではないとはいえ、北イタリアの州政府は一群として南部諸州よりも功を奏してきた。確かに、この発見は予想されないものではなかった。数多くの旅行談の表現を使えば、「南部は別なのだ」。

この注目すべき北と南の対比については、第五章、第六章で再び触れたい。だが、われわれの目的が、北と南の違いを記述する以上にその相違を理解することだとすれば、先ほどの観察はわれわれの問題を単に定式化し直しているだけである。どのような要因が、成功した北部と不成功に終わった南部を分けているのか。また、北部でも南部でも、同じ地帯に属する州の間で政府の出来・不出来が出てくるのはなぜなのか。第一章で概要を示しておいたが、本章では次の広範な広がりを持つ二つの可能性に議論を集中させたい。

- 社会経済的近代性、すなわち産業革命の諸結果
- 「市民共同体」、すなわち市民的関与と社会的連帯

図4－1　イタリア各州の制度パフォーマンス（1978－85年）

これら二つの可能性以外にも、一見もっともそうな説明のいくつかについては叙述を進めるなかで簡単に検討したい。そうした検討の結果、その種の説明が大した説得力を持っていないことが明らかになろう。

社会経済的近代性

過去数世紀、西欧で最も重大な社会的・経済的発展は産業革命であり、その余波である。人類史上産業革命という大分水嶺は、マルクス主義者であろうがなかろうが社会理論家を百年以上にもわたってとらえてきた。巨大な人口の移動が土地から工場へと起こった。生活水準もあきれるほど上昇した。階級構造も変質した。物的・人的側面での株式資本が増大した。教育レベル、公衆衛生の水準も上がった。経済的・技術的能力も拡大した。

政治社会学者は、安定した民主的政府の展望はこの社会的・経済的変容に依存すると長期間論じてきた。実証レベルで言えば、有効な民主主義は社会経済的近代化に関係している、という仮説ほど確固として確立された一般化をあまり知らない[1]。例えば、世界中の成功している民主主義の事例を俯瞰し、ケネス・ボレンとロバート・ジャックマンは、「経済発展の水準は、非経済的要因を考慮してみても、政治的民主主義に顕著な影響を与えている。……国民総生産はそれを説明する有力な変数である[2]」と論じている。富は、公私を問わず社会の重荷を軽減し、社会的和解を促進する。教育は市民を洗練し、さらに熟達の専門家を数多く輩出する。経済成長は、安定的で有効な民主主義の中核的担い手と長い間考えられてきた中産階級を増大させる。全世界の都市政府の成功・失敗を説明した後、ロバート・C・フリードとフランシーヌ・ラビノヴィッツは、「パフォーマンスの相違を説明するあらゆる理論のなかで最も強力な理論が、近代化論である[3]」と述べている。

イタリアでもこの種の社会的・経済的変容は一九世紀末に始まり、しかもその大部分は、前世代のうちに起こっている。こうした変化は、イタリア半島全域に影響を及ぼした。だが、脱工業的なセヴェソから前工業的なピエートラペルトーザへの旅が思い起こさせるように、北は南よりはるかに進んでいる。豊かさと経済的近代性のレベルにおいて、北と南にそうした鋭い対照が認められる。このような対比は、われわれが発見した州政府パフォーマンスの差異の説明でも、その重要な部分をなす――たぶん唯一の説明でさえある――と確信せざるをえない。

ところで、経済的近代性と制度パフォーマンスをクロスさせ、そこにイタリアの州を散布した図4-2は、われわれのパズルについて、この種の解釈の説得力とその限界を例証している[4]。

北部のより豊かでより近代的な州（図4-2の右上に集中）は、物的・人的資源の点でより貧しい州を上回っている。北部諸州の優位は、各州政府の本庁舎に象徴されている。南部の数州に見られる埃っぽい広場に突っ立つぱっとしない建物と、当初多国籍企業ピレッリの社屋として建造された、ロンバルディア州庁が入っているミラノ中心部の三〇階建ての超高層ビルとを比較してほしい。北イタリア諸州の公衆衛生担当官あるいは公共事業行政官は、世界で最も先進的な経済の一つが蓄える資源に訴えることができる。それとは対照的に南部諸州は、地元援助もほとんどなく、低開発の気を滅入らせるような難題に直面している。一つだけ、意味深い例を挙げよう。一九七〇年代、ミラノ

図4－2　経済的近代性と制度パフォーマンス

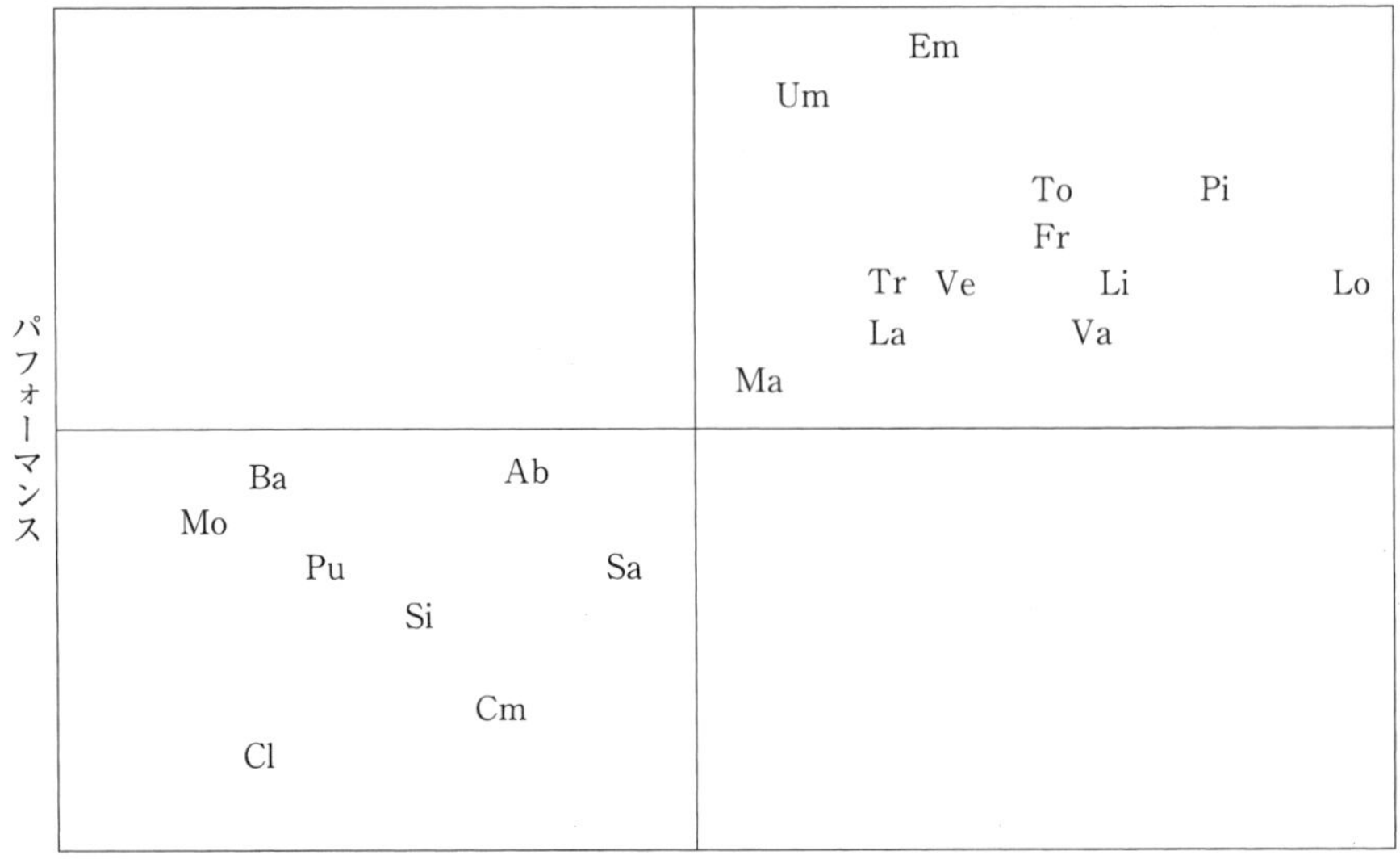

相関係数 $r = 0.77$

には数百のデータ処理会社があったが、ポテンツァにはほとんどなかった。自分たちの諸問題を評価したり、人事管理を行う支援者を探している州行政官にとっては、バシリカータ州よりもロンバルディア州のほうが明らかに好都合なのだ。(5)

パフォーマンスの南北格差が、州政府が利用しうる財政的資源だけによって説明できるかというと、そうでないことも確かだ。州政府に対する財政支援は、中央政府によって貧しい州への傾斜再配分方式に基づいて行われる。事実、われわれの制度パフォーマンス調査が示すところでは、最後進州の多くは、使い切れないほどの資金を手にしていた。だが、図4－2が示唆するように、この種の財政の再配分は、社会経済的・技術的基盤の面での南北間のとてつもない格差を埋め切れないでいる。

さらに、図4－2に見られる州の散布パターンを細かく検討すればするほど、この種の近代化論的な解釈の限界がいっそう明らかとなる。州は、持てる州と、一貫して低パフォーマンスにあえぐ持たざる州に二分できそうだ。だが、各群内におけるパフォーマンスの著しい格差は、経済発展によってはまったく説明がつかない。(6)ナポリを中心に広がるカンパーニア州は、経済発展ではどんじりのモリーゼ州やバシリカータ州よりも進んでいるが、州政府のパフォーマンスでは無能であることは誰の目にも明らかだ。ロンバルディア、ピエモンテ、リグーリア——北部の有名な工業三角地帯の一角を形成——の三州は、エミーリア・ロマーニャ州やウンブリア州より経済的に豊かであったが（少なくとも七〇年代初葉には）、政府の成功という点では後の二州の後塵を拝していたことは疑いない。富と経済発展が、検討すべき物語のすべてではありえないのだ。

経済的近代性が、高パフォーマンスの公的諸制度となぜか関係していること——これだけは明白な事実である。ただ、次の疑問は、そうした従来の単純な分析では明確にできない。近代性がパフォーマンスの一因かどうかということ（たぶん、複数の要因の一つではあろうが）。パフォーマンスと近代性は、第三の要因に影響を受けているのかどうかということ（その意味では、両者の相関はある意味で見せかけということになる）。近代性とパフォーマンスの結び付きはもっと複雑であるのかどうかということ。本章の後半部分、および続く二章で、これらのいっそう込み入った——と同時にいっそう興味深い——疑問に立ち返るつもりである。

市民共同体——若干の理論的考察

ルネッサンス期イタリアに劣らず古代の共和政諸制度の不安定な歴史を反映する一六世紀のフィレンツェで、ニッコロ・マキアヴェッリと幾人かの同時代人は、自由な諸制度の成功・失敗は、市民の特質、すなわち彼らの「市民的徳」に左右される、と結論した。(7) 英米の政治思想の長年の解釈に従い、市民的人文主義者たる「共和主義」学派は、その後ホッブズやロック、あるいは自由主義的な彼らの後継者によって論難されてきた。共和主義者は、共同体や市民であること《シティズンシップ》の諸義務を強調してきたが、自由主義者は個人主義と個人の諸権利を強調した。(8) アメリカ合衆国憲法は、徳を備えた公共心に富む市民を前提とするどころか、抑制と均衡のメカニズムを取り入れ、民主主義を悪徳に満ちた連中から守るべく、マディソンや自由主義的な仲間によって創案された、と言われてきた。近代民主主義を理解する道標として、市民的共和主義者は時代遅れとなってしまったのである。

だが近年、一種の修正主義の波が、英米の政治哲学を襲っている。「過去二五年かそこらの間に起こった最も劇的な［政治思想史上の］修正は、市民的人文主義の発見――および称賛――である」[9]と政治理論家ドン・ハーゾーグ教授は市民的人文主義にやや批判的に述べている。修正主義者によれば、ある重要な共和主義的、あるいは共同体主義的な伝統は、ギリシア、マキアヴェッリから一七世紀のイギリス、さらにはアメリカの建国の父祖に伝来した[10]。新しい共和主義者は、個人主義を称賛するどころか、ジョン・ウィンスロップが、彼の「丘の上の町」の市民に向けて発した次の雄弁な共同体主義的説論を想起する。「われわれはたがいのうちに喜びを見出さねばならない。他者の境遇を自分のものとし、共に喜び、共に泣き、共に働き、苦しみ、いつも同じからだ（共同体）の部分（成員）としてわれわれの共同体のことを思わなければならない」[11]。

新しい共和主義の理論家が、論戦を挑まれなかったわけではない。古典的な自由主義的個人主義の擁護者は、新しい共和主義が称賛する共同体という観念は、「危険で時代錯誤の理想」[12]にすぎないと論難している。だが意外なことに、実に多方面にわたるこの哲学論争も、これまでのところ英米あるいは他の場所においても体系的な実証研究とはほとんど無関係に展開されている。だが、だとしても、この論争には有効な民主的統治の理論にとって有益な萌芽が含まれていることは確かだ。その理論とは、「徳を有しない市民の割合が著しく増えるにつれ、自由な社会がうまく立ち行く力は少しずつ衰えるだろう」[13]というものである。われわれは、民主的政府の成功が、政府を取り巻く環境が「市民共同体」という理念にどれほど近いかによって左右されるのかどうかを実証的に探究したいと考える[14]。

だが、実践的な用語としてこの「市民共同体」という言葉は、何を意味しているのであろうか。共和主義理論家の仕事をよく吟味することで、この哲学的論争の中心的テーマの一部を取り出すことに着手できる。

市民的積極参加

市民共同体における市民性《シティズンシップ》は、第一義的に公的諸問題への積極的な参加を特徴としている。「公共問題への関心と公衆への帰依が、市民的徳の決定的な標識である」(15)とマイケル・ウォルツアーは主張する。確かに、あらゆる政治活動が一つ残らず、「有徳」という商標に値するわけではないし、また共和主義的な社会に貢献するわけでもない。「純粋に個人的・私的なあらゆる目標を犠牲にした公益の不断の認識と追求」が、市民的徳の核心的意味に近いようだ。(16)

自己利益と愛他主義の二分法が安易に用いられすぎた感じがする。というのも、どんなひどい社会も、またうまくいっている社会も、自己利益という強力な動機づけを無視することなどできない相談だからである。市民共同体の市民は、愛他主義者であることを要求されない。だが市民共同体にあっては市民は、トクヴィルが「正しく理解された自己利益」と呼ぶものを追求する。それは、幅広い公衆のニーズという文脈で定義される自己利益、「近視眼的」であるよりは「啓蒙された」自己利益、他者の利害に敏感な自己利益である。(17)

市民的徳の欠如は、エドワード・バンフィールドが、わがピエートラペルトーザからほど近い小村、モンテグラーノの支配的エートスとして報告した「道徳以前の家族主義」のなかで例証されている。その内容は、「核家族の物質的な目先の利益を最大にせよ。他の誰もが同じように行動すると考えよ」(18)である。市民共同体における参加は、利益の共有よりもより公共精神に導かれたものである。市民共同体の市民は、私心のない聖人ではないが、公的な領域を私的利益を追求するための戦場を超えたものと見るのである。

政治的平等

市民共同体における市民性《シティズンシップ》には、全構成員に対する平等な権利と義務が必然的に伴う。このような共同体は、権威と従属という垂直的関係ではなく、互酬性と協力という水平的関係でお互いに結び付いている。市民は、平等な人間としてふれ合うのであって、庇護者《パトロン》と顧客、あるいは統治者と請願者としてではない。確かに、古典的な共和主義理論家が、そろって必ずしも民主主義者なわけではない。今日の市民共同体は、労働の分業の利点や政治的リーダーシップの必要を無視しては成り立たない。だが、そうした共同体の指導者は、自分たちの仲間市民に責任を負わなければならないし、自分たちがそうした存在だと自認する必要もある。絶対的権力も権力の欠如も、ともに腐敗しうるというのも、どちらも、無責任の感覚を次第に教え込むからである。(19) 互酬性の規範に従い、自治に積極的に参加する市民たちの間で、政治が政治的平等の理想に近づけば近づくほど、その共同体はいっそう市民的だと言えるかもしれない。

連帯・信頼・寛容

おそらくどう見ても、市民共同体の市民が、たんに活動的で、公共心に富み、対等な存在であるだけにはとどまらないであろう。有徳の市民は、大事な問題で意見が対立しても、相互に助け合い、尊敬し合い、信頼し合うものである。市民共同体というものは、活気がなく、対立がない社会のことではない。というのも、そこでの市民は公的諸争点に確固とした考え方を持っているからだ。だが、彼ら市民は、考えを異にする人々に対しても寛容である。「このことは、同じ政治共同体メンバー同士の関係を特徴づけるものでなければならない、とアリストテレスが考えたあの『友情』に可能な限り近い(20)」とマイケル・ウォルツアーは論じている。ジャンフランコ・ポッジが、民主的統治に関するトクヴィルの理論について書いているように、「人格相互間の信頼は、おそらく、共和的社会が維持されるべきであるとすれば、国民の間にもっとも行きわたっていることを要する道徳的態度である(21)」。

第六章でより詳しく考察するが、一見すると「利己的」と思える取引も、相互信頼を増進する社会的ネットワークに埋め込まれると違った性格を帯びる。市民共同体は、信頼という織物を通じて、経済学者が言う「機会主義」を克服しやすくする。機会主義のなかでは、誰もが用心深くバラバラに行動し、集合行為から離脱しようとする動機を持つので、共通利益は実現しない。(22)ラテン・アメリカの地域社会開発をレビューしたある論説は、グラスルーツの協同企業の重要性、さらには政治動員の諸経験――たとえそれらが直接的、手段的な意味で失敗だったとしても――の社会的な重要性を強調している。まさにその理由は、協同企業や動員が、「孤立と相互不信を払拭する」(23)間接的な効果を有するからである。

自発的結社――協力の社会構造

市民共同体の規範と価値は、独自の社会的諸構造・諸実践に具体化し、またそれらによって強化されている。この点で最も関係深い社会理論家は、やはりここでもトクヴィルである。トクヴィルは、《アメリカの民主政治》を支える社会的諸条件を観察した結果、市民的・政治的団体を形成しようとするアメリカ人の習癖を重視するに至った。

アメリカ人はその年齢・階層・思想の如何を問わず、絶えず団体をつくる。通商の会社や産業の会社に誰もが属しているばかりでなく、これと異なる種類のものがなお無数に存在する。宗教的結社や道徳向上のための結社があり、真面目なものもふざけたものも、極めて一般的なものもごく特殊なものも、そして巨大なものもあれば、また微小なものもある。……したがって、地上で最も民主的な国とは、人々が力を合わせてその共通に望む目標を追求する術に今日最も長じており、この新しい知識を最も多くの対象に適用している人民全体の国なのである。(24)

市民的結社は、メンバー個々人に及ぼす「内部」効果とより広い政治体への「外部」効果を通して、民主的政府の有効性と安定性に資する、とされる。

自発的結社は、内部に向けてはそのメンバーに協力の習慣や連帯、公共心を教え込む。トクヴィルは、「人間の相互作用によってのみ感情と思想が一新され、人の心が豊かになり、人間の精神もまた発展する」ことを観察した。[25] この示唆的な考えは、イタリアを含む五ヶ国の市民を対象とした『現代市民の政治文化』調査が収集した証拠によっても支持されている。その調査資料によれば、自発的結社のメンバーは、政治的な洗練、社会的信頼、政治参加、「主観的市民的有力感」で高い得点を示している。[26] 市民団体への参加は、皆で力を合わせて物事に取り組もうとする努力に対して、責任を共有する感覚、さらには人々がその共通に望む目標を追求する術も養うのである。さらに、多様な目標・成員を有する「横断的」集団に個人が属する場合、彼らの態度は集団の相互作用や交差圧力の結果、穏健になる傾向がある。[27] こうした効果が、結社のそれと分かる目的が政治的であることを必要としないことは注目に値する。合唱団や野鳥観察クラブへの参加は、自己鍛錬の場となり、また物事がうまく行ったときの協力の喜びを教えるのである。[28]

結社の外部的効果の点では、二〇世紀の政治学者が言う「利益の表出」や「利益の集積」といったものが、二次的結社の緊密なネットワークによって振起される。トクヴィルの言葉を引用しておこう。

ある意見がある団体によって代表されると、その意見は一層明確な形式をとらざるをえなくなる。その意見はその加担者たちを得ることになり、加担者たちをその意見の目的にまきこむこととなる。これらの加担者たちは互いに知りあうように自学自習するのである。そして彼等の熱意は団体員の数をふやすのである。団体は人々の多様な精神の諸努力を結束させ、その団体によって明示されている唯一目的に向かってこれらの努力を強力におし進めるように圧力を加える。[29]

この論に従えば、二次的結社の緊密なネットワークは、有効な社会的協同を具現すると同時に、そうした協同関係に資するということだ。このように、ルソーのような思想家があらわにした派閥への警戒心とは逆に、市民共同体で

は同じような考え方の対等な人々からなる結社が有効な民主的政府に与って力あるというわけである。(30)

近年、ある別の調査研究群が、自発的結社の簇生が有効な自治に不可欠な前提条件だとする見方を確かなものとしている。第三世界の発展に関する多数の事例研究を要約して、ミルトン・エスマンとノーマン・アップホフは、地方における自発的な結社組織が農村発展の戦略が成功するための不可欠の要素だと結論している。

多くの発展途上国で、将来立ちはだかりそうな状況下で大規模な貧困を克服しようとするとき、どのような取り組み方をしようとも、その真剣な努力によって成員型組織の活気あるネットワークは不可欠である。……他の要素――インフラ投資、支持的公共政策、適正技術、官僚・市場諸制度――もなくてはならないが、生産性の向上を利益の広範な分配へと結び付ける農村発展の戦略は、参加的な地方諸組織の影が薄い土地柄では想像すらできない。(31)

社会工学的観点からは残念だが、外部から「移植された」地方組織はうまくいかない確率が高い事実をエスマンとアップホフは見出した。(32) 最も成功した地方組織は、かなり凝集性の高い地方共同体における土着的・参加的なイニシアティブの成果なのだ。

エスマンとアップホフは明言を避けているが、彼らの結論は、モンテグラーノの生活についてバンフィールドが行った解釈とほぼ一致する。すなわち「村人が彼らの公益のために協同したり、あるいは核家族の即時的・物質的利益を超えたなんらかの目的のために協同したりする能力が欠如していることによりおおむね（全部ではないが）説明できるその極度の貧困と後進性」(33) というものである。この種の行動をバンフィールドが、ある「エートス」に帰した点が批判されたわけだが、彼に異を唱える方も、モンテグラーノで散見できた協同性の欠如、共同体の諸条件を改善しようという「意識的な協力活動」の驚くべき欠如について、彼の記述に異を挟むものではなかった。(34)

市民的共和主義を擁護する側も批判する側も、非常に興味深い哲学的論点を主張してきた。われわれは、これまで実証レベルでは問われることがなかった次のような疑問に取り組む所存である。すなわち、その疑問とは、共同体の「市民度」と共同体の統治の質との間になんらかの関連があるのかどうかという疑問である。

市民共同体——理論の検証

イタリアの州に点在する無数ともいえる地域社会に関して詳細な民族誌的レポートがないなか、各州の社会生活、政治生活がどの程度、市民共同体の理想に近いものかを測定する手立ては何か。社会的連帯や市民参加のパターンに関して、どのような体系的な証拠があるのか。本節では、州生活の「市民度」を測る四つの指標に関して、証拠となるデータが示される。そのうちの二つは、われわれが市民共同体と称するものについてのトクヴィルの幅広い着想に直接に対応するものであり、残りの二つは政治行動により直接的に関連している。

市民的な社交性の一つの鍵となる指標が、活気に満ちた結社的な生活であることに間違いはない。幸いなことに、イタリアの全国・地方諸団体調査により、地域社会別、州別にアマチュア・サッカー・クラブ、合唱団、ハイキング・クラブ、野鳥観察クラブ、読書会、狩猟協会、ライオンズ・クラブ等の実数を正確に把握できる。(35) 表4－1は、この種のリクリエーション団体、文化団体の主な活動分野を示している。

労働組合はしばらくおくとして、スポーツ・クラブはイタリア人にとっては最もポピュラーな二次的結社だが、それ以外のタイプの文化・余暇活動も盛んである。州民人口当たりでこれらのデータをながめると、一部の州の結社的な生活は、トクヴィルが活写した生来の「参加者」が創るアメリカを凌ぐほどに開花しているが、他方バンフィールドが描いたモンテグラーノのように、孤絶し、猜疑心にとらわれた「道徳以前の家族主義者」を特徴とする住民を多

表4－1　イタリアの地方任意団体：活動分野

活動分野	団体の比率
スポーツ・クラブ	73
その他の団体	27
その内訳	
余暇	42
文化・科学活動	21
音楽・演劇	19
技術あるいは経済	4
保健・社会事業	4
その他	10

出典：*Le Associazioni Italiane*, ed. Alberto Mortara（Milan:Franco Angeli, 1985), p.57.

く抱える州もあることが分かる。スポーツ・クラブがどれほど盛んか、人口比で換算してみよう。一クラブ当たり人口は、ヴァッレ・ダオスタ州で三七七人、トレンティーノ＝アルト・アーディジェ州で五四九人であるのに対し、プーリア州では一八四七人である。スポーツ・クラブ以外の任意団体ではどうだろう。一団体当たりの人数は、トレンティーノ＝アルト・アーディジェ州で一〇五〇人、リグーリア州で二一一七人、サルデーニャ州で一万三一〇〇人となっている。これらの数字は、どの州が市民共同体の理想に最も近いかを判断する最初の糸口となる。(36)

トクヴィルも、近代社会における市民のヴァイタリティと自発的結社と地方新聞の結び付きを強調して次のように述べている。

> 協力を必要とする一人ひとりに、彼の私益は自らの努力を他のすべての人々の努力に自発的に結びつけさせることで守られるのだ、ということを説得することができないかぎり、人々が互いに堅固にそして永続的に結合していない状況においては、多数の人々を協同的に行動させることはできないであろう。このように多数の人々を団結させることは、新聞のたすけをえてのみ、日常的にそして具合よく行われるのである。同一瞬間に、無数の人々の精神に同一の思想をうえつけることができるものは、新聞だけである。……そういうわけで、新聞なしにすましうる民主的団体というものは、ほとんどないのである。(37)

現代の世界では、新聞以外のマス・メディアも町の触れ役として忙しいが、とくに今日のイタリア社会では、新聞は依然として地域社会の諸事情を最も広範にカバーするメディアである。新聞の読者は、新聞を読まない人々に比べ相当に事情通であり、その結果、市民的な討議に参加しても十分やっていける。同じように、新聞の購読は地域社会の問題に対する市民的関心の目安でもある。

新聞購読率は、州によって大きな開きがある。[38] 一九七五年の数字だが、家族の少なくとも一人が日刊紙を読む家庭比率は、リグーリア州の八〇％からモリーゼ州の三五％まで大きな幅がある。こうしたことから、新聞購読率を、イタリア諸州の政治・社会生活がどれほど市民共同体に近いかを測定する二つ目の測度としたい。

政治参加の一つの標準的な測度は、投票率である。だが、イタリアの総選挙に見られる投票率は、いくつかの理由で市民的関与の測度としては問題が多い。いくつかの理由とは次のようなものである。

・選挙法により、イタリアでは最近まで総選挙の投票は義務制であった。選挙法実施の実態は州により程度差があったので一概には言えないが、おそらくこの法律があるために、投票動機が本来「市民的」とは目されない多数の選挙民が投票に行ったのではないか。
・党組織には選挙に影響を与えたい明確な誘因がある。その結果、投票率は、有権者個々人の市民的な積極参加とは関係なく、党の組織力や組織活動によっておそらく左右される。
・恩顧＝庇護主義的関係がはびこる多くの地域では、総選挙での投票は、即時的・個人的な情実がらみの便益への返礼を意味し、「市民的」関与の標識とはしがたい。

イタリア共和国憲法には、国民投票（レファレンダム）の規定がある。一九七四年に最初の国民投票が実施されたが、それ以降、国民投票は幅広い論争的な問題を解決するために何度も使われるようになった。これらの国民的論議のなかには、一九七四年の離婚法の廃止（離婚の合法化）をめぐる国民投票のように、厚く信じる宗教的信念を覚醒させるものもあった。またその他にも、例えば一九八五年の賃金の物価スライド制（スカラ・モービレ）をめぐる国民投票のように、多くの有権者の懐具合を左右し、階級的な分裂を引き起こすものもあった。一九八一年の反テロリズム法の一部廃止、あるいは原子力発電所に関する国民投票（一九八七年）といった一連の国民投票は、横断的な「新しい政治」編成をもたらした。それぞれの国民投票を通じて市民は、公共政策のある重要な争点に自らの意見を表明することができたのだ。

国民投票の投票率が、総選挙に比べて低いことははっきりしているし、その理由もはっきりしている。国民投票は、先ほど類例を見た「市民的とは言えない」投票動機と無縁だからである。ここ数十年、総選挙の投票率は平均九〇％を超してきたが、国民投票の投票率は最初の国民投票となった一九七四年で八六％を記録したものの、その後徐々に低下し、最近の八七年の国民投票では六四％にまで落ち込んだ。国民投票研究のイタリアの第一人者が見るところでは、「（国民投票の場合のように）選挙が、直接的・個人的な便益に供する機会がないとすれば、便益との『交換』の好機として票を利用しようとする選挙民には選挙に行く動機はほとんどないことになる」(39)。総選挙の場合と違い国民投票の場合には、有権者の主たる動機は公共問題への関心であり、そうした関心は通常の意味にとどまらない市民的義務によっておそらくは強化されるであろう。このように、国民投票の投票率は、市民的関与のかなり「純粋な」測度を表している。

一連の国民投票の投票率は、全国的には低下傾向にあるが、州ごとの違いは著しく、また安定もしている。一九七四年から八七年の間に行われた五回の重要な国民投票で、投票率の違いを州別に確認できる。それによれば、エミーリア・ロマーニャ州が平均八九％と高投票率を記録し、カラーブリア州の六〇％と好対照である。さらに、投票率の州別順位も、離婚法問題（一九七四年）、政党活動への国庫補助（一九七八年）、反テロリズム活動・治安問題（一九

表4-2 《国民投票への参加度》指数（1974−87年）

年	テーマ	因子負荷量
1974年	離婚法の廃止	0.990
1978年	政党活動への国庫補助の廃止	0.988
1981年	治安法の廃止および反テロリズム法の一部廃止	0.996
1985年	賃金の物価スライド率削減法の廃止	0.991
1987年	反原子力発電所	0.976

表4-3 《優先投票》指数（1953−79年）

選挙年	因子負荷量
優先投票（1953年）	0.971
優先投票（1958年）	0.982
優先投票（1963年）	0.984
優先投票（1972年）	0.982
優先投票（1976年）	0.970
優先投票（1979年）	0.978

八一年)、スカラ・モービレ制（一九八五年)、原子力発電所問題（一九八七年）の五回の争点ともほぼ同じである。要するに、広いスペクトルの公的争点に関する公的審判に積極的に関与しようとする市民が目立つ州もあれば、逆にそうした傾向を示さない州もイタリアにはまだ多くあるということだ。こうしたことから、われわれは市民的関与を測定する第三の指標として、先に掲げた五回の国民投票の投票率の要約的指標を作成した[40]（表4-2参照)。

総選挙の投票率そのものは、市民的動機を測定するには良い測度とは言えない。だが、イタリア式投票用紙に独自のある特徴は、州政の実際について重要な情報を与えてくれる。国政選挙では、全有権者は一つの政党リストを選ばなければならず、議席数は政党に比例代表的に割り当てられる。だが、さらに有権者がそのつもりになれば、政党が用意した候補者リストから特定候補に支持の意思表明ができるのだ。全国単位で言えば、この種の「優先」投票を行うのはごく少数の有権者にとどまるが、政党名が概して恩顧＝庇護主義的ネットワークの隠れ蓑となっているような地域では、対立し合う派閥が優先投票を必死にせがんでくる。こうした地域では、優先投票は、恩顧＝庇護主義的な交換関係にとって欠くことができないものとなっている。

優先投票の利用率は、イタリア政治の研究者が私益主義、派閥主義、恩顧＝庇護主義的政治の確かな指標として長年認めてきており、われわれもこの解釈を再確認する補足データを短く示しておきたい(41)。この意味で優先投票は、市民共同体の欠落を示唆する一指標と見ることができる。優先投票の利用率は州で異なり、そのパターンは数十年来きわめて安定している。その率は、エミーリア・ロマーニャ州、ロンバルディア州の一七％からカンパーニア州やカラーブリア州の五〇％まで開きがある。表４－３は、一九五三年から七九年の間に行われた六回の総選挙における優先投票の複合指数を要約している。この複合指数は、各州の「市民度」を判断する四つ目の要素の役目を果たしている(42)。

国民投票への参加度と優先投票の裏にある動機や政治的現実に関するわれわれの分析がもし正しいとすると、この二つは、負の相関にあるはずだ――というのも、国民投票は争点政治を、優先投票は情実に基づいた政治を反映しているからである。図４－３は、こうした予測を確証してくれる。広範囲にわたる公的諸問題に関して積極的に意思表明をしようと多数の市民が投票場に行くが、私益化した総選挙の優先投票はしないといった州がある一方、住民が恩顧＝庇護主義的ネットワークから抜け出せないでいるような州もある。彼らは、公的争点に意思表明をする機会をあえて見送る。というのも、彼らにとり投票は、本質的には直接的できわめて個人化された従属関係における票と便益との交換行為の証拠品だからである。

どちらのタイプの住民も、ある意味では「政治に参加」している。両者が違っているのは、政治参加の量ではなく質の問題である。政治の性格が、これら二つの地域では正反対なので参加の質も変わるのだ。政治行動が、政治は公的争点をめぐる集団的審議にかかわるものであることを想定している州がある一方で、政治が階統的に組織化され、私的利益により狭く偏っているような州もある。なぜ、州によってこうした相違が認められるのか。また、そうした

図4-3　国民投票への参加度と優先投票

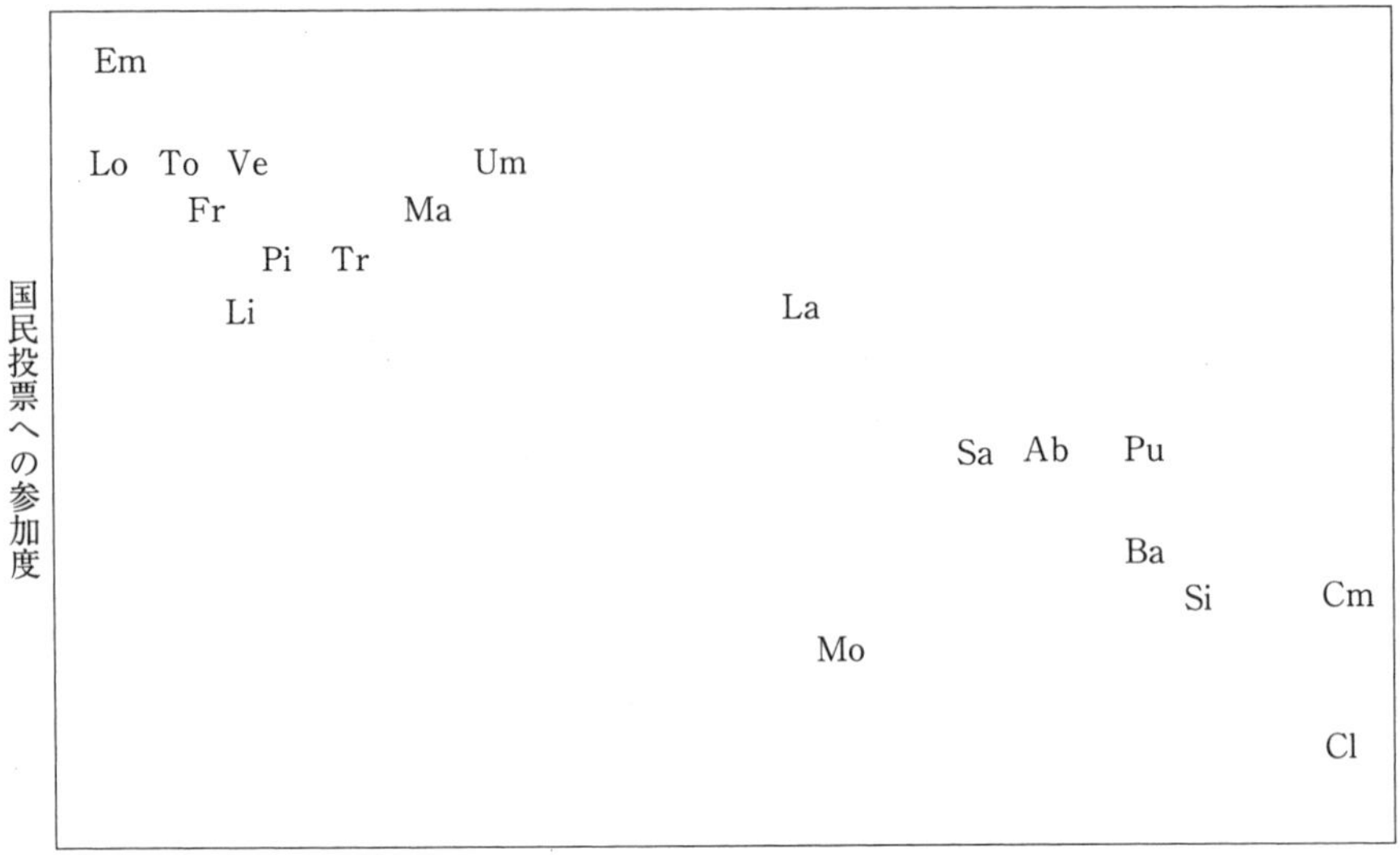

相関係数 r= −0.91

表4-4　《市民共同体》指数

成分判定基準	因子負荷量
優先投票（1953−79年）	−0.947
国民投票への参加度（1974−87年）	0.944
新聞購読（1975年）	0.893
スポーツ・文化団体の不足（1981年）	−0.891 [a]

[a] 本文に示されているように、この変数は数値が大きいほど団体量が少なくなるようにスコアリングされてある。

《市民共同体》指数の諸成分間の相互相関係数（r）

	優先投票	国民投票	新聞購読	団体の不足
優先投票	1.00	−0.91	−0.77	0.82
国民投票	−0.91	1.00	0.79	−0.76
新聞購読	−0.77	0.79	1.00	−0.73
団体の不足	0.82	−0.76	−0.73	1.00

注：表の全相関係数は、r=0.001以上が統計的に有意味。

相違が州の統治にいかなる結果をもたらすのか。すぐ後に、こうした疑問を扱いたい。

われわれの市民共同体イメージが想定しているように、右に見た四つの指標は、国民投票への参加度が高く、私的な優先投票をあまり使わない州は、互いに緊密に編まれた市民の自発的組織のつづれ織りに恵まれ、新聞購読率も高い州とほぼ重なるという意味で、実際に強く相関し合っている。こうしたことから、四つの指標を単一の《市民共同体》指数にうまく総合しうる（表4-4に要約）。「市民度」の指標は、どれも単独ではもちろん判断を誤らせる可能性がないとはいえないが、総合的なこの複合指数は、重要かつ整合的な一つの症候群を表している。

同じく、図4-4は、二〇州の「市民度」のレベルを示している。エミーリア・ロマーニャ州のような最も市民的な州では、市民は地元の多種多様な任意団体――文学協会、地方楽団、狩猟クラブ、協同組合など――に積極的に参加している。彼らは、地元新聞で市民に関係する諸問題を熱心にフォローし、方針を持った信念から政治に積極的に参加する。これとは対照的に、カラーブリア州のように市民性と最も縁遠い州では、有権者は争点ではなく垂直的な恩顧=庇護主義的ネットワークの関係から選挙に駆り出される。この種の州に市民的な自発的組織が発達していなかったり、地元メディアも少ないことは、州民が地域の諸問題に口を出すことがまれであることを示唆している。

公的な生活は、今見た二種類の地域社会で非常に大きな違いを示す。市民度が高い州の街通りで二人の市民が出会うとき、二人ともその日おそらく家で新聞に目を通してきたことだろう。だが、市民度が低い州では、たぶん二人とも新聞など読んでこなかった可能性が高い。市民的な州では、半数以上の市民がこれまで優先投票など一度もやったことがないだろうが、市民度が低い州では、それはいつものことさと口にしよう。[43] スポーツ・クラブ、文化=余暇団体、地域社会=社会活動団体、教育=青年組織等の会員比率は、市民度で両極の州を比較すると、その差は約二倍に達する。[44]

図4-4と図4-1をちょっと見比べるだけで、州政府のパフォーマンスと州の社会的・政治的生活の理想的な市民共同体との近接度が強く一致していることが分かる。二つの指標間の強い相関性は、図4-5に非常にはっきり現

図4-4　イタリア各州の市民共同体

図4-5　市民共同体と制度パフォーマンス

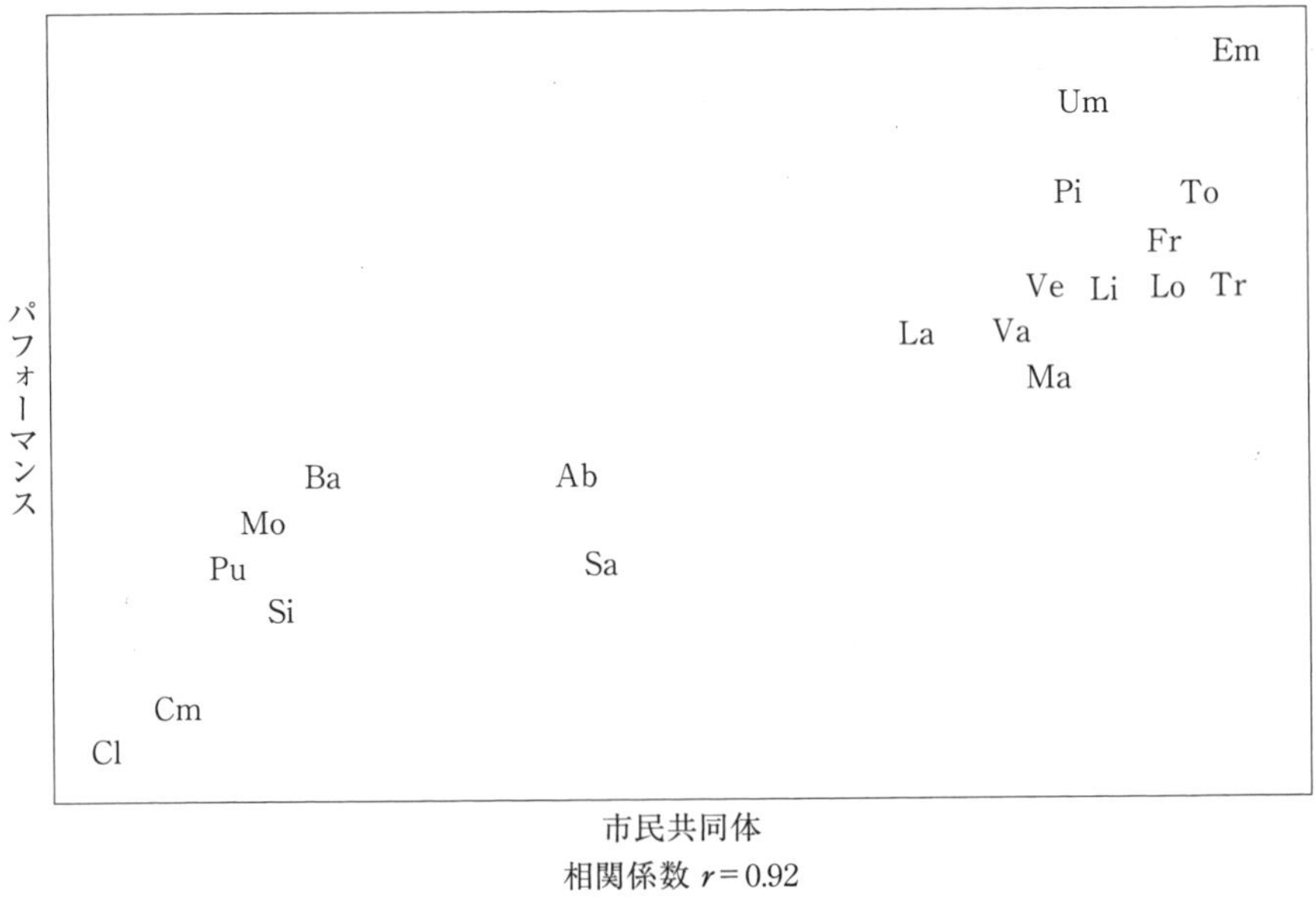

れている。「市民度」軸で左下部分に分布するパフォーマンス度も低い州群と、それとは逆方向に広がる市民度、パフォーマンス度とも高い州群に分かれるだけではない。さらに、二つの州群内のパフォーマンス度によるちょっとした違いさえも、共同体の生活に関するわれわれの測度と密接に関係している。[45] この点で、政府パフォーマンスの予測力は、経済発展（図4-2に要約）よりも市民共同体の方が大きい。州が市民的であればあるほど、政府の有効さ加減は高まるのだ。

この相関性は非常に強いので、州の「市民度」を考慮に入れるときには、先に見た経済発展と制度パフォーマンスの相関性は完全に消滅する。[46] 換言すれば、経済的な先進州の政府が他に比べてうまくいっているように見えるのは、当該の州がたまたまより市民的だ、ということであるにすぎない。もちろん、市民共同体と経済発展の関係は、それ自体興味深いし重要でもある。この関連については、第五章、第六章で十分検討したい。今は、州政府のパフォーマンスは、州民の社会的・政治的生活の市民的特質にともかくきわめて密接に関連していることを知りおくだけで十分である。数多くの市民的な自発的組織が存在し、新聞読者が多数おり、争点型投票者も多く、恩顧=庇護主義的ネットワークが皆無に近い州ほど、有効な政府を育むようである。このような共同体のどこがそんなに特別なのであろうか。

市民共同体における社会的・政治的生活

市民共同体の生活は、多くの点で本質的に他との違いを示す。州政治家、地域リーダー、一般人についてのわれわれの調査を活用することで、「市民度」というものの社会的・政治的含意に関して深い理解を得ることができる。

市民度が低い州の政治関与は、公的争点に対する政策重視型のコミットメントというよりは、人格的な恩顧=庇護主義的ネットワークによって推進され強いられる、との考えをわれわれは持っている。まず最初に、こうした見方を支持する若干の独立した証拠を検討したい。一九八二年の全国調査において、標本となった地域リーダーに、州の政治生活は「政策中心的」か、あるいは「恩顧＝庇護主義的」かと尋ねた。その結果、「恩顧＝庇護主義的」だと答えた地域リーダーは、モリーゼ州の八五％からフリウーリ＝ヴェネツィア・ジューリア州の一四％まで、非常に大きな開きがあった。図4-6が表すように、州政イメージは、《市民共同体》指数ときわめて密接に関連している（標本数が非常に少ないため、〔標本誤差の影響で〕両者の相関が、実際よりも小さめに評価されていることにとくに留意する必要はある）。住民が私的な優先投票を行使するが、国民投票には行かず、市民的な任意団体にも参加せず、新聞も読まないような州と、地域リーダーが州政を政策中心的としてよりは恩顧＝庇護主義的と考える州は重なる。

市民と政治家の両方の証拠により、人格化した情実政治の簇生度を見つけることができる。高い市民度の北部諸州とは雲泥の開きがある州の住民は、頻繁に仲間内の代議士に私的な接触を持とうとすることが報告されている(47)。さらに、この種の接触は、社会的な広がりを持つ公的争点というよりは、本来的に私的な事柄に関連している。われわれが実施した一九八八年調査でも、市民度が最低の州の有権者の二〇％が、時々、「免許、仕事等、政治家の個人的な援助を求める」と白状しているが、この数字は、最も市民的な州の五％弱と好対照である。この種の「個別的な接触」は、政治参加と普通は相関的な関係にある人口統計的特徴、例えば教育程度、社会階級、所得水準、政治関心、党派心、年齢などでは予測できないが、市民度が低い州では、社会的カテゴリーを問わず驚くほど当たり前の参加様式となっている。この型の参加は、貴方が誰かというよりは、貴方がどこに住んでいるのかという事実に大いに左右される感がある(48)。

州会議員の調査も、この絵柄に完全に一致する証拠を示している。われわれは、州会議員に先週何名の市民が接触を求めて来たか、その目的は何であったかを聞いた。前後四回の面接調査とも、ほぼ同じ内容の回答を彼らは示した。市民度が最も高い州の一つであるエミーリア・ロマーニャの州会議員は、週平均の接触回数は二〇名に満たないと答えたが、この数は、最も市民性に乏しい州の五五―六〇回ときわめて対照的である（図4-7は、六州全体の結果を示す）。

市民度が低い州ほど、政治家との接触は圧倒的に仕事や情実の要求にかかわるものがらみとなるが、エミーリア・ロマーニャの州民はより政策や立法に連なるような接触を求める傾向にある。仕事や他の便益を依頼してくる量は、プーリア州やバシリカータ州の平均的議員でだいたい一日平均、八―一〇件であるが、エミーリア・ロマーニャ州では一件かそこらである。他方、なんらかの公的争点に関する問い合わせは、エミーリア・ロマーニャの州会議員は、一日一件程度あると報告しているが、プーリア州やバシリカータ州ではそのような経験はほぼゼロであった。要するに、市民性が豊かな州の市民は、彼らの政治的代表に接触することはほとんどなく、会うとしても情実をねだるよりは政策を語る方が多いのだ。

市民度が両極の共同体の示差的な特徴は、ここまでは一般市民の行動を中心にして診断されたものであったが、彼らに見出された特徴は政治エリートにも当てはまる。先述したように、市民性に乏しい州の政治は、恩顧＝庇護主義的ネットワークの形をとる垂直的な権威＝従属関係を特徴とする。こうした州の政治は、根本的な意味でエリート支配の色彩が強い。政治領域の権威関係が、より広い社会的場面での権威主義的関係をそっくりそのまま映し出しているのだ。(49)

したがって、市民性が乏しい州ほど政治リーダーが社会的ヒエラルヒーのより狭い部分から現れるのも不思議ではない。一般市民の教育レベルは、市民性が低い南部州は北イタリアよりもいくぶん低く、一九七一年当時で大卒の割合は、北部が二・九％、南部は二・六％にすぎなかった。だが、政治エリートのレベルでは、南部もそれなりに高くなり、プーリアやバシリカータの州会議員で大学教育を受けた者は約一三％もいた。この値は、より市民的な北部州では三三―四〇％にまではね上がる。言い換えれば、市民性に乏しい州では、その政治エリートの大半は最も特権的な階級出身者であるのに対し、より市民的な州では政治指導者のかなり多くの部分が、そこそこの社会的出自だとい

図4－6 〈恩顧＝庇護主義〉と市民共同体

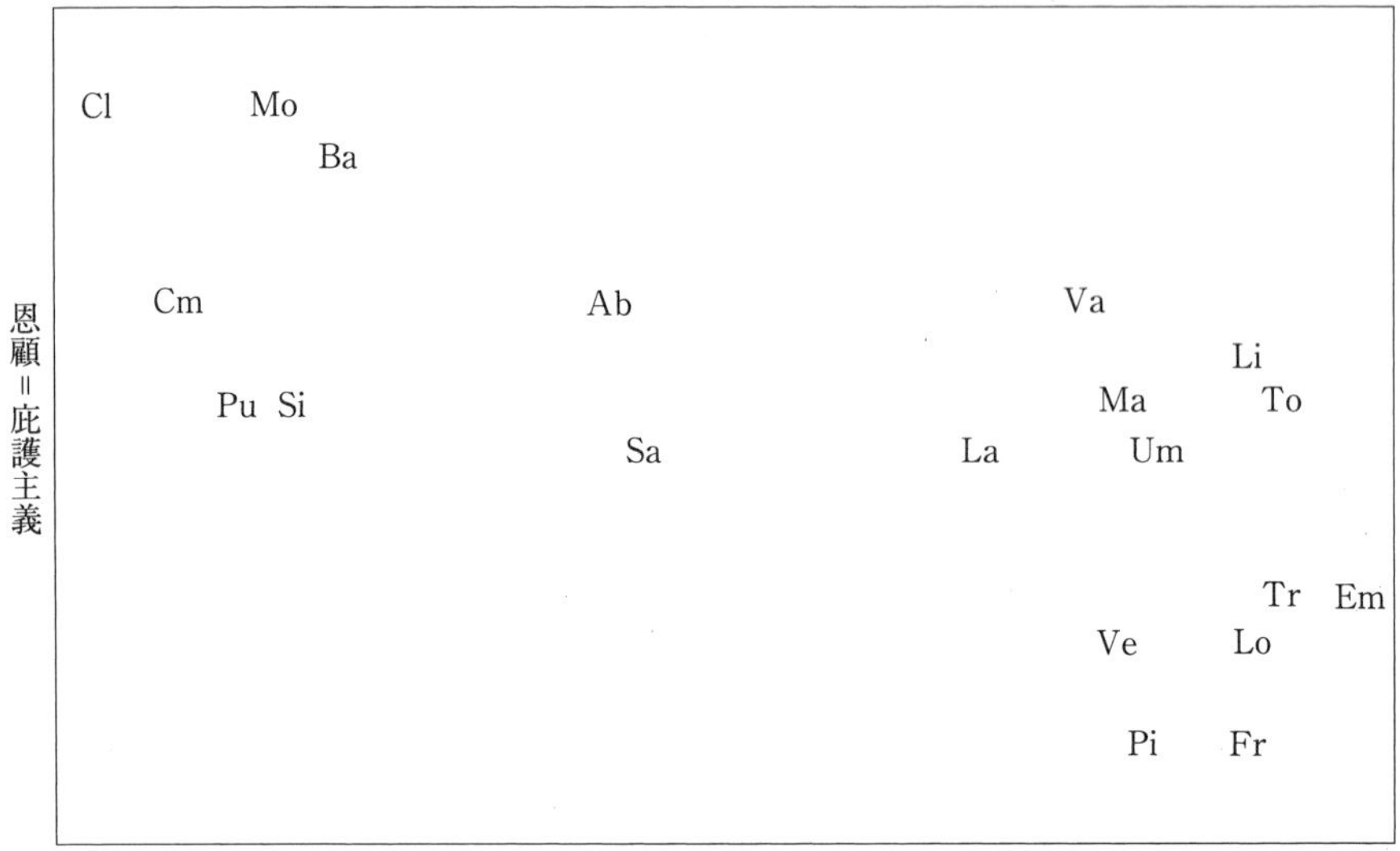

相関係数 $r = -0.71$

図4－7 〈個別接触〉と市民共同体

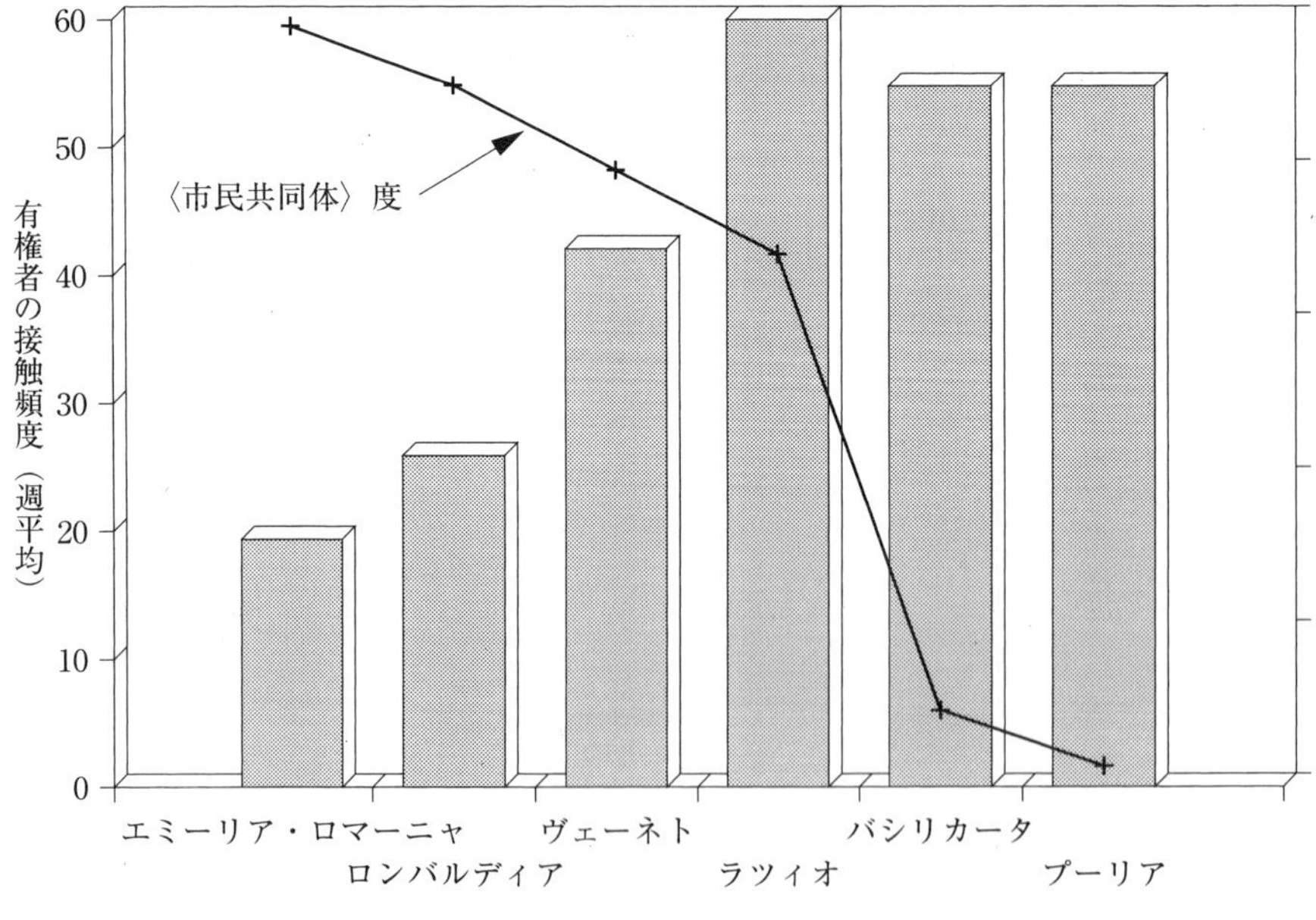

うことだ。(50)

市民的な州の政治リーダーほど政治的平等を熱心に支持する。一九七〇年に初めて当選を果たした州会議員と最初に会って以来、例えばエミーリア・ロマーニャ、ロンバルディアのような市民度が高い州では、彼らは、地域問題への市民参加という考え方に常に共感してきたが、市民性が乏しい州リーダーの態度はこの点についてはより疑い深い。(51)

州制度の草創期には、市民性が豊かな州の政治リーダーは、州改革をイタリアの草の根民主主義を押し広げる好機だと称賛したが、市民度が低い州のリーダーは、こうしたポピュリスト的な「民衆に権力を」といったレトリックに戸惑いを隠さなかった。新制度が一九七〇年代に成熟していき、当初のお祭り気分が薄れるにつれて、かつて直接民主主義を熱望していたイタリア各地の州リーダーは、以前よりも慎重な態度をとるようになった。州政府への民衆の関与を押し広げようとする努力も影を潜め、代わりに行政の効率や有効性が注目され出したのはどの州でも同じであった。だが、こうした収斂現象にもかかわらず、政治リーダーに見受けられる政治的平等への共感度が州によって大きく異なるという現象は、その後も続いた。

政治的平等は、州によってその見方に違いがあることが分かった。その一部は、一九七〇年から八八年の間に実施した四度の調査において州会議員に《賛成／反対》を問うた四つの質問項目から十分に確認できる。四項目への回答は、単一の《政治的平等の支持》指数として総合したが、この指数で高スコアをとった議員は政治的平等主義者として胸を張ることができよう。逆に、低得点者は、一般市民の分別に疑念を持ち、ときには国民参政権にさえ疑問を抱いている。彼らは、強力な指導力、とくに伝統的エリートの指導力こそ望ましいと強調するのだ。

図4－8は、エリートの政治的平等への支持態度が六つの州で大きく異なっており、そのパターンは、地域の「市民度」を見事に反映していることを示している。自発的結社が十分発達し、市民が地域の諸問題に参加し、庇護者にではなく争点に投票するような地域では、指導者たちも社会的・政治的ヒエラルヒーではなく民主主義を信じていることが発見できた。

図4－8　政治的平等に対するリーダーの支持と市民共同体

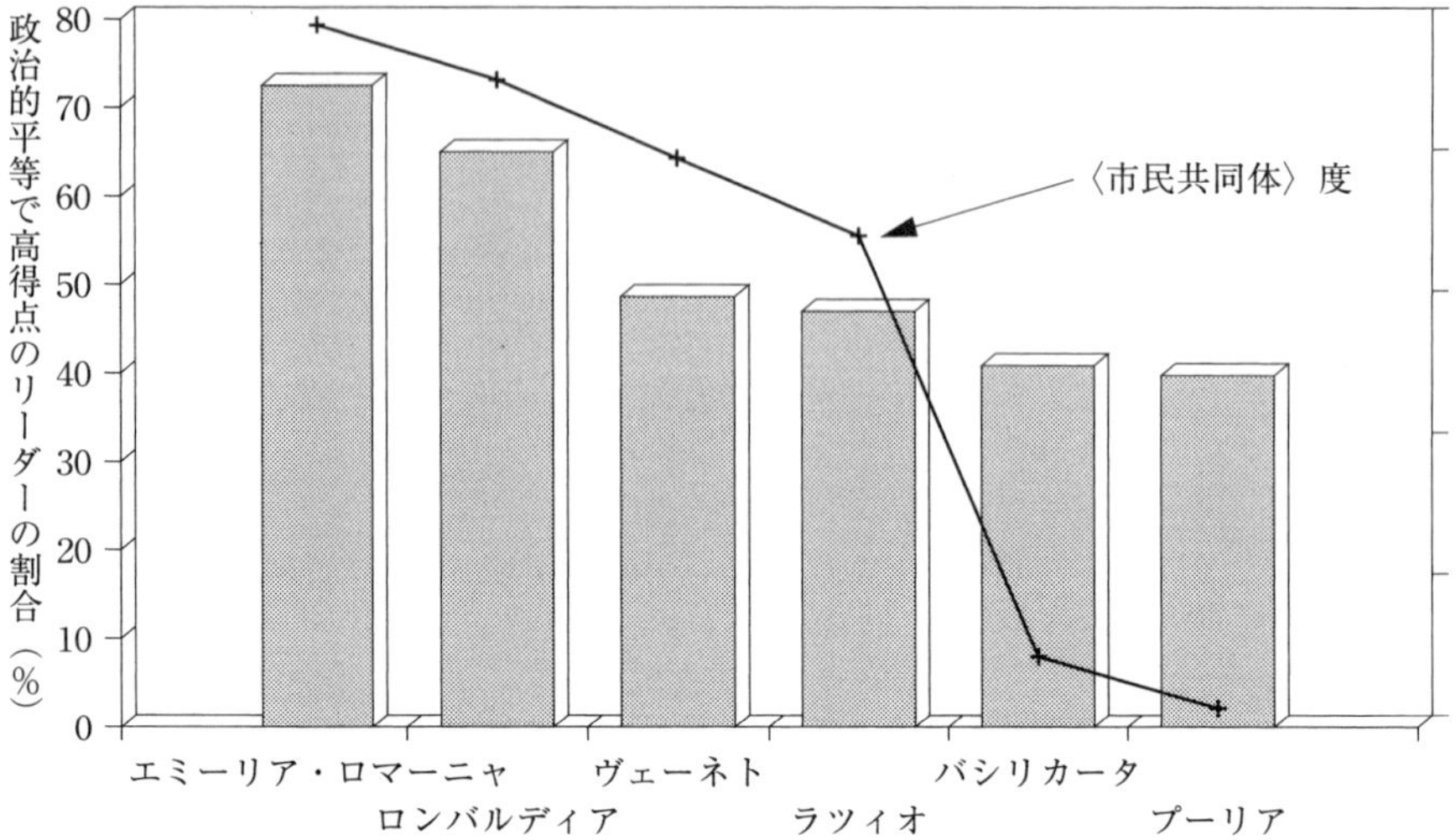

《政治的平等の支持》指数

1. たとえ賢い投票者でなくとも、投票の権利は奪われるべきではない。
2. *自分の本当の利益などほとんどの人には結局は分からないものだ。
3. 一部の人々が、伝統や家柄ゆえにこの国の指導者であったのも当然だ。
4. *責任の取り方を心得た強大で有能な少数の指導者は常にいなければならないだろう。

*スコアリングは逆。

　このように地域によって異なる権威パターンは、イタリア政治の構造それ自体への住民の態度に強力で継続的な影響を与えてきた。この事実を例証する顕著な例が、時間的にはほぼ半世紀の間隔がある二つの国民投票である。具体的には君主制の存続をめぐる一九四六年の国民投票と選挙制度改革、および「票の買収」や他の恩顧＝庇護主義の形態の禁止を提案した包括的パッケージをめぐる下院の優先投票削減に関する一九九一年の国民投票である。図4－9と図4－10が示すように、一九七〇年代に社会生活、政治生活が市民的な州ほど、それより三〇年ほど前に実施された国民投票では共和制を支持し、君主制に反対票を投じた傾向が強いし、一〇年以上も後に実施された国民投票では平等主義的な選挙改革を支持する傾向が強かった。リーダーばかりではなく一般市民も、自分たちの州が市民的であればあるほど、位階的な権威パターンに嫌悪感を抱いているのである。

　要するに、市民的伝統は、積極的参加はもちろん平等とも関係するのである。エリート＝大衆リ

図4－9　市民共同体と共和制支持（1946年）

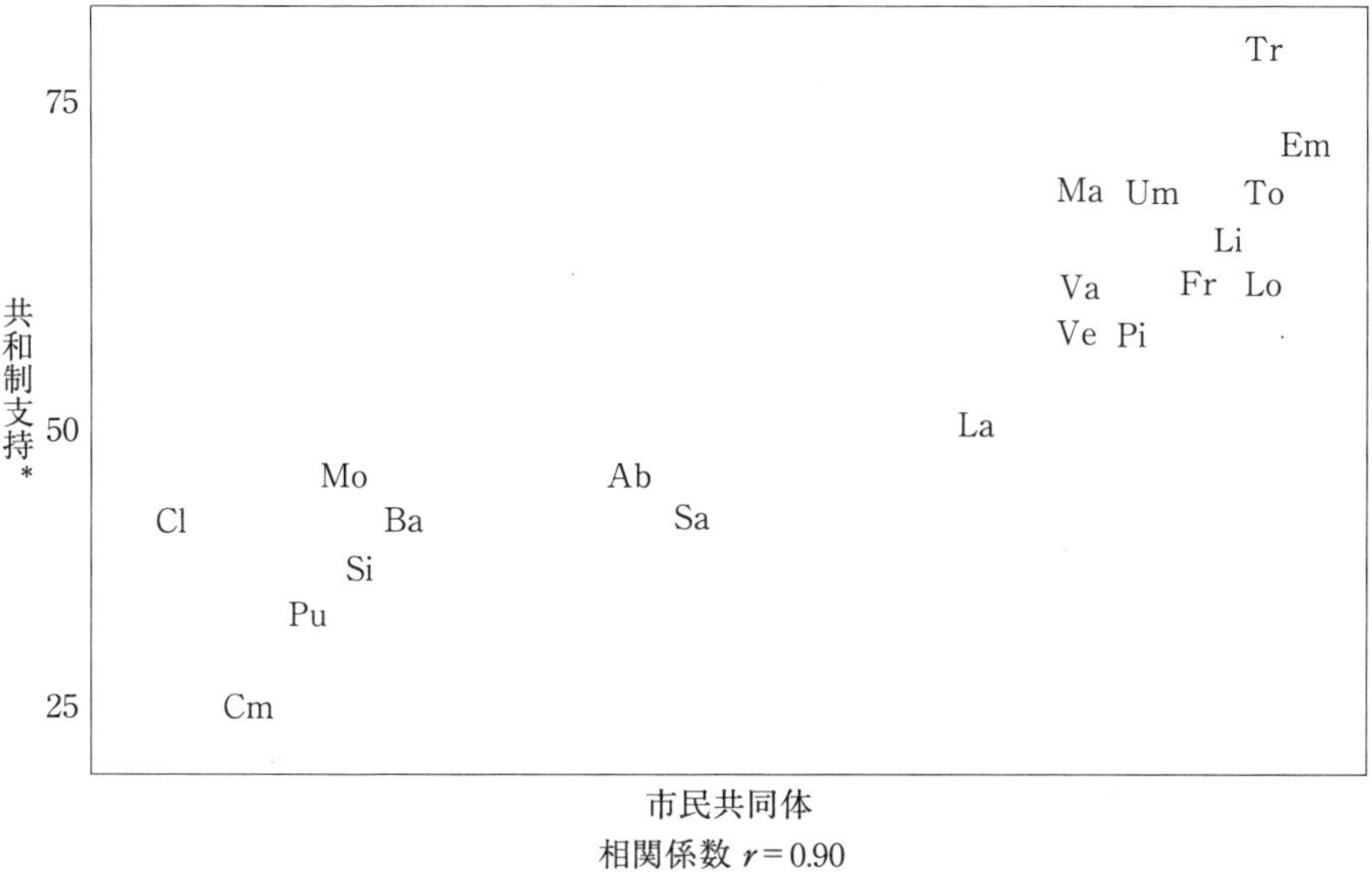

*君主制反対投票の比率（1946年）

図4－10　市民共同体と選挙制度改革への熱意（1991年）

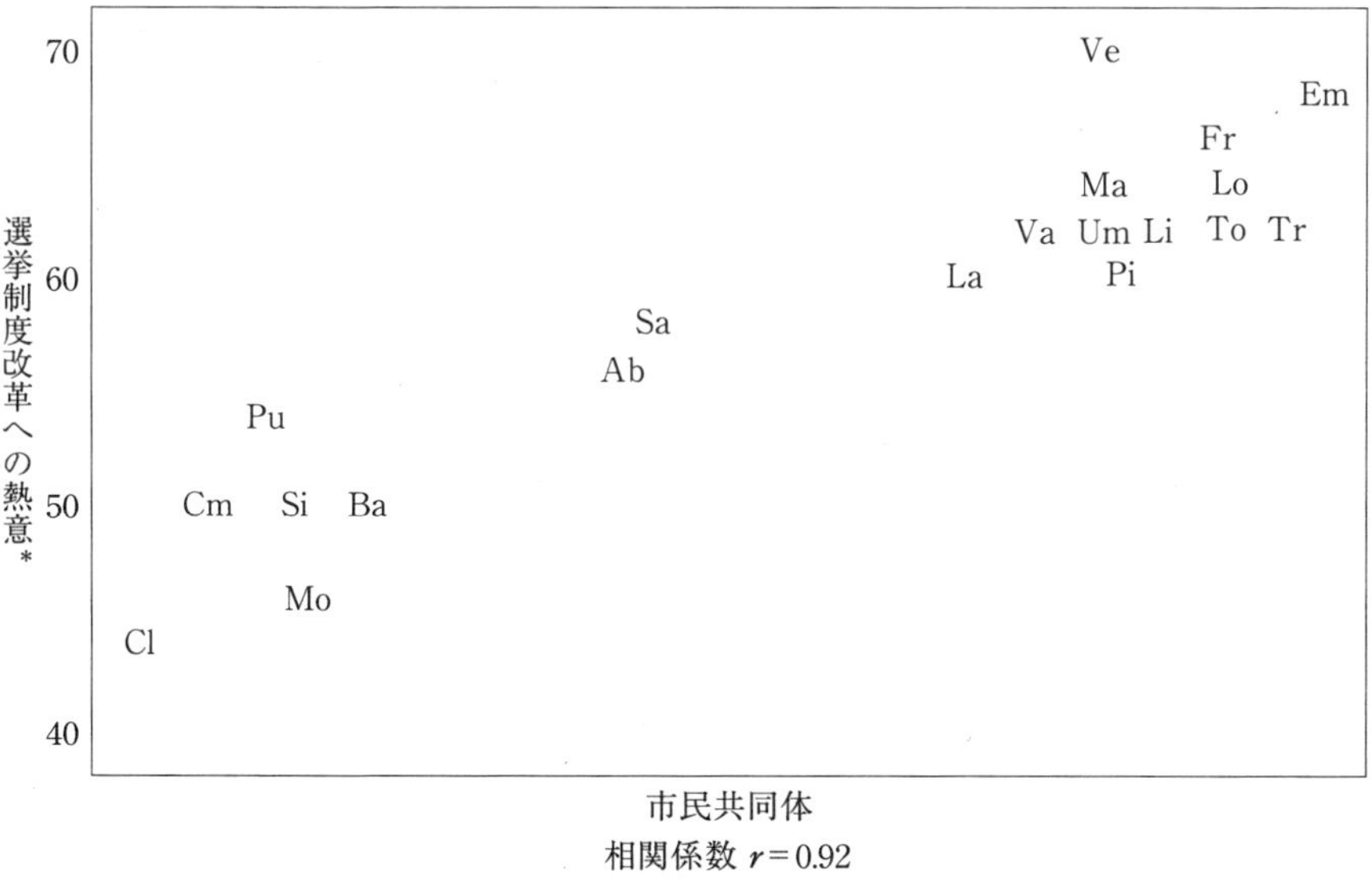

*選挙制度改革賛成票の比率（1991年）

ンケージのこれら諸パターンの裏にある複雑な因果関係を選り分けるのは不可能である。平等へのリーダーのコミットメントと積極的参加への市民のコミットメントのどちらが先か、といった問いは不毛である。リーダーは、選挙民の力能や市民的熱意（あるいはその欠如）に反応しているだけだとか、あるいは住民の活発な市民的参加が、平等に対して寛容で参加を奨励するような（あるいは逆の）エリートの態度に影響されたなどとは、どこから見ても言えるものではない。エリートと大衆の態度は、実際には互いに強化し合う均衡点で結び付いた同じコインの表と裏なのだ。

第五章でわれわれは、これらの独特なエリート＝大衆リンケージが、非常に長い時間経過のなかで徐々に発展してきたという証拠を示そうと思う。ここで、もしエリートと大衆の態度がずれていたりしたならば、「え、本当に」と思うであろう。権威的なエリートと権利主張が激しい大衆という組み合わせが安定した均衡状態であるはずがないし、また追従的なリーダーと従順なフォロアーもそれに劣らず短命な組み合わせだ。われわれが実際に発見したエリート＝大衆リンケージのより安定した一連の徴候は、市民度が高い州と低い州の政治力学についての理解を深める。州政府の有効性は、州の生活に支配的な権威と社会的交流の組織のされ方が、水平的あるいは階統的である程度に、密接に関係している。平等は、市民共同体の本質的な特性なのである。(52)

市民的な州の政治リーダーはまた、そうでない州のリーダーほど妥協を恐れない。すぐ後で見るように、市民的な州の政治ほど対立や論争に支配されにくいという証拠はまったくない。しかし、そうした州の政治リーダーほど進んで対立を解決する覚悟があるのだ。市民性に富む州の特徴は、党派心の欠如ではなくてその開放性にある。図4－11は、市民度に差がある二つの政治に見られるこうした重要な対比を示している。この図は、二〇年以上の間に四回行った調査結果のうち、「政敵との妥協は、普通は味方を裏切ることになってしまうので危険だ」という質問項目への州会議員の回答を示している。この見方に同意した政治リーダーの割合は、最も市民度が低い州では五〇％、これに対して最も市民的な州では一九％にすぎなかった。市民的な州の政治家は、諸利害の対立という現実を否定するので

図4-11　リーダーの妥協への恐れと市民共同体

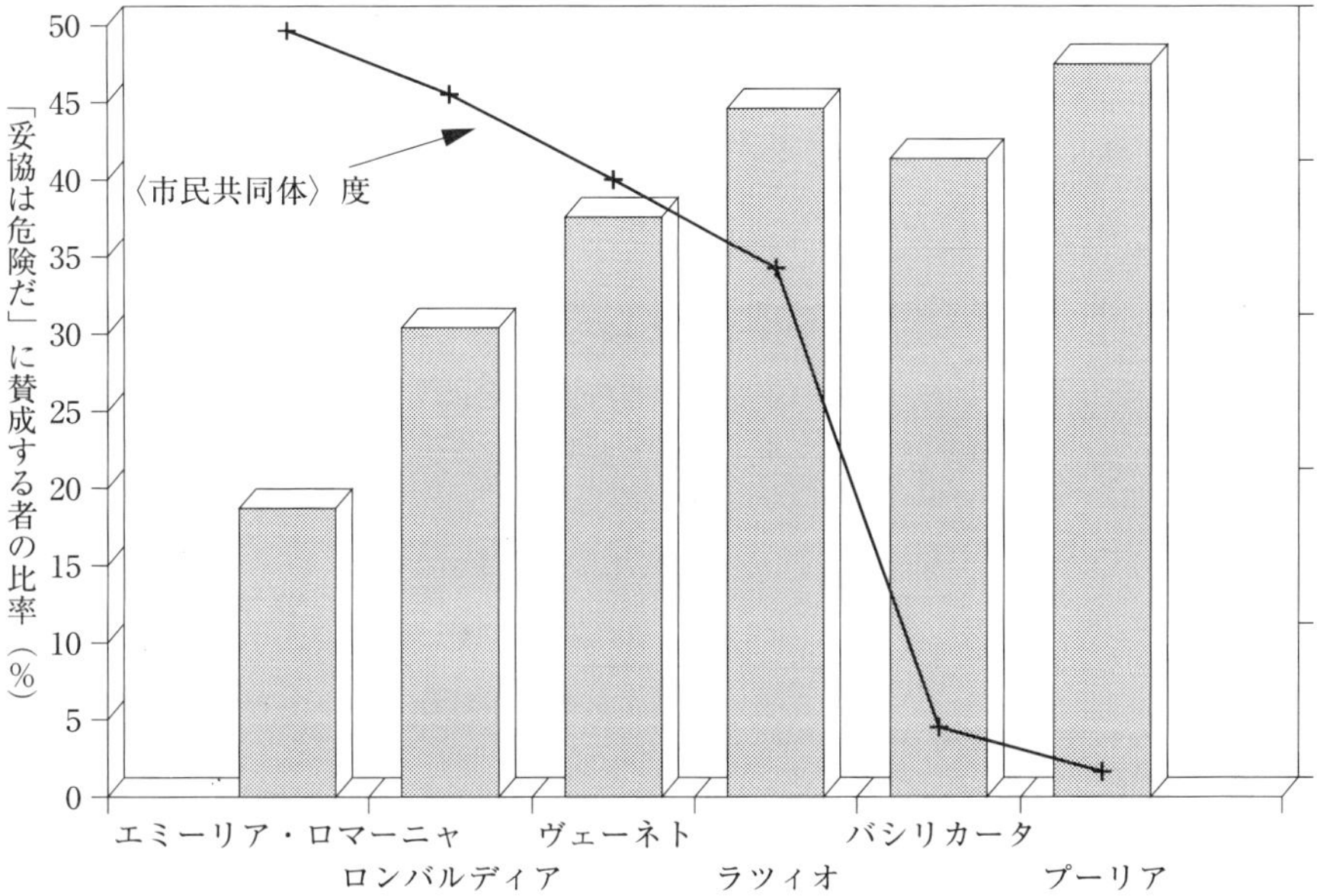

はなく、創造的な妥協を恐れないのだ。(53) こうした態度もまた市民共同体の織物の一部をなすのであり、このことは市民的な州の政府ほどうまくいくという理由の説明にもなる。

市民共同体は、地元の文化＝リクリエーション関係の任意団体の粗密により経験的操作性の地平から定義されたりする。だが、この種の定義でもれるのが、多くのイタリア人にとって重要な三つの加入組織――労働組合、教会、政党――だ。市民的な文脈が、これら三つの別種の組織の成員資格に特有な効果を有することが分かる。

労働組合

多くの国々（とくに、「クローズド・ショップ」制の国）では、労組加入は本質的な意味で任意加入ではなく、その意味では労組加入に市民的な意味合いはほとんどない。だがイタリアでは労組加入は任意的であり、加入が特定の仕事に単にくっついている以上の意味を多く含む。(54) イタリアの労働運動は、イデオロギー的にいくつかに枝分かれしており、結果として政治的所属の幅広い選択――共産党系、カトリック系、ネオ・ファシスト系、社会党系、それ以外の系列――が可能となっている。また、イタリアでは、ホワイトカラー系労働組合や農業組合も多くの国々と比較すると重要で、労組員の間口を広げるのに役立っている。サルヴァトーレ・コイは、イタリアでは、「政治的動機とイデオロギー的伝統」が労組員になる、ならないの決定で、経済構造よりも重要である、と結論づけた。[55] その結果、労組への加入は、どこにもましてイタリアにおいてこそ市民的な重要性を強く帯びるのである。

　労組加入は市民的な州ほど当たり前のこととなる。事実、労組加入率は、回答者の職業をコントロールすると、市民的な州ではそうでない州の二倍ほどになる。ブルーカラー労働者でも、農民でも、専門職でも、自営業者でも、あるいは他の職業も同傾向で、労組加入率は市民的な州ほど一貫して高い。市民度が持つ効果とは対照的に、労組加入は、教育程度・年齢・都市化水準とは無関係で、社会階級の影響も当初予想したほど大きくはなかった。市民度が高い州の専門職・管理職の労組加入と市民度が低い州の肉体労働者のそれがほぼ同率である。[56] 市民的文脈は、イタリアの労組加入を説明する上で、社会経済的地位とほぼ同じくらい重要である。市民的な州では、職場での連帯はより広範囲の社会的連帯の徴候の一部をなしているのである。[57]

教会と信仰心

　組織宗教は、少なくともカトリックのイタリアでは市民共同体とは別口のもう一方の代替肢ではあっても、市民共同体の一部をなすものではない。イタリアの歴史上、ローマの歴代教皇の存在は、イタリアのカトリック教会にも、また教会と市民生活との関係にも強い影響を及ぼしてきた。第二次大戦後には、カトリック教会はキリスト教民主党の長きにわたる支援者となったが、教皇庁が発した回勅「ノン・エクスペディト」は、統一以来三〇年以上にもわたってカトリック勢力の国政参加の禁止を命じた。その後、一九六二年末から六五年にかけ開催された第二ヴァチカン公会議で種々の改革方針が討議され、また篤信者たちには受け入れられない多くのイデオロギー的諸傾向が花咲いたにもかかわらず、イタリアのカトリック教会は反宗教改革の伝統の多くを依然保持している。教会位階制度の強

図4-12　教権主義と市民共同体

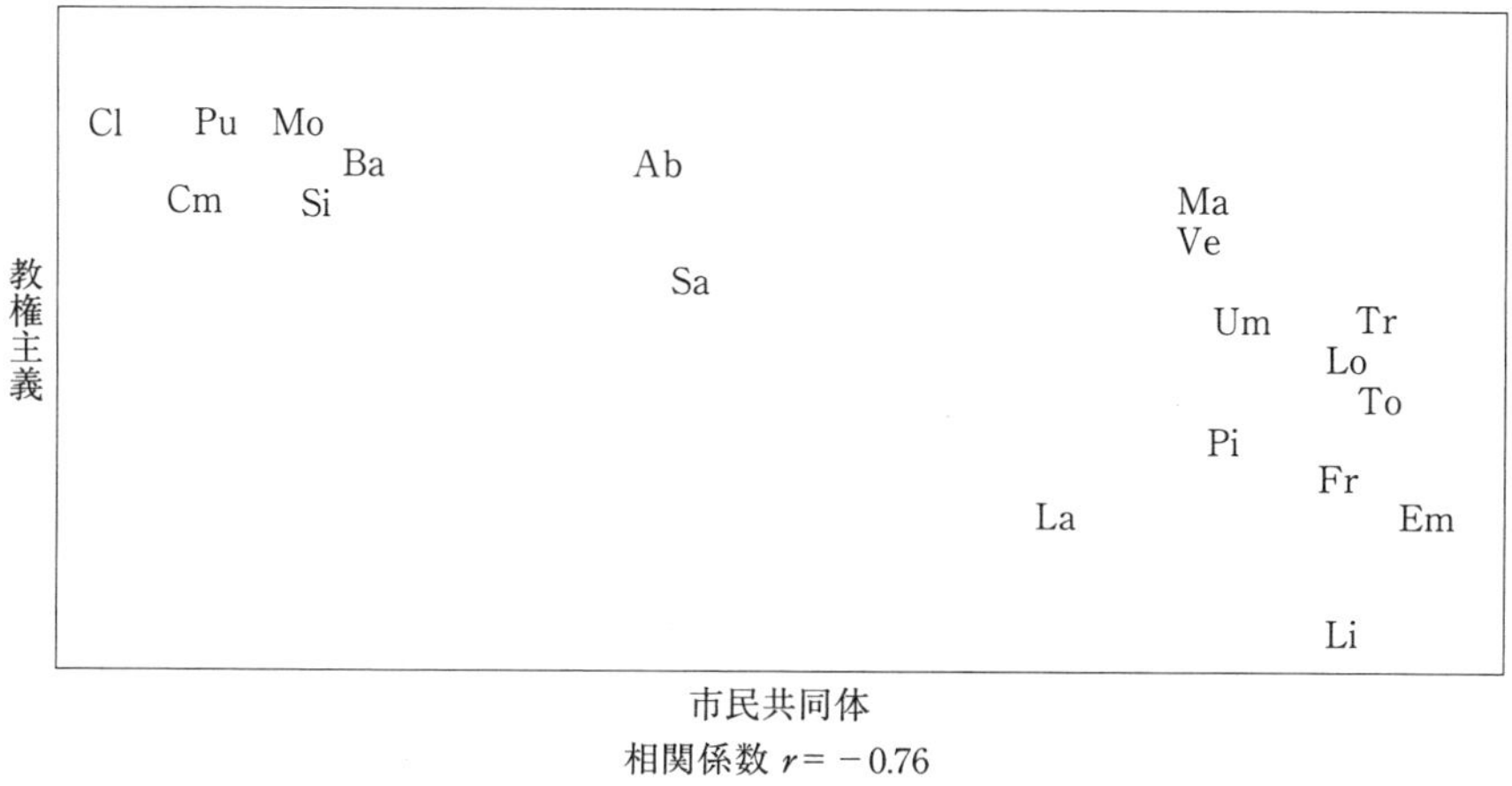

注：教権主義は、以下の8つの指標に基づく複合因子スコア指数である。

成分尺度	因子負荷量
教会婚率（1976年）	0.952
離婚率（1986年）	−0.915
教会婚率（1986年）	0.862
離婚法廃止の国民投票（1974年）	0.842
離婚率（1973年）	−0.796
標本調査：「貴方は敬虔なカトリック教徒ですか」	0.792
標本調査：「どの程度教会に通っていますか」	0.783
標本調査：「貴方にとって宗教は大切ですか」	0.767

調や、教会の権威への服従と生における自らの身分の受容という伝統的な徳もその一部である。[58] イタリアの教会を特徴づけるのは、信仰仲間の水平的絆よりも権威の垂直的絆である。

　州レベルでは、信仰心と教権主義を表す全項目——ミサへの出席、宗教婚（民事婚に対し）、離婚反対、調査に表明された宗教心——が、市民的積極参加とは負の相関にある（図4-12にこのパターンが要約されている）。個人レベルでも、宗教心と市民的積極参加とは相容れないようだ。週に一回以上ミサに出席する人は、その五二%が新聞をめったに読まず、また五一%が政治について議論したことがないと答えた。反宗教を公言してはばからない人々の場合には、その数字は、それぞれ一三％と一七％であった。[59] 熱心なミサ出席者は、そうではないイタリア人よりも生活や現行の政治体制により大きな満足を表明している。彼らは、人間の国よりも天国に関心があるようだ。

　第二次大戦後の二〇年は、多くのイタリア人が、カトリック活動団（新たな民主国家イタリアに教会が適応するために再活性化を図ったカトリック平信徒市民組織の連合体）に参加した。当時イタリア最大の大衆組織であったカトリック活動団には、最盛期にはその文化・余暇・教育の活動網に成年男性、成年婦人、青少年のほぼ一〇人に一人が加入していた。カトリック活動団への加入は、図4-12の教権主義の州順位とほぼ逆になっていると言ってもよい。北イタリアの北部に広がる市民的で自発的な任意結社が発達した諸州のカトリック活動団の会員組織力は、南部の市民度が低い州の二、三倍はあった。北と南という地理的な意味では、カトリック活動団はイタリアのカトリシズムの「市民的」な顔を表している。だが、イタリア社会は一九六〇年代に入ると、社会の世俗化も急速に進み、さらには第二ヴァチカン公会議後の教会内部の混乱が、カトリック活動団の破局的な崩壊を早め、その後わずか五年のうちに加入者の三分の二を失うことになり、本研究が終わる頃までにはその痕跡をほとんど失ってしまっていた。[60] マキアヴェッリの市民的人文主義者の時代のイタリアと同様に、現代のイタリアにおいても市民共同体は世俗的共同体でもあるのだ。

政党

　イタリアの政党は、政党活動の文脈が市民的であろうと非市民的であろうと、そうした対比的な文脈に巧みに適応してきた。その結果、市民度が低い州の市民も、市民度が高い州の市民と遜色なく政党政治に積極的にかかわり、政治に関心を持っている。[61] 党員であることは、市民度が最も低い州でも、最も市民的な州と同様に当たり前に近いのだ。同じ構図が、有権者の政党親近感にも、また政治会話の頻度にも見受けられる。さらに既に指摘したように、市民度が低い州の住民も、現実には政治リーダーと個人的接触を有する可能性が非常に大きい。市民度が低い州の住民が、党派性や「政治性」で劣ることはない(62)。

だが、党員身分と政治的関与は、市民度が低い州では一種独特の意味を持つ。とりわけ南部では、ファシズム体制時代に党員証に印刷されてあった「PNF」という文字は、「ファシスト党（Partito Nazionale Fascista）」ではなく、「家族の必要のために（per necessità familiare）」を表している、と誰もが言った。有力者から愛顧を獲得することは、今でも市民度が低い地域ほどその重要性は大きい。このような地域では、「コネ」は生き残りに不可欠で、最も役に立つコネは、協力や連帯という水平的な関係ではなく支配・従属という垂直的なコネである。シドニー・タローが、貧しい非市民的な南部社会を描いたように、「イタリア南部の政治的許容力は高度に発達している。……［個人は］高度に政治的であると同時に水平的な二次的結社組織には反抗する。こうした意味で、彼らの社会的諸関係全体が『政治的』なのだ(63)」。市民度が低い州では、二次的結社が少ないにもかかわらず、政党が組織として突出している。というのも、この手の政治的文脈では、あらゆる政党が恩顧＝庇護主義的政治の手段になりがちだからである。先にも見たように、市民的な州と非市民的な州とを区別するのは、政治参加の程度ではなくその質である。

市民的態度

市民度が低い州の住民は、彼らの政治行動全般に対して、食い物にされているという感覚、疎外感、無力感に苛まれている。図4-13は、（イタリア人全体にかなり高いレベルでの疎外感が蔓延している状況において）低い教育水準や非市民的な周りの環境が、搾取されているという感覚や無力感を昂じさせている状況を示している。《市民共同体》の強弱にかかわらず、教育水準が高いほど、自らの有効性を信じるいわゆる有効性感覚も強くなる。というのも教育は、社会的地位、私的技能、コネを意味するからだ。だがそれでも、こうした教育が持つ効用さえ、市民度が低い州に巣くうシニシズムや疎外感を十分には埋め切れないでいる。無力感のレベルは、市民度が最低の高学歴の州民と、市民度が最高の低学歴の州民とでほぼ同じである。図4-13はさらに有効性感覚の次元でも、地域社会の質が低学歴の市民により強い影響を及ぼすことを示している。無力感の階級による違いは、市民度が低い州ほど目立っている。[64] 政治的なこの種の不満を説明するのに、心理力学的解釈をひっぱり出すには及ばない。平等を重んじる協働的な市民共同体とは逆に、垂直的に構造化され水平的には解体した地域社会の生活は、社会の底辺層ではとくにそうだが、ちょっと上の階層においても、搾取、依存、欲求不満の感覚を日々正当化するからである。

正直、信頼、遵法精神は、市民的徳についての大方の哲学的説明のなかでも目立つ。市民共同体の住民は、相互に公正に処遇し合い、返礼として公正な処遇を期待する。彼ら市民は、自分たちの政府が高い準規を守ることを期待し、また自らも自己に課したルールを進んで守ろうとする。こうした共同体においては、ベンジャミン・バーバーが指摘するように、「市民はただ乗りをしないし、またできない。というのも彼らは、自分たちの自由が、共同で物事を決め、決めた事柄を実際の行動に移すことに参加する行為の結果だということを理解しているからである」[65]。これとは対照的に、市民度が低い共同体では、生活はいっそう危険に満ち、住民は不安からくる用心深さをより強く示し、そこではボスらが作る法律などは破られるために作られているのだ。

右に見た市民共同体についての説明は、立派に見えるかもしれないが、同時に非現実的で感傷的ですらあり、久しく忘れられていた高校の公民教科書の引き写しのような感がある。だが注目すべきことに、イタリアの諸州から集めた証拠は、こうした見方を裏付けているように思える。市民度が最低の州は、古くからの疫病ともいえる政治腐敗に最も陥りやすい。その手の州は、マフィアや名称こそ州で違えマフィア的な組織の根城である。[66] 政治的清潔度の「客観的」測度を設けるのは容易ではないが、地域リーダーの全国標本に自州の政治が平均的な州より清潔か否かを尋ねた。市民度が低い州のリーダーほど、腐敗していると回答した割合がずばぬけて多かった。表4-5に例証されているように、同様の対比的構図は一九八七年、八八年の全国市民調査にも表れている。市民的な州の住民ほど強い社会的信頼を表明し、同時に自市民の遵法精神を強く信じていた。[67] 逆に、市民度が低い州ほど、行政当局は州の地域共同体に対して法と秩序をいっそう強く押しつけるべきだという声が強かった。[68]

図4-13　市民の無力感、教育、市民共同体

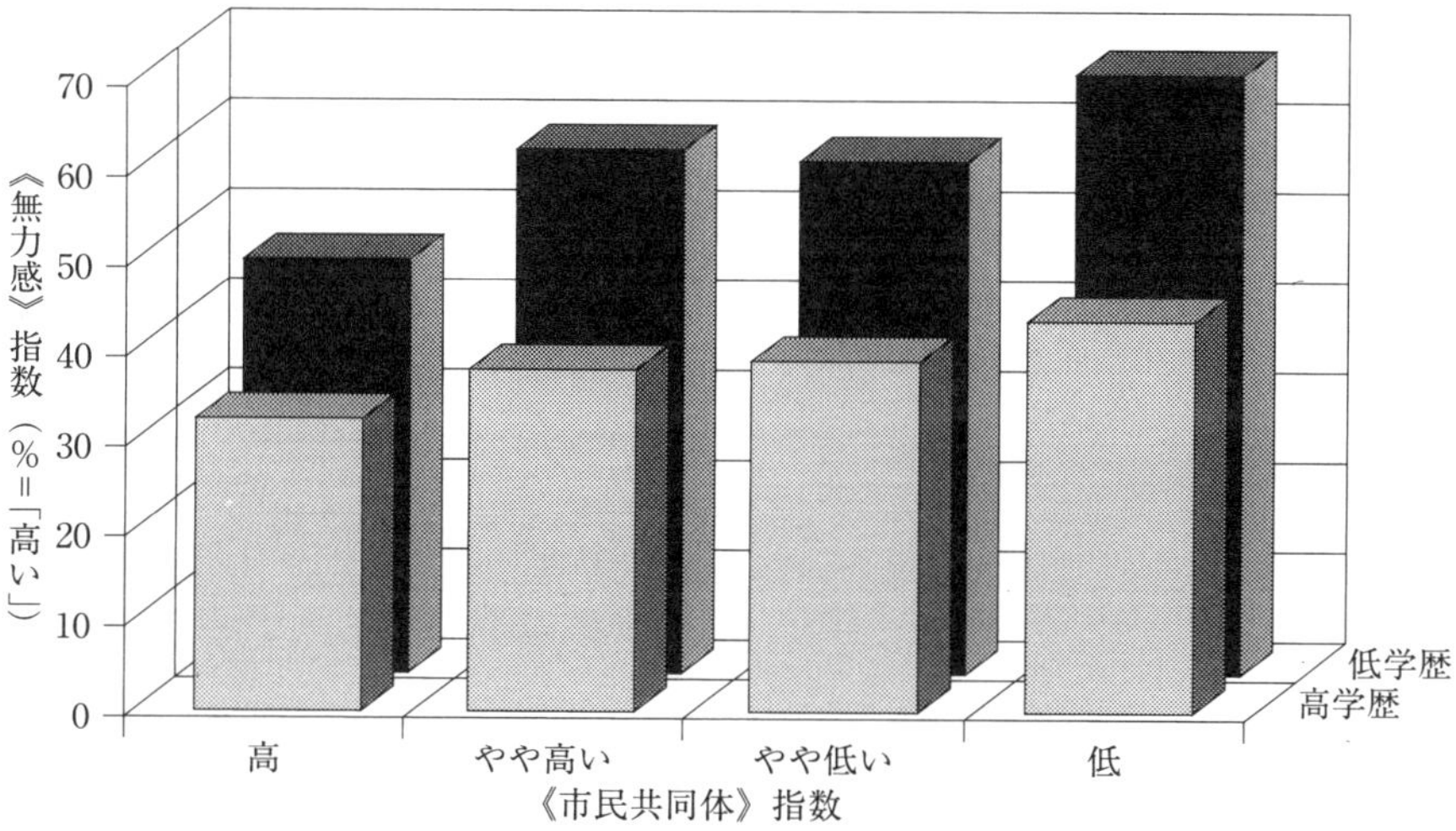

《無力感》指数
（「高い」=以下の4項目すべてに賛成）
1. 権力的地位にある大半の人々は貴方を利用しようとしている。
2. 身の回りで起こっていることから疎外されている感じがする。
3. 貴方が考えていることなど取るに足らないことだ。
4. 国を牛耳っている人々は貴方に何が起ころうがまず関心がない。

表4-5　清潔、信頼、遵法、市民共同体

	《市民共同体》指数			
	高	やや高い	やや低い	低
この州の政治は、「きれい」／「腐っている」のどちらで表現すればいいでしょう。				
「清潔」を選択するリーダーの比率	89	76	67	44
人はいつでも信頼できるという者がいる反面、人との関係は大いに用心しなければならないという者もいます。貴方のお考えはどちらですか。				
「信頼できる」と回答した一般人の比率	33	32	28	17
この町の住民は交通規則でさえしっかりと守っている。				
「そのとおり」と回答した一般人の比率	60	47	39	25
より厳格な《法と秩序》への支持				
4項目[a]すべてに同意する一般人の比率	37	46	49	60

[a]《より厳格な「法と秩序」に対する支持》複合指数
1. 警察は法を守るためにもっとも大きな権力を持つべきだ。
2. 政府は治安維持に対して十分なことはやっていない。
3. 近年、権威に対する十分な尊敬が欠けている。
4. 警察はイタリアでは権力を持ちすぎだ。（まったく反対）

これらの注目すべき終始変わらぬ差異は、共同体の性格が市民的あるいは非市民的かを分ける核心をなす。市民的な州における集団生活は、自分以外の人々もたぶんルールを守るだろうという期待でやりやすくなる。他の人々が一緒にやって行く気があるのを知れば、貴方もそうするであろう。その結果、彼らの期待が実現するのだ。市民度が低い州では、大概の人間は、他の人々はルールを破るものだと思い込んでいる。自分以外の人間が人をだますに違いないと思っておれば、交通法規、税法、あるいは福祉に関するわずらわしい細則を守るのはばかげて見えてくる（この種の青っぽい行動は、イタリア語ではおひとよし（fesso）と言い、「寝取られ男」という意味もある）。結果として、貴方も人をだますのだ。そしてついには、メンバー全員の痛ましいシニカルな予想が確かなものとなる。

市民度が低い州の住民は、市民的な州の革新に基づく自制・自則を欠いているので、イタリア人が「治安の保護者」と呼ぶもの、すなわち警察に頼らざるをえなくなる。その理由は第六章でもっと立ち入って検討するが、彼らは社会秩序の根本的なホッブズ的ジレンマを解決するために警察の手合い以外に頼るすべがないのだ。というのも彼らには、市民的な州でより効果的に働く集団的互酬性という水平的な絆が欠けているからだ。連帯と自制・自則が存在しないところでは、ヒエラルヒーと腕力がアナーキーの唯一の代替物となるのである。

共同体主義者と自由主義者の近年の哲学的論争において、共同体と自由は対立するとしばしば言われている。このことは、かつてセイラム（マサチューセッツ州）でそうであったように時には確かに正しい。だがイタリアの場合は、市民的な州の住民は共同体の恩恵に浴することでさらに自由主義的でありうることを示唆している。皮肉にも、気がつけば法律のより厳格な執行を、と大声で騒いでいるのは、市民度が低い州の道徳意識のないエゴイストである。

さらにその上に、悪循環はいっそう解き難く絡み合っている。市民度が低い州では高圧的な政府――法執行機関――さえも、市民的とは言えない社会的文脈によって弱体化される。市民に強大な政府を求めさせる共同体の性格そのものによって、いかなる政府も強力であることが、わずかでも民主的性格をとどめようとするかぎり、立ち行かなくなるのだ（これは、例えば、シチリアで過去半世紀以上にもわたって国家が反マフィア対策に支払った無駄骨をう

図4-14　生活満足度と市民共同体

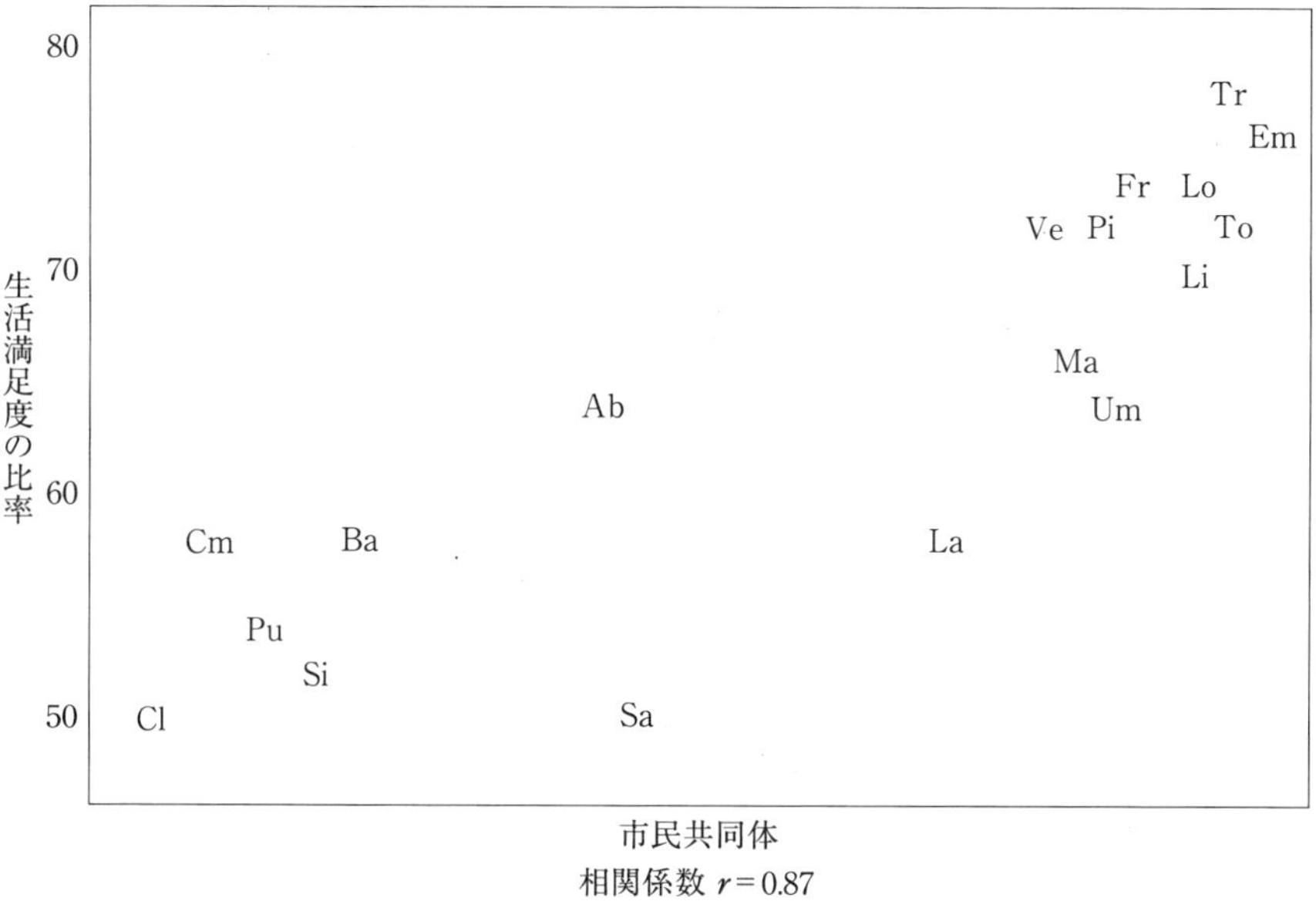

まく説明する)。これとは対照的に市民的な州においては、非高圧的《ライト・タッチ》な政府は、住民により多くの自発的協力や自己執行力が期待できるので、努力せずともさらに強くなる。

　われわれが再検討した証拠は、公的諸問題は市民的な州ほどうまく処理されることを強く示唆している。したがって、市民的な州の住民ほど全体的に生活に満足しているのも不思議ではない。一九七五年から八九年にかけて行った一連の全国調査で、約二万五〇〇〇人に、「貴方は自分の生活について、非常に満足、かなり満足、あまり満足していない、非常に不満足である」かを聞いた。図4-14は、市民的な州の市民が生活に大いに満足していることを示している。幸福は、市民的な共同体で生きているのである。

　個人レベルでは、生活満足度は世帯収入や宗教行事によって最もよく予測されるが、共同体との相関も、これらの個人レベルの特質とほぼ同程度に強い[69]。市民共同体は、制度パフォーマンスや州の豊かさと密接に相関しているので、所得、宗教行事、市民度のうち、市民度がわずかに生活満足度の最良の予想変数であったとしても、これら三つの要因の効力を識別するのは統計的に難しい。とにかく次章以下でもっと詳しく論じるが、共同体の生活の特徴をなすこれら三つの要因は、密接に相関する一連の徴候を形作るようになった。図4-14は、その意味で、ある個人にとって共同体の性格は、私的な幸福を生み出す上で、個人の置かれた境遇と同じように重要なことを示している。

市民度の点で両極端の二つの共同体が、ぎっしりと数字が並ぶこれらのデータ群から現れる。そうした共同体の対比は、政治哲学者の省察と多くの点でほぼ一致する。だが、ある重要な点で、われわれの物語は多くの古典的な説明とは相容れない。多くの理論家は、市民共同体を小さな親密な前近代的な社会、わが現代社会とはまったく異質な世界――われら失いし世界としての共同体――に結び付けてきた(70)。

現代の社会思想は、一九世紀ドイツの社会学者フェルディナンド・テンニースからゲマインシャフトとゲゼルシャフト、すなわち完全な統一的連帯感に基づく対面的な共同社会と、自己利益に基づく近代的・合理的・非人格的な利益社会といった区別を借用してきた。この視座からは、市民共同体は、消え去る運命にある一種の先祖返りである、という考えにただちに結び付く。市民共同体の以後の世界は、巨大で近代的な集塊、すなわちテクノロジー的には進んでいるが人間性を奪う代物であり、市民の受動性と身勝手な個人主義を誘発するのだ。近代性は市民性の敵というわけである。

だが、われわれの研究が示唆しているのは、これとはまったく逆の事実である。イタリアにおいて市民度が最も低い地域は、伝統的な南部の村々にほかならない。伝統的な共同体の住民エートスは理想化されて描かれるべきではないのである。現代、伝統的なイタリア社会の大半の生活は、ヒエラルヒーと搾取が支配しており、仲間の協力活動を特徴とはしない。カラーブリア州(半島の足先部分に位置し、二〇州中市民度は最低)を周到に観察したジェームズ・ウォルストンは、市民的信頼と自発的結社が欠けた状況を強調して次のような報告をしている。

カラーブリア州で観察者がまず感じる空気は、警戒心である。警戒心は、よそ者に対してだけではなく、共同体内部でも、また小村内部でさえも観察できる。信頼は、十分な手持ち品ではない。……歴史的に、市民社会ではときおり目にする村あるいは町の社交クラブ（狩猟クラブCircolo della Caccia、貴族クラブCircolo dei Nobili）を別とすれば、自発的結社のたぐいはまったくといってよいほどなかった。[71]

逆に、最も市民的な州であるエミーリア・ロマーニャ州は、古典的な意味での伝統的「共同体」——われわれの民族の記憶で理想化された親密な村——とはほど遠い。エミリーア・ロマーニャ州は、地上で最も現代的で、喧噪にみちた、豊かで、テクノロジー的にも進んだ社会の一員である。だが、同州は、社会的連帯の重複的ネットワークがまれにみる形で集中し、またたぐいまれなほど成熟した公共心に富む人々が集う場所——多くの市民共同体が織り合わさった地域——である。天使が、エミーリア・ロマーニャ州に住んでいるわけではないが、その州境内（および、北中部イタリアの隣接諸州内）では、政府を含むあらゆる種類の集合的活動が、市民的な積極参加の規範とネットワークでやりやすくなっている。第五章で見るように、こうした規範やネットワークは、州のはるか昔の伝統のなかにその生命力を吹き込む根を有しているが、だからといってエミーリア・ロマーニャ州を「伝統」社会と分類するのはばかげていよう。イタリアで最も市民的な州——市民が公共選択をめぐる集団的な審議に生き生きと積極的に参加し、こうした諸選択が有効な公共政策に十二分に変換されるような共同体——には、イタリア半島の最も近代的な町や都市の一部が含まれているのだ。近代化が、市民共同体の死の予兆である必要はない。

本章がこれまで得たいろいろな発見は、以下のように簡潔に要約できる。イタリアの一部の州には、合唱団やサッカー・チーム、野鳥の会やロータリー・クラブが数多く存在している。これらの州の市民の大部分は、日刊紙で地域の諸問題に関する記事を熱心に読む。彼らは、公的争点に関心を寄せるが、人格的、あるいは恩顧＝庇護主義的な政治には関心がない。住民はお互いに信頼し合い、その結果、公正に行動し、法律にも従う。これらの州のリーダーは比較的清潔である。彼らは、民衆による政府《ポピュラー・ガバメント》を信頼し、また政敵とも妥協の用意がある。こうした州の市民とリーダーは、政治的平等が性に合うことを知っている。社会的・政治的ネットワークの組織化は、水平的になされ垂直的にではない。共同体は、連帯、市民的積極参加、協力、清潔性に価値を置く。政府は仕事に勤しむ。[72] これらの州の人々が生活に満足しているのは、むしろ当然である。

これと反対の極に、「非市民的」な州、フランス語の非市民性[73]（incivisme）という用語が巧みに特徴づけるような州が存在している。これらの州の公的生活は、水平的ではなく垂直的に組織されている。ここでは、「市民」概念そのものの発達が阻害されている。個々の住民にとって公的諸問題は、誰か他の人間——名望家、「ボス」、政治家の手合い——が勝手にやればいい仕事で、自分の仕事ではないのだ。公共の福祉を皆でよく考えようと意気に感じる人間はほとんどいないし、彼らにはその種の機会もほとんどない。政治への参加を後押しするのは私的従属か私利私欲であり、集団目標が動機になることはない。社会的・文化的な結社組織への積極的な参加は乏しい。私的忠敬が公的目的の代わりをやってくれる。汚職は、政治家自身によってさえも広く公準と見られ、彼らは民主主義の諸原理にも冷ややかである。「妥協」は否定的な意味しか有さない。法律（ほぼ全員が承認した法律）は破られるために制定されるが、ほかの連中が法を無視するのを恐れていっそう厳しい統制を求める。これらの互いに連関する悪循環に落ち込むと、ほとんど全員が、自分の力のなさを実感し、食い物にされた惨めな気分になる。あれこれ考えてみると、この地の代議政府は、より市民的な共同体の政府に比べて有効でなくても別に不思議ではないのである。

この発見は、二つの新たな重要な問題を提起する。一つは、市民的な州はいかに今のような経路をたどったのかであり、もう一つは、市民的な積極参加の規範とネットワークはどのように良き政府をしっかり支えているのかである。第五章、第六章でこれらの問題を検討するが、まず州政府の成功・失敗を説明するほかに思いつく視角について手短に論じておこう。

制度の成功に関する他の説明

社会的不協和と政治的対立が有効な統治にとって不利であることは、しばしば考えられてきた。合意こそが、安定した民主主義の必要条件だというわけである。この見方は、名立たる知的系譜に連なっている。キケロは、「国家とは国民の物である。しかし、国民とはなんらかの方法で集められた人間のあらゆる集合ではなく、法についての合意と利益の共有によって結合された民衆の集合である」(74)と書いた。革命期フランスで繰り広げられた身の毛もよだつ社会対立の恐怖におののいて、エドモンド・バークはよく秩序立った社会は組合《パートナーシップ》、「すべての学問についての組合、すべての技芸についての組合であり、すべての美徳とすべての完全さについての組合」(75)と考えられなければならないない、と示唆した。

この見方は、二〇世紀の社会科学者のなかの多くの著名な主唱者をも支配してきた。ガブリエル・アーモンドは、「アングロ・アメリカ」型政治システムの「同質的」な政治文化を評価し、断片化した「大陸ヨーロッパ」型政治システムを「固定主義が通常の性質で」、「シーザー主義的突出とよばれるものが、たえず脅威として存在」(76)すると描いた。ジョヴァンニ・サルトーリは、イデオロギー的分極化と断片化は、無能な「死滅に向かう」民主主義の特徴であると論じた(77)。ある社会あるいは政体での亀裂が深まれば深まるほど、被治者の合意に基づく安定した政府を組織する作業はいっそう難しくなるだろう。実質的な争点で意見の相違が大きくなるほど、筋の通った施策は何であれ追求されにくくなろう。「もし全員の政治的な選好が同じならば、政策立案の仕事は、はるかに容易になるだろう(78)」。

社会的団結、政治的調和、良き政府の間に想定されているこの結び付きは、市民共同体の多くの説明にしばしば暗黙裡に現れている。

ルソーや広く古典的共和主義者にとって、［愛国感情や政治参加は］社会的・宗教的・文化的な統一性に基づく、いやそれだけにしか基づくことができない。それらは、同質的な人々の政治的な表現であった。彼らにとって、市民の共同生活は公的生活の外に根ざし、政治は私的な結社に基礎を置く共同体の公的アリーナへの伸長にすぎない、と言ってもよいものだ。(79)

この種の考えは、社会的まとまりや政治的合意が、制度パフォーマンスにいかに結合しているかに関するいろいろな仮説を、われわれの研究に示唆してくれた。だが残念なことに、われわれの期待は完全に裏切られた。イタリアの州政府の成功・失敗は、政治的断片化、イデオロギー的分極化、社会対立を測定するほとんどすべての測度とまったく無関係であった。

- 左／右のイデオロギー的な溝が大きいほど過激主義の発言力も高まり、有効な政府を形成することが難しくなると考えて、政党システムのイデオロギー的分極化――測度は、政党の強さと州リーダーの考え方――を検討した。
- 重要な政策問題への合意が乏しいほど、政府リーダーは一貫した戦略を描きにくくなると考えて、重要な社会的・経済的争点に関する有権者の意見分布を検討した。
- 御しがたい小政党の乱立は政府の安定性を脅かすと考え、州の政党システムの断片化を検討した。
- 社会的緊張によって政府の有効性は妨げられるはずだと考え、ストライキ率のような経済紛争に関する資料を検討した。
- 近代性と後進性の乖離、あるいは大都市と周辺農村地帯との緊張が統治活動をより困難なものにすると考えて、各州内の経済発展の地理的不均衡と人口動態を検討した。

・対立が日常化したところでは共通の目的を達成するための協力はなかなか得難く、統治もひどくなるところが大きいと考え、地域リーダーに対して各自の州を、〈対立―合意〉尺度上に位置づけるように依頼し、その結果を制度パフォーマンスの諸測度と付き合わせた。

しかし、右のいずれの検討結果も、社会的・政治的争闘が良き政府と両立しがたいという理論を支持するところとはならなかった。ヴェーネト州のように高いパフォーマンスを示しながら紛争度が低い州も目の当たりにしたし、ピエモンテ州のように政府は順調だが対立に悩まされている州があることも知った。政府が不調で対立が絶えないカンパーニアのような州、あるいはバシリカータ州のようにパフォーマンスは全国平均以下だが合意的な州も観察できた。対立と市民共同体との間にいかなる相関も見出せなかったわれわれの発見はまた、これらの結論にも暗に含まれているのだ。市民共同体は決して協和的ではないし、特段に争いと無縁な世界でもない。ベンジャミン・バーバーの「強い民主主義」というビジョンは、われわれのイタリアの実地調査から現れるような市民共同体の性格をうまく捉えている。

> 強い民主主義は市民の自治的共同体という考えに基づく。そこでは同質的な利益よりも公民教育で市民が結び付き、また愛他主義や善良な性格よりも市民的態度や参加促進的な諸制度によって共通の目的を追求できたり、相互的な活動が可能となる。強い民主主義は、対立の政治、多元主義の社会学、活動の私的領域と公的領域の分離と一致する――事実、それらに依存するのである。(80)

制度パフォーマンスの説明はほかにもいくつか考えうるが、イタリアでの州制度改革の実験から得た証拠と対比すると、いずれも問題があるものばかりであった。要点のみ示しておこう。

• 社会的安定が、有効な統治と時には関連してきた。急激な社会変動が社会的緊張を高め、社会的連帯が崩壊し、その結果、政府を支える既存の規範や組織が崩れる、と議論されてきた。州政府のパフォーマンスに関する一九七六年の予備分析は、人口動態上の不安定と社会変動が制度パフォーマンスを阻害するとの暫定的な証拠を見出すことになったが、[81]この関係も、パフォーマンスと社会変動に関してその後に行ったより本格的な分析では消えてしまった。

• 教育は、イタリアも含めてほとんどの国において、政治行動に対する最も有力な影響力の一つである。だが、イタリアの州を語る場合、今日の教育水準は州政府のパフォーマンスの違いを説明しない。制度パフォーマンスと義務教育（一四歳終了）以上の教育を受けた者の対州人口比率との相関性は、微々たるものである。最もパフォーマンスが高く市民度もトップのエミーリア・ロマーニャ州とその対極にあるカラーブリア州は、右に述べた内容での〈学歴〉測度ではほとんど同スコアである[82]（四六％対四五％）。歴史的に見れば、教育は市民共同体の基礎固めに対してある種重要な役割を果たしてきたが、今日では、教育は政府パフォーマンスにはいかなる直接的な影響力も有していないように思われる。

• 都市化現象は、制度パフォーマンスになんらかの形で関連していると考えられるかもしれない。この仮説の一つのバージョンは、農民生活の愚昧さ加減についてのマルクスの悪口を想起させ、また、うまくいっている制度は都市化と正の相関にあるやもしれぬことを示唆する。すでに示唆しておいたように、別のある民衆をめぐる理論は、伝統村に市民的徳を、都市に悪徳を見る。この理論は、制度パフォーマンスは都市化された地域ほど低いはずだということを暗に示している。もっと手の込んだ理論になれば、制度パフォーマンス（また、おそらく市民共同体）を、周辺農村の孤立と同様に、近代的な大都市の匿名性も免れた中規模都市にとくに結び付けようとする。だが実際には、都市規模や人口密度と州政府の成功・失敗の間にはなんらかの相関性をも発見できなかった。[83]

・議員や閣僚の顔触れの安定性は、一部の制度化の理論によれば、高パフォーマンスの制度の特徴である。議員や閣僚の交替が少ないことは、彼らが制度とその成功にコミットしていることを意味する。また彼らが安定していることは、経験を積んだ政策立案者の供給を保証する。とくに制度草創期には、頻繁な人の交替は、不安定な制度の変転を生むと言われている。[84] だが、われわれが選んだ六州の記録を詳細に検討してみても、州議会においても州内閣の場合でも、制度がうまくいくことと議員や閣僚の安定性との間には一切の正の相関は認められなかった。一九七〇年から八八年の間に議員の平均在職期間が最も短い二つの州議会はエミーリア・ロマーニャ州とヴェーネト州であったが、どちらの州も制度パフォーマンスはほぼトップにあった。どの制度が成功するかを説明するには、「ベテラン」の指導力も大事だが、同じく「新人」が発揮するリーダーシップも重要である可能性もある。

・イタリア共産党は、一部の州では強いパフォーマンス形成に役立ってきたと評価されることもちょくちょくあった。確かに手元の証拠は、共産党政権の州は他の大半の州よりうまくいっている、というイタリアでは党派にかかわらず広く抱かれている判断と、記述的には一致する。時にこのことは、共産党が州や地方の自治体でいかに巧みに統治を行っているかを誇示することで、全国的な統治政党として可能な限りの信任を確立しうるという共産党側の合理的・競争的な算段によるとされる。また時に加えられるより冷めた別の説明は、共産党が中央権力を掌握しようとして果たせなかったことが、皮肉にも結果として中央権力に付き物の腐敗効果を免れた、というものだ。共産党自体は、党の「ビジネスライク」な成功の原因を、有能な党幹部の補充に対する組織的な取り組みや、党の優れた道徳性にまで求めようとする。われわれとしては、第一の解釈に大いに魅力を感じるが、いずれの解釈もそれなりにちょっとは真実を含んでいる。

一九七〇―七六年を扱った初期の分析は、この差は、共産党がきわめて市民的な州で政権に就いたという事実にもっぱら帰しうることを示唆している。「共産党州政がより成功したのは、「われわれが論じたように」それらがより肥沃な土地を耕したからであって、政府手持ちの耕作技術が理由ではない。重要であったのは、州政府が誰であったかではなく、州政府がどこにあったかである」[85]。だが、その後の分析は、これだけが話のすべてではない可能性を示唆している。

一九七五年以後には、イタリア共産党は市民的伝統にあまり恵まれないいくつかの州で統治連合に加わり、これらの州の政府パフォーマンスは事実改善の道を歩んだ。後に制度パフォーマンスをより完全に評価する頃になって、共産党権力と制度パフォーマンスの相関が、市民共同体との共変動を示す指標である共分散にほぼ全面的に帰しうることが分かった[86]。他方、この研究を行っている期間、共産党は、市民的・経済的諸条件が有効な統治にとって非常に不都合な州（主として南部諸州）のほぼすべてで野党にとどまった。共産党（現「左翼民主党」）が、こうした逆境の地で権力を手にするのを待って、政党の支配が、良き政府に差異をもたらすという主張をやっと判断できるであろう[87]。

イタリア共産党支配による説明を一部例外として、右に見たいくつかの補足的な説明のいずれも、政府パフォーマンスの理由についてのわれわれの理解に何一つ付け加えるところがない。本章で再検討した証拠ははっきりしている。すなわち、市民的文脈が制度の働き具合にとって重要である、ということだ。良き政府を説明するに当たって、ある州の社会的・政治的生活が市民共同体の理想にどれほど近いかという点が、図抜けて重要な要因である。市民的な州は多くの点で独特である。次なる疑問はこうだ。すなわち、なぜ州によって市民性の度合いに差が生じたのか、である。

第五章　市民共同体の起源を探る

われわれは、一九七〇年代、八〇年代のイタリアにおける州政府のパフォーマンスを検討してきた。この検討作業を通じて、いくつかの州の市民生活に独特な特徴を正確に指摘することができた。その変わらぬ特徴を探って行くと、イタリア諸州の対照的な歴史に深々と引き込まれることとなる。われわれの物語は、約千年前のイタリア半島の重要な転換期から始まる。正当にも暗黒時代と呼ばれる、かの薄明の時代からイタリアの人々は現れたのである。物語の起点となる中世初期は、年代記的にも、また日常の生活の点でも、現代よりは古代ローマに近かった。にもかかわらず、この時代から現代までイタリアに明白に認められる社会パターンが、二一世紀の入り口で、なぜ地域社会によって集団生活の営みや有効な制度の維持の点で違いがあるのか、という疑問を説明する上で決定的に重要だということが明らかとなった。

中世イタリアの市民的遺産

州政府は、百年間も高度に集権化されてきた中央行政構造を背景に一九七〇年に創設されたが、州自体はそれよりはるか昔にその歴史的起源を有する。ローマ帝国の崩壊から一九世紀中葉までの千五百年の間、イタリアは、オーストリアの政治家メッテルニヒの侮蔑的表現を使えば、単に「地理的な表現」、数多くの小規模な都市国家や外国の諸帝国の半植民地的支配の寄せ集めにすぎなかった。近代化途上にあるヨーロッパの国民国家世界を前にして、この断片化はイタリア人に経済的後進性と政治的周辺性を告知するものであった。

だが、事態は、いつもそこまで卑下されるようなものでもなかった。中世には、イタリア人は、キリスト教世界では最も発達した政治構造を生み出していた。実際のところ、二つの驚くべき斬新な政治体制が、イタリア半島の別の地域に一一〇〇年頃に出現した。双方とも革新的であり、またその後長きにわたって社会的、経済的、政治的に重要な影響をもたらす運命にあった。(1)

一一世紀に半島の至るところで、昔からの帝国的統治体制——南部のビザンツ帝国、北部のドイツ支配——は、緊張と脆さの時期を切り抜けることができたが、ついには壊滅状態に陥り、主導権を地方の諸勢力に明け渡すことになった。南部では、中央権力の崩壊にさほど時間はかからず、その後、ビサンツとアラブの基盤の上に強大なノルマン王国が打ち建てられた。他方、北部では、帝国支配の復活をもくろむ試みはことごとく挫折し、地方中心主義がほぼ完全に勝った。独自な性格を示す中世イタリア社会は、ローマからアルプス山脈へと広がる一帯で大いに発展した。この地域では、コムーネが事実上都市国家となった。したがって、この地域は、自治都市国家イタリアと表現して差し支えなかろう。(2)

北ヨーロッパ出身のノルマン人傭兵が創始しシチリアに中心を置く南部の新体制は、行政・経済両面で急激に発展した。「一一三〇年にシチリア、アプーリア、カラーブリアを統一した偉大なノルマン王国の創始者ルッジェロ二世は、ビザンツ、イスラムの先祖の諸制度、とくに彼らの能率的な徴税制度を存続させた」。(3)その後数代にわたる動乱時代を経て、ルッジェロの後裔フェデリーコ二世の時代を迎えた。フェデリーコは、台頭してきた教皇権国家の南方に広がるイタリア全域への支配権を再び樹立し、啓蒙的で広く称賛された「ギリシアの官僚制とノルマン式封建体制を混合した集権的国家体制」(4)をその地に敷いた。一二三一年、フェデリーコ二世は、新しい勅法典を公布した。それは、その後七世紀でヨーロッパ初の行政法の法典編纂を含み、またその後に大陸に普及する集権的専制国家の諸原理の多くを予示するものであった。フェデリーコのシチリア王国勅法集成は、封建貴族の諸特権を強く保障するとともに、司法および公秩序に対する専制という君主制の主張が形をとったものである。(5)中世初期のヨーロッパ全土は、暴力と無秩序の蔓延に苦しんだが、そうした暴力と無秩序のホッブズ的世界では、社会秩序の強要こそが統治における最も重要な課題であった。

当時としては特筆すべきことだが、ノルマン人国家は宗教的には寛容な政策をとり、イスラム教やユダヤ教の信仰の自由を認めた。南イタリアに創設された新王国の歴代のノルマン王は、ギリシア、アラブ、ユダヤ、ラテン、イタリア文化圏の影響を受けた芸術、建築の驚嘆すべき爛熟開花を推し図り、また著名な学者を後援した結果、ルッジェロ二世からフェデリーコ二世の時代の宮廷は、時に「学者たちの共和国」と称された。一二二四年、フェデリーコ二世は、ナポリにヨーロッパ最古の国立大学を創設した。ナポリ大学の礎は前世紀にルッジェロ二世が築いたものだが、官吏志望者は、フェデリーコ二世が入念に作り上げた官吏制を目指して教育された。「ノルマン朝シチリア王国は、その全盛期には西欧世界の王国で最も高度に発展した官僚制を整えていた」(6)。

経済の面では、王国には全盛を誇る商業都市がいくつか存在した(パレルモ、アマルフィやナポリ、メッシーナ、バーリ、またサレルノなど)。フェデリーコ二世は、これらの都市の海港を拡げ、艦隊や商船隊を常設した。彼は(自らの専制者としての使命に忠実に)、王国の商業の大半を国家独占にする政策を主張したが、この政策はその後の王国にとってはあまり役立たなかった。創意に富んだ支配者であるばかりか、勇将=外交家、有能な鳥類学者、天分豊かな詩人として、フェデリーコ二世は、同時代人によって「世界の驚異」と見られた。(7)「一二世紀末までにシチリアは、地中海の海路を支配し、ヨーロッパで最も富み、先進的で高度に組織化された国家となったのである」[8]。

だが、社会的・政治的な編成の面では、南部は厳格に専制的であったし、そこから抜け出せないでいた。その支配編成様式は、フェデリーコ二世が断行した諸改革によって強化された権力パターンを特徴としていた。彼の勅法集成は、封建貴族の封建的諸権利をくまなく見直し、統治者の決定に疑いを抱くことを「神への冒瀆」であると布告した。「徹底性と詳細さにおいて、また王の権威なる観念において、フェデリーコの法は、西欧世界におけるシチリアの独創的な地位を示している。王国は、神から生まれた皇帝その人が支配下に置いた」[9]。偉大な先祖ルッジェロ二世に似て、フェデリーコ二世も、君主の役割に神秘的・半神的な観念をまとわせた。彼の支配は、恐怖やときおりのぞかせる残忍さと結び付く畏敬の念に基づいていた。彼が、北イタリアのコムーネに軍事行動をしかけたとき、その理由を、「安定した平和より、ある種漠然とした自由にかまける」[10]連中に思い知らせるためだ、と彼は言い放った。

南イタリアの諸都市には、自治への渇望を表すいくつかの徴候が見られた。だが、まもなく都市はノルマン王朝に組み入れられ、君主のみに責任を負う中央と地方の役人組織によって封圧されることになった。都市の住民と同様に世俗の封建貴族も、君主の統治組織によって統御された。彼らは、体制の中核をなす王への軍事奉仕を負った。歴史家は、この王朝の性格づけをめぐり、「封建的」、「官僚的」あるいは「絶対主義」の適否を論争しているが、最も適切と思われる評価は、これら三つの要素を強く帯びているという認識であろう。とにかく、共同体的な自治が現れるとまもなく消え失せたのである。手工業者、商人の市民生活は、中央あるいは上から統制された。だが、同業者内部では規制はなかった（この点は、北イタリアと同じである）。デニス・マック・スミスは、この点について次のような結論を得ている。

シチリアは、なおかなり裕福な国であった。活気に満ちた町の生活も望めたかもしれない。だが実態は、北イタリアに点在した自立的な都市コムーネとは別の代物であった。ではなぜか。一つには、進取の市民の気性の欠如の単なる反映だとも考えられよう。だが、同時に、ノルマン王朝が権威主義的で強大すぎ、都市が封建貴族に盾突く気を奪った、という事実が理由でもある。……フェデリーコは、都市を国家に結び付けた。この所業は、経済を政治の犠牲にしたと思われてもしようがない。シチリアの歴史からフェデリーコは、経済的な繁栄は強大な王権によってもたらされることを学んでいたのだ。彼の考えは、ある時点までは正しかった。だが、シチリア経済は失速しだした。イタリアの他の自由交易拠点である海港都市が、冒険的商業に積極的に乗り出し繁栄しだすまさにその時にシチリア経済は失速したのだ。後世の諸事が教えるところである。(11)

フェデリーコ二世没後の王権の衰退に伴い、南部の封建的貴族の権力と自律性は強まった。だが、南部の町や都市はそうはいかなかった。数世紀が流れるなか、封建諸力を授けられた土地貴族が激しい社会的階統制をかつてないほど支配しだし、底辺部では農民がやっと生き長らえる、という悲惨な状態が現れ存続した。この両端を官吏や専門職が身をすくめるように埋めることになった。彼らは、おおむね無能な小中産的市民層であった。続く七世紀、南部は様々な外国王朝(とくにスペインとフランス)の激烈な争奪地となった。にもかかわらず、位階的構造はなにも本質的なところでは変わらず続いた。この体制は、時々の王権在位者がどれほど開明的であったとしても封建的君主制を出ることはなかった。フェデリーコ二世の後継者は、啓蒙よりも強欲を強く前面に押し出す始末であった。

他方、北・中部イタリアの諸都市――「封建の森の中のオアシス」(12)――にあっては、南部とは対照的にかつて見聞したことがない自治の形態が現れつつあった。このコムーネ共和主義は、中世ヨーロッパの他の地域の特徴をなす封建体制、荘園を基礎とした領主＝農奴関係を基軸とする封建体制に取って代わる体制を徐々にだが形成しだした。イタリアのこの部分について、著名な歴史家のフレデリック・レーンは次のように論じている。「一二世紀から一六世紀にかけて、イタリア社会を他のヨーロッパ地域から区別した最大の特徴は、人々が自分たちの生活を律する法や判決を決める過程に、おおむね説得によって参加できるようになった、その程度にあった」(13)と論じている。

フェデリーコ二世の専制的体制と同様に、新たな共和政も、中世ヨーロッパに特有の暴力と無秩序状態への一つの反応であった。というのも、貴族の諸家門間の野蛮な長期の激しい争いが、南部と同様に北部の諸都市と周辺農村も荒廃させたからである。だが、北部で生み出された解決手法は、南部とはまったく性格を異にするものであった。それは、垂直的な階統的秩序に依存するところが少なく、水平的な協力に活路を見出すものであった。コムーネは、起源的には自発的結合体から現れた。その種の結合体は、近隣諸集団が相互扶助をし合い、共同防衛と経済的協力を用意すべく私的な宣誓をしたときに形成された。「初期のコムーネは、形成当初から公秩序に関与してきたことは間違いないので、コムーネを私的な結合体として描くのは行き過ぎであろうが、コムーネが構成員と彼らの共通利害を守ることに第一義的な関心があり、旧い体制の公的諸制度とは有機的な関係がまったくなかったことは依然として真実である」(14)。二〇世紀までにコムーネは、フィレンツェ、ヴェネツィア、ボローニャ、ジェノヴァ、ミラノ、そして北・中部イタリアの他の主要都市では残すところなく形成されるに至るが、歴史的には右に見た初期の社会契約に起源がある。

出現しつつあるコムーネは、われわれが言う近代的な意味においては民主的ではなかった。というのは、コムーネの中核構成員は住民の少数者にすぎなかったからである(15)。事実、共和政的統一に特有な特徴の一つは、農村の貴族層が都市貴族に吸収され、新しい種類の社会エリートが形成されたことにある。とはいえ、一般住民が統治にまつわる諸問題に参加した水準は、どのような基準で判断しても驚くほど高いものであった。ダニエル・ウェーリーは、コムーネを「評議員たちの楽園」として描いた。彼の報告によれば、例えば成人男子人口がおそらく五〇〇〇人を多くは出なかったシエーナにおいて、パートタイムの市民的役職は八六〇もあり、また比較的大きな都市評議会には議員数が一〇〇〇人ないしそれ以上に達し、その多くが積極的に議事に参加していた(16)。この文脈では、「コムーネ共和主義の成功は、指導者が他の人々を対等に遇し、彼らと権力を進んで分かち合う用意があるかないかにかかっていた」(17)。コムーネの統治指導者は諸手続きに則り選出されたが、手続きは都市によって多様であった(18)。コムーネ共和政の統治者は、自分たちの統治活動が都市法の規定によって正当に拘束されることをわきまえていた。「圧倒的な力を持った者の暴力を制限するために、精緻な法典が公布された」[19]。この意味で、コムーネ共和政の権威構造は、イタリア南部も当然含むヨーロッパの他の国々、諸地域の今日の体制よりも根本的にリベラルで平等なものであった。

コムーネ的生活が発達するにつれて、職人・商人は、純粋に職業活動のためだけではなく、社会的な目的のためにも自助と相互扶助をまかなうべく同職組合を結成した[20]。「今日知られている最古の同業組合規定書は、一三〇三年の日附のあるヴェローナのそれであるが、それすらもなお、明白にさらに古い他の規定を模倣したものである。その規定によると、『必要に応じていかなる種類の友愛的援助をも惜しまないこと』、『その町を通過する外来人を款待（すること）』、……さらには『疲労衰弱の場合には慰藉を与えること』などがその組合員の義務として数えられている[21]」。「法を犯した者には、取引拒否、社会的な陶片追放が待ち受けていた[22]」。

ほどなくこれらの集団は、他の町衆とともに広範囲な政治改革、「秩序、すなわち『都市の平穏・平和な状態』を保障する代表＝統制のシステム[23]」の確立を要求しだした。

一三世紀前半に同職組合は、生活の基盤を拡大させたコムーネ内部で権力の分配を求める急進的な政治運動の柱となった。……［同職組合は］強い民主的響きがする、昔のポーポロ（平民）という名を勝手に独り占めした。一二五〇年までに、ポーポロは、主要なコムーネの一般市民の共同防衛の組織としてヘゲモニーを握るようになっていた[24]。

このように、南イタリアでフェデリーコ二世が封建権力を堅固なものにしているまさに同じ時期に、北イタリアでは、政治権力は伝統的なエリートの手を離れて相当に広い範囲に拡散し始めた。例えば、「一二二〇年、モデナの町議会は、いつも目立つ鍛冶屋ばかりか、すでに多くの職人、魚屋、服修繕屋、ぼろ服商人を含む多くの手工業者や商人を擁していた」[25]。市民的共和主義の様々な彩りの実践は、中世世界ではほかに類を見ない公的な意思決定への幅広い民衆の関与をもたらしたのである。

こうした政治的変化は、「コムーネ、同職組合、営業組合の台頭による結社的生活の急成長、……平等のより躍動的な感覚を表す新しい連帯の形態」[26]の一部分であった。同職組合以外に、近隣組織《ヴィチナンツェ》、教区組織《ポプラス》（地方教会の財産を管理し、教区司祭を選出する教区組織）、慈善事業団体（相互扶助のための信心会）、正式な宣誓によって結合した政治‐宗教党派、相互安全を確保すべく創設された朋党《コンソルテリエ》（「塔結社」）などの地域組織が、地域の諸問題に強い発言権を持った[27]。

これらの朋党仲間は、社会のあらゆる部門を網羅し、構成員は先述のヴェローナの同職組合に酷似した相互扶助を誓い合った。一一九六年、ボローニャの有力者のある朋党の一員は、「われわれの塔と共同の家をもって……偽りなく、誠実に、相互に助け合うこと」を誓い、「われわれの誰もが直接的にもしくは第三党派を通じて、仲間の他の者にさからって行動しないこと」を誓った。ボローニャ近隣の多くの朋党仲間の一つ、スパデ（剣）団の規約（一二八五年）には、仲間は、「コムーネの内外にわたり、すべての者に対して相互に支持、防衛すべきである」と記してあった。いずれの場合も、これらの幅広い拘束的関与は、仲間の間の紛争解決の手続きはもちろん、仲間に施される法律扶助等の実際的な援助をも含む朋党仲間の手続きの入念な諸規定に従うものであった[28]。「これらのいっそう複雑な共同体内部のあるいは共同体間で避けがたく生じる対立は、新しい社会が激しい内紛で引き裂かれないために、練達の仲裁人、調停者、政治家、さらには一新された市民的道徳さえ必要とした」[29]。結社的生活のこの豊かなネットワークと共和国の新しい道徳観が、「市民共同体」と（前章で）われわれが名付けたものと酷似した独特な性格を、中世イタリアのコムーネに与えたのである。

コムーネ共和政の行政活動は、専門的に分化していた。市政を掌る専門家群は、財政（話し合いで解決可能な長期にわたる治安下での市場を含む）、土地の開墾、商法、会計、土地用地区分規制、公衆衛生、経済発展、公教育、治安維持、委員会政治といった著しく先進的な制度を発達させた。その際、彼らは隣接諸都市の同輩と考え方をしばしば共にした。ボローニャは有名なローマ法学派を戴いていたが、当地は「実力や富ではなく知的指導力を基礎とし、非公式の側面で傑出しており、コムーネ国家イタリアの首都」[30]の役割を果たした。ポデスタ（任期を切って任用され、都市から都市へ規則的に移動する法律的訓練を積んだ行政執行官）が、コムーネの諸問題に重要な役割を果たすようになった。[31]

誓約と契約が、共和政におけるあらゆる生活局面で中心的な要素となった。また、公証人、法律家、裁判官といった身分は、これらの協定を記録し、解釈し、実施するために急増した。ボローニャでは、二〇〇〇人の専門職化した公証人が活躍していたという。人口が五万人程度であったと思われるので、驚くべき数字である。[32]これらの数字は、共和政の係争事件の一指数と見ることももちろん可能だが、より根本的には契約書、商議、法律への並外れた信用を意味しているのだ。これ以上に、コムーネ共和政の独特の貢献を明瞭に訴えるものを知らない。ヨーロッパの各地で実力と家族のみが集合行為のジレンマを解決できるという時代に、イタリアの都市市民は集団生活の新たな組織化の方法を考え出していたのである。

コムーネ共和政における教会権威は微々たるものであった。その理由は、世俗主義が信仰心を放逐してしまったからではなく、平信徒組織が教会階統制度に取って代わったからである。

町衆は教皇の理論的至高性は攻撃せず、教会を彼らの世俗政府と同様に、実際上一地方の問題と見がちであった。……司祭は他の人々に優越した存在ではなく、第一義的に共同体の召使いと見なされた。司祭は、共同体の精神的な要求に応えるものと考えられた。……だが、このような見方は宗教的熱情が衰えた徴候だ、といったばかげた考えは捨てなければならない。事実、一四、一五世紀は、イタリアの歴史の上でとりわけ信仰心が厚かった時代であった。重要なことは、今やイタリア人の信仰実践が特別の性質を帯び出したことである。それは、敬虔な仕事と献身的な謹業をともに遂行するための平信徒の自生的な土地の信心会として現れ出したのだ。[33]

これらすべての発展が生み出した一つの結果が、強力で並ぶものなき市民的な拘束的献身《コミットメント》であった。

アルノ川岸沿に、またポー川流域で、リグーリア同様にヴェーネトでも、市民は自分たちの都市、自らの政治運命を支配する地方の政体に第一義的な熱烈な忠誠心を抱いた。こうした感情はルネッサンスの時代を生き延びた。……コムーネの登場以降、人は集まることで秩序と保護を見出してきた。コムーネが拡大するにつれ、都市住民の生活は地方政府の決定や城塞を中心に回り出した。人生と家族の浮沈がコムーネの命運にかかわっているという感覚は、それだけで最も激しい愛と憎悪を刺激するようになったのである。[34]

商業の急速な成長は、市民的共和主義の拡大と密接な関係を持った。市民的秩序が確立するにつれ、大胆で野心的な商人たちは、自分たちの交易網を当初は都市国家周辺に、後には既知の世界の最果てにまで徐々に広げて行った。「こうした商人たち、世界の商業主、ヨーロッパ資本主義の創設者は、中国からグリーンランドに至るまで彼らの帝国を広げたのだ」[35]。この複雑な市場の発展にとって、緊密に統合された交易者仲間の団体は、決定的に重要であり、紛争を解決し、情報を交換し、危険の分担をすべく、法的あるいは準法的な制度を維持できた。[36]交易を通しての経済繁栄は、次には共和政の市民的諸制度の形成、維持に役立った。「一三世紀にフィレンツェ政府をほぼ牛耳っていた一〇の『大組合』（ギルド）のうち、七つは輸出商業を営んでいたのである」[37]。

商業の発展は、共和国の経済にとってきわめて重要であった。その基本制度——市場、貨幣、法律——は、古典世界でかなり発展していた諸々の慣行の復活を表すものであった。だが、これらと遜色がないもう一つの経済制度も、同様にまったく新しいものであった。すなわち信用制度が、中世イタリアの共和国で発明されたのである。[38]南部のノルマン王朝が社会的・政治的な階統的制度を基盤に新たな繁栄を謳歌していたまさにその時代に、北部の諸都市では、市民的共和主義が、（一部の歴史学者によると）新石器時代の定住の出現や、後の産業革命とのみ比肩しうる人類史上最も偉大な経済革命の一つの基盤を固めたのである。

「この大転換の中心に信用技術の急成長があった」[39]。それ以前は、貯蓄と投資を結び付けるメカニズムは、壮大であろうが貧弱であろうがきわめて幼稚なものであることに変わりはなく、経済発展もさほど期待できるものではなかった。もし信用制度が存在していなければ、家族が個別に莫大な財産を築き上げるか、国家が徴税によって貯蓄を強要し、ピラミッドやパンテオンといった大規模公共事業に金をつぎ込むしか方法はないことになる。だが、資本の個人的蓄積の巨大な力も、個々の貯蓄家と自主独立の投資家が効率よく結び付けられるなんらかの方法が案出されて初めて、経済成長に役立つことになろう。このきわめて重要な社会的考案がうまく機能するには、コムーネ共和政が用意した独自な文脈が決定的に重要であることが分かったのである。

土地に基礎を置くシチリア王国の富とは違い、北イタリアの都市国家の繁栄は財政と商業に基盤を置いた[40]。銀行業や長距離貿易は信用制度に依存した。そして、信用制度は、もし信用が能率よく供給されれば、契約とその契約を律する法は公平に実施されるという相互信頼と自信を必要とした（語源的には、「信用」は「信じるcredere」に由来する）。理由は次章でより詳しく究明するが、北イタリアのコムーネに現れた市民的共和主義、諸団体のネットワーク、血縁を超えた連帯の拡大はこの信頼や自信の増進にとってきわめて重要であった。

この豊かな市民的土壌のなかで、新しい商業に多くの革新的手法が続々と現れ、それらが、ルネッサンス期フィレンツェやその周辺都市の公的・私的な豊かさを創出する一助となったのだ。

信用制度が広がり、契約が多く活用されるようになったことは、一一、一二世紀の北・中部イタリアの都市における経済的離陸の顕著な特徴であった。ジェノヴァ、ピサ、ヴェネツィア、少し遅れてフィレンツェでは、資本の調達や事業組合の創始を目的に、新たな合法的戦略が流行し始めた。当然のことだが、事業組合の絆は家族的絆の上に移植された。……だが一二世紀までに、より柔軟な契約の取り決め方が現れ始め、外部の者からの寄付が歓迎されるようになった。こうした変化は、コンパニーア、長距離海運業、預金銀行業、信用貨幣、信用状の増大に現れた。……商業活動の新しいやり方や組織によって協力や利潤の機会が広がり、危険負担は最小にされた。……信頼のこの拡大の一徴候を、利率の低下と預金や振替の増加に認めることができる。借り手と貸し手の協力的態度が、北・中部イタリアの諸都市で浸透しだしたのである。(41)

いろいろな仕組みを通して、小口の預金者さえも大きな商業事業に投資できるようになった。

一一世紀以降のヨーロッパ経済史の基本的事実は、貯蓄が、かつては想像できないほどの規模で、生産目的に向けて活発になったことである。……いかなる種類の人間も、その貯蓄の運用によって生産過程に関与できるようになったのは、一定の法的義務とはまったく別に、一つの統合された共同体への帰属感によって強化された、広範に広がった誠実さという感覚であった。(42)

要約しよう。中世北イタリアのコムーネ共和政においては、統治パフォーマンスと経済生活の両面でおびただしい数の改善が行われた。市民的な積極参加の規範とネットワークがそれを可能とした。協同、市民的連帯という水平的な絆を特徴とするこの独特の社会的文脈から、政治・経済の基本的諸制度に革命的変化が生まれ、次にはその政治的・経済的進歩が市民共同体を強化したのである。

われわれは、コムーネの平等主義も、また社会的対立の解決や暴力の抑制にコムーネが成功したことも誇張すべきではない。おそらくは、コムーネの住民の半数は、貧民窟で困窮にあえいでいたはずだからである。(43)この時代、封建的貴族がコムーネの生活にますます統合され、またそれに従い出したとしても、連中は依然として社会の重要な一部を構成していた。都市豪族の権力は、南イタリアに比べて限られたものではあったが、連中は、ヴェネツィアやフィレンツェのような共和国の生活に対して不可欠にして重要な役割を果たした。封建貴族層は、お供である隷属平民を従えていた。党派間の争いは日常化していた。一族の仇討ちや暴力（ある種の低次の別働戦を含む）が、公生活から姿を消すことは決してなかった。ボローニャ、フィレンツェに今日においてもなおその景観に美を添えている堅固な戦闘塔や城塞宮殿。これら歴史的建造物が想起させる事態は、第一級のコムーネをも覆った社会的不平等や不安の蔓延であった。

それにもかかわらず、共和国内での社会的な移動は、当時の他のヨーロッパ地域と比べて頻繁であった。さらに、団体的な連帯が市民的秩序の維持に果たした役割は、北イタリアの都市を特別な存在に押し上げた。例えば、一二九一年、作者不詳の年代記には次のような簡明な記述がある。「パルマである騒ぎが持ち上がった。肉屋、鍛冶屋、靴屋、毛皮商の四業者は、裁判官、公証人、市の他業者と一緒になって自分たちの地位を保とうと誓い合い、一定の規定条項を作成した。その結果、騒動はぴたりと収まったのである[44]」。

こうして、イタリアは一四世紀初頭までに、一つではなく二つの革新的な統治パターンを生み出していた。それぞれの統治様式には、それ特有の社会的・文化的特徴——南イタリアの有名なノルマンの封建的専制支配と北の創意に富むコムーネ共和主義——が結び付いていた。「イタリア人は統治技術の先導者であった。またイタリアの諸国家は、当時の他の国々と比べると、ことの善し悪しは別にして、住民の生活に干渉する官僚権力を全般に発達させていた[45]」。政治ばかりか経済的・社会的生活の面でも、君主政と共和政は、ヨーロッパの他所でいまだ進歩を抑圧していた集合行為のジレンマや、集団生活の諸問題を克服していた。ヨーロッパにおけるイタリアの主導的な役割は、政治・経済・芸術面だけではなく、人口動態の面でも認められた。南部のパレルモ、北部のヴェネツィア、フィレンツェは、いずれも人口一〇万人以上の都市で、ヨーロッパの三大都市を形成していた[46]。

だが、イタリアの北と南で創出されたシステムは、その構造と産物の点でまったく異質なものであった。歴史家ジョン・ラーナーの結論は、「二つの違った社会と生活様式が、ここでは向かい合っていた」ということだ。(47) 私的隷属の封建的絆は北では弱まり、南では逆に強まった。北イタリアにおいては人々は市民であったが、南部では臣民にすぎなかった。北部では合法な権限は、「[共同体によって] 役人に信託されたにすぎなかった。信託を受けた役人は、当該事項を信託した当事者に責任を負いつづける」。(48) 南イタリアでは、合法な権限は、神のみに責任を負う国王（彼が、行政上の仕事を役人に任せ、封建的貴族の特権を認めようとも）が占有した。北イタリアにおいては、信仰心はなお厚いが、教会は、数ある市民的結社の一つにすぎなかった。南部では、教会は封建的秩序における強大で金持ちの領主であった。(49) 北イタリアでは、重要な社会的、政治的な忠誠・協力、さらには宗教的なそれらでさえも水平的であったが、南部ではいずれも垂直的であった。協力、相互扶助、市民的義務、さらには信頼までもが、北部イタリアの顕著な特徴であった——もちろん、それらがあまねく浸透していたわけではないが、この時代のヨーロッパの他所よりも血縁関係を超えていっそう広がっていた。これとは対照的に、南部の主たる徳は、いつ起こるとも分からぬ無秩序状態への階統制と秩序の押し付けであった。

中世の特筆すべき社会問題、すべての進歩にとり不可欠なものは公秩序であった。当時、盗みや略奪は日常茶飯事であった。保護や避難所は、ノルマン王朝がそうであったように、専制君主か、あるいは最強の地元領主が提供したところもある。あるいは、安全が、ほぼ対等な人間間の相互扶助が織りなす盟約を通して追求できた地域もあり、コムーネ共和政時代にはもっと複雑な戦略もとられるようになった。残りのキリスト教世界に比べ、どちらの体制も経済的な繁栄と能率的な政府を生み出したが、集合行為のジレンマの南部的な階統的解決法の限界は、一三世紀までにすでに明らかになりつつあった。百年前、南部は北部に劣らず先進的だと一般に考えられていたが、コムーネ共和政が今や急速に南部を引きはなしはじめ、北部の優位はその後の数世紀にわたって揺るぎのないものとなった。共同体の生活や社会構造の点で、封建的なイタリアと共和政的なイタリアの違いがもたらした諸結果の全容が、少しずつ明るみに出てきた。

封建世界では、垂直的な編成原理が典型的に広がった。この世界では、人と人の関係は、封土と軍事奉仕、叙任と臣従の誓い、君主・家臣・農奴という観念によって表された。都市では、協力と平等を旨とする水平的な権力編成が進んだ。同職組合、慈善事業団体、大学、なかでもとりわけ同職組合の花、都市住民の誓約合議団体であるコムーネは、新しい見方によって創出され、新しい理想を反映した制度であった。(50)

一四世紀を通じて、派閥抗争と飢餓、黒死病と百年戦争が市民共同体の精神と共和政体を蝕み始めた。黒死病の破壊力は凄まじかった。イタリアの全人口の三分の一以上――おそらく都市人口の半数以上――が、大黒死病が猖獗をきわめた一三四八年の夏に死に、その後一世紀もの間、経済活動を著しく停滞させた疫病が繰り返し発生した。コムーネ共和政の政治指導層も無傷ではなかった。一三四八年六月末に公選されたオルヴィエトの「七人議会」の六人までもが、八月までに命を落とした――別段変わった疫病死でもなかった。黒死病に襲われたときには、半ば完成していたシエーナ大聖堂もほったらかしにされた――このことは、黒死病が市民の勢いを根絶やしにし、いかに市民生活を粉砕したかの無言の証拠である。(51)

さらには、都市を越えて拡大する宗教的・軍事的諸勢力間の衝突の怒号が、共和国内部にも少しずつこだまするようになった。「コムーネ史は、激しい混乱を内蔵していた。というのも、コムーネは社会構造がきわめて階統的であったにもかかわらず、集団的指導体制のコンスル制に基づく政府を実現しようとしていたからである」。(52)ほとんどの場所で、グェルフ党、ギベリン党、その他の多くの豪族が常に陰謀を巡らして争い、たびたび流血の惨事が起こった。傭兵を頼みにして、都市君主シニョーレと呼ばれる一種の独裁者とその郎党が、政治的支配権を掌握するに至った。これら新たな閥族独裁は、「非常に長期間にわたり存続し、中世のシニョーリア制はいつの間にかルネッサンス期の君主政体へと発展していた」[53]。

共和政的コムーネ政府が成立して二百年以上も経つ一四世紀初頭までに、政治共同体としてのコムーネは、シニョーレが共和国政府の流儀や理念に敬意をしばしば払いつづけてはいたものの、彼ら専制的支配者の手に落ち始めていた[54]。だが、この変転の物語にも例外があった。その重要な例は、アドリア海のヴェネツィアからエミーリア、トスカーナ、さらにそこからティレニア海のジェノヴァに至る北中部イタリアに帯状に続く都市国家で観察することができた。そうした地域では、共和主義的伝統が、もっと北に位置するどの地域よりも強いことが証明されたのである[55]。

ミネルヴァの梟は夕闇とともに飛び立つという言葉の如く、コムーネが自己解体するコムーネ終焉期に、政治哲学者は、コムーネ共和政における文明生活に不可欠の諸々の徳を明確に示し始めた。コムーネの運命を凝視することで、ルネッサンス期の政治理論家、とりわけマキアヴェッリは、安定した共和政体の諸前提を考察しようとした。彼らは、とくに市民の特質、彼らの市民的徳に焦点を合わせた。

マキアヴェッリは、制度の成功・失敗を理解しようとするわれわれ自身の仕事に大いに関連する一文で、共和政政府（創出できるのであれば最も望ましい政府形態だが）は、それにふさわしい社会的諸条件を欠くとき倒壊を運命づけられる、と論じた。とくに、人間が市民的徳を備えていなかったり、社会的・経済的生活が封建的に組織されているところでは、「一度だって共和国は成立しえなかったし、かつて政治的独立を味わったこともなかった。なんとなればこの階級は、あらゆる自由な市民の政治には、真正面から反対するものだからである。そんなぐあいにかたまってしまっている地方（ナポリ王国等を書き足している）に、共和政体を導入しようとしても、とうてい不可能なことであろう」とマキアヴェッリは論じた。これとは対照的に、彼の生地トスカーナでは、社会的な諸条件は非常に都合よく、「古代文化について知識をたくわえた一人の聡明な人物が現れれば、容易に共和国の制度が導入されるようになっているはずだ」。マキアヴェッリの章題は、われわれが「市民共同体の鉄則」と言い及ぶ内容を適切に要約している。「民衆が堕落していない国家では万事が容易に処理される、平等のあるところでは君主国は樹立しえないし、平等のないところでは共和国は成立しえない」[56]。

マキアヴェッリ、グィッチャルディーニらの仕事は、「時の権力や政権とは無関係で、人間愛、忠誠心、支持に値する具体的かつ永続的な統一体としての特定の政治共同体に対する感情を探っている」[57]。文明生活というこのイデオロギーの核心に、「模範的市民、すなわち町や周辺農村部における自分たちの問題を治め国事には衷心参加する市民」[58]という理想が存在した。

他方、一三世紀までに教会統治は、南部のシチリア王国と北部のコムーネ共和政の勢力圏に挟まれた広大な領地に対して、つかの間の支配権を手に入れていた。教皇は、封建的君主としてこれらの土地を支配し、教皇への忠誠義務の見返りに君主に知行を取らせた。だが、教皇の統制力は、南部と向き合ったノルマン王朝体制ほど集権的なものとは言えなかったし、また有効でもなかった[59]。教皇の俗事上の権威はどことなく曖昧で、それもアヴィニョン教皇庁の時代（一三〇五―七七年）にはいっそう弱体化し、その結果、教皇権国家は、雑多な社会構造と政治的慣行が忍び込む結果となった。一部の町では、地方の暴君が教皇の介入に抵抗し、また別の町では、「封建的貴族同士が争い、周辺農村を領地とし、好き勝手に振る舞い、また山賊が暗躍したために、至るところ危険地帯と化してしまった」[60]。他方、北に広がる教皇領には、コムーネの伝統の強いフェッラーラ、ラヴェンナ、リミニ、そしてとりわけボローニャのような都市共和国が含まれることになっていた。

図5‐1は、一四世紀初頭におけるイタリアに特徴的な種々の体制を示している[61]。地図上には、〈共和主義―独裁政治〉度により四地域が帯状に表されている。南から北へと、各地域は次のような特徴を持っていた。

- ノルマン人が創建した南部の封建的君主制
- 封建主義、暴政、共和主義が雑然とした教皇権国家
- 共和主義が花開いた地域。この地域のコムーネでは、共和政的諸制度が一四世紀まで存続した。

図5－1　共和政の伝統と専制政の伝統（1300年頃のイタリア）

出典：*The Times Atlas of World History,* 3rd edition, eds. Geoffrey Barraclough and Norman Stone（London:Times Books, 1989）, p.124;J. K. Hyde, ***Society and Politics in Medieval Italy:The Evolution of the Civil Life, 1000-1350***（London:Macmillan, 1973）, Map 4;and John Larner, ***Italy in the Age of Dante and Petrarch:1216-1380***（New York:Longman, 1980）, pp.137-150.

・この時代までにシニョーリア制に浸食されるに至った北方のかつての共和政の地域

図5－1の地域分布と図4－4の一九七〇年代の市民的規範・ネットワークの分布図との対応は注目に値する。ノルマン諸王がかつて支配した南部領地は、一九七〇年代に最も市民度が低い七州に見事に重なっている。教皇権国家（教皇領北方に広がるコムーネ共和政は除く）は、一九七〇年代には市民度の順番で三つか四つ上の州にほぼ正確に対応している。市民度の順番の別の極では、一三〇〇年当時の共和主義の中心地域が、現在では最も市民的な州と気味が悪いほど一致しており、そのすぐ下に、地理的にはもっと北に位置する中世の共和政的伝統は正真正銘のものであったが強度の点で劣った地域が続いている。大いに興味をそそ

られるこの相関が真の歴史的な連続性を表現したものか、あるいは単なる奇妙な偶然の一致なのかを見極めるためには、この七世紀の間に展開したイタリアの社会的・政治的生活を詳しく検討する必要があろう。

一五世紀から一六世紀初めにかけて、スペイン、フランス、その他の発展を遂げたヨーロッパ列強がわがもの顔にイタリアの野に跳梁し、諸王族間の血なまぐさい闘争を繰り広げるにつれ、イタリアにはさらなる不幸が付け加わった。外国勢力のかかる侵略が引き起こした人口動態的・経済的な大混乱は、前世紀の壊滅的な疫病の流行や貿易の破綻に追い打ちをかけ、北部のコムーネに破壊的な衝撃を与えた。例えば、ブレッシァやパヴィーアの人口は、繰り返される暴行や略奪の結果、一六世紀の初めだけで実に人口の三分の二が失われた。北部のイタリア諸都市で人口が中世の水準を回復するには、一九世紀を待つ必要があった。これとは対照的に南イタリアは、こうした破壊の大半を免れることができた。例えば、ナポリの人口は一五世紀に倍に、一六世紀初頭にはさらにその倍以上に膨れ上がり、(パリに次ぐ)ヨーロッパ第二の都市となった。一二世紀の人口の流れとは逆で、一六世紀には南部の相対的な豊かさに引かれて、多くの北部人が南へと移動し、その結果北部は惨憺たる状況を呈するに至った。一七世紀前半、経済復興のかすかな胎動が芽吹きだした頃、新たな疫病の波がイタリア全土を襲った。一六三〇―三一年、一六五六―五七年にまたもや襲った中部、北部の諸都市の人口減は、半減で収まらなかった。(62)

一七世紀までに北・中部イタリアの諸都市は、例外なく共和政体を放棄してしまったか、多くの場合にその自治的な性格を失ってしまった。コムーネ共和主義の急激な衰弱が、イタリア半島を一種の「再‐封建化」に追い込んだのである。土地所有と寄生的怠惰にかまけた結果、商業・財政的革新が色あせてしまったのだ。他のヨーロッパ諸国が国家統一に向かっているまさにその頃、イタリアは地方の争乱、派閥闘争、複雑極まりない陰謀によって、社会組織は壊滅状態にあった。(63)

南部、北部を問わずイタリア全土で、専制政治が今や恩顧＝庇護主義的ネットワークのなかに具体的な形をとって現れた。だが、コムーネの伝統を相続した北部人の間では、庇護者がいかに独裁的だとしても市民的な責務をまだ引き受けるところがあった――それは、われわれが使う「芸術のパトロン」の語感に近いものであった。中部イタリアの丘陵地に立つある町の生活に関して、この時代を注意深く人類学的に再構成した報告によると、地元の上流階級の連中は政治権力を独占する一方で、病院や道路、地元の聖歌隊や楽団、さらには役所や町の事務官の給料までも自ら面倒を見、市民生活を側面から支援していた。北イタリアの周辺農村においても、相互責任の倫理は、例えば隣保扶助（隣人間の労働交換という伝統的な慣習）に見られるように存続した。(64) このように、不平等、搾取、派閥対立が蔓延するなか、コムーネ共和主義の北イタリアの遺産は、政治的諸制度に具体的な形をとって現れなかったが、市民的関与、社会的責務、社会的対等者間の相互扶助という倫理の形態で伝承されたのである。

北イタリアの権威パターンは、南部社会の封建的諸構造と大差がもはやなくなった。にもかかわらず、コムーネの、さらには活発な市民参加が生み出した非常に旺盛な経済活動のどこか輝かしい経験は、ポー川流域やトスカーナ地方で生き残った。その結果、これらの地方は、一八世紀後半にイタリア半島に波及した、初めは文化的、次には経済的な改革の推進を受け入れる力が他のどの地域よりも大きくなったと思われる。数世紀に及ぶ外国勢力による略奪、悪疫、国内の争乱が生み落とした社会的・経済的な暗い影にもかかわらず、文明生活という理想は、コムーネ共和政の伝統が根を張る地域で存続したのである。

他方、イタリア南部では、中世の統治遺産が相も変わらぬ対照を示した。フェデリーコ二世の主権は、集合行為の諸問題にある種の解決法を提示するところがあった。だが、この解決法は、絶対的権力に関する例の箴言通りの影響によってたちまち汚染されてしまった。国王、封建領主は強欲な独裁者となり果ててしまったのである。政府は相変わらず封建的・専制的であり、ときたま勃発する短命な反乱だけが一時的にそれを和らげたにすぎなかった。権威主義的な政治的諸制度は、北部の水平的な結社組織の伝統がほぼ対等な人間を相互連帯に参加させているのとは対照的に、権力の不均衡・搾取・隷属を具現する垂直的な社会的ネットワークの伝統によって強化された。南部の恩顧＝庇護主義的政治は、より人格的・搾取的・過渡的であり、「市民的」と言えるようなものではなかった。

一八世紀までに、「本土とシチリアに版図を広げるナポリ王国は、人口五〇〇万人を誇るイタリアで図抜けて大きな分立国家であったが、長く悲惨な統治にさらされてきた。ナポリ王国ほど、行政がルーティン化し、職務に怠慢なところはなかった」[65]。中世の最初期、あるいは現代でも依然として真実であるが、この時代の大半を通じて、都市化のレベルでは南部は――一般的な誤解に反して――北部に劣るものではなかった[66]。一七九一年ナポリの人口はローマの二倍、ミラノの三倍、トリノ、フィレンツェの四倍であった。だがナポリは、「怪奇な寄生虫」でもあった。「住民の多くは、王属官吏、司祭、家僕、乞食であった。ナポリは、過重労働を強いられ、絶望的に貧しい、市民的諸権利を一切剝奪された農民の屍を喰って生きていた」[67]。南部の諸都市では、封建的貴族の権力が最高権力としてとどまり、「北イタリアの社会の顕著な特徴でもあった封建的貴族層と町民の社会的な交流はほとんどなかった」[68]。

北イタリアでは、長年挑戦を受けてきた貴族階級の権力はすでに腐食し始めていた。これとは対照的に、「南部では、『一八世紀初めの一〇年間、封建領主の政治的な裁判権・経済権は、事実上従来通り［であった］』。南部では、封建主義の衰亡過程はとりわけ緩慢なものであった。一八世紀末になっても封建領主の権力は依然としてきわめて強大であった」[69]。支配者と被支配者との間の断絶は、イタリア南部を支配した事実上すべての歴代の王朝が外国勢であるという事実により、南イタリアで悪化した。南部イタリアで一五〇四年から一八六〇年までに展開した教皇権国家はいずれも、ハプスブルク家かブルボン家によって支配された。両王家は（アンソニー・ペイジェンが最近詳述しているように）、臣下の間に相互不信・対立を組織的に助長し、従属と搾取の垂直的絆をまず維持すべく水平的連帯の絆を破壊したのであった[70]。

一四世紀以降、北部でコムーネ共和主義が失墜したにもかかわらず、一九世紀にヨーロッパを襲うことになる民主的諸革命の足音がイタリア半島に近づいたとき、見識ある観察者ならば、七世紀も前の中世に現れていた文化や社会構造の地域差が依然なくなっていないことを見逃さなかっただろう。後に見るように、これらの継続的な地域的差異は、イタリアの国家統一達成にともない、様々な地域が、前途に横たわる新たな挑戦や機会にどのように応答していくかを強く条件づけることになる。

イタリア国家統一後の市民的伝統

一九世紀は、西欧の大半の国々で任意的結社の生活がいつになく沸騰した時代であった。この現象は、とくにいわゆる「民衆」諸階級――人口の大半を占める――に顕著なものであった。旧い組織的社交の形態、例えば中世の同職組合や宗教組織等は、それまでの数世紀に活力を少しずつ失ってきた。その種の社会的結合は、民衆の利害・情熱を真にとらえることができた過去の遺物にすぎなかった。フランス革命が巻き起こした変革の嵐は、これらの朽ち行く社会的下草の大半を今や一掃してしまった。自由放任という辛辣な教義を吹き込まれ、フランス、イタリア、またそのほかの自由主義的な政府は、同職組合を廃止し、宗教機関を解散し、類似の社会的・経済的「結合体」は種類を問わずその再興を邪魔された。この新秩序を強要すべく、フランスやイタリアの官職保有者は、都市勤労民衆のキャフェ、居酒屋のような組織化された社交の無害な看板でさえ厳重な監視下に置きつづけた（しばしば弾圧しようともした）。

このような任意的結社を根絶やそうとする試み――トクヴィルがアメリカにおける自発的結社の多様な存在を賞讃する文章を書いていたのが、偶然にもこの時代に向けてであったが――は、ヨーロッパ大陸の村々や町々では簡単に事は運ばなかった。ほどなく産業革命の最初の兆しが、組織＝社会経済面での新たな連帯の形態を生み出すことを緊急の課題に押し出した。病気、事故、老齢といった昔ながらの宿痾に、失業というこれまであまり経験したことがない脅威や、新しい産業の町という不快な匿名性が今や付け加わったのである。一九世紀後半の農業恐慌がはっきりと伝えているように、土地に居残った農民も新種の病疫から免れることはできなかった。争乱と不安の時代に多くの人々は、組織的な友愛に助けと慰安を求めた。大火に襲われた森が次には新緑の息吹を甦らすように、より活力に満ちた新しい結社組織が現れ始め、それらが一九世紀初頭に衰退したり、破壊されたりした結合体にとって代わった。

この「民衆の社会的結合の大波」（著名なフランスの社会史家モーリス・アギュロンの用語）が、一九世紀前半のフランスで高まった。[71] それは、フリーメーソンのロッジ（支部）やサークル、民衆の飲酒クラブ（シャンブレ）、合唱団、宗教的友愛会や農民クラブ、さらにはとくに病気・事故・老齢・埋葬費への自助保険を用意すべく創設された相互扶助組合にその性質をはっきり示していた。任意組織の多くは、「なにはおいても財政の厳格さ、公平な役割分担、政治的・道徳的な保障――要するに最広義の効率性――を図ろうとする点が顕著な」[72] きわめて詳細な成文規約を備えていた。

任意的結社の多くは、圧倒的に下層民が設立したものであったが、その成員が、地方の共同体を仕切ってきた社会的境界を越えることもしばしばであった。例えば、あるサークルは、「頭に何人かのブルジョワあるいは知識人でもあるプチ・ブルを戴き、『日雇いや職人』『石工、錠前師、靴直し』なども名をつらねていた」[73]。社会的な不平等が、村のなかでは明らかになお重要ではあったが、新しい結合原理の結社主義、アソシアシオニスムが助長した社会構造を、

旧来の情実政治と新しい平等主義の間のどこかに（分類するのは難しかった）。……右から左への、すなわち保守的な情実政治の構造から民主的な平等主義的構造への前進が見られ、この進歩が、民主的な情実政治という過渡的段階を経験したようである。[74]

これらの諸集団は、公然とは政治的なものではなかったが、フランスの左か右という政治的傾向《タンダンス》の一方と政治的に密接な関係を持つようになることもしばしばであった。社交関係と組織の技能によって、結社のメンバーの文化地

平は広がり、彼らの政治意識、（最終的には）政治的関与が活気づけられることになった。「この時期のプロヴァンス地方の下層民にとって、シャンブレという組織を立ち上げる行為は、読み書き能力の獲得と同じかおそらくはそれ以上に、変化であれ自立であれ、何か新しいものに動かされるようになることを意味した」[75]。この時代の南フランスのいくつかの村の生活を丹念に再構成したアギュロンの研究は、一八三〇年以降に起こるこうした文化的動員が、一八四八年の巨大な政治的動員をいかに直接的に準備したかを鮮やかに示している。

この時期のイタリアの社会史は、イタリアの「アギュロン」を待ち望んでいる。一九世紀初期のイタリアの町の生活についてはフランスほど豊かな記述をわれわれは一切持ち合わせていない。それはそれとして、イタリア人を政治的な行動へと駆り立て、一八七〇年にイタリアの政治的統合に至ったリソルジメント（あるいは「復活」）期には同じような傾向が現れたように思われる[76]。事実、国家統一を求める論議の大半は、多様に展開された民族主義運動（マッツィーニ主義者、ネオ・グエルフィズモ（新教皇主義）、カヴール穏和派）のいずれもが強調する「アソチアツィオーネ（協同団体）の原理」の要求に基づいていた。イタリア科学者会議、諸職業協会、社会改良家グループ（とくにピエモンテ、トスカーナ、ロンバルディアの）は、主要な社会的・経済的・政治的改革の必要を痛感した。新たに生まれた任意的結社（名高い「秘密結社」も含む）や新聞は、流産した一八四八年革命や統一国家の成立を承認した住民投票（一八六〇年）へと連なる民族的熱狂をかきたてるのに中心的な役割を果たした。新しい民間の慈善＝教育協会が、大方の都市や町で設立された[77]。

国家統一後のイタリアで、この「アソチアツィオーネ（協同団体）の原理」がとりわけ重要な形で現れたのは、相互扶助協会の発達であった。同種の組織は、同時期フランスでも創設されており、またイギリスでも「共済組合」として出現した。イタリアの同職組合（アルテ）や「信心会」が抑圧された後、とくに一八五〇年以降は、この種の相互扶助協会――「アソチアツィオーネ化過程の萌芽」[78]――が、都市の職人や技工の社会的、経済的苦難の軽減を目的として数多く創設された。

相互扶助協会の機能には、高齢で就労できない構成員に対する現金給付・労働支援、遺族扶助、産業事故の補償、失業した勤労者への現金支給、職探しの交通費援助、葬儀費用、看護・出産の世話、メンバーとその家族への教育機会（夜間学校、初等教育、技芸、巡回図書館を含む）の提供などが含まれていた。相互扶助協会は、とりわけ都市の勤労者階級の要求に応えようとするものであったが、協会の会員資格やアピールは、階級や経済セクターあるいは党派といった従来の境界線を越えるものであった。[79] 実質的に相互扶助協会は、二〇世紀が言うところの福祉国家の一つの型、すなわち地方的に組織され、財源不足に悩む自助型「福祉国家」を用意したと言えよう。

これらの任意的結社は、理想主義的愛他主義よりは急速に変化する社会の様々な危難を切り抜けるために、同じような苦境にあえぐ他の人々と協力し合おうとする実際的な即応態勢を表すものであった。相互扶助協会の中核には実用的互酬性があったのだ。それは、例えば助けてくれるなら助け返すとか、一人では手に負えない問題には一緒に対処しよう、といったたぐいの互酬性である。この意味で、これらの新しい社会的結合の形態は、組織化された団体的共済活動の構造を持つ、七世紀以上も前に形成された中世のコムーネを彷彿とさせるところがあった。中世初頭の自助団体が、当時の本源的危険――物理的暴力の脅威――に対処する自発的協力を表現したように、相互扶助協会は近代に特有な経済的不安に直面したときの集合的連帯を表した。

ほぼこの時期に、協同組合がしばしば相互扶助協会の後援を受けて、生産者や消費者の間で現れ出した。「相互扶助協会と同様にイタリアの協同組合は、自助という伝統的原理から成長し、既存の経済秩序の急激な変革を求めずに、組合員の運命を開拓しようと尽力した」。[80] この新たな組織は、あらゆる経済分野に広がった。農業協同組合、労働者協同組合、信用協同組合、農村金庫、生産者協同組合、消費協同組合などがそれで、とくに消費協同組合は一八八九年までに全協同組合の半数以上を擁するまでになっていた。事実、労働者階級組織を周到に調べたある研究者は、「様々な分野に広がるイタリアの協同組合組織は、協同組合の世界でイタリアを特異な存在にした」[81] と結論している。

協同組合は、この時期多くのヨーロッパ諸国で一般的なものとなったが、イタリアの協同組合運動の特異な性格の一つが、周辺農村の無学な農民のなかで協同組合が非常に強かったことである。多くの協同組合が、「冬の農閑期に共同事業計画を実行するために」[82]、北イタリアで一八八〇年代に設立された。例えば、一八八三年にエミーリア・ロマーニャの土地なし日雇農のグループは、土地排水の契約を獲得すべく協同組合を結成した。

協同農村金庫ばかりか協同の日誌やワインの醸造所まであり、また腐りやすい市場向け野菜の生産にとって協同販売組織は最も必要とされた。農業の専門家が組合に雇われ、彼らは市日には実地説明会をしたり、刈り込みやワインの製造、野菜の輪作利用を教えるためにあちこちに飛ばされた[83]。

組織されているが自発的な社会的連帯のこれらの形態は、一九世紀末の二〇年間に急速に発達した。相互扶助協会の会員数は、一八七〇年からの三〇年間に四倍に膨れ上がり、世紀の変わり目にはピークに達した。「一八六〇年から九〇年にかけては、相互扶助協会の黄金時代と形容されるに違いない」[84]。それから一〇年ほど後に、相互扶助協会と比肩できるような会員の急増が協同組合にも起こった。

組織化された社会的結合の先行形態におけるこれらの組織的先導の先祖は、とくに北イタリアではしばしばきわめて自覚的かつ公然としたものであった。例えば、最初の新しい協同組合は、リグーリア州アルターレのガラス器製造産地の美術ガラス製品協会であった。

一八五六年、クリスマスの晩、ジューゼッペ・チェージオは、アルターレに古来から伝わるこの工芸品の職人たち八四人を率先して集めた。職人たちは、不景気やコレラ流行のあおりを受けてひどく怯えた状態にあり、協同組合の設立によって自らの運命を開拓することを持ち出した。設立宣言趣意書は、リグーリア州のこの地域に残る中世の伝統の復活を思い起こさせた。この地域に、カルロ・フェリーチェ王が一八二三年六月六日に弾圧する

まで生き残ったアルターレの有名な同職組合が一〇〇〇年頃突如として現れたのであった。(85)

これら団体の明示的な目的は政治的なものではなかったが、潜在的には重要な政治的機能を果たした。フランスも同様なのだが、イタリアの相互扶助協会も漠然と急進的、共和的なものもあれば、それ以外にも精神的に自由主義派、社会主義派、あるいはカトリックとまちまちであった。とはいえ、いずれも公式には非党派の存在であった。協同組合運動はまた、相互扶助協会や発生期の労働組合運動と協力し合ったが、政党からは独立した立場をとりつづけた。だが、こうした非党派的な性格にもかかわらず、協同組合の活動への参加には、後に「意識覚醒」効果と呼ばれたものがあったに違いない。というのは、新しく生まれた労働組合や政治運動の多くの指導者は、相互扶助協会や協同組合出身者だったからである。一九〇〇年から二〇年にかけ、農業／工業のなかに組合活動が急速に拡大した。最も大きな勢力を誇った組合連合は、路線的に言えば社会主義の流れにあったが、多くの自律的諸組織を擁したカトリック系の組合連合も強大であった。

他方、一八七〇年代から九〇年代にかけては、「社会カトリシズム」運動が、とくにカトリックが根を広げる北東イタリアで、次々と多くの平信徒組織を作った。一八八三―八四年の時点で、最も有力なカトリックの平信徒組織である大会事業団の教区委員会は、南部ではわずか五七しかなかったが、北部では九九三、中部では二六三もあった。また「一八九七年までに『事業団』は、自称三八九二の教区委員会、七〇八の青年部、一七の大学サークル、六八八の労働者協会、五八八の農村金庫、二四の日刊紙、一〇五の定期刊行物、その他多くの機構を備えて活動を行った」。(86)南部は北部に劣らず敬虔なカトリックの地域であったが、第二次大戦後のカトリック活動団と同様に、社会カトリシズムの市民的組織が南部の顔となることは著しく少なかった。(87)

この種のカトリック系組織に相応する社会主義サイドの初期の組織は、労働会議所が中心であった。

労働会議所もしくはその分岐機関は、住宅協同組合、協同組合店舗、技能教育機関を組織した。それらは、自分たちの雑誌を出版し、余暇施設も経営した。……それらは、「近代性」を自負する社会主義労働運動が、実は地域の協同組合や自助、世俗主義や相互扶助という少し昔のマッツィーニの理想に多く依存していることを例証している。(88)

イタリアでは、男子普選の実現は第一次大戦開始直前まで実現できなかったが、大衆に根ざすいくつかの政治運動は二〇世紀への世紀転換期に生み出された。その一つが社会主義運動であった。それは、こうした新たな政治的傾向の最大かつ最も活動的な部分を形成した。この運動は、初期の工業化地帯、一部の周辺農村で勢力を強め、農村部では小農、折半小作人の集団的な抗議運動という地域の伝統を味方とした。新たな大衆的政治動員はまた、重大かつ力をつけつつある進歩的なカトリック運動も含んでいた。この運動は、社会カトリシズムの平信徒組織が、ここ二〇年のうちで最も活動的であった北東部でとくに急速に発展した。一九一九年、第一次大戦後初めてとなる総選挙の直前に、カトリック運動は、イタリア人民党として正式に結成された。社会党と人民党は、大衆人民の伝統的体制への組織的反対を編成したものであった。両党とも、男子普選実現数年を経て、大戦終結直後の総選挙で大躍進を果たしたが、最終的にはファシズムの出現の呼び水となった。

社会党も人民党も、社会動員の遺産、下部組織、相互扶助協会・協同組合・労働組合の力に頼った。例えば、ミラノ郊外の工業地区セスト・サン・ジョヴァンニは、カトリックと社会主義という対立する共同体ネットワークが強固に根を下ろした土地柄であった。各陣営ともに、住宅・消費協同組合、教育・スポーツ協会、楽団・合唱団等々を擁していた。(89)二つの政党は、生まれながらの競争相手で、有権者大衆の忠誠をめぐって競い合い、それぞれが一定の地盤を有していた。総じて言うならば、社会党系労組は、ミラノ、トリノ、ジェノヴァ周辺の工業地帯で盛んで、人民党系組合は農業地域で強かった。人民党と社会党のしのぎ合いは、第二次大戦後のイタリア政治社会を支配するイメージ、すなわち二つの「制度化された伝統」・「サブカルチャー」、赤（社会主義）／白（カトリック）といった対立中心のイメージの基盤を用意した、と言えよう。(90)

だが、この赤／白の対立イメージは、いくつかの点で誤解を生む。というのは、二つの大衆政党はライバルであったが、いずれも社会組織的な根を集団的連帯や水平的協調精神という中世以来の伝統にその水源地を有していたからである。先の世紀転換期に、これら二つの社会勢力はまた、既成権威への反対派という点で同じであった。両陣営とも、地主や官職保有者といった体制的社会エリートとの、恩顧＝庇護主義的結合に基礎を置く既存の保守連合が、最も力を誇っているところで最も弱かった。社会党と人民党とは別の草の根レベルの主たる代替物は、イタリア政治にあっては垂直的な恩顧＝庇護主義的なネットワークの迷宮であった。恩顧＝庇護のネットワークは、約半世紀にわたり変移主義《トラスフォルミズモ》体制の基盤を用意し、そのなかで国家権益が選挙支持と（地方名望家を媒介に）交換された。第二次大戦後、同じような恩顧＝庇護主義的ネットワークが、大衆政党自体の枠組み内で今日ますます組織化され、市民共同体の伝統が乏しい地域において権力の原初的構成体として存続しているようである。(91)

相互扶助協会、協同組合、その他の市民的連帯の形態は、経済のあらゆる部門、半島全域にわたって設立されたが、その普及と成功の程度は地域でばらつきがあった。北・中部イタリアでは、コムーネ共和政が五世紀もの間存続しており（一九七〇年代に最も市民的な地域であることも判明）、そうした地域特性をほぼ正確に反映して、中世の協調精神の伝統は貧農のなかにさえ生き残ったのである。「社会的・経済的義務の重要なネットワークは、とくに周辺農村では隣保住民の一員であることの承認によって結ばれる。隣人間《ヴィチーニ》には、変わらぬ相互扶助とサービスの交換が行われる」。(92)

折半小作人の家族は、交換と相互扶助の豊かなネットワークを実際に発展させていた。その典型は、隣保扶助《アイウタレヤ》、すなわち農業暦で重大な時期、例えば脱穀期における家族間での労働交換であった。文化の面では、夕べの集い《ヴェーリア》という重要な習慣が存在した。長い冬の夜、家族は農家の馬小屋や台所に集い、トランプやゲームに興じ、編み物、繕い物をしたり、また人の話に耳を傾けたり、話を聞かせたりした。夕べの集いへの参加は、家族別々に行われてはいなかった。むしろ……こうしたもてなしは輪番制で、複雑な訪問手順で行われた。(93)

これとは対照的なのが、一八六三年のカラーブリアの報告である。カラーブリア州は、権威主義的な南部支配の伝統に封じ込められた荒涼たる土地である（一九七〇年代の市民性調査でも市民度が最下位の州に甘んじた）。そこでは、「任意的結社はまったく存在せず、相互扶助のかけらも見られなかった。あるのは孤立だけである。社会は、人の手が加わらない自然のままの倫理的・宗教的な絆だけで支えられている。しかし、経済的な絆はまったく存在せず、家族間あるいは個人間、または彼らと政府の間にもまったく連帯が存在しないのだ」。(94)

イタリアのある地域は、長い間、専制的支配を受けてきた。そうした所では、公民的習慣を住民にたたき込むのに国家統一はほとんど役立たなかった。

どの階級からも共同体感覚が抜け落ちている。そうした状況は、数世紀もの専制君主政で学んだ反抗の習慣から生まれた。貴族までもが妨害行為に慣れっこになってしまっており、政府などは、いかさまがうまくいけば、不正行為などしなくてもまんまと一杯食わせることができる、と考えた。……その態度とは、税金は払われなければならないと承知するのではなく、一部の連中がうまい納税忌避の方法を見つけようものなら、その他の連中は自分の利益に注意を払ったほうがいい、といったものだった。各県、各階級、各産業はこうして、共同体を犠牲にして、私益の獲得に血道をあげたのである。(95)

南イタリアの農業経営の形態は、散在する数多くの零細地に分割された複雑なものであったが、基本的には零細農

が働くラティフォンド（大規模所有地）であった。(96)

農民は、ラティフォンドで一番ましな小地片やごくわずかの資源を奪い合った。垂直的な恩顧＝庇護主義的関係や地主のご機嫌取りが、水平的な連帯よりも重視された。ベヴィラックァが一八八〇―一九二〇年を扱った著書のなかで書いているように、「耕作農民諸階級は、農村社会の他の諸セクターと争うより農民同士の間で争った。争奪は、経済、心理・文化両面で繰り返し、生々しく対立する、一帯の土地をむさぼるように行われた」。こうした精神が勝利を収めたことは、強い不信が支配する社会という文脈なしでは理解し難い。……過去の重みが、一八六〇年以後の国家統治機構の諸々の失敗や破滅的な農民＝地主関係と結び付き、……市民的信頼《フェーデ・プブリカ》が地に落ちた社会が生まれたのである。「正直者がばかを見る（chi ara diritto, muore disperato）」は、カラーブリアの有名なことわざであった。(97)

これらの地域の社会組織を引き裂いた原始的な不信は、事実、数多くのことわざに現れている。

- 「他人を信じる者は地獄行き」
- 「借金するな。贈物するな。善行するな。周り回って我が身の不幸」
- 「我が身がかわいく、連れをだます」(98)
- 「隣家の火事は、我が家の得」

一八八三年にパスクアーレ・ヴィッラーリが評したが、何よりも南部社会では、「『我が身』を意識しすぎ、『われわれ』のことは歯牙にもかけない」(99)。

貧困と相互不信の一体化によって平等な連帯感が育たず、バンフィールドが言うところの「道徳以前の家族主義」(100)が浸透する始末であった。「狭いところに人が密集するラティフォンド経済では、村の広場は、一握りの人間が運良くその日の仕事にありつけるが、哀れな他の連中は、指をくわえて見ているほかすべがない職安であった」(101)。過酷な現実をシドニー・タローは想起させる。「皆が違いだした。気づくと、仕事や小地片の耕作で激しくいがみ合ってる始末だ。その結果、連中は、階級的に連帯したり集団生活に参加することも減り、自分と家族の損得のみに執着するように思える」(102)。同じ経済危機に陥っても、仕事を分け合おうとしたり、自発的協力を組織した市民度の高い州、エミーリア・ロマーニャ州の土地なし日雇農とは好対照をなしている点に注目したい。

他の研究者と同じくタローも、南イタリアは、無政治的でもなければ、無社会的でもなかった（また、今日でもそうではない）ことを強調している(103)。そうではなくて、政治的なずる賢さと社会的なコネが、この陰鬱な土地で生き延びる上で長い間欠くことができないものであったのだ。違いは、社会的絆の有無ではなくて、その絆が相互連帯の水平的絆か、従属と搾取の垂直的絆かにかかわっているのだ。南部人――農民、都市住人を問わず、また一六世紀のイタリア制覇体制スペイン＝ハプスブルク王朝下の、あるいは一九世紀の新生イタリア王国下の、あるいは二〇世紀後半の州の政治（前章で先述）の下での南部人かを問わず――は、経済上、政治上の目的を実現すべく用いる恩顧＝庇護主義的な垂直的絆に活路を開いてきた。

> 恩顧＝庇護主義は、有機的統一を奪われた社会の産物であり、社会の断片化と解体を存続させてしまいがちである。……トゥリエッロ（一八八〇年代の南部社会を丹念に観察した人物）は、家族の外には一切の道徳的絆を感じない「個々人の行き過ぎた孤立」について繰り返し語り、顧客関係を解体社会に特有な救済手段と見なした。彼は次のように書いている。それは、「数世紀もの間、内部崩壊に苦しんできた市民社会において真の作用エネルギーを実際に示す唯一の人的結合」である。人々は、相互信頼を基盤としてではなく、必要に迫られて結び付

くのである。(104)

統一国民国家の新制度は、統一以前の二様の政治パターンを粉砕して均等に散布させるどころか、これら二つの正反対の伝統に抗しがたく順応するはめに陥った。その様子は、やはり一九七〇年以後の州政府が、対立するこれら同型の社会的・文化的文脈によって再度形作られる光景とまったく似通ったものであった。

一八七〇年代、イタリアの最先進県は、自由主義的な制度あるいは任意的な組織――農業組合、相互扶助協会、商業会議所、貯蓄銀行――を通じて自県の態度をすでに表明していたが、南部諸県は、私的な接触か議会や自治体の顧客連を利用しがちであった。(105)

南部の封建的貴族――新生イタリア国家によって収用された共有地や教会財産をかつて専有していた都市の専門職諸階級の諸氏と並んで――は、垂直的支配関係と私的依存を強め、水平的連帯を封圧すべく、国家資源への特権的な接近のみならず私的な暴力も行使した。(106) シチリアの社会状態に関する優れた詳細な分析を一八七六年に著した啓蒙主義的なトスカーナ人地主、レオポルド・フランケッティは、次のように結論した。

農村の在地指導者層は、上部より様々なレベルの恩顧＝庇護的ネットワークを支配し、彼ら自身の権益のために国の最高代表諸機関との接触を維持してきた。……すべての地方名望家は、彼の支配権管轄内では、きわめて雑多な社会条件にある人々のネットワークのドンであった。ネットワークの構成員は、彼らの経済的生存や社会的威信を求めて彼に依存し、また親分の特殊利益を防衛すべく、準‐封建的従属という厳しく階統化された関係にあって、選挙での合法的な支持と私的暴力に頼る違法な支持を彼に与えた。(107)

みじめなほどか弱い農民にとり、恩顧＝庇護主義的な絆を頼みとすることは、原子化した社会に対する一つの道理に適った反応であった。一九世紀前半のカラーブリア州のとあるラティフォンド地所での生活の「モラル・エコノミー」についての最近の説明は次のようなものである。農民は、恩顧＝庇護システムから現実に排除されることを恐れた。というのも、農民（顧客）が従順で、農園に「忠実」であり、また地主（庇護者《パトロン》）に必要な家畜の世話に「間に合う」限り、このシステムだけが、遠方の国家諸機関との必要な仲立ちや粗末な私的福祉施策（寡婦や孤児への住居や食べ物の提供、臨時の「心付け」）と併せて、彼らのぎりぎりの肉体的生存を保障できたからである。[108] 相互扶助協会のような形をとった水平的連帯が欠けたところでは、垂直的従属は――たとえ従属している人間がその陥穽に気づいているときでさえ――、生き残りにとって合理的な戦略である。[109]

土地等を奪われた南部農民は、いつも黙って自分たちの運命を甘受しているわけではなかった。慢性の山賊行為を含む暴力的な農民運動は、一九世紀後半に南イタリア全土に燎原の如く一気に広がった。だが、これらの無政府主義的な挿話（現代イタリアの中・北部で見られる都市や農村部のストの波とは違う）は、持続的な組織を一切生まず、集団的連帯の痕跡をほとんど残さなかった。[110] 偉大な共産主義知識人アントニオ・グラムシが嘆いたように、南部は依然、「一つの大いなる社会的分裂体」[111]から抜け出せていなかった。ときおり発生する暴動にもかかわらず、「忍従という平素のより受動的な反応を強調することがいっそう重要となる。なんとなれば、個人、すなわちマフィオーソによる力の独占を残りの民衆が受容する歴史的素地を、この忍従的態度がもたらすからである」[112]。

犯罪組織は、南イタリアでは地域により呼び名が違う。「マフィア」はシチリアの地域的犯罪組織を示し、「カモッラ」はカンパーニアの、また「ンドランゲタ」はカラーブリア地方の犯罪組織を指す。だが、用語が統一されていないにもかかわらず、どの組織犯罪も同じ構造を有する。歴史家、人類学者、犯罪学者は、その固有な歴史的起源を議論しているが、それが、恩顧＝庇護主義の伝統的パターンに基盤を有し、国家の行政＝法構造の脆弱さに応じて急速に発達し、その結果、その犯罪組織が次には国家諸構造の権威を蝕むというのが、大方の一致した解釈である。「国家の慢性的脆弱さゆえに自助的制度が出現し、そうした非公式集団の独占的な権力的地位が、次には国家が一般人の忠誠を得ることを不可能にし、他方その結果生じた国家の脆弱さが、また再び家族、顧客連中、マフィオーソの地位を強化するのだ(113)」。

国家による法と契約の確かな執行の不在が、マフィア出現の一つの前提条件であったとすれば、重要度で引けをとらない第二の条件は、信頼関係の欠如という古くからの文化であった。ディエーゴ・ガンベッタは、人間不信をマフィオーソ権力の必要条件として強調している。「強い不信感が社会諸層全体に行き渡る。そして、制裁の実行が予想できないことが、約束事は当てにならないという感覚、商／工業の停滞、非人格的で広範囲の協力形態についての総じて不承不承の態度を生み落とすのだ(114)」。シチリアを旅行したトスカーナ人貴族フランケッティは、一八七六年に次のような観察を行っている。

当然のことながら、誰しもが本能的自衛ゆえに、より強い人間の助けを確保しておこうという事態が目の前に広がっている。正当な権威が現実には一切存在していなかったので、社会をまとめる力を発揮できるのは恩顧＝庇護主義ということになった。……富のきわめて不平等な分配。法の下の平等という観念の完全な欠落。個人的権力の優勢。あらゆる社会関係のもっぱらに個人的な特質。その一つひとつが、激しい憎悪、復讐への激情、正義を自らに与えなかった者は誰であれ名誉を欠くという観念を伴（った）（また、そうしたことは、不可避なことでもあった(115)）。

信頼や安全が広く不在で、国家も、また市民的な規範・ネットワークもそうした信頼や安全を保障できない状況で、マフィオーソ（南部の他所での同種の地域的犯罪組織も）は、一種の私物化されたレヴァイアサンを提供したのだ。

「マフィアは、山賊、村のこそ泥、張り合う町の住民、とりわけマフィア自身への保護を提供した[116]」。マフィア＝「掟執行組織」によって、業者は交わした取り決めは守られるとの多少の自信をもって契約を交渉することが可能となった。「マフィオーソ特有の活動の第一は、大方の経済取引における無形だが不可欠のきわめて特殊な商品の生産＝販売である。連中は、車、ビール、ナットとボルト、あるいは書物を生産するのではなく、信頼を生産し販売するのである[117]」。

あるマフィオーソが、自分の役回りを説明しているように、「ある奴がやって来て、『ティゾと厄介なことになった。片を付けてくれないか』と言ったとしよう。その場合、俺はその男を呼びつけるか、でなければそいつに会いに行き――どっちをとるかは、俺たちの間の条件次第だ――、連中を和解させる[118]」（もちろん、マフィオーソは、お得意様が自律的な相互信頼を築くことのないように、システムに強い不信を慎重に注ぎ込むことで、彼の提供サービスへの需要を増やすことにも関心を払う）。このシステムが払う多方面――社会的、経済的、政治的、肉体的、道徳的――のコストにもかかわらず、南部社会のすさんだ無政府状態に併呑された無力な人間の目には、「マフィオーソの保護を得たいという思いが非合理なものだと認識されることはほとんどないのだ[119]」。

だが、マフィアの本質的に階統制的かつ搾取的な性質を無視できるのは、マフィアについてのこの種の勇俠的な理想視だけである。一九世紀、マフィオーソは、不在地主と彼らの被従属者の暴力的な媒介者として動いた[120]。封建主義の旧形態が瓦解し出すにつれ、「封建領主の古くからの無頼たちは、独力で実業の世界に入り、私的目的のために暴力を行使しつづけた。……彼ら悪党は、純然たる封建的諸関係のシステムから解放され、かくして恩顧＝庇護システムに不可欠の一要素となったのである[121]」。無頼たちの従来の恩顧＝庇護主義に似てマフィアは、イタリア統一国家の新制度に素早く順応し、容赦なく搾取＝依存の伝統的パターンに代議制民主主義の諸実践を一致すべく変容させた。マフィアの構造自体は、権威と従属の垂直的（しばしば不安定な）関係に昔ながらに基づいており、対等な人間の水平的連帯とはほぼ、あるいはまったく縁がない。ヘスの詳細な説明では、マフィア組織の基本的構成単位であるコスカは、集団ではない。

相互作用と「われわれ」意識、共同してある目標に向け努力しているという意識はないか、あってもごくわずかだ。本質的にそれ（コスカ）は、マフィオーソが互いに独立した個人（X_1—X_n）として他者と取り結ぶ二者間の関係の総称である。……どの個人も、自らをある組織の一人の構成員だとは考えていない。その様は、山賊やパルチザンが、自らをギャングや抵抗グループに属している、すなわち指導者なき後でさえも存続しうる集団に属していると見るやり方である。(122)

組織化された犯罪は、イタリア南部の文化と社会構造を少なくとも千年もの間特徴づけてきた水平的不信と垂直的搾取／従属のパターンにおける一つの本質的構成要素である。(123)

市民的伝統の耐久性の測定

歴史の通説が、市民的な積極参加を南北二分論で扱ってきたことは隠し立てできない。だが、北と南という広大な地域を一まとめに対比的に捉えると、なおも広大な二つの地域内の同一の総体のなかに今なお残る重大な差異、州あるいは県ごとの違いを曖昧にしてしまうおそれがある。例えばピーノ・アルラッキは、一九世紀カラーブリア州の三つの地方生活を注意深く描写している。彼は、一つの州といってもそのなかは多様で、コセンツァ近郊の協同組合と相互扶助の予想だにしなかった伝統を、クロトーネのむき出しの権威主義やジョイア・タウロにおけるクランの暴力と対比的に鮮やかに描き出している。戦後これらの三つの地域は、社会的安定や経済発展の面で大きな相違を示した。

アルラッキは、そうした格差の水源を、先ほど簡単に指摘したような対照的な伝統にさかのぼって説明する。[124] 同じイタリア北部の州の間にも市民的伝統の堅固さでばらつきが見受けられる点については既に指摘しておいた。これら諸伝統と前章においてその横顔を紹介しておいた市民共同体の簇生度との間の細かな連関を、さらに体系的に確証するためには、定性的素描を超えて定量的評価に踏み出す必要がある。われわれは、緻密な数量処理によってわれわれの物語を整頓する必要がある。

利用可能な統計的証拠は、一世紀前にアソチアツィオニズモと集団的連帯が州で開きがあることを裏付ける。例えば、ピエモンテ州の相互扶助協会数は、一九〇四年までに人口一人当たり比較でプーリア州の七倍を超えた。協同組合は、一九一五年までにエミーリア・ロマーニャ州がモリーゼ州の八倍に達した。協同的組織のこれらの州への集中現象はまた、既存の協力と社会的結合の伝統に依存するものであった。しばしば中世の同職組合は、一九世紀に、「信心会」のなかに生まれ変わった。信心会は、後に相互扶助協会へと成長し、次には扶助協会といった世俗的社交団体が協同組合を助長し、その後、協同組合が労働組合や大衆政党の下地を形作ったのである。

一八六〇年から一九二〇年までの六〇年間に現れた社会的連帯と政治的動員のこれらあらゆる近代的な発現形態――相互扶助協会、協同組合、大衆政党――は、相互に密接に関係するものであった。さらにそれらは、市民的関与や他の社会的結合関係の表現（選挙参加、文化・余暇団体を含む）とも関係していた。一九世紀後半の市民的な積極参加に関する利用可能な全国大の量的指標は、したがって次のものを含んでいる。

- 相互扶助協会の会員数[125]
- 協同組合の会員数[126]
- 大衆政党の強さ[127]
- ファシズムがイタリアに権威主義的支配を持ち込む以前に実施された、数度の比較的自由な選挙での投票率[128]

・地方の任意団体の存続年数[129]

これらいくつかの測定指標の間の印象的な相関性（詳細は、補遺Fを見られたい）は、一九世紀と二〇世紀初頭に協同組合や合唱団が存続していた州は、また相互扶助協会や大衆政党を最も強く支持した州と重なり、これらの州の市民はまた、新たに手に入れた選挙権を最大限熱心に行使しようとした州でもある点を例証している。それと対照的に、それ以外の州では、無関心や恩顧＝庇護主義の古くからの垂直的な絆が市民的関与を抑制し、社会的連帯の自発的で水平的に組織化されたいろいろな現れ方を妨げた。

現代イタリアの「市民度」の歴史的な経緯を探究するために、われわれは右記の五つの指標を総合し、一九世紀の市民的関与の伝統を表す単一の因子スコアを作成した[130]（表５－１として要約）。図５－２は、市民的関与のそうした伝統が、ほぼ一八六〇年頃から一九二〇年頃までの五〇年間に州でどの程度の差があったかを示している。

図５－２を図４－４と多少とも見比べれば、大規模な社会変動に見舞われたこの一世紀の時間幅にもかかわらず、市民的関与の点で州の伝統に驚くべき連続性があることに気づかされる。この連続性を目で理解するのには図５－３が簡便となる。図５－３から、一九七〇年代、八〇年代の《市民共同体》指数と一世紀前の市民的関与に関する類似の測度との間にほぼ完全な相関性を知ることができる[131]。この百年間にイタリア半島を襲った大規模な人口移動、経済変動、社会的大変動にもかかわらず、今日の市民的規範と実践はかなり昔に堅固に根づいていた州の伝統を再現しているのだ[132]。

一世紀前に、社会的な連帯と市民的な動員の新たな形態にイタリア人が最も熱心に取り組んだ地域でこそ、今日においても政治的・社会的生活において最も市民性が徹底的しているのである。さらには、これらの州こそが、一千年も昔においても公的生活は紛れもなく市民的であったのだ。共同体の生活は、今日と同じように印象深く開花し、塔仲間、同職組合、隣保団体、その他の様々な形態の市民参加が積極的に行われた。図５－１、図５－２、図４－４か

表5 - 1　市民的関与の伝統（1860－1920年）

成分	因子負荷量
大衆政党の強さ（1919－21年）	0.97
協同組合の簇生率（1889－1915年）	0.93
相互扶助協会への参加（1873－1904年）	0.91
投票率（1919－1921年）	0.78
1860年以前設立の地方任意団体	0.56

図5 - 2　イタリア各州の市民的伝統（1860－1920年）

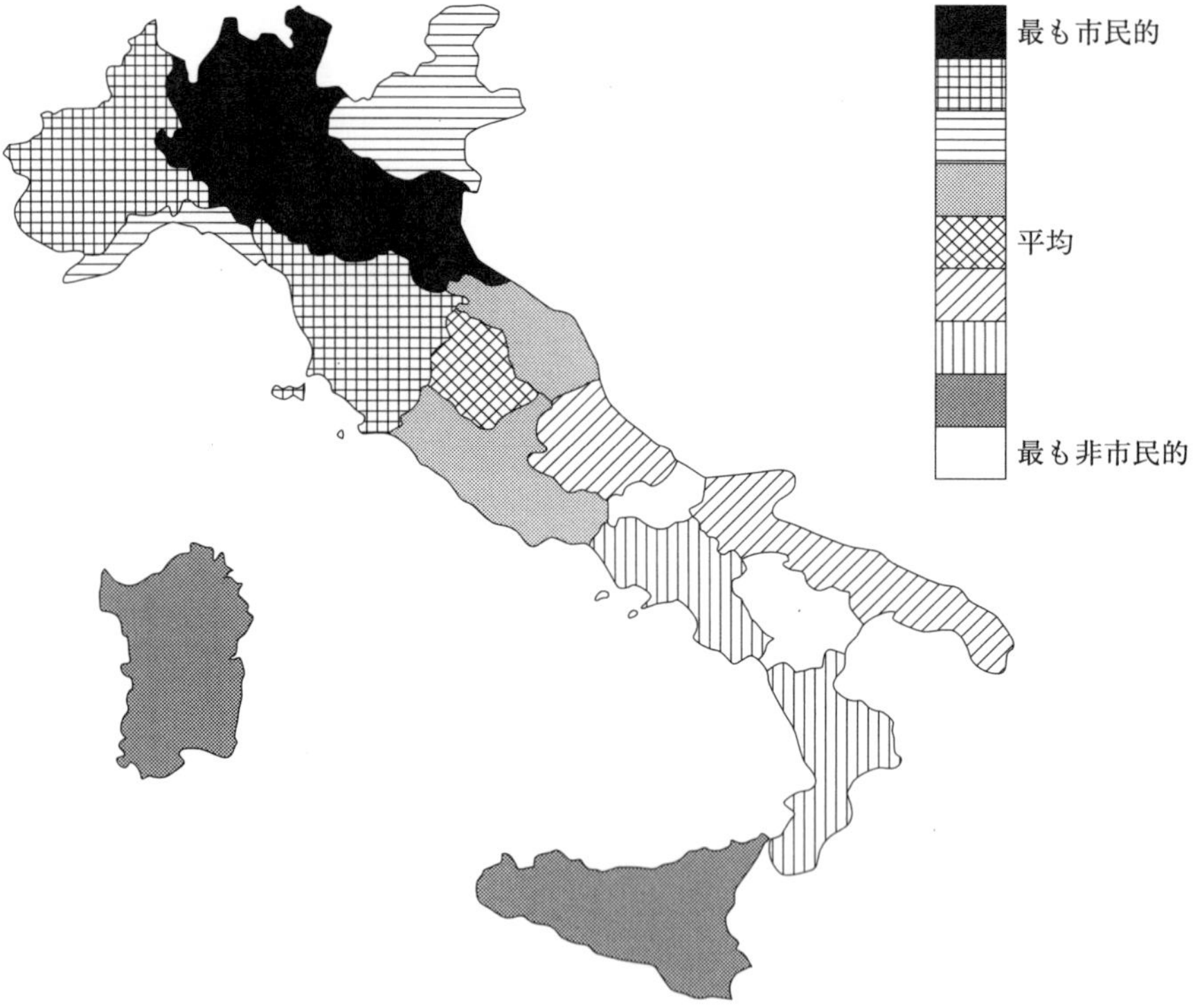

図5－3　市民的伝統と今日の市民共同体

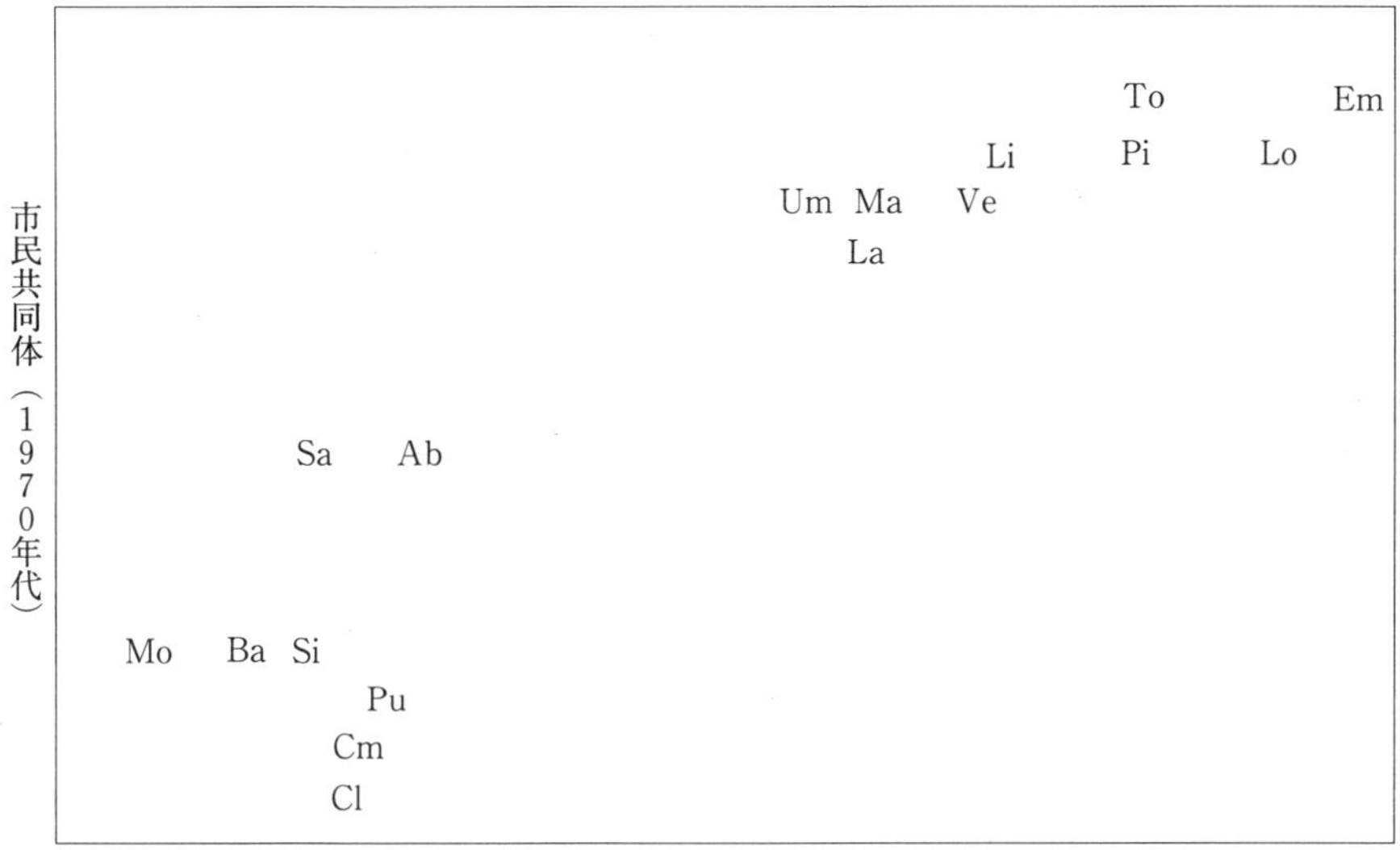

市民的伝統（1860－1920年）
相関係数 $r = 0.93$

図5－4　市民的関与の伝統（1860－1920年）と制度パフォーマンス（1978－85年）

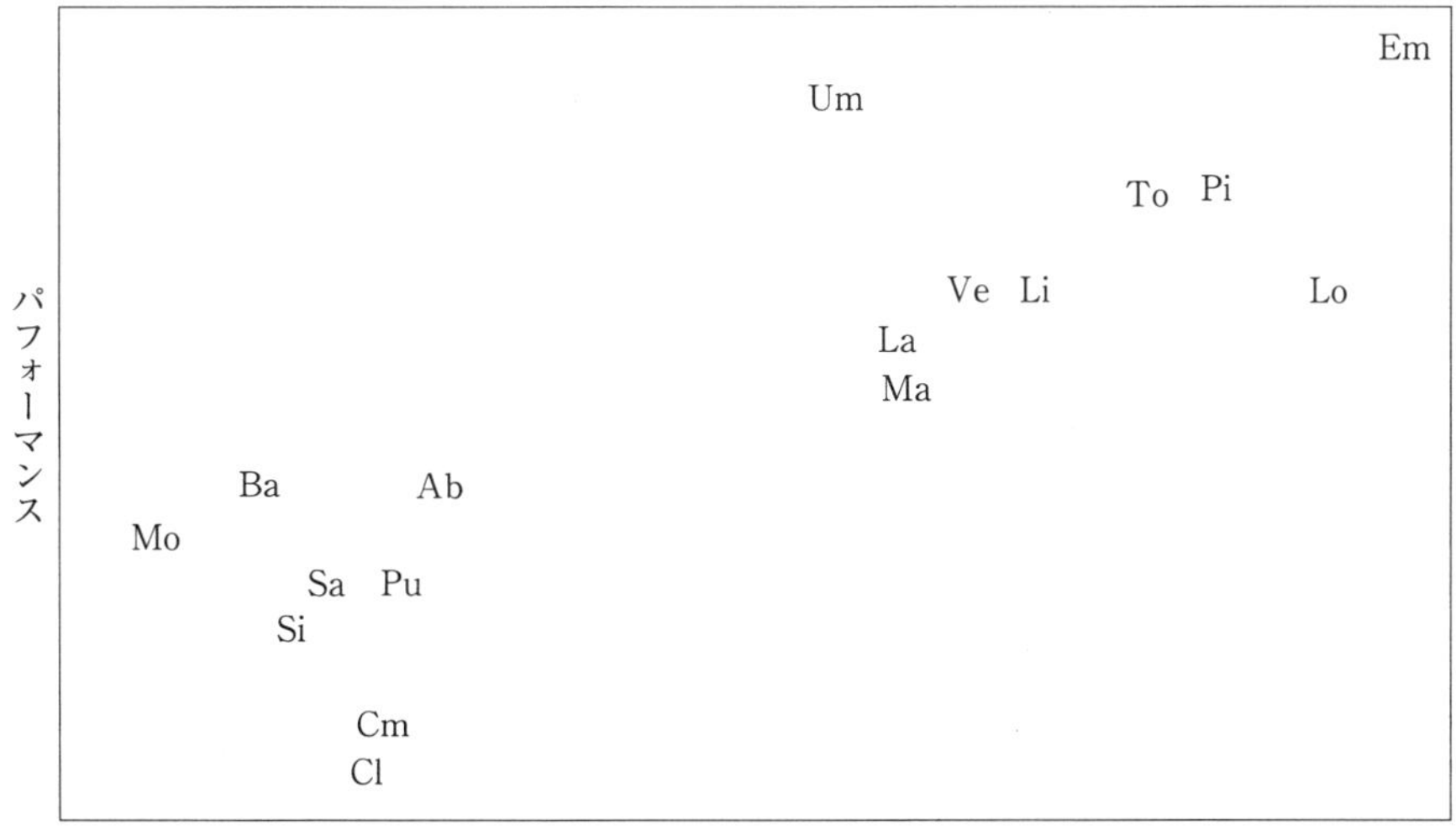

市民的伝統
相関係数 $r = 0.86$

ら、そのような連続的な性格が、一三〇〇年頃、一九〇〇年頃、一九七〇年頃に確認できる。だが、最近の状況を理解しようと思えば、数量的に正確と思われる統計的記録が利用できるが、同じようなレベルで長期にわたる連続性を証明するには適当な統計記録はない。とにかく、一八五六年にアルターレ（リグーリア州）においてかの協同組合第一号を結成したクリスマス・イブの晩の儀式は、これらの歴史的連続性が協同者自身を忘れはしなかったことを示唆している。

市民生活のこれらの遠い過去の伝統は、今日、制度パフォーマンスにとってどれほど重要であるのか。図5－4は、一九八〇年代の制度パフォーマンスと一八六〇年から一九二〇年までの市民的伝統の間の相関性を示している。相関性のパターンは明瞭である。一世紀も前の市民的な積極参加のパターンを知れば、驚くほどの正確さで一九八〇年代のイタリアの州政府の成功・失敗を言い当てることができるのだ。(133)

経済発展と市民的伝統

数量社会科学の分野において、右に検証したパターンほど有力な――見事な――ものはなかなか見出せない。だが、われわれの議論から大事な部分が脱け落ちていることに、賢明な読者諸氏はすでにお気づきのことだろう。現代のイタリアでは、市民共同体は、社会的・経済的発展のレベルと密接に関係している。一般的に言えば、市民的な今日の州は、住民は健康で裕福で、また工業が発展した地域である。このことは、市民共同体は、社会的・経済的発展の副次的現象――すなわち、経済的な安泰のみが市民的関与の文化を維持可能――にすぎないということを苦もなく意味しうる、と懐疑的な人が疑ったとしても当然である。貧しく病身の農民が、積極的に市民的な参加をするとは今日では考えにくいが、そのことは百年前も同じであったはずだ。経済的・社会的構造の連続性は、市民生活の明らかな連続性を説明しないのだろうか。おそらく、先に見た人を魅了するような相関は、見かけの相関であろう。重要なのは経済で、市民的伝統ではない。

こうした主張に対して、われわれが詳しく論じてきた歴史的長編は疑いを持つ。というのも、長期的な連続＝変化パターンは、どのような単純な歴史的決定論とも一致しないからである。まず第一に、コムーネ共和主義の誕生が、珍しい豊かさの帰結であったとは思えない。この時代、北イタリアの経済発展のレベルはきわめて幼稚な段階で、今日の南部社会と比べてもはるかに遅れたものであり、おそらく当時の南部と比べても発達レベルは低かった(134)。先述したように、コムーネ共和政の隆盛は、市民的積極参加の規範とネットワークの原因であるのと同様に、たぶん結果と言えるだろう(135)。

第二に、千年にも及ぶ北と南での市民文化の違いは、経済的な差異よりも一貫しているようである。北と南の経済的ギャップは開いたり縮んだりし、また時代によってはとくに国外での新たな事態に応じて逆転することもあった。一二世紀にノルマン王朝は、北イタリアとほぼ比肩しうるまでに発展したが、北（とくに中北部イタリアの都市、すなわち市民的積極参加の中心地）はコムーネ共和主義の出現に伴い、その後数世紀にわたりいっそう急速な発展を示した。だが、悪疫、外国勢の侵略、世界貿易のパターンの変化、その他の外来の衝撃の余波によって、北イタリアの優位は一五世紀には衰え始め、おそらく一六世紀を迎える頃にはすっかり見る影を失ってしまった。一六世紀になると、人々は衰頽する北部を逃れ、急速に発展している都市、ナポリでの安逸を求めて移動した歴史的事実を想起したい。経済的ギャップとは対照的に、文化的なギャップを数世紀単位で測定するのは困難であるが、この千年間どの時点をとっても任意的結社の規範とパターンにおいて南が北ほど市民的であったことを示す証拠を目にしたためしがない。

市民的な州ほど経済的に豊かな状態から出発したわけでもなければ、そうした州が必ずしもより裕福だったということもない。だが、われわれに言えるのは、市民的な州は、一一世紀以来確実により市民的でありつづけたというこ

表5－2　市民的伝統と社会経済的発展

年代	市民的伝統（1860－1920年）と社会経済的発展（1870年代－1970年代）の測定値と相関係数（*r*）		
	農業労働人口率	工業労働人口率	幼児死亡率
1870年代	－0.02	－0.15	－0.07
1880年代	－0.22	0.14	－0.22
1890年代	—	—	－0.26
1900年代	－0.43	0.52	－0.20
1910年代	－0.52	0.64	－0.44
1920年代	－0.56	0.66	－0.58
1970年代	－0.84	0.84	－0.67

とである。これらの事実は、市民的な積極参加が経済的繁栄の結果にすぎないという考えとは両立しにくい。

イタリアの統一以降に関しては、経済発展が市民的な規範・ネットワークの原因、あるいは前提条件だとする考えの当否を判断する数量的証拠はずっと多く手に入る。単純な経済決定論を反証する統計データの第一のものは、経済と市民的伝統との間に、一世紀前には今のような強い相関が見られなかったというものである。この注目すべき事実は、工業化（農業雇用人口、工業雇用人口によって測定）と社会福祉（幼児死亡率で測定）という二つの指標によって証明できる。これら二つの指標については、州に関する信頼しうるデータが過去一世紀分利用可能である（表5－2が、直接関係する証拠を示している）。

国家統一からこの方、経済構造と社会福祉は、市民的関与のほとんど変わらないパターンと時代とともに徐々に相関度を強めてきた。市民的状態は、強力な磁場に似て社会経済的状態を段階的だが有無を言わさず相互連動させてきたようで、一九七〇年代には社会経済的近代性は市民共同体ときわめて強く相関している[136]。

このパターンを確認すべく、一九世紀から二〇世紀への変わり目に経済構造と社会福祉の次元で比較できそうなところが多い、二つの州を対比してみたい。一九〇一年、エミーリア・ロマーニャ州は、工業化水準ではちょうど全国平均で、労働人口の六五％が農業従事者で、工場勤労者は二〇％でしかなかった。これとは対照的に、カラーブリア州は、エミリア・ロマーニャ州よりわずかだが工業化が進んでいた（農業従事者が六三％、工場労働者が二六％）。なるほどカラーブリアの経済は、「古‐工業的《パレオ・インダストリー》」であった。産業は幼稚で、住民はエミーリア州民よりも貧しく、また教育程度も低かった。これに対して、エミリーア州の農業は経済的にはかなりうまくいっていた。他方、今世紀初頭の一〇年、エミーリア・ロマーニャ州の幼児死亡率は全国平均以上であったが、カラーブリアのそれは絶対値ではいまだにぞっとするような数字であったとしても、全国平均を少し下回っていた。[137] 両州のわずかな社会経済的差異がなんであれ、ともに後進州であることに変わりはなかった。

ところが政治参加や社会的連帯の点では同時期、エミーリア・ロマーニャ州ではイタリアで最も市民的といえる文化が開花していた（その模様は現代でも変わらず、また千年前も明らかにそうであった）。これとは対照的にカラーブリア州は、イタリアでおそらく最も非市民的な地域文化――封建的で、断片化され、疎外され、孤立化した文化――に苦しんでいた（この事態は今も同じ）。

この時代から八〇年経つうちに、両州の社会経済的格差は大きく開いてしまった。一九〇一年から七七年にかけて、エミーリアの工業従事者の割合は二倍に増えた（二〇％から三九％へ）。他方、カラーブリアのそれは、この八〇年間に実はわずかだが減ってしまった（二六％から二五％へ）。わずかとはいえ工業人口で比率の減少をみたのはカラーブリアただ一州だけであった。医療の向上や公衆衛生の発達により乳児死亡率は全国的にかなり低下したが、この次元でカラーブリア州はエミーリア・ロマーニャ州に大きな遅れをとってしまった。[138] 一九八〇年代までに世界で最もダイナミックな経済を誇るに至ったエミーリア・ロマーニャはイタリアで最も裕福な州、ヨーロッパでも最先進地域へと邁進中であった。他方、カラーブリアはイタリアで最貧困な州、ヨーロッパでも最も後進的な地域であった。ヨーロッパ共同体（ＥＣ）を構成する八〇州中、エミーリア・ロマーニャ州は、一人当たり国内総生産で一九七〇年の四五位から八八年には一七位に躍進し、その躍進ぶりは他を圧倒した。他方、カラーブリア州は万年最下位に甘

んじた。(139)

この相関のパターンは、おそらく過去一世紀の州の市民的関与の伝統が、現代の発展レベルの違いを説明する上で有効だという、興味深い可能性を強くする。言い直せば、たぶん経済が市民的伝統を説明するのに役立つというよりも、むしろその逆だということである。

これらの歴史的統計の一部は頼りないところがあるが、利用可能なデータをなんとか駆使することで、社会経済的発展と市民的関与の伝統の相互依存の関係をより直接探ることができる。(140) 一つの単純な経験的検定は、左掲の二組の予測を各ケースにつき同じ独立変数のセットを使い、比較することである。

(1) 一九〇〇年頃 (t_1) の社会経済的発展と市民的関与から一九七〇年代 (t_2) の経済発展の水準を予測する。

(2) 一九〇〇年頃 (t_1) の社会経済的発展と市民的関与から一九七〇年代 (t_2) の市民的関与を予測する。

もし経済決定論が正しければ、t_2の市民的伝統は、t_1の経済状態から予測できるはずだ。他方、市民的関与のパターンが経済的結果を生み出すというのであれば、t_1の市民的伝統はt_2の経済発展を予測する上で有効なはずだ(どちらの場合も、t_1での従属変数をコントロールする必要がある。というのも、t_2におけるある変数の単一の最良予測変数が、t_1での同一変数と推測できるからだ――いわゆる「自己回帰」効果)。もちろん、原理的には、市民的伝統と経済状態の両方の効果が同時に働くかもしれない。それは、両者の間のなんらかの相互影響を含意するものである。可能な因果パスが、図5-5に示されている。

社会経済的構造を重視する理論は、矢印bとd(とくにb)がきわめて強いことをほのめかすものであるが、他方、市民的伝統を社会経済的諸結果の原因と見る理論は、矢印aとc(とくにc)を強調する。どちらの理論も、一九〇〇年頃の市民的伝統と一定の社会経済的変数の測定値を一九七〇年代の両指数を予測するために使う重回帰分析のペ

アによって検証できる。(141)

この統計レースは、明快かつ驚くべき結果を生んだ。まず第一に、市民的伝統(一八六〇―一九二〇年の測定結果)は、現代の市民共同体を予測する上できわめて有力な予測値であり、(市民的伝統をコントロールすると)工業化や公衆衛生のような社会経済的発展の指標は、市民的伝統に対してなんの影響も与えない。すなわち、矢印aは非常に強く、矢印bは一様に消え失せている。二〇世紀への移り目に、市民的伝統と社会経済的構造がずれていた州(市民的ではあるが、相当貧しく、農村的で、罹病率も高い州。あるいは、市民的とはいえないが結構豊かで、罹病率が低く、工業的な州)では、市民的伝統が、「客観的状態」を反映するように創造され直すような状況は、その後まったく見られなかった。(142)

それとは対照的に、市民的伝統が、現在の社会経済的発展の水準の一様に強力な変数だということが明らかになった。そのことは、初期の発展水準をコントロールした場合でも変わらない。われわれの社会経済的諸変数を以下順次検討してみよう。

社会構造と経済発展の最も直接的な測度は、農業雇用と工業雇用である。関連データは、二〇世紀のイタリアを一気に襲った産業革命を明瞭に反映している。一九〇一年から七七年までの工業労働力の平均比率は一九%から三四%に上昇したが、二〇州の農業労働力比率の方は六六%から一九%に激減した。この時期、州によって非常なばらつきが見られた。一九七七年、農業雇用者率はロンバルディア州の五%からモリーゼ州の四三%まで、また工業雇用においてはモリーゼ州の二二%からロンバルディア州の五四%まで、かなり大きな開きがあった。だが、一九〇一年から七七年まで、各州の順位はそれなりに安定しており、安定度を測る相関係数はおよそ〇・四であった。通常は、この数値は、経済的(あるいは恐らく中心=周辺)決定論の一つの測度と解釈されてもしようがないレベルである。

ところが、現在の社会経済的発展を予測するために、市民的伝統と過去の社会経済的発展の両方を使うと、社会経済的発展それ自体よりも市民的伝統のほうが予測力が高い変数であることが判明した。例えば、一九七七年のある州

図5－5　市民的関与、社会経済的発展、制度パフォーマンス間の効果の理論的可能性（1900年代－80年代のイタリア）

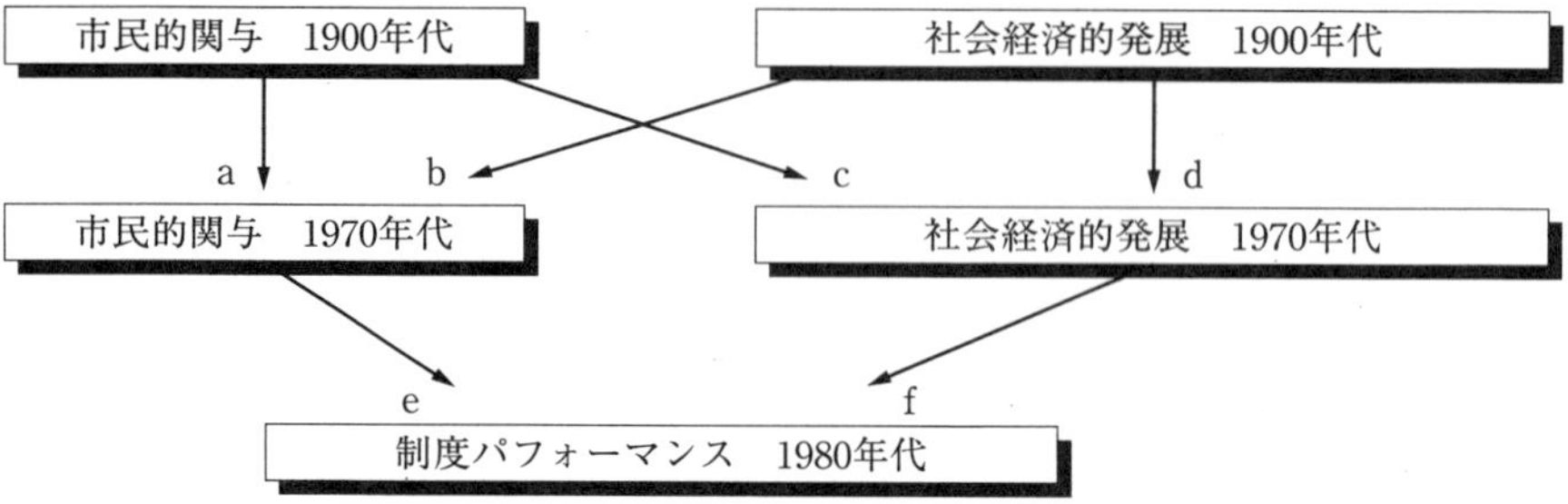

図5－6　市民的関与、社会経済的発展、制度パフォーマンス間の実際の効果（1900年代－80年代のイタリア）

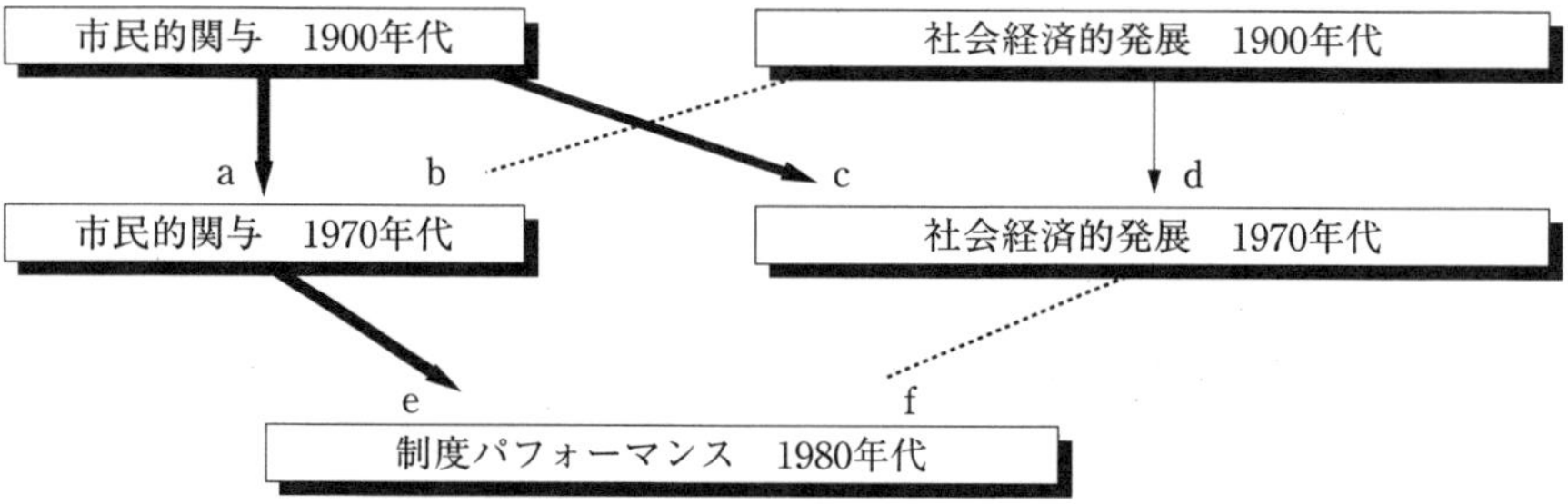

の農業従事者率を予測する場合、一九〇一―一一年の当該州の農業人口比率よりも、むしろ一八六〇年から一九二〇年にかけての文化的な状態を知ることのほうがはるかに賢明である。事実、一九世紀の市民的伝統は二〇世紀の工業化を予測する強力な変数なので、文化的伝統をコントロールすると一九〇一―一一年の工業雇用と一九七七年の工業雇用との相関性は消える。換言すれば、矢印cはきわめて強く、矢印dはきわめて弱いのだ。(143)

公的福祉の場合も、結論はまったく同じである。すなわち、一九〇一―一〇年の幼児死亡率よりも、一八六〇―一九二〇年の市民的伝統のほうが一九七〇年代の幼児死亡率をはるかによく予測する。事実、市民文化をコントロールすると、六〇年間をはさむ両時点での幼児死亡率から相関性はほとんど消えてしまう。換言すれば、幼児死亡率については、矢印dは無視してもよいが、矢印cはかなり強いということだ。(144)

要約すれば、経済は市民的伝統を予測しないが、市民的伝統は経済を予測する。事実、経済を経済自体よりもよく予測できるというわけだ。[145] 図5-6から、これまでのわれわれの知見が一覧できる。矢印b（経済の市民的伝統に対する効果）は確認できないが、矢印c（市民的伝統の経済に対する効果）は強い——矢印dと比べても強い。さらに、矢印a（市民的連続性）はきわめて強いが、矢印d（社会経済的連続性）は一般に弱い。二〇世紀に州が社会経済的発展を達成する機会は、その州が出発点で刻印された社会経済的資質よりは、州の市民的資性に依存してきた。この単純な分析からの判断ということではないが、市民的伝統と経済の現代の相関は、市民的伝統の経済への影響をなによりもまず反映しており、その逆ではないということだ。[146]

市民的伝統は、驚くべき耐久性を有している。さらに、前章の諸知見が示していたように、州政府のパフォーマンスに直接影響を与えるのは、社会経済的発展（矢印f）ではなく、現代の市民的積極参加（矢印e）である。今や、この効果が見せかけのものではないことを示すさらなる証拠の前に立っているのだ。見せかけの効果どころか、これらの諸結果は、市民的伝統は制度パフォーマンスのみならず、経済発展と社会福祉にも強い影響を与える可能性があることを示唆している。

前章で書いたように、労組加入は単なる経済状況への反応というよりは、市民的な積極参加の随伴物と見るのが理にかなっている。こうした見方は、第一次大戦直後の労働組合員の分布パターンを州別に検討することによって補強される。[147] 一九二一年の労組員の集計比率は、それ以前の市民的伝統ときわめて密接に関係している（相関係数＝〇・八四）。相関性がきわめて高いので、市民的伝統をコントロールすると、工業化と労組加入率の間の相関は消滅する。労働組合の強さは、経済発展のパターンよりも市民的連帯のパターンに倣ったのだ。[148]

市民的伝統と経済との意外で単純だが群を抜いたこの連関性は、イタリア国内だけではなく、地球大での南北間の発展の不均衡についての長年にわたる論議に新たな光を投げかける。北と南のギャップはますます拡大する傾向にあるが、この問題は、近代イタリア史のまさに中心的な論点である。研究者や活動家に議論熱を沸騰させた紛れもない事実を想起したい。国家統一時には、北も南も実際には産業革命に毒されてはいなかった。一八八一年段階でもイタリア人のほぼ六〇%が農地で働き（北部の方がわずかに多い）、家内工業を含む製造業で働く人は一五%にも満たなかった（南部で少し多い程度）。だが北部の土地は南に比べて生産性が高く、そのために統一時の個人所得は、北が南よりもたぶん一五—二〇%程度高かった。だが、一八九六年以後、急速に工業化の波が北部に押し寄せた。これに対して南部イタリアは、一八七一年から一九一一年までの四〇年間というもの、現に都市化、工業化の面で取り残される結果となった。こうして一九一一年までに、南北の格差は相当に拡大していた。所得格差で言えば、北部は南部の約一・五倍となった(149)。

二〇世紀を通じて、北と南のギャップは、世界情勢の変動（戦争と平和、大恐慌、大戦後の好景気）、根本的な政体変化（君主制、ファシズム、議会制民主政）、経済政策の大転換（ファシズムの自給自足経済の試み、ヨーロッパ統合、とりわけ過去四〇年間にも及ぶ南部社会への大規模な公共投資施策）を尻目に容赦なく拡大していった。南部はここ数十年、それなりの歓迎すべき発展を経験してきたが、同時期、北部も西欧の経済史上まれにみる経済成長の大ブレイクを経験し、その結果、南北の差が以前にもまして広がってしまった。八〇年代中頃までには、個人所得は北部が南部の一・八倍を超してしまった(150)。

イタリアの歴史研究上、確実に広がりつつある北と南という二分法——いわゆる「南部問題」——ほど議論百出のテーマはない。これまでの経済理論は、事実、一国内の地域発展の諸水準における漸次的な収斂化を予言しているが、この種の理論はイタリアの北と南の二元対立の謎をつのらせるだけだ(151)。この謎を解き明かすべく、多くのそれなりの答えが寄せられてきた。

（1）南部の不利な自然条件（市場から遠いこと、地味が悪い土地、天然資源の不足を含む）。

（2）的はずれな政府の諸政策（とくに一九世紀後半の）。とくに以下が重要。

①貿易政策（当初の自由貿易主義→始動しだした南部工業を壊滅。後の保護貿易主義→北部工業の奨励）。

②財政政策（南部の高税率。北部を利するような教育、防衛産業、土地改良への財政支出――一九世紀末までに税総額は南部がとくに高いといったことはなくなっており[152]、また中央政府は南部に相当の公共事業費をすでにつぎ込み始めていたが）。

③産業政策（重工業＝大銀行同盟の推進により北部利益に奉仕）。

（3）北部のちょっとした初期優位をいっそう刺激した市場外部性、「集積の経済《エコノミックス・オブ・アグロメレーション》」、「やって覚える経験学習」[153]。

（4）恩顧＝庇護主義の文化と並んで、南部社会における「道徳的貧困」と人的資本の不在[154]。

イタリアの南北間ギャップとその説明に供された幅広い諸理論は、第三世界の発展に関するいっそう幅広い議論を反映してもいる。これほど多くの国々が、低開発の状態にとどまっている理由は何か。資源が不十分だからであろうか。政府の失政が原因なのか。また、中心＝周辺の従属関係《ディペンデンシア》が問題なのか。あるいは、市場の失敗が原因なのか。またはた「文化」に問題があるのだろうか。まさにこう考えてみると、イタリアの事例を扱う諸研究は、多くの（すべてとは言わないが）第三世界の国々が貧困から脱出できず、不可解にも貧困状態に陥っている原因を理解する上で重大な貢献をする可能性がある。

だが、最近トニオーロがイタリアの論争について所見を述べたように、「理念や解釈が花盛りのこの偉大な論争も、――当時もその後も――十分な数量的分析の検証に耐えられるようなものではなかった。……［「南部問題」］を扱った文献は、図書館に入り切れないほどの分量に達しようが、イタリアの経済的二元対立の規模と原因について経済学者が抱く疑問の多くは、……依然として答えられてはいない」[155]。

ずっと昔と最近の史実を考えれば、（他の人々と同じく）われわれだって、社会的・文化的要因が先ほどの疑問の説明の重要な一角をなすという考え方に自信が持てない[156]。なるほど、ただ一つの要因からの解釈は、それが何であれ間違っていることは確かだ。市民的伝統のみが、過去一世紀にわたる北部の急激かつ持続的な経済発展を引き起こしたわけではない（その意味では、市民的伝統は「原因」でもない）。北部の経済的離陸は、より幅広い国内・国際・技術面における環境の変化がもたらした。他方、市民的伝統は北部が南部よりはるかに効率的に、一九世紀、二〇世紀の種々の挑戦や好機に応答できた理由を説明するのに役立つ。

市民的伝統と経済の「マクロ」な連動は、「ミクロ」レベルではどのように立ち現れるのであろうか。市民共同体の規範・ネットワークは、どのようなメカニズムを通して経済的繁栄に資するのであろうか。この重要な疑問は、もっと突っ込んで研究するに値するが（次章でこの点に戻る）、イタリアとアメリカの政治経済学者が最近行った独自の一群の調査研究がある重要な洞察を展開している。アルナルド・バニャスコが、北部の三角工業地帯と後進的な南部社会からなるよく知られた「二つのイタリア」と並んで、「分散経済」――小規模ながら技術的には先進的で、また高度に生産的な経済――に基礎を置く「第三のイタリア」が存在する事実に初めて注意を喚起した。(157) マイケル・ピオリとチャールズ・セーブルは、この分析をさらに敷衍し、クラフト経済のような「柔軟な専門化」の北・中部イタリアの数多くの例――プラート周辺の高級ファッション織物企業、ブレーシャのミニ鉄鋼工場、ボローニャのバイク産業、サッスオーロの製陶業等々――を指摘している。近代経済学の創始者のひとりであるアルフレッド・マーシャルの概念を借用して、彼ら研究者はこれらの地域を、「産業地域」(158) と称するようになった。

分散的だが統合されたこれらの産業地域に独特な特徴の一つが、競争と協力という一見矛盾する組み合わせである。企業は、スタイルや効率の革新を求めて活発に競争するが、他方で行政サービス、原料の買い付け、資金調達や調査研究の点で協力し合う。小企業のこうしたネットワークは、一時的に不完全雇用の状態に置かれた競争企業に臨時の仕事を下請けさせたり、「外注」したりして低度の垂直的統合と高度な水平的統合を結び付ける。活発な産業団体が、経営支援、ときには資金援助まで行い、地方政府は必要なインフラやサービス――職業訓練、輸出市場やファッションの世界的トレンドに関する情報等々――を積極的に提供する。その結果が、技術的に進んだ高度に柔軟な経済構造であり、そうした経済構造が、一九七〇年代、八〇年代の高速度で疾走する経済界の競争にとって的を射た秘訣であることがまさに明らかになったのだ。別に不思議なことではないが、柔軟な専門化が根づいたこれらの地域が、この二〇年間、平均以上の繁栄を謳歌してきたのである(159)。

この妙に生産的な経済構造の中心には、機会主義を制することで競争を協力と共存させうる一組の制度的メカニズムが存在する。「民間の経済団体と政治組織の豊かなネットワークが……協力活動を促し、小企業ひとりでは調達し切れない産業基礎施設関連ニーズをまかなうことを通して、市場が繁栄するような環境を創出した(160)」。

労働者も月給取りから自営になったり、また元に戻ったりと、これらの産業地域では社会的流動性は高い。労働組合はしばしばよく発達している。ストもまれではないが、「社会的妥協」が柔軟性と革新を勢いづかせる。相互扶助も普通のことで、技術革新はまたたくまに次々と企業に拡散していく。小企業間、労働者=経営者間の協力的な水平的ネットワークの重要性は、イタリアの他の地域に顕著な大規模で従来型の企業の垂直的な権威・情報の交換のあり方と好対照をなす。要するに、企業に関する古典理論が強調した規模の「内部」経済とは対照的に、マーシャルの産業地域は、「外部経済」に大きく依存するのである。「狭い経済上の考慮が、一緒にやるほうが得というあまり正確には計算できないアイディアと結合し、企業間競争の背景=制約となる職業的な連帯意識が創出されるのである(161)」。

ピオリとセーブルは、「産業全体の団結力の基盤にあるのはもっと根本的な共同体としての一体感であり、これをもとにしてさまざまな協力の形が出てくるのであって、その逆ではない。……クラフト的生産復興の皮肉の一つは、その現代的な技術の展開を支えているのが、産業化以前の時期と関連しているさまざまな絆の再活性化であったということである(162)」と結論している。

互酬性の規範と市民的積極参加のネットワークは、イタリア以外でも産業地域の成功には不可欠なものとして典型的に取り立てて言われている。ネットワークは、技術開発、企業家志願の人間の信望、産業労働者の信頼性等に関する情報の流れを容易にする。革新は、「カフェやバー、通りでの頻繁な情報交換」に依存する。機会主義の機先を制する社会規範が深く個人に内面化された地域では、共同体の義務を犠牲にした機会主義の問題は、垂直的な恩顧＝庇護主義的ネットワークを特徴とする地域に比べて、さほど頻繁には問題とされないと言われる。大方の観察者の一致した結論であるが、小規模企業が密集するこうした産業地域にとって非常に重要な特徴は、相互信頼、社会的協力、よく発達した市民的義務感――要するに市民共同体の特徴――である。[163] 非常に生産性の高いこれらの小規模な産業地域が、市民的伝統、現代の市民共同体、高いパフォーマンスの州政府の中心地としてわれわれが注目してきた北・中部イタリアの、まさにこれらの州に集中している事実を知っても意外だとは思わない。

われわれは、経済発展の文化的来歴に関するこれらの発見は、結論じみたものというよりは問題挑発的なものと認識している。本章で略述した市民的伝統が、経済繁栄の唯一の――否、最重要とさえ形容できそうな――決定因だと考えることはばかげていよう。事実、イギリスの歴史地理学者ジョン・ラントンとR・J・モリスは、「文化的継承物あるいは経済発展が一つの独立要素たりうるかは、当該の歴史過程が理解される時間スケールに大いに左右されよう。だが、両者が相互に作用し合い、互いを変質させるのは言うまでもない。因果関係がまったく認められなかったとしても、相互作用の弁証法的過程は存在したのである」[164] と述べている。われわれの二変数モデル（図5－6）は単純すぎて、地域的な経済進歩に影響を与えそうな要素すべて、例えば天然資源、主要市場への近さ、国の経済政策等を説明できない。われわれが略述した広範な歴史論議を裏付けるには、はるかにきめ細かい研究（下位地域的なレベルでの研究を含む）が必要となろう。

だが、それにもかかわらず、本章で提示された証拠は、制度が成功する勝算に影響を及ぼす歴史的連続性の力を浮き彫りにしてくれた。われわれの単純な知見でさえ、経済発展の「真の」（諸）原因（この要因をXと呼ぶ）を調べた限り、要因Xは、先行する経済発展よりも市民的伝統とより密接に相関するはずだ、ということを暗に意味している。豊かさがいったん実現すると、それが「市民度」を強め、他方、貧困はその出現をおそらく押さえ込むだろう。悪循環と好循環で一つの連結した対をなしているのである。だが、われわれの立証によれば、これらの相互連関のうち《経済→市民的伝統》経路は強くない。市民的な規範とネットワークは、経済進歩の波動のたんなる泡《あぶく》ではないのだ。

過去一〇世紀――とくに過去数一〇年間――イタリアは、大規模な経済的・社会的・政治的・人口動態的な変化を経験してきた。厖大な数のイタリア人が地理的に移動し、その数は、一九五五年からの一五年間で九百万人に達した[165]（全人口の約五分の一）。イタリア統一後一世紀の間に、各州は社会経済的順位を上げたり下げたりした。一九七〇年にかなりの工業化された経済を有する州は、一世紀前には必ずしも工業化された州ではなかったし、一九七〇年に良好な公衆衛生を誇る州が一八七〇年に他の州より衛生的であったわけでもない。

だが、こうした目まぐるしい順位の入れ替わりにもかかわらず、二〇世紀後半に市民的関与の花が咲いた州は、一九世紀に協同組合や文化団体、相互扶助協会の豊かさでは抜きんでており、一二世紀には近隣組織、宗教団体、同職組合がコムーネ共和政の開花に一役買っていた地域とほぼ正確に重なる。また、これらの市民的な州は、一世紀前、経済的に特別進んだ土地ではなかったが、経済パフォーマンスと（少なくとも州政府の出現以来）統治の質において、非市民的な州を着実に追い越してきた。市民的伝統の驚くべき抗張力は、過去の力を証明するものである。

しかし、なぜ過去がそれほど強靭であるのか。北部でのいかなる好循環が、根底を揺るがす社会的・経済的・政治的変動の数世紀を通じ、これらの市民的積極参加の伝統を保持してきたのか。南部のいかなる悪循環が、永遠とも思われる搾取と従属を再生産してきたのか。これらの問題に答えるために、因果関係の点からのみならず、社会的均衡の視点からも考察を加えなければならない。そうした作業に次章で取り組もう。

第六章　社会資本と制度の成功

集合行為のジレンマ

千年あるいはそれ以上もの間、あまり市民的とは言えないイタリアの州では、集団生活は荒廃したものであった。では、どうしてそうなのか。住民が、孤独で服従の惨めさを好んだといったことはおよそ考えられない[(1)]。外国の抑圧が、彼らの惨めな状態を説明する方法であったこともあるかもしれないが、州制度の実験は自治政府が万能薬ではないことを示唆している。これらのすさんだ州の住民は、彼らの暗澹たる経験から何一つ学んでこなかったのか、と苛立ち紛れに問うてみたくなる。きっと彼らも、公益のために全員で協力し合いさえすれば、万事うまく行くことは分かっていたはずだ[(2)]。

一八世紀スコットランドの哲学者、デイヴィッド・ヒュームは、合理的な公共精神を混乱させる根元的なジレンマを分かりやすい比喩を使って巧みに説明している。

隣家の小麦は今日稔るし、自家の小麦は明日稔ろう。それゆえ、今日は隣家とともに働いて、明日は隣家が私を援ければ、双方に利得があろう。［しかし、］私は隣家に何らの好意も持たない。また、隣家が私に対しても同様に好意を持たないと知っている。それゆえ、私は隣家のために骨を折ろうとは思わない。また、もし返礼を期待して、私自身のために隣家に協力して働けば、私は失望すると知っている。言い換えれば、隣家の感恩に依存しても無駄であると知っている。それゆえ、今の場合、私は隣家が自分だけで働くままにして置く。隣家も私に同様な取扱いをする。刈入れの時期は移る。そして、私も隣家も、相互の信頼と保証とを欠くため収穫を失う。(3)

相互利益のために協力しないことは、無知あるいは非合理性の証拠とは必ずしもならない。ゲーム理論の専門家は、様々な装いでこの根本的な窮境を研究してきた。

- 共有地の悲劇では、どの牧夫も、他人の家畜が草を喰むことを制限できない。もし牧夫が共有の牧草地の自分の飼育権を制限すれば、損をするのは彼だけである。だが、自分一人くらいと思って行う過放牧は、牧夫全員の暮らしが依存する共有資源を消尽することになる。
- 公共財（例えば新鮮な空気、安全な街区）は、その供給への貢献度とは無関係に誰でも享受できる。その結果、通常は、皆がその公共財の提供に寄与しようとする誘因を失い、結果として生み出されるものは無に近く、最終的には全員が損をすることになる。
- 陰気な集合行為の論理では、労働者全員が一斉にストを打てば、各人が利益を手にすることになる。だが、ストの旗をかざす労働者には、十分な報酬を手にするスト破りに裏切られる危険がつきまとう。その結果、他の誰かが無鉄砲にもストを決行することから得られる利益にただ乗りしようとする。
- 囚人のジレンマでは、ある犯罪の共犯と嫌疑をかけられている二人の囚人が、別々の独房に入れられ、各人に対して警察は次のように言う。もしお前が相手がやったと言い、相手はお前がやったと言わないならば無罪放免だ。もしお前が相手がやったとは言わず、相手の方がお前がやったと言うならば、お前は特別厳しい取り扱いを受けるであろう。もし二人とも相手がやったと言わないなら、二人とも軽い罰で放免されるだろう。だが、二人とも協力して話のつじつまを合わすことができないのなら、相手がどう出ようとも相手を裏切る方が賢明である。

ヒュームの農民の逸話のように、右に一瞥したどの状況にあっても、協力できるものならしたほうがよいに決まっている。だが、相手が望むような行動をとるとは信用できないので、各人は相手を裏切る誘因を持ち、「フリーライダー」を決め込むのだ。人は、互いに相手が裏切るのではないかと合理的にも考えてしまう結果、結局、彼に残るのは「かもの報い」である。「これらのモデルは、……合理的個人が状況によっては、当事者全員にとって『合理的』とは思えない帰結をまんまと生み出してしまう仕組みを説明する上できわめて役に立つ[4]」。

この窮境は、悪意、あるいは人間嫌いから生まれるのではない。もちろん、そうした感情が、無慈悲な結末によって助長される可能性はあるが。たとえ一方が、相手の気分を害する気がなくても、また状況次第では互いに協力する気になっても――もし、貴方がその気なら私の方も協力しよう――、二人の間にはそれを確認し、実行に移す言質《コミットメント》が存在しないので、破約に対抗しうる保証がまったく存在しないことになる。さらに悪いことには、各人は、相手も同じ窮境に立っていることを知っている。「協力して行動するには、その前に、自分が他者を信頼するのみならず、自分が他者によって信頼されていると信じなければならない[5]」。こうした相互信頼がなければ、各人は協力行為が非合理的だと認識し、結局は誰もが望まない結果――収穫されないトウモロコシ、喰い荒らされた共有地、行き詰まった政府――を招来する。

ヒュームが語る農民にとって最も重要な問題は、裏切りを処罰できる信用に足る制裁機構が存在しないことである。すなわち、各人は、他者が怠業の誘惑を前にしてその約束を守る、といかにすれば確信できるのか。より複雑な文脈、例えば現代の政府（または、現代の市場）のような文脈には、監視というやっかいな仕事が付け加わる。すなわち、ある行為主体は、多くの要因からなる不確実性や対抗圧力を前にして、どのようにすれば他の行為主体が約束を守ろうと実際に、「誠実に努力」したかどうかを確認しうるのか。正確な情報と信頼しうる執行の両方が、協力がうまくいくために不可欠なのだ。

国際信用市場から州政府、バス待ちの行列に至るあらゆる社会制度のパフォーマンスは、この種の問題がいかに解決されるかにかかっている。聖人の世界では、おそらく集合行為のジレンマなど発生することはなかろう。だが普遍的な愛他主義は、社会行為にとっても社会理論にとってもドン・キホーテ的な前提と言えよう。もし諸アクターが相互に信頼しうる拘束的約束《コミットメント》を創出できないならば、彼らは相互利得の多くの機会を——憂い顔で、だが合理的に——断念せざるをえない。

この難問に初めて本格的に挑んだ偉大な社会理論家の一人ホッブズは、古典的といえる解決法、つまりは第三者による強制執行を提示した。当事者双方が、両者間の礼譲を執行する権力をレヴァイアサンに譲り渡せば、彼らは文明生活を営む上で必要な相互信頼をその見返りに手にすることができるのだ。国家の臣民は、自らなしえないこと——相互信頼——を国家の手によって実現しうるのである。ロシアの無政府主義者、ピョートル・クロポトキンが近代社会の原理を疑い深く喝破したように、「各人は自己のために国家は総人のために」[6]存在するのである。
ただ残念なことに、この種の解決法は単純《ニート》すぎる。ノースは、その問題点を簡潔に次のように論じる。

> 契約内容がもつ効果を計算しうる能力、それも費用がかからない能力、さらにはその契約に違反した場合、違約者にはその弁済を負担させる、すなわち被害者への補償を常に行わせるといった合意事項を実現させる、この場合も費用をかけることなく実現させる能力を有する第三者が必要となるだろう。これらは、明らかに現実の世界では、たとえあるにしてもほとんど満たされない非常に厳しい条件である。[7]

第三者執行の難しさの一端は、強制執行の費用が高くつく点である。「実力行使に大きく依存する社会は、信頼がその他の手段によって維持されている社会に比べて、非能率、コスト高、不快になりがちである(8)」。だが、より基本的な問題は、公平な執行それ自体が、一つの公共財、それが解決を目指すものと同じ基本的なジレンマ構造を抱えた公共財だということである。第三者執行がうまく機能するには、第三者それ自体が信頼に足る人物でもなければならない。だが、いかなる力が、主権者が「裏切ら」ないことを保証できるのか。「簡単にいえば、もし国家が強制力をもてば、そのとき国家を運営する人々はその力を社会の残りの人々の犠牲の上に彼ら自身の利益のために用いるであろう(9)」。

歴史は、イタリアの南部人にホッブズ的な集合行為のジレンマ解決がありそうにないことを教えてきた。「諸制度の代表的な供給者――君主たち――は、時には福祉増進のための制度を供給もしたが、連中は経済の衰退を招く制度も供給したのである(10)」。ゲーム理論の用語では、公平な第三者執行は、普通は「安定した均衡状態」(プレーヤーが誰一人自分の行動を変える誘因がない状態)ではないのだ。

これとは対照的に、古典的な囚人のジレンマやそれに関連する集合行為のジレンマにおいては、裏切りこそが、すべての当事者にとって安定な均衡戦略である。「『裏切り』は、裏切りそのものにとってだけではなく、あらゆる戦略(純粋、混合を問わず)にとっても唯一最善の応答である(11)」。当事者全員にとって結果がいかに遺憾なものであっても、裏切りはどの当事者にとってもいまだに合理的なのだ。

けれども、他の研究者たちが述べてきたように、右の理論はよけいなことまで証明しすぎである。というのも、それが、自発的協力を十分に想定していないからだ。例えば、ヒュームが言う非協力な隣家の農民という例には、中部イタリアの折半小作農に昔から見られる隣保扶助《アイウタレリヤ》やアメリカのフロンティアに見られた納屋の共同普請を対置できる。これらの実例は、目から鱗といった集合行為の論理からすればなおさら理解しにくい。「われわれは、ゲーム理論が予想するほど頻繁には非協力行動が現れない理由を問うべきなのである」[12]。

この問題は、近年多くの研究者の執筆熱をかき立ててきた。ゲーム理論家が広く主張するには、協力はプレーヤーの無限繰り返しゲームの場合にいっそう容易となり、その結果、裏切り者は継続的に繰り返されるプレーで処罰に直面する。この原則が、この分野の理論的な深化を図る際の基礎となる（この原則は広く認められており、その一変種はフォーク定理として知られる）[13]。協力に好都合なゲーム自体に内在する他の諸条件は、理論的に言えば、プレーヤーの数が少ないこと、各プレーヤーの過去の行動に関する情報が豊富にあること、プレーヤーが未来を過度に度外視しない態度である。これら諸要素の一つずつが重要である。だが、それら諸要素は、個人を超えた協力は近代世界の多くで当たり前のように思われるが、実際はその反対で非常にまれであるに違いない、と示唆しているようだ。では、なぜそうなのか[14]。

重要な研究系譜の一つは、経済学者のオリバー・ウィリアムソンの仕事に結実している。この理論シューレは、「取引費用」（契約監視・実施コスト）を節約させ、実行者が、機会主義と怠業という問題をより効率的に克服することを可能とするような、フォーマルな制度の役割を強調した[15]。第一章でも触れたように、このアプローチの真価を、近年エリノア・オストロームは、放牧地、農村の灌漑水、漁村の共同漁場といった共有資源を管理する協力的な取り組みを、注意深く比較することによって証明した。彼女は、集合行為の論理の克服に制度による差があるのはなぜか、その理由を問う。彼女の比較が示唆する制度デザインの原理には、制度の境界の明確化、関係当事者のルール提議への参加、段階別制裁へのルール違反者の服従、紛争解決への低費用メカニズムの利用可能性などがある[16]。

だが、「新制度論」のこの変種は、ある決定的に重要な疑問に答えてはいない。その疑問とは、集合行為の問題を克服するフォーマルな制度が、どのように、またどういう理由で実際には供給されるのかという疑問である。参加者自身がまずは制度を必要とするのだから、彼ら自身が制度を創り出すことはできないであろう。また公平な「立法者」は、ホッブズの公平な主権者と同じく疑わしい[17]。

憲法を守護せんとする契約（すなわちそれまた一つの憲法）を書くとしよう。そうした場合、その種の契約のたぐいは必ずや無限に書き重ねられることとなる。そこでは支配派閥が憲法をあちこち少しずつ削って短くするので、社会統制の公式機構は、原型としてただ乗りを受け入れるべきである。さもないと、善意の市民はこれらの権力の不法簒奪者の取締りコストを自分達の隣人に押し付けたり、また交通違反者は税金をごまかし、交通信号を無視する。(18)

法律違反者、責任回避者、支配派閥は、市民度の低いイタリア諸州の市民が証言できるように、もちろん多くの社会の頭痛の種でもある。だが、協調的な諸制度がもっとうまく働いているような社会もある。では、この違いはどこから出てくるのであろうか。このパズルを解くために一部の手堅い理論家たちは、ベイツが「ソフトな」解決と呼んだ共同体や信頼のようなものに注目しだした。「囚人のジレンマが存在する世界では、合理的な個人は、協力的な共同体によって集合的ジレンマの限界を超えることができよう(19)」。

社会資本、信頼、回転信用組合

集合行為のジレンマ克服の成功や、ジレンマが生み落とす自滅的な機会主義は、特定のゲームが行われる広範な社会的文脈に左右される。自発的な協力がとられやすいのは、互酬性の規範や市民的積極参加といった形態での社会資本を、相当に蓄積してきた共同体である。(20)

ここで使用する社会資本は、調整された諸活動を活発にすることによって社会の効率性を改善できる、信頼、規範、ネットワークといった社会組織の特徴をいう。

社会資本は資本の他の諸形態と同様に生産的で、それがなければ達成できないような一定の目標を実現しうる。……例えば、メンバーが信頼できることを明示し、お互い広く信頼している集団は、そうでない集団の幾倍も多くのことを達成できよう。……農民が、干し草を束ねるのに協力したり、農機具を広く貸し借りしあっているような……農村共同体では、農民一人ひとりは農機具や設備の形の物的資本が少なくても、社会資本のおかげで自分たちの仕事をやり終えることができるのだ。(21)

自発的な協力は、社会資本によって促進される。この原則の一つの有益な実例は、世界の様々な地域に発達した回転信用組合と呼ばれる、一種の非公式の相互金融システムである。回転信用組合は、「定期的に一定の金額を組合に拠出し、出資者は、順番に集まった金額の全部あるいは一部を受け取ることができる(22)」グループからなる。回転信用組合は、世界各地で、ナイジェリアからスコットランドまで、ペルーからベトナムまで、日本からエジプトまで、アメリカ合衆国東部に住む西インド諸島からの移民から西部のメキシコ系アメリカ人まで、字の読めない中国の村民からメキシコシティの銀行支店長や経済予測家まで報告されている。アメリカの貯蓄貸付機関の多くも、回転信用組合として出発したと聞いている。(23)

代表的な回転信用組合では、例えば二〇人のメンバーがいるとすると、その二〇人が毎月一ドル程度を出し合い、事業資金（結婚費用、自転車、ミシン、小店の新規在庫などの購入費）が入り用だと申し込めば、その月の共同積立金二〇ドルを受け取ることができる。(24)一度このようなお金を使ったメンバーは、しばらくは番が回ってこない。だが、毎月の資金拠出は、順にメンバー全員に積立金が行き渡るまでは続くことが当てにされる。回転信用組合は、規模、社会的構成、組織、支払い決定手続き等の点で様々である。

回転信用組合は、メンバーの寄り合いがどれほど賑やかだとしても、単なる社交場での娯楽、あるいは愛他主義を表現するものではない。例えば、クリフォード・ギャーツは、ジャワの経験を次のように報告している。アリサン（字義通りには、「協同努力」、「相互扶助」を意味する）は、「協同性なる一般的精神というよりは——ジャワ農民は、多くの農民同様に、肉親家族より大きなグループには相当に疑い深い傾向がある——、むしろ生活の様々な局面での労働・資本・消費財の交換といった明示的かつ具体的な諸実践のセット（を表す）。……協力は、協力し合う当事者にとり互いに得だという非常に生々しい感覚に根ざしており、すべての男たちの団結といった一般的倫理や有機体的社会観に基づくものではない[25]」。

回転信用組合は、集合行為の論理を明らかに打破している。回転信用組合のメンバーは、共同積立金を手にしたとたんにこの講を抜け出さないのはなぜだろう。この種のリスクを知りつつも、なぜ初めに資金を出す者が現れるのか。「回転信用組合は、メンバー全員が義務を履行しつづける限り、機能しうることははっきりしている[26]」。だが、回転信用組合は、いかなる合法的なレヴァイアサンも、また裏切りを処罰する体制が整備されているわけではないところで多く見られる。

裏切りが生むリスクは、参加者が十分心得ており、組合の創始者はある程度慎重にメンバーを選ぶ。このように、正直さや信頼性といった評判がメンバーとなるための重要な資財である。もちろん、評判が良い人だという重要な情報の源は、その人物がかつて他の回転信用組合のメンバーであった事実にある。考えてみると、しっかりした評判の獲得は、組合参加の思わぬ重要な恩恵ともいえる。評判の不安定さと裏切りのリスクはともに、互酬的な積極参加の強い規範と分厚いネットワークによって、最小限に抑えられる。反‐裏切りの規範が強すぎて、債務不履行の瀬戸際にある成員が娘を売春婦に売り飛ばしたり、あるいは自殺してしまったことが報じられている[27]。

ナイジェリアのイボ族のような小規模できわめて個人化した共同社会では、社会経済システムからの陶片追放という脅威は、強大かつ確実な制裁となる。これとは対照的に、今日のメキシコシティのもっと分散的で非人格的な社会では、相互扶助のいっそう複雑なネットワークが、回転信用組合を支えるべく織り合わされているに違いない。ヴェレス＝イバネスは、信頼《コンフィアンツァ》（一般化された互酬性と相互信頼）に基づく社会的ネットワークに沿って拡がる、メキシコ人の回転信用組合の数多くの隆盛について記している。「信頼《コンフィアンツァ》の輪は直接的かつ間接的であろうし、また質や太さの点でも様々であろう。多くの場合、メンバーは自分の責務を履行するために、他人の信頼を信頼しなければならない。というのは、彼らはほとんど面識がないからである。あるインフォーマントの説明にもあるように、『相互信頼が貸されるのだ』」[28]。社会的ネットワークによって、信頼が他のものに転移し、広がりうる。私は、貴方を信頼する。理由は、私は彼女を信頼しており、彼女が貴方を信頼できる人物だと請け合っているからだ。

回転信用組合は、集合行為のジレンマが、社会資本の外部ソースを利用することによっていかに克服されうるかを例証している。というのは、回転信用組合は、「人と人との間に前からある社会的なコネを使うことで、不完全情報と執行可能性という問題を回避しやすくなる」[29]からだ。在来の借り手にとっての通常の資本と同様に、社会資本は一種の担保財産として作用するが、通常の信用市場にまったくアクセスできない人間にも利用できる[30]。参加者は、抵当として提供できる実物資産を欠いているので、彼らは実際には自分たちの社会的コネを抵当に入れることになる。このように、社会資本は、これらの共同体で利用可能な信用機関を拡張し、そこでの市場の稼働効率を良くするのにものを言う。

回転信用組合は、協同組合や他の形態の相互扶助＝連帯と一緒にしばしば目にされる。一つには、これらあらゆる形態の自発的協力には、社会資本の同種類の基底資産が注ぎ込まれているからである。オストロームが小規模な共有資源、例えばアルプスの牧草地の印象を語っているように、「長い間こうした環境に生き、互酬性の共有の規範とパターンを発達させた結果、人々は社会資本を手に入れ、その社会資本を通じて共有資源管理問題のジレンマを解決する制度を整えることができるのである」[31]。

相互扶助の慣行は、回転信用組合と同様に、それ自体社会資本への投資の意味を持つ。ジャワのアリサンは、「一つの経済制度としてよりも、主たる目的が共同体の連帯を強化することにある幅広い社会的な制度である、とメンバーは一般に考えている」。日本でも、「講は、日本の村に共通して見出しうる、日本古来の相互扶助のいくつかの形態（労働力交換のパターン、贈物のやり取り、共同家屋の普請や修理、死・病気その他の個人的な危機の際の隣保共助などを含む）の一つにすぎない。このように、ジャワの農村部と同じく回転信用組合は、単純な経済制度以上のものである。回転信用組合は、村の全体的な連帯を強化するメカニズムである」[32]。

通常の資本の場合と同様に社会資本に恵まれた人々ほど、より多くの社会資本を蓄積する傾向にある――「持てば持つほどに多くを手に入れるのである」。「小規模な創始的制度をうまく立ち上げることで、一団の人々はより広範な諸問題を、より大規模かつ複雑な制度的配置によって解決すべく創出された社会資本に頼ることができる。集合行為の最近の諸理論は、制度的な資本の強化を力説しない」[33]。

例えば、信頼といった社会資本の大半の形態は、アルバート・ハーシュマンが、「道徳資本」と呼ぶもの――資本の供給が使われるほどに増大し、もし使われないと枯渇する資源――である[34]。二人がお互いの信頼を多く示せば示すほど、両者の相互信頼は大きくなる[35]。逆に、

> 根深い不信を経験を通して弱めるのは至難の業である。というのは、根深い不信が、適切な種類の社会的試みに参加できなくさせる原因であったり、さらに悪くすると、不信自体を正当なものだと吹聴するような行動を生み出すからである。……不信がひとたび根を張ると、やがて不信が実際にかつて正当化されたことがあるのかどうかも分からなくなる。というのは、不信には自己成就してしまう力あるからだ[36]。

社会規範やネットワークといった他の形態の社会資本も、使うと増え、使わないと減る[37]。とにかく、社会資本の創造と破壊は、好循環と悪循環によって特徴づけられるだろうと心得るべきなのだ。

信頼、規範、ネットワークのような社会資本の一つの特色は、普通は私的財である通常資本とは違い、普通は公共財である点である。「全員がそこに埋め込まれている社会構造の一属性として社会資本は、社会資本から利益を得る人々の誰の私的財でもない」[38]。あらゆる公共財と同様、社会資本は私的行為主体から軽視されたり、十分供給されない傾向にある。例えば、信頼してよい人物という私の評判は、私ばかりか貴方の利益にもなる。というのも、信頼を信じてよいのならば、貴方も私も互いに利益となるように協力できるからだ。だが、信頼に足る、という私の評判が貴方に与える利益（逆に、信用できる相手ではないという私の評判が貴方に課すコスト）を私が軽く見ると、私は信頼の形成にあまり力を注がない[39]。このことは、他の形態の資本とは違って社会資本はしばしば、他の社会的諸活動の副産物として生み出されなければならないことを意味するのである[40]。

信頼は、社会資本の一つの本質的な構成要素である。ケネス・アローが認めているように、「事実上あらゆる商取引は、取引行為のなかに信頼なる要素を含む。長期の取引行為の場合は、間違いなくそうである。世界の経済的後進性の大半が相互信頼の欠如で説明できると論じてよかろう」[41]。アンソニー・ペイジェンは、一八世紀の明敏なナポリの経済学者、アントニオ・ジェノヴェージの洞察を思い起こして次のように述べている。

（ジェノヴェージ）ご指摘のように、信頼なきところ、「契約を保証するものも一切なく、したがって法の執行もありえない」。そして、そうした状態にある社会は、「半未開な状態」に事実上零落する。……（ジェノヴェージのナポリでは）証書や金までもが、ほとんど偽物だった。だから、そんなものを進んで受け取る者はいなくなった。ナポリ人は、ジェノヴェージが描く未開状態に落ち込んでしまった。連中の心根は、もらわなかったらやらない、といったたぐいのものであった[42]。

ナポリとは対照的にイタリアの市民的な地域では、社会的信頼は長い間エートスの重要な鍵的な要素であり、経済のダイナミズムや政府パフォーマンスを支えてきた[43]。協力が、しばしば――立法府と執行府の間で、労働者と経営者との間で、政党の間で、政府と民間グループとの間で、小企業間で――必要とされた。だが、こうした協力関係にあっては、明確な「契約」や「監視」は往々にしてコスト高か不可能であり、また第三者執行は現実的ではありえない。信頼が協力を円滑にするのである。ある共同体内部で信頼のレベルが高くなるほど、協力の可能性も大きくなる。また、協力それ自体が信頼を育てるのだ。社会資本の着実な蓄積は、市民的なイタリアの好循環の背後をなす物語の決定的な部分である。

協力維持に欠かせない信頼は盲目ではない。信頼は、独立したアクターの行動についての予測を当然とする。「貴方は、ある人（または、ある機関）が何かをすると言っているという理由だけで、彼がそれをすると信用するのではない。貴方は、彼の性格、彼にとって可能な選択肢とそれを選択した場合の結果、彼の能力等について聞き及んでいる内容を知っているからこそ、彼がそうすることを望むであろうと予想するのだ。だからこそ、彼を信頼するのである[44]」。小規模な緊密に結びついた共同体では、この予測は、バーナード・ウィリアムズが「厚い信頼」、すなわちこの人間の知悉に基づく信念を基盤としうる。だが、もっと大規模で複雑な状況では、いっそう非人格的、あるいは間接的な形態の信頼が必要とされる[45]。個人的な信頼は、どのようにして社会的な信頼となるのであろうか。

互酬性の規範と市民的積極参加のネットワーク

現代のように複雑な環境の下では、社会的信頼は、相互に関連する二つの源泉――互酬性の規範と市民的積極参加のネットワーク――から現れる可能性がある[46]。ジェームズ・コールマンによれば、社会規範は、ある行為を統制する権限をその行為主体から他のアクターへと移転する。というのも、その行為が「外部性」――他者に及ぼす結果（積極的／消極的）——を有するからというのが大きな理由である。外部性は、時には市場における交換によって適切に処理されるが、そうしたケースはさほど多くはない。規範は、「ある行為が一組の他者に対して類似の外部性を持つなか、そうした行為をコントロールする権利が市場によっては容易に確立できず、またどの単独アクターもそうした権利を手に入れるための交換に参加すると損するような場合に」[47]現れる。規範は、模倣や社会化（市民教育を含む）、また制裁によってたたき込まれ、維持される。[48]

分かりやすい事例を一つ考えてみよう。この辺では一一月は風が強く、庭の落葉が隣家の庭に舞い落ちることも多い。だが、私の隣人たちが私を買収して落葉掻きをさせることなど起こりそうもない。だが、芝生に散らかった落葉を掃除するという規範は、隣近所では強く、土曜の午後テレビを見るか見ないかという私の決断を制約する。この規範は、地元の学校で実際に教えられるわけではない。だが、新たに引っ越してきた人には隣人がそういった話をするし、隣人が各自の庭の落葉掻きをきちんとしているのを見たり、また秋空の下でのおしゃべりのなかでもこうした規範は強化される。落葉掻きをしない行為は、近隣のいろいろな出来事の場面で習慣的に回避され、その結果、落葉掻きはほぼ当たり前のことになっている。規範に法的強制力がまったく伴わないとしても、また落葉掻きよりもバッキーズ（オハイオ州立大）のフットボールの試合をテレビで見るのが好きだとしても、私はいつもは規範に従う。

社会的信頼を支える規範に類した規範は、取引コストを逓減させ、協力を増進させるために少しずつだが発達する。[49]この種の規範で最も重要なのが、互酬性である。互酬性には二種類考えられる。それらは、時々「均衡のとれた」（あるいは「特定的」）互酬性、「一般化された」（あるいは「一般的」）互酬性と呼ばれる。[50]均衡のとれた互酬性は、同じ価値品目の同時交換、例えばオフィスの同僚がクリスマス休暇中にプレゼントを交換し合ったり、国会議員が議案通過で相互取引する行為などを指す。一般化された互酬性は、ある時点では一方的あるいは均衡を欠くとしても、今与えられた便益は将来には返礼される必要があるという、相互期待を伴う交換の持続的関係を指す。例えば、友人関係は、一般化された互酬性を大概伴う。キケロ（ところで彼は中部イタリア生まれである）は、一般化された互酬性をすこぶる明晰に次のように述べている。「親切への返礼ほどに欠かすことのできない義務はない。恩を忘れやすい人には、誰だって不信を抱く[51]」。

一般化された互酬性の規範は、社会資本のきわめて生産的な構成要素である。この規範に従う共同体は、機会主義をより効率的に抑制し、集合行為にまつわる諸問題を解決できる[52]。互酬性は、一九世紀の経済不安に対応するために編み出された相互扶助協会と同様に、中世イタリア北部のコムーネ共和政の市民にとって、安全をめぐるジレンマを和らげる「塔仲間」やその他の自助団体の核をなした。一般化された互酬性の規範は、利己心と連帯を調和するのに役立つ。

> 互酬性システムにおける個々人の行為は、短期的な愛他主義と長期的な利己心と呼んでいいものの結合を常に特徴としている。私が貴方を助けるのは、将来、貴方が私を助けてくれるという期待（おそらく曖昧で、不確実で、計算できない）によるのである。互酬性は、短期的には愛他的（愛他主義者がコストを負担し、その結果、他者にとって利益となるように）だが、全体としては当事者全員の効用をおそらくは高める一連の諸行為からなる[53]。

一般化された互酬性という有効な規範は、社会的交換の緊密なネットワークが関係していそうだ。信頼すること《トラスティング》が、信頼した相手から弱みにつけ込まれるのではなく、返礼としてその相手から信頼し返される、とメンバーが確信できるような共同体にあって、交換は生まれやすい[54]。逆に言えば、長期間にわたって交換を繰り返すと、一般化された互酬性の規範は強まる傾向にある。さらに、ある種のネットワーク自体が、集合行為のジレンマを解決に向かわす。マーク・グラノベッターは、合意が、個人的な関係と社会的ネットワークのより大きな構造に「埋め込まれている」とき、信頼が生み出され、悪意のある行為が抑制されることを強調した[55]。

個人的なつき合いは、他の諸アクターの信頼性について結構安価で信頼できる情報を生み出す。ゲーム理論のフォーク定理からも分かるように、継続中の社会的諸関係は、信頼性に向けての誘因を生み出すことができる。さらに、持続的な関係は、「信頼への強い期待と機会主義の自制を生む社会的な満足にしばしば満たされる。……囚人のジレンマは、個人的な関係が強ければ未然に回避されることが多い」(56)。「埋め込み」アプローチが想定するところでは、当該社会の秩序と無秩序、また協力と機会主義の混交比率が、既存の社会的ネットワークによって左右される。

いかなる社会——近代的／伝統的、権威的／民主的、封建的／資本主義的を問わずも、個人間の公式・非公式のコミュニケーション＝交換のネットワークによって特性を表すことができる。ネットワークが、主に「水平的」で、同等の地位・権力の諸行為主体を結合するものもあれば、その性質が主に「垂直的」で、位階制的＝従属的な非対称的関係にある不平等な諸行為主体を結合するネットワークも存在する。もちろん、現実の世界においては、ほとんどのネットワークは二つの要素の混在物である。ボーリング・チームでさえ主将がおり、一方、刑務所の看守も在監者と時には親しく交わる(57)。ある組織の特徴をなす現実のネットワークと、組織を動機づけるイデオロギーとは一致しないかもしれない。見た目には同じような集団も、違ったタイプのネットワークを備えているかもしれない。例えば、あらゆる宗教集団は階統制と平等の混在を特徴とするが、プロテスタント教会は、カトリック教会の階統組織よりも水平的だと昔から考えられてきた(58)。にもかかわらず、水平的結合と垂直的結合、また「蜘蛛の巣」型ネットワークと「メイポール」型ネットワークの間に、基本的な対照的性格が相当に認められることは明らかである。

市民的な積極参加のネットワークは、第四章、第五章で検討した近隣集団、合唱団、協同組合、スポーツ・クラブ、大衆政党などのように活発な水平的交流を表すものである。市民的積極参加のネットワークは、社会資本の一つの本質的な形態である。共同体のこの種のネットワークが密になればなるほど、市民は相互利益に向けて協力できるようになろう。では、正確なところ、なぜ市民的積極参加のネットワークが、こうした大いに有益な思わぬ結果を生み出すのだろうか。

・市民的積極参加のネットワークの場合どのような取引であれ、個々の取引における裏切り者には潜在的コストが高まる。機会主義は、将来の取引から得られる利益ばかりか、現在関係しているほかのあらゆる取引から獲得できると期待しうる利益までも危険にさらす。市民的積極参加のネットワークは、ゲーム理論の用語を使えば、ゲームの繰り返し＝相互連関性を増大する。(59)

・市民的積極参加のネットワークは、互酬性の強靭な規範を促進する。多くの社会的文脈で交流し合う仲間同士は、「多くの相互補強的な出会いのなかで相互に許容しうる行動の強い規範を発達させたり、自分たちの相互的な期待を互いに伝え合う傾向にある」。これらの規範は、「約束を守るとか、また地元社会の行動規範の受け入れといった評判の確立に依拠する諸関係のネットワーク」(60)により強化される。

・市民的積極参加のネットワークは、コミュニケーションを促進し、また諸個人の信頼性に関する情報の流れをよくする。市民的積極参加のネットワークにより、評判が伝えられ、さらに評判が高まる。(61)既に見たように、信頼と協力は潜在的パートナーの過去の行動と現在の利害に関する確かな情報に依存するが、不確実な情報は集合行為のジレンマを広げる。このように、他の条件が同じであれば、当事者間のコミュニケーション（直接、間接）が多いほど、彼らの相互信頼も深まり互いに協力しやすいことに気づくであろう。(62)

・市民的積極参加のネットワークは、協力がかつてうまく行ったことの表れである。それは、将来の協力に向けて文化的に規定された梁の役割を果しうる。「文化的フィルターは、継続性を与え、過去の交換問題に対するインフォーマルな解を現在にまで持ち越し、そうしたインフォーマルな制約を長期的な社会変化における継続性の重要な要因にする」(63)。

第五章で既に見たように、北イタリアの市民的伝統は、過去にもその価値を証明してみせたように、市民が新たな集合行為の問題に取り組む際に活用できる協力の諸形態の歴史的宝庫をなしている。相互扶助協会は、旧来の同業組織が崩れ落ちた基盤に創出され、次には協同組合、大衆政党が相互扶助協会の経験をうまく利用することとなった。現代のイタリアの環境運動は、これまでのこれらの経験に依るところが大きい。逆に、市民的協力が芳しくなかった地域では、疑いと怠業の壁をどうしても克服できないでいる。集合的解決が必要な新たな問題に直面した場合、いずれの地域の人間もその解決の糸口を自分たちの過去に探し求める。市民共同体の住民は、自分たちの歴史のなかに成功した水平的関係の実例を発見する。これに対して、市民度が低い州では、せいぜいのところ垂直的な嘆願といった事例を見出すにとどまる。

垂直的ネットワークは、関係者にはそれがいかに緊密かつ重要であっても、社会的信頼と協力を維持するものではない。情報の上から下への垂直的流れは、往々にして水平的な流れほどに信頼できるものではない。理由の一つは、従属者が搾取されることに対する自己防衛の壁として情報の出し惜しみを行うからだ。さらに重要な点は、機会主義の脅威に対抗して互酬性の規範を支える制裁が、上の方に向けて加えられることはなかなかなさそうだし、制裁が加えられたとしても彼らはそれに応じる可能性が少ない、ということである。[64] 優位者を処罰してやろうとするのは、おそらく仲間との連帯関係を持たない不遜者かあるいは無鉄砲な従属者だけであろう。

例えば、恩顧＝庇護主義的関係は、個人間の交換や互酬的な義務を含んでいるが、その交換は垂直的で、義務も非対称的である。ピット＝リヴァースは、恩顧＝庇護主義を「一方的友人関係」[65]と呼ぶ。さらに、恩顧＝庇護主義の垂直的絆は、「顧客と庇護者《パトロン》の水平的な集団組織・連帯を同程度に――だがとくに顧客――を蝕むようである」[66]。庇護者《パトロン》を同じくする二人の顧客は、相互に直接的な絆がなく人質にできるようなものは相互に何もない。彼らには、相互の裏切りに恐れるものは何もないし、相互疎遠で困ることもまったくないのだ。彼らは、一般化された互酬性の規範を発達させる機会もなければ、拠り所となる相互協力の歴史も一切持たない。相互性ではなく従属性を特徴とする垂直的な恩顧＝庇護主義的関係にあっては、機会主義は、庇護者《パトロン》（搾取）と顧客（怠業）の双方に存する。集合行為のジレンマを解決するに当たって、垂直的ネットワークが水平的ネットワークほど役に立つものではない。この事実は、なぜ一八世紀に資本主義が封建主義よりも効率的であることが明らかになり、またなぜ民主主義が二〇世紀に専制政より有効であることが明白となってきたのかということの一つの理由かもしれない。

親族の絆は、集合行為のジレンマを解決するに当たって特別な役割を有する。いくつかの点で、血のつながりは市民的積極参加の水平的な絆に比肩できるが、家族はより普遍的な存在だといってよい。家族企業や親密な民族的少数派（ヨーロッパのユダヤ人、アジアの華僑等）が、商業革命の早い段階で重要な役割を果したのは偶然ではない。だが、市民的積極参加のネットワークは、より広い範囲の社会的諸環節《セグメント》を包絡する可能性が高く、その結果、協力を共同体のレベルで支える可能性が高い。グラノベッターが指摘したように、「強い」個人間の結合（例えば、親族関係や親友関係）は、皮肉なことに共同体の団結や集合行為の維持には、「弱い結合」（例えば、知人や第二次集団の参加成員）ほど重要ではないのだ。「弱い結合の方が、特定の集団内部に固まってしまいがちな強い結合より多様な小グループのメンバーを結びつける傾向にある」(67)。人間関係が濃密だがタコツボ化した水平的ネットワークは、各グループ内での協力は維持させるが、社会的亀裂を横断する市民的積極参加のネットワークは、もっと幅広い協力を育てる。この点が、なぜ市民的積極参加のネットワークが、ある共同体の社会資本の蓄積のかくも重要な一部であるかのもう一つの理由である。

もし、市民的積極参加の水平的なネットワークが、参加者が集合行為のジレンマを解決するのに役立つならば、組織は水平的に構造化されればされるほど、より幅広い共同体における制度の成功をおそらく促進するはずである。水平型秩序の集団（例えば、スポーツ・クラブ、協同組合、相互扶助協会、文化団体、自発的労組）の成員資格は、良い政府と相関的であるに違いない。政党組織の実態は、党や地域で異なるが（組織が、垂直的か水平的かは場所次第）、党員資格それ自体が良い政府と関係あり、と期待すべきではない。垂直型秩序の組織（例えば、マフィアあるいはカトリック教会制度）の成員率は、良い政府とは負の相関にあるはずだ。少なくともイタリアでは、最も敬虔なカトリック教徒において最も市民度が低い(68)。今指摘した予測はすべて、第四章、第五章で既に見てきたように本研究の証拠と一致する。[69] イタリアにおける良き政府は、合唱団やサッカー・クラブの派生物であって、祈りの副産物ではないのだ。

市民的ネットワークの有効性に関するこの解釈は、政治的・経済的発展に関するその他の諸理論といくつかの点で対立する。マンサー・オルソンは、集合行為の論理に関する自身の独創性に富む詳論をベースに物した著作『国家興亡論』のなかで次のように論じている。すなわち、小さな利益集団には、社会の共通財を増進するために協働しようとする誘因はまったくなく、コスト高で効率の悪い「レント・シーキング」――税金逃れのロビー活動、競争制限を計ろうとする結託など――にやっきになる誘因が存在するだけだ、[70] と。さらに悪いことには、侵略あるいは革命的な変化がないところでは、どのような社会でも特殊利益集団が跋扈し、イノベーションが妨げられ、経済成長の勢いが殺がれるという次第である。集団が多く存在し、また強力なほど成長は望み薄だということだ。強い社会、弱い経済。

オルソンが、集団の簇生現象がもたらす経済への効果を嘆くのとまったく同様に、一部の政治発展論者は、強力でよく組織化された集団にあふれた社会は、政府の有効性を妨げる、と論じる。例えば、ジョエル・ミグダルは、近年次のように論じている。

> 社会構造、とりわけ、有効な社会統制を行う国家以外の多数の社会組織の存在は、国家が自らの潜在能力を大きく広げる可能性に対して決定的な（負の）影響を及ぼす。……多くの社会に見られる主要な闘争、とくに割合に新しい国家との闘いは、……国家が、国家指導者の意思と目標に逆らうルールを作る、国家以外の社会の諸組織を、放逐できるかどうかをめぐるものである。[71]

要するに、集団が多く存在し、また強い社会ほど、弱い政府を意味するわけだ。強い社会、弱い国家。

本研究の証拠と理論は、右に見た二つの主張とは相容れるものではない。第五章で議論したように、歴史的に見ると、市民的積極参加の規範とネットワークは経済成長を促進させてきたものの、それを妨げるものではなかった。その効力は今もなお続いている。州政府が誕生して二〇年、一九七〇年時点での州の経済発展のレベルをコントロールすると、市民的な州は、自発的結社に恵まれず階統的性格が強い州と比べて経済成長のスピードは速かった。一九七〇年当時経済発展のレベルが同じ二つの州のうち、市民的積極参加のネットワークがより密な州は、その後もより早いスピードで経済成長を遂げてきた。(72) 同様に、第四章で見たように、市民的な自発的結社は有効な公的制度と強く関連し合っている。本章で素描した理論は、市民的積極参加の水平的なネットワークの形となって現れた社会資本が、政治体や経済のパフォーマンスを高め、その逆ではない訳を説明するのに役立つ。強い社会、強い経済。強い社会、強い国家。

歴史と制度パフォーマンス——二つの社会的均衡

これまでの議論を要約すれば、いかなる社会にあっても、集合行為のジレンマが政治、経済を問わず相互利益を求めて協力しようという試みに水を差す、ということである。第三者による強制は、この問題にとっては適切とは思えない解決法である。地域社会でその成員が自発的に協力し合うかどうかは（例えば、回転信用組合が成立するかどうかは）、その地域社会に社会資本が豊かに存在するか否かにかかっている。一般化された互酬性の規範と市民的積極参加のネットワークは、裏切りへの誘因を減らし、不確実性を低減させ、将来の協力にモデルを提供することで社会的信頼と協力を促進する。信頼自体、個人的属性であるのと同様に社会システムの創発特性でもある。個々人は、彼らの行動がそのなかに埋め込まれている社会規範や社会的ネットワークゆえに、（単に何でも真に受けるだけではなく）信頼することが可能となる。(73)

信頼、規範、ネットワークといった社会資本の諸資源は、自己強化的で累積的となる傾向がある。好循環は、高い水準の協力、信頼、互酬性、市民的積極参加、集合的充足状態が織りなす社会的均衡に帰着する。これらの諸特性は、市民共同体の特有の特徴をなす。逆に言えば、非市民的な共同体にはこれらの諸特性が足りないので、これまた逆の意味で自己強化的でもある。変節、不信、怠業、搾取、孤立、無秩序、停滞が、悪循環の抑圧的な腐敗的雰囲気のなかで相互に強化し合う。この議論は、集合行為の諸問題に直面するあらゆる社会（すなわち、すべての社会）が、いずれの方向に向かって歩を進め、いったんある閾値を越えると自動強化しがちな、少なくとも二つの大ざっぱな均衡点が存在する可能性があることを示唆している。

「決して協力しない」戦略は、囚人のジレンマの通説が詳説する理由により、一つの安定的均衡である。[74] いったんこうした状況に落ち込むと、状況がどれほど搾取的で後進的なことが分かっていても、おそらく肉親以外に協力をしてくれそうな人間を探すのは合理的とは思えなくなる。バンフィールドが、イタリアの南部社会で観察した「道徳以前の家族主義」は、現実的には非合理的とはいえず、この種の社会的な文脈で生き残る唯一合理的な戦略なのだ。[75] この種の社会的均衡状態に置かれた諸アクターは、より協力的な均衡点にいるより状態がひどく、そのもっと幸運な均衡に達することは、いかなる個人の力をも超えていることが実感として分かろうというものである。

こうした環境にあっては、集合行為のジレンマの解決法として、ホッブズ的・階統制的解決——強制、搾取、従属——が支配することを覚悟すべきだ。このような抑圧的な事態は、協力的な帰結に比べて明らかに劣る。というのも、そのような状態は、社会に自己永続的な後進性を運命づけるからである。それにもかかわらず、中世から近代に至る南部人にはこれまた明白であったように、そうした事態は純粋にアナーキーな「未開状態」にとっては好ましいものではある。このホッブズ的帰結は、それが隣人を信頼できない個々人によって達成できるという利点を少なくとも有しているからだ。最小限の安全は、それがいかに搾取的、非能率であれ、力無き者には侮蔑の対象とはならないのである。

このホッブズ的均衡のなかで集合行為のジレンマを解決する困難さは、社会が協力的な帰結にあるなかでの難しさよりもいっそうひどい状況にあることを意味している。この差額は、非個人的な協力を本質とする複雑な工業/脱工業的な文脈においては、単純な農業社会よりもおそらくいっそう大きなものであろう。明敏な経済史家ダグラス・ノースが観察したように、「複雑な社会では、機会主義、ごまかし、怠業に対する報酬が生じる」(76)。このように、社会資本が(機会主義、ごまかし、怠業を)抑制する重要度は、経済発展のレベルとともに大きくなる。これは、市民的な北イタリアと非市民的な南イタリアのギャップが、過去一世紀の間に膨らんできた理由を説明する一助となろう。

権威主義的な政府、恩顧=庇護主義、超法規的「執行機関」などが、「怠慢」解決の次善の策である。人々は、この種の手段を通じて協力という不可能な夢にかまけることなく、全面対決の闘争からなんとか抜け出す術を見出しうるのだ。力と家族が、市民共同体の粗末な代用品となる。この均衡は、千年もの間イタリア南部の悲劇的な運命となってきた。

だが、社会資本の十分な蓄えがあればより幸福な均衡も達成可能となる。囚人のジレンマが(市民共同体でのジレンマ同様に)繰り返され、あるいは相互連結していると想定すれば、「勇気を持った互酬性」は、ゲーム理論家のロバート・サグデンが近年提唱しているように、安定した均衡戦略である。「貴方と協力する(あるいは貴方のような人々と協力する)人々と協力し、最初に裏切る人間となるなかれ」。とくにサグデンは、彼が言う「相互扶助ゲーム」(相互扶助協会、協同組合、回転信用組合、ヒュームの二人の農民のゲームなどの裏にある暗黙の取引の公式化)において、協力は際限なく維持されうることを示している。確かに、無限繰り返しの相互扶助ゲームにおいてさえも、「いつも裏切る」は、一つの安定した均衡戦略でもある。だが、社会が協力的な解決に向かうことができるならば、社会は自己強化されて行くであろう(77)。大部分の人々が市民的規範を遵守する市民的積極参加の濃密なネットワークを特徴とする社会では、ときおり現れる「腐ったリンゴ」を見つけ出し処分することはより簡単になり、その結果、裏切りはより危険な賭けとなり、裏切ろうという気も失せていくのだ。

サグデンの分析は、「いつも裏切る」も「助けに返礼する」も状況依存的慣習――特定の共同体で徐々に発達し、またそのような発達の仕方であったからこそ安定しているが、別の発達の仕方があったかもしれないルール――である、という結論を導いている。換言すれば、互酬性／信頼、および従属／搾取は能率と制度パフォーマンスのレベルはまったく違うが、どちらの要素群も社会をまとめうる。社会が、どちらか一方を環境にしていったん動き出すと、合理的な諸アクターは自分たちの社会のルールに合わせて行動しようという動機を持つようになる。これら二つの安定した帰結のうちどちらが当該社会の特徴となっていくかは、歴史が決定することである。

歴史上の転換期は、このようにきわめて長命の諸結果を招きうる。「新制度論者」が強調するように、制度――そして制度の運営を条件づける社会的環境も追加しておこう――は、歴史を通じて発展するが、独特で能率的な均衡に確実には到達できない。[78]進歩に立ちはだかり、集合的な非合理性を助長する社会的諸実践を排除する意味において、歴史はいつも効果的であるわけではない。この慣性は、個人の非合理性に帰すことはどうもよろしくない。そうではなく、歴史の置き土産である社会的文脈に合理的に応える諸個人が、社会的病理を強めるのである。

最近の経済史諸家は、社会システムのこの特徴を「経路依存性」――どこへ到達しうるかは、貴方がどこからやって来たかに依存し、また目標地によっては現地点から容易には到達できない――と呼んできた。[79]経路依存性は、公式の諸制度、資源、相対価格、個々人の選好が同じ二つの社会でも、パフォーマンスに関しては差異が永遠になくならないような二つの社会を生み出す可能性がある。経済的（および政治的）な発展への経路依存の効果が含む意味は重要である。「もし、われわれが現在の諸制度に到達するプロセスが重要であり、それが将来の選択を制約するならば、そのときには歴史が重要であるばかりでなく、一貫した貧しい成果と長期的に異なる発展パターンもまた共通の源泉から生じる」。[80]

ダグラス・ノースは、独立後の南北アメリカの経験をそれぞれの植民地遺産にまでさかのぼって検討することで、経路依存性の効力を例証した。[81]独立後、合衆国とラテン・アメリカはともに立憲政体をとり、資源も豊富でまた同じような国際的好機にも恵まれていた。だが、北アメリカの人々は、地方の政治的支配の一般的展開の方向と議会の成長は権力の分散、議会政という英国の遺産から利益を得たのに対して、ラテン・アメリカの人々は、中世後期のスペインから受け継いだ集権化された権威主義、同族支配、恩顧＝庇護主義に悩まされた。われわれの用語で表現すれば、北アメリカは市民的伝統を受け継ぎ、これに対してラテン・アメリカは垂直的従属と搾取という伝統を背負わされたのである。要は、南北アメリカ人の選好や特別の好みに違いがあったのではなく、歴史的に派生した社会的文脈が、別個の一組の機会・誘因をそれぞれに与えたのだ。ノースが取り扱った南北アメリカとわれわれの研究対象であるイタリアの事例は非常に似通っている。(82)

「制度」という言葉を幅広く考えたノースは、それを、「ある社会でのゲームのルール」とし、制度パターンはたとえ、社会的に効率が悪い場合でも自己強化的であると指摘している。(83) まず第一に、実行者個人にとっては、既存のゲームのルールを変更するよりは、それに適応する方がごく例外的な場合以外はたやすい。事実、これらのルールは、その非能率が問題となる組織や集団の台頭を誘発する傾向がある。第二に、発展が一定のコースをいったん走り出すと、交際世界の組織学習、文化的習慣、心の鑑がその軌道を強化する。協力か怠業・搾取かが、しっかり植え付けられるようになる。非公式の規範や文化は、公式のルールよりもゆっくり変化し、それらの公式のルールを作り直す傾向がある。そのため、公式のルールのありきたりのセットを外から押し付ければ、そこには広い範囲で不一致が見られる帰結が生じるだろう。これらの仮説は一つ残らず、第五章で跡づけたはるか古《いにしえ》からの連続性と矛盾がない。

本書の各章は、ある疑問から始め、別の疑問で終わってきた。第二章は、「新しい州制度は、どのように政治の実践に影響を及ぼしたのか」という疑問で始まり、「各制度は、統治という点でどの程度成功したのか」という問いで終わっている。第三章はこの問いに答え、当然にも「成功に程度の差が生まれたのはなぜか」と問うことになった。第四章は、パフォーマンスの差異を市民的積極参加の差に求め、次には「市民度のこうした違いはどこに由来するのか」と問う結果となった。第五章は、その差異を約千年も息づいてきた示差的な伝統のなかに突き止め、「こうした相違が非常に安定していることが明らかとなったが、ではそのメカニズムはどのようなものか」を問うこととなった。第六章では、対立的な経路依存的な社会的均衡を導くことになった好循環／悪循環を詳しく説明した。

しかしながら、この説明がいかに説得的であるとしても、まったく別のもう一つの疑問、「なぜ北と南は、一一世紀にこれほどまでに対照的な経路をたどり始めたのか」という疑問を発することができよう。それについては、南部の階統制的なノルマン体制は、外国の傭兵によるまれに見るほど整備された力による征服が生み出した結果である、としておそらく難なく説明できよう。もっと疑問点も多く興味深い論点を秘めているのは、コムーネ共和政の起源である。北・中部イタリアの住民は、自らのホッブズ的ジレンマに対して当初どのようにして協力的な解決を図ろうとしたのであろうか。この疑問への答えは、さらなる研究を待たねばならないだろう。少なからずその理由は、この問いへの答えが暗黒時代の霧の中で見失われたようだ、と歴史家たちが述べているからである。[84] だが、われわれの解釈は、こうした霧を晴らそうとすることの独特な重要性に照明を当てる。

社会科学者は、因果関係――文化か構造か――についてこれまで延々と論争してきた。われわれの議論の文脈では、この論争は、市民共同体を構成する文化的規範・態度と社会構造、行動パターンの間の複雑な因果関係に関連する。だが、「文化」や「構造」の曖昧さはさておき、この論争はいくぶん的外れである。大方の冷静な解釈者は、態度と実践が相互強化的な均衡を構成することを認めている。[85] 社会的信頼、互酬性の規範、市民的積極参加のネットワーク、うまくいっている協力は相互強化的である。有効な協力的諸制度は対人関係の技能や信頼を必要とするが、これらの技能、あの信頼はまた協力の組織化によっても植樹され、強められる。市民的積極参加の規範やネットワークは、経済的繁栄に資し、経済的繁栄がまた市民的な積極的参加を強化するのだ。

線型的な因果問題は、均衡分析を排除してはならない。このコンテクストで文化対構造、ニワトリと卵の論争は、結局は不毛である。もっと重要なことは、歴史はどのようにしてある経路は平坦にし、他の経路は塞いでしまうのかを理解することである。ダグラス・ノースは、この難問を次のように要約している。

経路依存は歴史が重要であることを意味する。われわれは、制度の漸進的な生成発展をたどることなしに、現在の選択を理解することはできない（そして、経済成果のモデル化のなかでその選択の意味を明確にすることはできない）。しかし、われわれは経路依存の含意の考察という容易ならざる仕事を始めたばかりである。……インフォーマルな制約が重要である。われわれは、そうした争点に対してより良い解答を得るために、文化的に派生する諸行動規範と、それらがフォーマルなルールとどのように相互作用するかに関して、もっと多くのことを知る必要がある。制度に関する真剣な研究をいま始めたばかりである。(86)

イタリアの州制度の実験から学ぶこと

二〇世紀は、その開幕時と同じく、民主的自治の恩恵をさらに多くの人類に拡大しようという、高邁な熱意とともに締め括られようとしている。(87) どういった要因が、これらの希望の実現あるいは挫折に影響を及ぼすのであろうか。本研究は、制度改革が政治変革の戦略として持つ力と社会的文脈が制度パフォーマンスに突き付ける制約を探究してきた。イタリアにおいて州政府が創設されて二〇年を経過した。われわれは、新しい民主主義の諸制度の建設に当たって、この実験から何を学んだのであろうか。

少なくとも一〇世紀にわたって、イタリアの北と南は、社会にまとわりつく頭痛種、集合行為のジレンマに対して対照的なアプローチをとってきた。北イタリアでは、互酬性の規範と市民的積極参加のネットワークは、塔仲間、同業組合、相互扶助協会、協同組合、労働組合、さらにはサッカー・クラブや読書会などに具体的な姿をとって現れてきた。この種の水平的で市民的な絆は、社会的・政治的関係が垂直的に構造化されてきたイタリア南部と比べて、北イタリアの総じてはるかに高い水準の経済パフォーマンス、制度パフォーマンスを強く下支えしてきた。われわれは、国家と市場を社会問題を解決するための別個の機構と見ることに慣れてきたが、北イタリアの歴史は、市民的な環境の下では、国家も市場もより効率的になることを示唆している。

第五章で見たように、この市民的な均衡状態は、その効力が悪疫、戦争、世界貿易の中心地の変化といった外からの力によって時には台無しにもされたが、それなりに高い安定性を示してきた。この市民的な均衡状態と正反対の南部でのホッブズ的均衡は、果実の少なさにもかかわらず、いっそうと言ってよいほどの安定を示してきた。相互不信と裏切り、垂直的従属と搾取、孤立と無秩序、犯罪と後進性は、本章と前章で明らかにした果てしなき悪循環のなかで補強し合ってきた。ボローニャ人とバーリ人、またフィレンツェ人とパレルモ人は、千年以上もの間対照的な共同生活の論理に従ってきたのである。

それゆえ、州制度改革が一九七〇年に導入されたとき、新しい諸制度はきわめて異なった社会的文脈に移植されたことになる。第四章で知ったように、市民的な州の場合、地方の任意団体の緊密なネットワーク、地域社会の諸問題への積極的な参加、平等主義的な政治パターン、信頼や遵法が特徴となった。市民度が低い州では、政治的・社会的参加は水平的ではなく垂直的に組織された。相互疑念と汚職は当たり前のものと見られた。市民的な自発的結社への関与には限界があった。無法状態が予定された。これらの共同体の人々は、無力感や被搾取感を感じていた。彼らは、それなりには正しかったのだ。

これらの対照的な社会的文脈は新しい制度の機能に影響を与えた。第三章で見たように、有効性の客観的測度と市民的満足の主観的測度は一致しており、一部の州群は他の州群よりも制度の成功度が一貫して高いことを示した。ほぼ例外なく、社会的文脈が市民的であればあるほど、政府のパフォーマンスは良好となる。一二世紀初頭と同様二〇世紀後半でも、集合的諸制度は市民共同体においてよりうまく機能している。一九八〇年までに、北部はまた、物的資本、人的資本の点で長足の進歩を達成した。そうした北部の優位は、長年にわたる北イタリアの社会資本の優勢が強めたところであり、またある程度まで豊かな社会資本によって説明される。

このことは、本研究から学んだ一つの教訓である。その教訓とは、社会的文脈と歴史は制度の有効性を深い所で条件づける、というものである。州の土壌が肥沃なところでは、州はその伝統から栄養分を引き出すが、土が貧しいところでは新しい制度はたじろぐばかりである。有効で応答的な制度は、市民的人文主義の用語で言うところの共和的な徳と実践に依存する。トクヴィルは正しかったのだ。民主的な政府は、政府が活力ある市民社会と面と向かうとき、弱まるのではなく強くなるのである。

需要面では、市民共同体の市民はより良い政府を期待し、（ある程度、市民自身の努力を通して）良い政府を手に入れる。彼らは、より効果的な公共サービスを要求し、また自分たちの共通目標を実現するために集合的に行動する用意もある。これに対して市民度が低い州の住民は、疎外されたシニカルな嘆願者の役に一般に甘んじやすい。

供給面では、代議政のパフォーマンスは、市民共同体の社会的インフラや官民の民主主義的価値観によって促進される。市民共同体にとって最も基本的なことは、共通利益のために協力する社会的能力である。一般化された互酬性（「貴方が私よりも強いので、貴方にこれをしてあげる」でも、また「貴方が今私にXをやってくれるなら、私も今貴方にYをしてあげる」ではさらになく、「将来貴方が私に何かをしてくれると思っているので、今貴方のためにこれをしてやる」といった互酬性）は、高次の社会資本を生み、協力を強化する。

合唱団のハーモニーは、自発的な協力によって、個人では——その彼／彼女がどれほど金持ちであろうが、ずる賢かろうが——生み出せない価値がいかにして生み出されるかを実演してみせてくれる。市民共同体にあっては、結社組織は豊かに茂り、組織メンバーは重なり合い、参加は共同体の生活の多様な領域にあふれだす。市民共同体においてこの種の協力を支える社会契約は、法的ではなくて道徳的である。契約違反に対する制裁は、刑罰ではなくて、連帯と協力のネットワークからの排除である。トムソン、エリス、ウィルダフスキーがその共著のなかで言っているように、「生活の仕方は、ある一定の行動群は褒めるに値し、他の行動群は望ましくない、否考えつきさえできないもの、とふるい分けることを通して可能となる」[88]。市民としての役割と義務の観念は、政治的平等へのコミットメントと共々、市民共同体の文化的な礎となる。

市民的積極参加の規範とネットワークが欠けているところでは、集合行為の前途にはあまり希望がなさそうだ。イタリア南部がたどるほかなかった運命は、よろよろと自治の方向に歩み出しつつある今日の第三世界や明日のユーラシア大陸に広がる旧共産主義国家にとって一つの教訓となる実例である。「いつも裏切る」社会的均衡は、社会資本が希少か、もしくはまったく存在しない世界の大部分の将来を表現しているやもしれない。政治的安定、政府の有効性、さらには経済上の進歩にとって、社会資本は物的資本や人的資本よりもさらに重要なのかもしれない。かつての共産主義社会の多くは、共産主義が到来する前には脆弱な市民的伝統しか有しておらず、そのわずかな社会資本の蓄積さえも全体主義的支配は乱用してきたのだ。市民的積極参加の規範とネットワークがなければ、南部社会のホッブズ的帰結――道徳以前の家族主義、恩顧＝庇護主義、無法状態、非能率な政府、経済的停滞――は、首尾よい民主化や経済発展よりも現実味がある。パレルモは、モスクワの将来の姿を表しているやもしれない。

市民共同体は、はるか遠い過去にその歴史的起源を有する。この事実は、制度改革を政治変革の一戦略と見る人々には気が滅入るような観察である。バシリカータ州代表は、彼の政府をエミーリア州に移すことはできないし、アゼルバイジャンの首相は自分の国をバルト諸国に持っていくわけにはいかない。「エートス重視の変動理論は、不幸な結果を招きかねない。……文化理論は、変化の努力を過小評価しがちである。というのも人々はあるエートスに救い難くとらえられていると信じられているからだ」[89]。個人的な声として、この研究成果を公表することが図らずも、州制度改革運動を徐々にではあるが萎えさせるかもしれないといった憂慮の声が、イタリアの州自治権拡大論者の間からもれてきた。非市民的な州の改革推進派のある有能な州代表は、われわれの結論を聞いて、出し抜けに大声を上げた。「これは、希望を捨てろという忠言だ。成功の可能性を広げるためにできることは何もないと言っているに等しい。この制度改革の運命は、数世紀も前に決定されたという訳だから」[90]。

だが、州制度改革の全成果は、静観主義への招待とは無縁で、むしろまったくその逆である。州制度の実験の第二の教訓は、（第二章で証明されたように）公式の制度を変えると政治的実践も変わる、ということである。制度改革は、州の政治生活に対して、相当の、そしてたいていは有益な影響を及ぼした。制度論者が予測するように、制度上の変化は、アイデンティティの変化、価値観の変化、権力の変化、戦略の変化に（少しずつ）反映していった。これらの傾向は、北部と同じように南部でも起こった。南部でも北部でも、新たな制度はより穏健でプラグマティックで寛容なエリート政治文化を育んだ。南部でも北部でも、改革によって古い権力パターンは変化し、統一イタリアがかつて知らなかった真の下位国家の自律性を生み出した。南部も北部も、改革それ自体が地方分権をいっそう推し進めようとする圧力を政府の内外で生み出した。北でも南でも、州政府は旧制度よりもましだ——これまで以上に接近しやすく、おそらくより有効だ——と地域リーダーたちや一般有権者が幅広く見るようになった。州制度改革によって社会的学習、「経験学習」が可能となったのである。(91) 公式レベルの変化が非公式の変化を促し、自己維持的になったのである。

新しい制度は、楽観的な最大限派的な州制度改革論者の期待通りにはまだ動いてはいない。派閥対立やどうにも立ち行かない状態、非能率や単なる無能がいまだに多くの州を悩ませている。こうした状態は、新たな権力を利用するには北部より圧倒的に不利な地位にある南部でとくにひどい。北も南も過去二〇年間に進歩してきたが、北と比べると南部諸州は一九七〇年の時点より現在の方が悪化している。だが、州改革が行われていなければ、現状よりももっとひどいものになっていただろう。これは、大部分の南部主義者の見解でもある。

改革はまた、千年も南部社会を後進性に閉じ込めてきた非市民的な悪循環を逆転し始めたのか。その点についてはなんとも言えない。というのは、本研究の最終的な教訓は、大半の制度の歴史はゆっくりと動く、ということだからである。制度形成（単なる憲法の起草ではなく）の関連では、時間は数十年単位で計られる。このことは、ドイツの州に言えたし、イタリアの州やそれ以前のコムーネ共和政にも該当し、またユーラシア大陸の旧共産主義国家にも、その最も楽観的なシナリオにさえそう言えるだろう。

互酬性の規範や様々な社会活動に関する市民ネットワークを構築するとき、確実な測定基準はないが、歴史はおそらくいっそう歩みが遅い。便宜上、コムーネ共和政とノルマン王朝の創設、したがってイタリアの南北間の市民的分裂の開始は、(まあ)一一〇〇年としよう。しかし、一一二〇年の貴族、農民、町人を調べれば、北と南の分裂の萌芽が発見できたなどということはほとんどなさそうである。制度改革が政治行動に及ぼした影響を見つけ出すには二〇年で十分だろうが、文化や社会構造のより深いパターンへの影響を突き止めるにはそれでは足りない。

イタリア南部の民主主義と発展に関心ある者は、より市民的な共同体を築き上げるべきであるが、彼らは目標を即席の結果を超えて掲げるべきだ。われわれは、イタリアの経済史家ヴェラ・ザマーニの処方箋に賛成する。彼は、国のイニシアティブに頼るよりも地方の諸構造の地方における変革を主張して、次のように主張している。

> イタリアの南部社会が、その既存の政治的・経済的・社会的な構造にもかかわらず、外から変革されうると信じるのは危険な幻想である。……一切疑問の余地がないところであるが、このような政治的・文化的革命に必要とされるのは長期的な時間的パースペクティブである。だが、これまで歩んできた道のりはそれなりの成果も生み出しており、決して短かったとは思っていない。(92)

社会資本の構築は容易ではないが、社会資本は、民主主義がうまくいくための鍵となる重要な要素である。

補遺A　調査方法

第三章で扱った制度パフォーマンスの統計指標に加え、本プロジェクトは現代の社会科学の様々な方法論の手法を広く活用した。

州会議員調査

州会議員を対象に、一九七〇年、七六年、八一―八二年、八九年に面接調査を実施した。質問内容は多岐にわたった。標本となった州は、社会経済的・政治的な点でイタリアの二〇州を多様に代表するように選んだ。本研究は、新人議員一一二名に行った一九七〇年面接調査から実質的に開始した。標本とした州会議員は、ロンバルディア、エミーリア・ロマーニャ、ラッティオ、プーリア、バシリカータの各州からほぼ二人に一人の割合で選んだ。面接の中身は次のようなものであった。「州が直面している最も重要な問題をお聞かせください。州制度の改革目標は何でしょうか。州議会や州政府の実際の仕事内容についてお聞かせください。有力者はどなたで、またそれはどのような事柄についてでしょうか。また、州政府と中央政治機構の関係はどう理解すればよいのでしょうか。州会議員の仕事の中身はどのようなものでしょうか。また政党の役割についてうかがいたいのですが、州での政党の活動ぶりはいかがでしょうか」。

当時、州はまだ紙の上の存在であった。だから、質問も、中央政府から権限が移譲された後に議員が期待する事柄がもっぱらであった。約一時間半の自由回答式面接のほかに、若干の記入式質問も行った。質問は、州会議員の個人的・政治的経歴以外に、全国的争点と州独自の争点への態度、さらにはエリート政治文化のより基本的な特徴が明らかになるように工夫された内容であった。

第二回目の面接調査は、六年ぶりに一九七六年六―七月に行った（今回は、カトリック・サブカルチャーが強い州を標本に含めようとヴェーネト州を追加した）。面接議員一九四名は二つのタイプからなっていた。第一グループは、前回に面接を行った議員で七五年選挙での当落は無視された。標本数は九五名で、一九七〇年標本一一二名の八五％に相当した（九五名中六九名は再選組で、七六年の面接時には現職議員。残り二六名は七五年選挙での落選組であった）。このパネル調査に加え、標本全体として現行（当時）の六つの州議会を正確に映し出す九九名の議員を新たに選び出し面接を行った。彼らが第二グループである。(1)

第三回目の面接は、一九八一年から八二年にかけて二三四名を対象に行った。被験者の構成は、新たに当選した州会議員九九名と七六年の被面接者のうち一三五名の議員（彼らの七五％は当時まだ現職）であった。最後となった第四回目の面接は、一九八九年に本研究が標本州として選んだ六州の州会議員一七八名を対象に行った。今回は、現職議員のみを対象とし、前回の被験者の再面接は実施しなかった。(2)

地域リーダーの調査

地域リーダーの面接は、一九七六年に調査対象とした六つの州の一一五名に行った。地域リーダーは、政治色を異にする独立系新聞のジャーナリスト、政治志向を異にする大都市（州都以外の）・小都市の市長、労組・農民・工業家・銀行家を代表する利益団体リーダー、県代表、州役人、政治リーダーらであった。彼ら州庁を取り巻く外部の人間には、州の政治＝政府の評価、州の問題に対する彼ら自身の関与を詳しく話すように頼んだ。

第二回目の面接は、一一八名を対象に一九八一－八二年に実施した。利益団体代表の数を増やし、その分政治リーダーの数を減らした以外は、前回の七六年調査と変更点はなかった。最終回の面接は、以前の二回の面接と比較可能となるように設計され、一九八九年に一九八名を対象に実施された。(3) 被験者数は延べ四〇〇名を超えた。面接結果と調査票は、州会議員の場合と同じように分析された。

地域リーダーの全国郵送調査

一九八三年春、地域リーダーの意見調査を調査対象州の六州以外にも広げ、全二〇州の利益団体、地方政府の代表各約二五名、計五〇〇名を超す標本に調査票を郵送した。六つの州の地域リーダー面談と同様に、標本のカテゴリーは、地域・県リーダー、農民リーダー、労組リーダー、ジャーナリスト、銀行家、商業会議所・大小産業・職人・協同組合の幹部代表と多方面にわたった。結果は、三〇八名から回答があった（六〇％を超える回収率は、この種の郵送調査では群を抜く高率）。回答を詳しく検分した結果、回答内容は、州が抱える問題に十分な情報をベースに意見を述べたきわめて質の高い調査内容であることが確認できた。それ以前に行った地域リーダーとの対面調査を通じて、彼らが非常に情報に通じたグループだということはすでに分かっていた。したがって、今回の郵送調査によって、エリートと一般人の意見に関するわれわれのほかの調査で持ち出された他の質問を繰り返すことができたばかりか、州政府の運営についての詳しい評価を徹底的に分析することも可能となった。各州の標本数は非常に少ないが、そうした難点も標本が全国的なものであることで十分補完された感がある。

一般人調査

全国大の一般市民を対象とした調査は、一九七七年、八一年、八二年、八八年にDOXA世論調査所に依頼して実施した。その上、一九七九年と八七年に同調査所が別の目的で行った同種の調査も利用することができた。DOXAは各全国調査ごとに約二〇〇〇名の市民を標本に面接を行い、州や州制度改革の進展について市民に意見を求めた。質問の中身はエリート調査と同じものであった。というのも、州制度改革への両グループの態度比較が狙いだったからである。その場合、一般人の州への満足／不満の測定にとくに関心を払った。右記調査の多くは、より幅広い政治的・社会的争点に関する質問も同時に含んでいた。その結果、様々な州の政治風土・文化の評価が可能となり、また一〇年以上にも及ぶ有権者の態度変化を追跡できた。

われわれが別途依頼したこれらのDOXA調査に加えて、EC委員会指導下で実施された一九七五年から八九年にかけての計二九回のユーロバロメーター調査もきわめて貴重な証拠を提供してくれた。[4] ほぼすべてのユーロバロメーター調査（年二回実施）には、社会的背景特性ばかりか、政治的意見や政治的関与に関する標準質問が含まれている。さらに、ある程度定期的に、メディア消費量、信仰心、疎外意識、第二次集団加入についても聞いている。各調査には、母集団のイタリア人を代表するような一〇〇〇名強の標本が含まれている。結果として、標準質問に回答した延べ標本数は三万を超え、また第二次集団加入に関する質問のように必ずしも毎回の調査で聞いていないような質問の場合でも、延べ標本数は四〇〇〇から一万の多きに上った。[5] われわれの分析は違った年次から回答を集めている関係上、一時的な違いがわれわれの知見に影を落としてこなかったかを常に確認してきた。

最後に、われわれは、イタリア人有権者を対象とした二つの重要な全国調査（一九六八年のサミュエル・H・バーンズ教授の調査と、七二年のバーンズとジャコーモ・サーニ両教授の調査）を利用できた。質問項目が多岐にわたる

これらの調査は、州制度の実験開始期の政治態度や市民行動の基標を確定するのにとくに役に立った。(6)

制度的／政治的事例研究

一九七六年から八九年にかけて、州制度の内部政治や調査対象とした六州の政治発展に関する事例研究を行った。われわれは、六つの州を定期的に訪れ、政治リーダー、政党代表、幹部行政官、利益団体リーダーらに会った。州の政治・経済生活の関係首脳と個人的に親しく接するようになったのである。その結果、過去二〇年以上にもわたって州政に影を落としてきた内輪の政治的策略や有力者について身近な知識を得ることができた。

州の政治発展に関するもう一つの重要な情報源は地元紙であった。それと同様に、州議会の議事録も、面談で得た政治的策略の実態をより詳しく知る上で豊かな情報源であることが分かった。本研究が進展するにつれ、この種の情報をかき集める普通州を増やした。新たに追加したのはトスカーナ、ウンブリア、マルケの三つの州であった。また以下で示すように、特別州の一つフリウーリ＝ヴェネツィア・ジューリアについてもより十全な研究を行った。

立法の分析

われわれは、本調査が対象に選んだ六州にとくに注意を払いつつ、一九七〇年から八四年にかけてのすべての州の立法を検討し、州の立法パフォーマンスを評価しようと試みた。下位国家レベルで最も重要な立法機関としての州の役割に鑑みると、立法出力の性格をとくに強調するのは当然のことである（これらの立法分析は、第三章でより詳細に述べてある）。

州の計画立案の事例研究

本調査が対象とした六州において、州の広義の社会的・経済的計画立案に関する包括的な事例研究——時間幅を一〇年以上とった事例研究——を一九七六年にスタートさせた。われわれの目標は、需要サイドから政策過程を再現し、その過程を政府という「ブラックボックス」を通して追跡し、行政実施段階へのその進捗ぶり、さらには社会に及ぼす最終的影響を突き止めることであった。州の計画・政策立案に関する情報は、六州に定期的かつ長期にわたる調査旅行で収集した。その結果、文化・学術界の指導者と同様、州・地方公務員や州の計画で影響を受ける諸部門の代表と話すことができ、また多数の文書情報、統計情報も収集できた。その後、他の三州——トスカーナ、ウンブリア、マルケ——にも同じ手順で当たることとした。

市民接触の実験

一般市民の目線から二〇の州政府を評価しようと、カルロ・カッターネオ研究所の記者＝研究者用ＰＯＬＩＳネットワークにより、各州庁が匿名の州民が寄せる典型的な情報請求にどう対処するかをモニターする「市民接触」研究を、一九八三年一月・二月に実施した（この研究は、第三章でより詳細に述べてある）。

フリウーリ＝ヴェネツィア・ジューリア州の特別研究

一九八三年にわれわれは、本調査が対象とした六州での詳細な研究を再現するために、フリウーリ＝ヴェネツィア・ジューリア（五つの「特別」州の一つ）州政府に招かれた。この研究には、州会議員や地域リーダーの調査、州の計画立案や立法に関する事例研究、さらには一般的な政治分析も含まれた。フリウーリ＝ヴェネツィア・ジューリア州から入手した証拠は、本調査対象の六州と比べ時間的な奥行きに欠けるところがあったが、それでも、この特別研究は、「普通」州以外にも調査範囲を広げ、五つの特別州が直面する独自の要求を観察することを可能にした。

注

(1) このパネル調査の最初の報告については、Robert D. Putnam, Robert Leonardi, and Raffaella Y. Nanetti, "Attitude Stability among Italian Elites," *American Journal of Political Science* 23 (1979): 463-494を参照されたい。

(2) バシリカータ州の場合、第四回目の面接は、実際には三年前の一九八六年に実施された。

(3) 一九八九年実施の地域リーダー調査には、本調査が対象に選んだ六州中バシリカータ以外の五州が入っており、トスカーナ、アブルッツォ、シチリアの三州が新たに追加された。

(4) これらのデータは、政治・社会研究の大学間コンソーシアムを通じて利用できた。ユーロバロメーター調査データは、もともとジャック＝ルネ・ラビエール、エレーヌ・リフォール、ロナルド・イングルハートによって収集されている。原データの収集者もコンソーシアムも、ここに報告した分析あるいは解釈に一切の責任を負うものではない。

(5) 疎外意識に関する質問は、一九八六年と八八年に限り実施された。その結果、このテーマに関する延べ標本数は二〇〇〇を超えた。

(6) これらのデータは、政治・社会研究の大学間コンソーシアムを通じて利用できた。原データの収集者もコンソーシアムも、ここに報告された分析あるいは解釈に一切の責任を負うものではない。

補遺B　州会議員の態度変化に関する統計的証拠

州議会は年々穏健になってきた。以下に挙げるいくつかの表は、こうした傾向を従来とは別の視点から説明した第二章の結論を統計的に支持するものである。

議員の交替効果は、当該年度の前議員と新議員の態度を比較することにより測定できる。例えば、表Ｂ－１は、一九七五年に初当選した議員の三七％が翌年の面接で《左翼―右翼争点》指数において〈過激主義者〉に位置づけられたが、同年に再面接できた前議員の場合その比率は二八％であったことを示している。また表Ｂ－３の場合には、社会対立を和解不可能と見る割合は、新議員グループでは四四％であるのに対して、前議員グループでは三一％にすぎないことを示している。どちらの場合とも、前議員のほうが新議員よりも穏健な態度の持ち主である。

現職議員の個人レベルの変化はパネル調査から直接確認できる。例えば表Ｂ－１によって、一九七五年に再選された議員の四五％が五年前の七〇年には〈過激主義者〉として分類されたが、六年後の二度目の面接時（一九七六年）には二八％に減ったことが分かる。表Ｂ－１、表Ｂ－２、表Ｂ－３の上表・下表を一つずつ同じように比較すれば、個人レベルでは、一九七〇年から七六年の間に、また一九七六年から八一―八二年の間に穏健化の方向への一貫した個人的変化が確認でき、またそれはほとんどの場合に州議会全体の総変化より大きいことが分かる。例えば表Ｂ－１の上表によれば、一九七〇年から七六年にかけての左／右の〈過激主義者〉の減少率は全現職議員では一一％にすぎなかったが、七五年選挙で再選された議員の場合には一七％が穏健化したことが分かる。換言すれば、総変化量は彼ら再選議員の態度変化に集中していた。

表B－1　イデオロギー的過激主義の衰退（1970－75年、1975－80年）：議員の交替、全国政治、あるいは考え方の変化が原因か

	1975年選挙の結果別州会議員			下記当該年の全現職議員
	落選組	再選組	初当選組	
下記年次における〈過激主義（左／右）〉州会議員の比率				
1970年	35%	45%		42%
1976年	28%	28%	37%	31%
	1980年選挙の結果別州会議員			下記当該年の全現職議員
	落選組	再選組	初当選組	
下記年次における〈過激主義（左／右）〉州会議員の比率				
1976年	32%	29%		31%
1981－82年	24%	22%	20%	21%

注：ここで使われている〈過激主義〉は、《左翼－右翼争点》指数（表2－2、表2－3、図2－1で定義）を基礎にしている。下線のカテゴリーは、当該年度の現職議員。

表B－2　政党横断的共感（1970－75年、1975－80年）の増加：議員の交替、全国政治、あるいは考え方の変化が原因か

	1975年選挙の結果別州会議員			下記当該年の全現職議員
	落選組	再選組	初当選組	
下記年次で平均的政党横断的共感度を示した州会議員の比率				
1970年	27.4%	26.6%		26.9%
1976年	26.8%	33.3%	29.5%	31.0%
	1980年選挙の結果別州会議員			下記当該年の全現職議員
	落選組	再選組	初当選組	
下記年次で平均的政党横断的共感度を示した州会議員の比率				
1976年	30.4%	31.4%		31.0%
1981－82年	34.8%	35.6%	35.2%	35.4%

注：政党横断的共感は、自党以外の全政党（図2－2に表示）に対して回答者が表明した共感の平均値（0点―100点）。下線のカテゴリーは、当該年度の現職議員。

表B－3　対立の顕出性（1970－75年、1975－80年）の衰退：議員の交替、全国政治、あるいは考え方の変化が原因か

	1975年選挙の結果別州会議員			下記当該年の全現職議員
	落選組	再選組	初当選組	
下記年次で和解不可能な対立を強調した州会議員の比率				
1970年	47％	54％		52％
1976年	31％	32％	44％	36％
	1980年選挙の結果別州会議員			**下記当該年の全現職議員**
	落選組	再選組	初当選組	
下記年次で和解不可能な対立を強調した州会議員の比率				
1976年	34％	39％		36％
1981－82年	29％	25％	32％	29％

注：和解不可能な対立の強調は、図2－3(a)の設問により測定した。下線のカテゴリーは、当該年度の現職議員。

各表の上表と下表を比較してみると、制度的社会化が一九七〇年から七五年にかけて、すなわち州制度導入直後の第一立法期にとりわけ強かったことがはっきりする。さらに、議員個々人の態度変化は、事後面接の時までに議員を辞した元組よりも、再選組で著しかった。例えば表B－1の上表によれば、一九七五年選挙で落選した議員は、七〇年には三五％が〈過激主義者〉であったが七六年では二八％とわずかに穏健化したが、七五年選挙で再選した議員は、七〇年には四五％が〈過激主義者〉であったが七六年には二八％へとすっかり穏健化した。

全国的な政治的傾向は、例えば新しく当選した議員を一種のコントロール集団と考えることによって評価できる（より広範な有権者全体――別の種類のコントロール集団――には、この時期が脱分極化現象を示すような証拠はまったく発見できなかった点は留意されるべき事実である）。一九七五年選挙の初当選議員が、一九七〇年に当時の新人議員の考えと似た考えを持っていた――しかし、これらのまだ選出されていない政治家は、制度的社会化を被っていなかった――、ともし仮定すれば、パネル調査によって確認できた議員個人レベルの変化の大半は、全国的な政治的傾向の多少の影響はあったとしても、制度的社会化の力に帰すことができるであろう。例えば表B‐1の上表によれば、一九七〇年には新人議員の四二%が〈過激主義者〉であったが、一九七五年選挙で初当選を果たした新人議員の場合、その三七%が〈過激主義者〉であった。七五年選挙での再選議員の場合の一七ポイント「減」に対して、新人議員では五ポイント「減」であった。少なくとも再選議員グループの一二ポイント分は制度効果によるものと考えられる。右の仮定に立てば、制度的社会化は一九七〇から七六年の個人レベルの変化の約三分の二を説明し、一九七六年から八一―八二年の変化の約半分を説明する。いずれの場合も、残りの影響力は全国的な政治的傾向に帰すことができる。当然、全国的な政治的傾向をもっと直接的に正確に測定しようとすれば、州政府外の政治家を対象とした同種のパネル調査が必要とされよう。

補遺C　制度パフォーマンス(1978―85年)

《制度パフォーマンス》指数の成分(1978―85年)

変数1　改革立法(1978―84年)
変数2　保育所(1983年)
変数3　住宅・都市開発(1979―87年)
変数4　統計情報サービス(1981年)
変数5　立法でのイノベーション(1978―84年a)

変数6　州内閣の安定性（1975―85年b）
変数7　家庭医制度（1978年）
変数8　官僚の応答性（1983年）
変数9　産業政策の手段（1984年）
変数10　予算過程の開始時期（1979―85年b）
変数11　地域保健機構の支出（1983年）
変数12　農業支出の規模（1978―80年）

a変数5のデータは、五つの「特別州」（ヴァッレ・ダオスタ、トレンティーノ＝アルト・アーディジェ、フリウーリ＝ヴェネツィア・ジューリア、シチリア、サルデーニャ）からは入手できなかった。

b変数6と変数10のスコアリングは、本文中のものとは逆になっている。従って高スコアほど高パフォーマンスを示す。

表C－1 《制度パフォーマンス》指数の成分間の相互相関係数（r）

	指数	変数1	変数2	変数3	変数4	変数5	変数6	変数7	変数8	変数9	変数10	変数11	変数12
指数	1.0000	0.8742*	0.8506*	0.8067*	0.7970*	0.7787*	0.6813*	0.6400*	0.6246*	0.5803*	0.5772*	0.5449*	0.4682
変数1	0.8742*	1.0000	0.7721*	0.5982*	0.7293*	0.7611*	0.4925	0.5943*	0.5030	0.3936	0.4425	0.4603	0.4424
変数2	0.8506*	0.7721*	1.0000	0.8687*	0.5889*	0.8113*	0.4997	0.6895*	0.3561	0.3251	0.1588	0.5191	0.3843
変数3	0.8067*	0.5982*	0.8687*	1.0000	0.5732*	0.8272*	0.5526*	0.5626*	0.2813	0.4807	0.2546	0.5391*	0.1210
変数4	0.7970*	0.7293*	0.5889*	0.5732*	1.0000	0.6065*	0.2790	0.5321*	0.4194	0.5406*	0.4414	0.3515	0.4548
変数5	0.7787*	0.7611*	0.8113*	0.8272*	0.6065*	1.0000	0.4874	0.4684	0.4568	0.5677	0.4669	0.1799	0.4294
変数6	0.6813*	0.4925	0.4997	0.5526*	0.2790	0.4874	1.0000	0.3330	0.5758*	0.2469	0.5488*	0.3150	0.3188
変数7	0.6400*	0.5943*	0.6895*	0.5626*	0.5321*	0.4684	0.3330	1.0000	0.1873	0.2625	0.0117	0.2255	0.1997
変数8	0.6246*	0.5030	0.3561	0.2813	0.4194	0.4568	0.5758*	0.1873	1.0000	0.2406	0.6098*	0.3282	0.3240
変数9	0.5803*	0.3936	0.3251	0.4807	0.5406*	0.5677	0.2469	0.2625	0.2406	1.0000	0.6149*	0.2225	0.1045
変数10	0.5772*	0.4425	0.1588	0.2546	0.4414	0.4669	0.5488*	0.0117	0.6098*	0.6149*	1.0000	0.1171	0.3757
変数11	0.5449*	0.4603	0.5191*	0.5391*	0.3515	0.1799	0.3150	0.2255	0.3282	0.2225	0.1171	1.0000	−0.0386
変数12	0.4682	0.4424	0.3843	0.1210	0.4548	0.4294	0.3188	0.1997	0.3240	0.1045	0.3757	−0.0386	1.0000

*有意水準（片側検定）＜0.01

補遺D　散布図で用いた州の略記

略記	州名
Ab	アブルッツォ州
Ba	バシリカータ州
Cl	カラーブリア州
Cm	カンパーニア州
Em	エミーリア・ロマーニャ州
Fr	フリウーリ＝ヴェネツィア・ジューリア州
La	ラツィオ州
Li	リグーリア州
Lo	ロンバルディア州
Ma	マルケ州
Mo	モリーゼ州
Pi	ピエモンテ州
Pu	プーリア州
Sa	サルデーニャ州

Si　シチリア州
To　トスカーナ州
Tr　トレンティーノ＝アルト・アーディジェ州
Um　ウンブリア州
Va　ヴァッレ・ダオスタ州
Ve　ヴェーネト州

補遺E　地方政府パフォーマンス（1982–86年）および州政府パフォーマンス（1978–85年）

本研究の焦点は、州政府のパフォーマンスの検討にある。だが、州レベルの政府の質は、同一州内の地方政府の質と（もし関係ありとすれば）どのように関係しているのかを考えてもごく自然なことである。もし州政府のパフォーマンスが、特定在職者の戦略や選択という「内生的」要因で主に決定されるならば、州政府のパフォーマンスが州内のいくつもの地方政府のパフォーマンスに関係すると予想してみても始まらない。だが、もし州の社会＝経済構造あるいは州の市民的伝統といった「生態的」要因がより重要な決定因であるとすれば、これらの同じ要素が近くの地方政府の質にも影響を及ぼすはずである。

イタリアの地方政府の質を徹底的に評価する作業は、当然のことだが本研究の射程範囲を超えたものである。だが、若干の有意な証拠が、会計検査院、全国行政裁判所の依頼を受けて実施された地方政府のパフォーマンスに関するいくつかの全国規模の研究から得られる。これらの研究は、各州内の地方政府の活動の諸レベルを診断し、多様な施

表E－1 《地方政府パフォーマンス》指数の成分（1982－86年）

内容	因子負荷量
地域のスポーツ施設の実施	0.939
地域の下水処理システムの実施	0.930
地域の図書館の実施	0.919
地域のゴミ収集の実施	0.917
地域の技術的サービスの実施	0.912
地域の保育所の実施	0.883
地域の水道システムの実施	0.850
地域の学校送迎交通の実施	0.806
地域の公務員訓練	0.673
地域の職員移動	0.640
地域集会所の実施	0.546
地域の行政再編	0.528
地域の学校食堂の実施	0.499
都市計画事務所がある地域社会	0.375
技術事務所がある地域社会	0.342

図E－1 州政府と地方政府のパフォーマンス

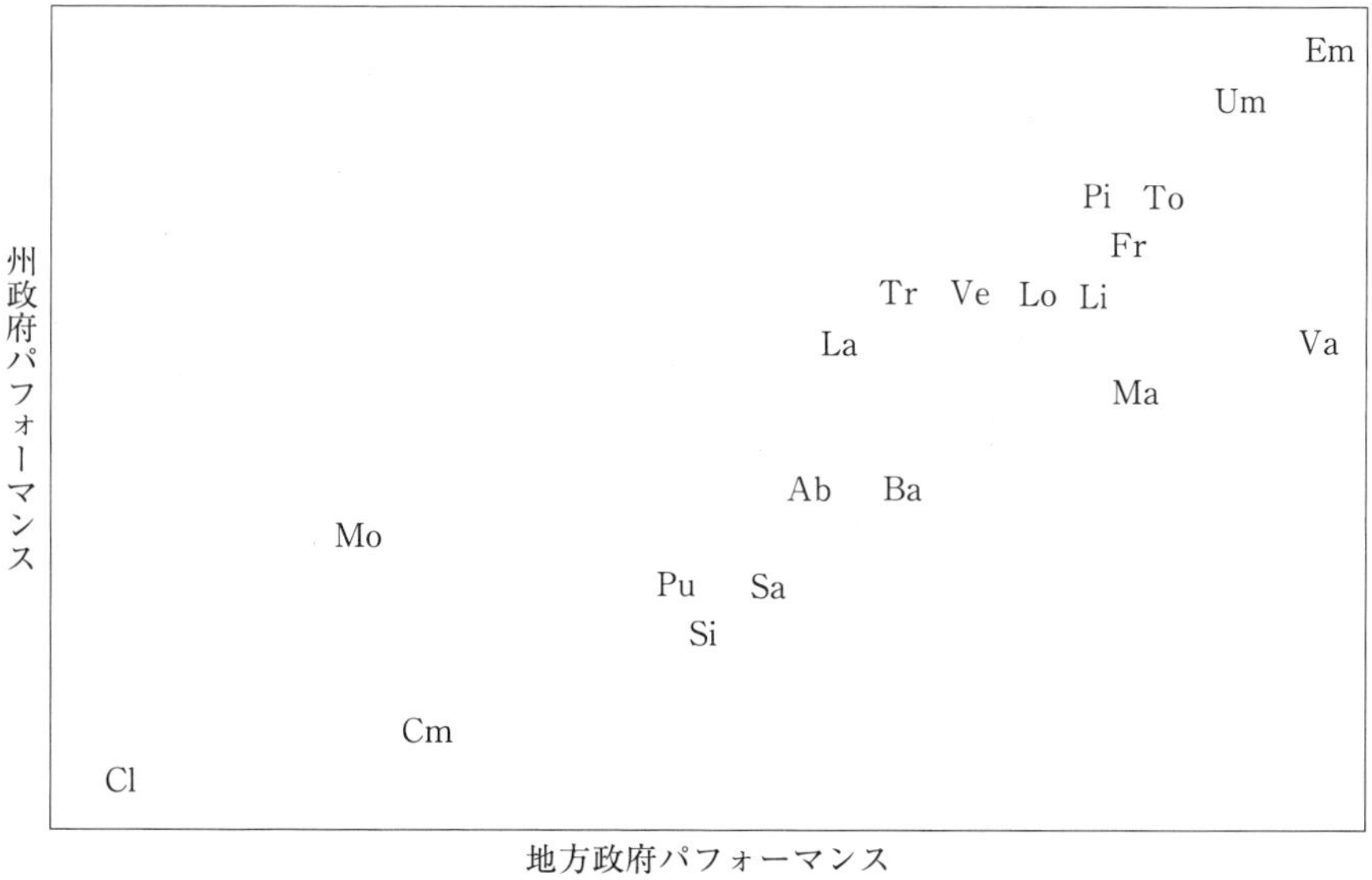

相関係数 $r=0.89$

図Ｅ－２　州政府と地方政府への満足度

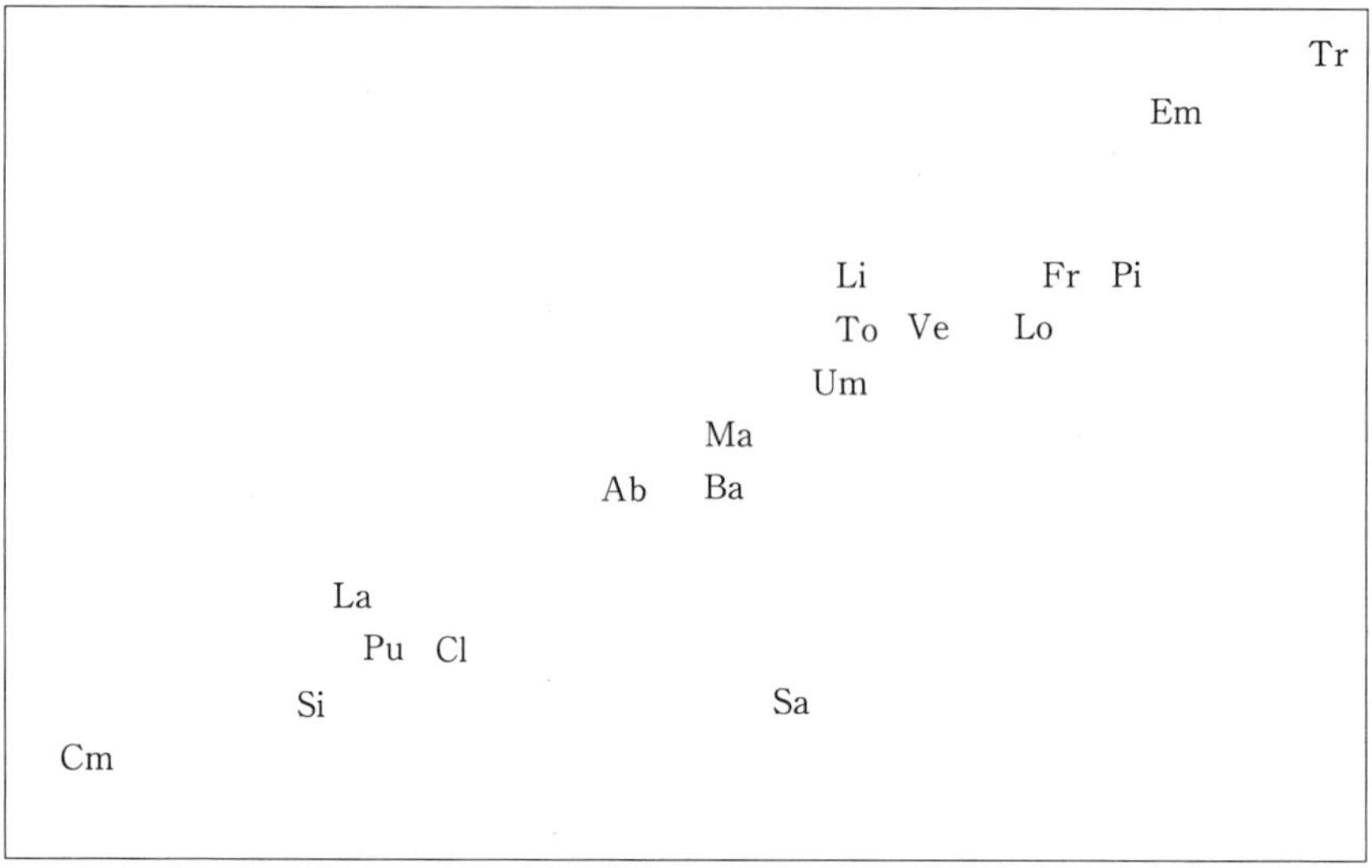

州政府への満足度

地方政府への満足度
相関係数 r＝0.90

策・サービス（職員訓練からスポーツ施設や学校のカフェテリアまで、また都市計画局からゴミ処理・下水処理サービスまで、さらには図書館から自治体の水道システムまで）を評価している。この情報は、地方政府の活動に関する大ざっぱな州別評価に集約できる。表Ｅ－１は、関係する測度の全リストである。[1]

会計検査院の研究を一部確証して、地方政府パフォーマンスのこの要約的測度は、州レベルで集約した地方政府に対する住民の満足度と強く相関している。[2] 換言すれば、会計検査院のデータとイタリア人有権者は、州の地方政府の質に関しては意見がおおむね一致している、ということである。だが、ある特定の地方政府のパフォーマンスを当該政府の住民の政府評価とをつなげるようなデータは利用不可能である。図Ｅ－１は、地方政府のパフォーマンス（供給されたサービスで測定）が今度は州政府の質にきわめて密接に関係していることを示している。同じくわれわれの一般人調査が語るところでは、有権者が住む州政府と地方政府への評価は強く相関している。図Ｅ－２は、地方政府への総満足度と州政府へのそれが非常に強く相関していることを示している[3]（他方、中央政府への総満足度は、州政府、地方政府のいずれに対する満足度とも相関していない。換言すれば、州政府、地方政府へのより高い満足度は、高パフォーマンスの州での寛大な評価基準の単なる反映ではないということだ）。要するに、われわれもイタリア人有権者も、ある特定州の政府のパフォーマンスが良好であればあるほど、その州の地方政府の質より良い、ということを認める。もし政府パフォーマンスが、市民的伝統と社会資本によって決定されるのであれば、まさにわれわれが予想するように州レベルで良い政府と地方レベルで良い政府の並存が考えられるのである。

注

(1)この情報の出所は、*Primo rapporto sullo stato dei poteri locali/1984* (Rome: Sistema Permanente di Servizi, 1984), pp. 91, 118,121; *XIII rapporto/1979 sulla situazione sociale del paese*, Censis Ricerca (Roma: Fondazione Censis, 1979), p.519: and *Quarto rapporto sullo stato dei poteri localie/1987* (Rome: Sistema Permanente di Servizi, 1987), pp.48-51. 15の別々のサービス指標が、主成分分析に基づき単一の因子スコアに総合された。

(2)地方政府への平均満足度と州別に集計した地方政府パフォーマンス指数の粗相関係数は、$r=0.72$である。最も小さな州での統計誤差を調整するために、標本規模によって加重値を与えると、$r=0.83$となる。

(3)一九八〇年代の四回の調査を通じて、州政府の評価と地方政府の評価の間の個人レベルの分析での平均相関係数は、$r=0.62$である。

補遺F　市民的関与の伝統（1860―1920年）

《市民的関与の伝統》指数の成分（1860―1920年）

変数1　社会党と人民党の強さ（1919―21年）
変数2　人口一人当たりの協同組合簇生率（1889―1915年）
変数3　相互扶助協会の参加（1873―1904年）
変数4　投票率（1919―1921年）
変数5　1860年以前設立の地方任意団体

表F－1　《市民的関与の伝統》指数の成分間の相互相関係数（r）（1860-1920年）

	指数	変数1	変数2	変数3	変数4	変数5
指数	1.000	0.973*	0.931*	0.906*	0.782*	0.563*
変数1	0.973*	1.000	0.901*	0.877*	0.707*	0.539
変数2	0.931*	0.901*	1.000	0.764*	0.676*	0.494
変数3	0.906*	0.877*	0.764*	1.000	0.609*	0.464
変数4	0.782*	0.707*	0.676*	0.609*	1.000	0.131
変数5	0.563*	0.539	0.494	0.464	0.131	1.000

*有意水準（片側検定）＜0.01

訳者あとがき

本書は、Robert D. Putnam, *Making Democracy Work: Civic Traditions in Modern Italy* (Princeton, N.J.: Princeton University Press, 1993) を訳出したものである。本書は、英語版と同時にイタリアでも、*La tradizione civica nelle regioni italiane* (Milano: Mondadori, 1993) として出版され大きな反響を呼んだ。また、スペイン語(別訳で二冊)、スウェーデン語、ポーランド語、ポルトガル語、ロシア語、カタロニア語、ルーマニア語、韓国語、ウクライナ語にも訳出され、その影響力の大きさが分かる。

著者のロバート・D・パットナムは、一九四一年ロチェスター市(ニューヨーク州)生まれの政治学者で、ミシガン大学教授等を経て、一九七九年以降ハーバード大学教授の職にある。学部、大学院でアメリカ政治、比較政治、公共政策、国際関係論などを講じるかたわら、市民参加強化村塾とでもいえるサワーロ・セミナーの創設者、主催者でもある。また、これまでホワイトハウスの国家安全保障会議スタッフ、国務省顧問、三極委員会委員等を歴任し、また学会活動でもアメリカ政治学会副会長(一九九七―九八年)、さらには二〇〇一年九月には同学会会長に就任することになっている。

パットナムは、ニコラス・ベインとの共著、*Hanging Together: The Seven-Power Summits* (Cambridge, Mass.: Harvard University Press, 1984) が『サミット〔先進国首脳会議〕』(山田進一訳、TBSブリタニカ、一九八六年)としてすでに訳出されており、一部の読者にとってはすでになじみの人物であろう。また、西欧諸国における政官関係を比較政治学的に分析した *Bureaucrats and Politicians in Western Democracies* (Cambridge, Mass: Harvard

University Press, 1981, with Joel D. Aberbach and Bert A. Rockman）は、この分野のパイオニア的研究としてすでに古典的地位を獲得していることも大方の承知するところである。訳者も、イギリスとイタリアの政治エリートの政治文化を比較した処女作『政治家の信条構造』［*The Beliefs of Politicians: Ideology, Conflict, and Democracy in Britain and Italy*（New Haven:Yale University Press, 1973）］を紹介［『甲南法学』第一七巻、一九七七年、三四一－三四九頁］して以来、欧米の政治学者のなかで最も注目してきた研究者の一人である。パットナムは、エリート論、政治文化論、民主主義論、イタリア政治、比較政治学、さらには国際政治経済学など多様な分野のエキスパートとして数多くの著書、学術論文を公表してきた。右に挙げた著書以外にも、*The Comparative Study of Political Elites*（Englewood Cliffs, N.J.: Prentice-Hall, 1976）、*Bowling Alone: The Collapse and Revival of American Community*（New York: Simon & Schuster, 2000）、共編著に、*Double-Edged Diplomacy: International Bargaining and Domestic Politics*（Berkeley: University of California Press, 1993）、*Disaffected Democracies: What's Troubling the Trilateral Countries?*（Princeton, N.J.: Princeton University Press, 2000）などがある。

ところで本書が取り上げるイタリアは、一九五〇年代後半からの約一〇年にわたって、いわゆる「イタリアの奇跡」を達成した。しかしながら、重化学工業を中心としたこの高度成長も七〇年代に入ると衰退し、イタリアは「欧州の病人」と揶揄される受難の時代を迎えることとなった。だが、こうした状態も八〇年代には好転し、再度「第二の経済奇跡」の国として注目されるようになった。イタリアがヴェネツィアでサミットを開催したのは「黄金の八〇年代」のまっただ中、一九八七年のことであった。

国内外のポスト・モダン消費市場を相手に、ニット製品、繊維、靴、食器、皮革、セラミック・タイルなど高付加価値商品がイタリアに「経済のルネッサンス」をもたらしたのだ。ヴェーネト州、エミーリア・ロマーニャ州、トスカーナ州など北・中部イタリアに広く点在する中小企業集積地は、「第三のイタリア（Terza Italia）」として注目を浴びるようになった。この地域を含むクラフト的熟練技術の水平的分業からなる産業地域を比較検討し、そこに特徴的な地域産業システムを、「柔軟な専門化」体制として、大企業の垂直的統合からなるフォード主義的大量生産体制に対置したピオリとセーブルの画期的な著書『第二の産業分水嶺』(山之内靖・永易浩・石田あつみ訳、筑摩書房、一九九三年)が出版されたのが一九八四年のことであった。

今やちょっとしたイタリア・ブームなのである。このブームにあやかってか、本屋の棚には、『……でお食事を』とか、『……に暮らして』といった本が目立つ。ある本の帯には、「ゆっくり《ピアーノ》、ゆっくり《ピアーノ》、落ち着いて《コン・カルマ》流れる、ひっそりとした豊かな時間。ニューヨーク住まいの中年夫婦が、悪戦苦闘してトスカーナに夢の家を見つけた」とある(フエレンク・マテ『トスカーナの丘』[田口俊樹訳、徳間書店、二〇〇〇年])。『……』にカラーブリアやバシリカータがくることはまずない。主人公の多くは、個人主義に疲れたアメリカかイギリスの中年夫婦か退職組。苦労の末に手に入れた家はボロ家ではあるが、中世がそのまま残っているような町や村で水を得た魚となる。経済学でいう「社会資本」(社会的間接資本(social infrastructure)あるいは社会的共通資本(social overhead capital)のこと)は前よりレベルダウンしたとしても、社会的な資本(social capital)には恵まれているのであろう。

本書の直接の目的は、一九七〇年に実現したイタリアの地方制度改革が、各地域の州政府の「制度パフォーマンス」にいかなる影響を与えたのか、より一般的には民主主義がうまく機能する条件が何かを見極めるところにある。測定の結果、「制度パフォーマンス」には南北で大きな格差が認められた。同じ公式的構造を持つ州に大きな違いをもたらしたものは何なのか。制度イノベーションは民主主義にいかなる影響を及ぼすのか。パットナムは、ロバート・レオナーディ、ラッファエッラ・ナネッティらの協力を得て二〇年にも及ぶ長期の標本調査や面接調査を継続的に実施し、そこで入手したデータの統計分析、意識調査分析の結果を各種の定性的調査結果と突き合わせることで、これらの疑問に答えようとした。

パットナムは、州政府の統治パフォーマンスを政策過程、政策表明、政策執行の三点で評価すべく、内閣の安定性、予算の迅速さ、統計情報サービス、改革立法、立法でのイノベーション、保育所、家庭医制度、産業政策の手段、農業支出の規模、地域保健機構の支出、住宅・都市開発、官僚の応答性という一二の指標からなる《制度パフォーマンス》指数を設定し、それとは別に設定された《市民共同体》指数（州別の優先投票率、国民投票率、新聞購読率、スポーツ・文化団体の活性度の四指標の要約的指数）との相関性を検討した。

この作業の結果、州の統治パフォーマンスは、州政府に内属的な要因である職員安定度や統治政党の色、さらには外属的要因としての都市化や教育レベル、イデオロギー的硬直度、工業化や公衆衛生の普及といった経済的近代化水準とほとんど関係なく、《市民共同体》度とこそ最も強く関連していることが明らかになった。自発的結社が根を張り、市民が様々な分野で活発に活動し、水平的で平等主義的な政治を旨としている地域で制度パフォーマンスは高いのである。そのような社会は、互酬性の規範、相互信頼、社会的協力、市民的積極参加、よく発達した市民的義務感が緊密に絡み合い社会の効率性を高める。こうした力こそが、パットナムが言う社会資本（social capital）にほかならない。

社会資本が発達した北・中部イタリアには、市民的な伝統も長い歴史の間に強靭なネットワークを張り、それが政府ひいては民主主義の高いパフォーマンスを生み出す。その逆が南イタリアである。パットナムの《市民共同体》度と制度パフォーマンスは見事なまでに緯度に比例しているのである。

では、なぜ北と南でこのように対照的な状態が生まれたのであろうか。パットナムは、ゲーム理論と歴史を接合して南北イタリアの「経路依存性」を解明しようとする。個人は、心理《サイコ・ラショナル》＝合理的に行動を選択するが、その選択は実行者《エージェント》個人が置かれた社会的・文化的文脈に規定されつつ、文脈そのものを再生産する。個人と環境との自己強化的関係の南北対比をパットナムはゲーム理論に依拠して次のように説明する。イタリア南部は、搾取と隷属の支配するなか家族と力のみに依存する垂直的・私的従属関係を発達させ、中世以来長きにわたって第三者執行による秩序維持を甘受してきた。他方、北・中部イタリアは、野蛮状態から水平的な協力に活路を見出し、自発的な契約観念や相互信頼によって協同や市民的連帯を可能とする社会資本を形成・蓄積でき、豊かな市民共同体を享受するに至った。

イタリアの政治文化は、一般的に、疎外・孤立・不信といった特徴によって理解されてきた。こうした像の固定化に与ったのが、本書でも言及されている二つの著作、Edward C. Banfield, *The Moral Basis of a Backward Society* (New York: Free Press, 1958) と Gabriel A. Almond & Sidney Verba, *The Civic Culture: Political Attitudes and Democracy in Five Nations* (Princeton: Princeton University Press, 1963)〔石川一雄・片岡寛光・木村修三・深谷満雄訳『現代市民の政治文化』勁草書房、一九七四年〕であった。

前者の『後進社会の道徳的基盤』は、アメリカの政治学者であるエドワード・バンフィールドが、ルカニア県（バシリカータ州）の小村モンテグラーノ（キアロモンテの仮称）での九ヶ月（一九五四―五五年）に及ぶ参与観察に基づく南イタリアの民俗誌的研究である。面接調査、課題統覚検査を通してこの地域が、「道徳以前の家族主義」（核家族の物質的な目先の利益を最大にせよ。他の誰もが同じように行動すると考えよ）によって自縛された自発的結社を知らない社会であると観察された。当時バンフィールドが別に調査していたアメリカはユタ州セントジョージが交際のネットワークが網の目のように張り巡らされた市民化《シヴィライズド》した町であるのとは対照的に、ここモンテグラーノの村人は、公共問題に関心を持たず、公官吏に対する監視は住民ではなく他の公官吏の仕事と見、政治は本質的に腐敗したビジネスだと考え、結果として公的諸問題を民主的・集合的に解決する力もインセンティブも有しないことが明らかにされた。

アメリカ、イギリス、メキシコ、西ドイツ、イタリア五ヶ国の政治文化を主として面接調査（アメリカのみ一九六〇年、それ以外は一九五九年に実施）によって比較研究した『現代市民の政治文化』もバンフィールドの主張を支持する点が多く、イタリアの政治文化を「比較的救い難い政治的疎外、社会的孤立、不信の政治文化である」（訳書、三九八頁）と結論づけた。著者のアーモンドとヴァーバによれば、民主主義の有効な機能化には市民文化が重要な要件となるが、イタリアは市民的有力感（市民的・政治的目標の達成のために他人との結合能力に基づく）、それを培養する市民的協同（外向的・対人的長所として寛容を重視する外向的性格や余暇などにグループ活動に参加する傾向）が低いと分析したのである。

両書に対する批判の一つに、アメリカの政治文化を基準に他国、他地域を裁断する一種の「オリエンタリズム」的性格を批判するものがある。セントジョージ、アメリカは、モンテグラーノ、イタリアよりも市民的と本当に言えるのか。本書への批判の一部にもこの種の批判が多い。北イタリアは南イタリアより本当に市民的と言えるのか。パットナムの考察は、一種の「国内オリエンタリズム」として批判されるのだ。

国家交差的・地域交差的比較研究に拭いがたいこの種の批判を、パットナムは、《市民共同体》指数など重要な指数、指標、尺度等の慎重な設定とデータ分析の統計的手法の洗練化によって克服しようとした。また、標本調査や面接調査に付き物の政治文化の静態的・本質主義的認識は、ゲーム理論と歴史分析の接合によって乗り越えようとした。そこから導出された概念こそが「社会資本」であったのだ。「社会資本」は、政治文化論が抽出する態度や志向よりもはるかに歴史的・関係的な行動傾性をより多く含む。パットナムは、社会資本の蓄積過程をイタリア史のなかでゲーム理論を駆使して解き明かし、北と南における社会資本の蓄積量の違いが統治パフォーマンス、さらには経済発展の違いを生み出したことを説得的に論証する。社会資本は、民主主義の有効な機能化、経済発展の条件なのである。パットナムによれば、「強い社会、強い経済。強い社会、強い国家」である。

かつてのセントジョージは、現在のセントジョージではない。だがどう判断すればよいのか。この比喩が内包する諸問題に、パットナムはここ一〇年来取り組んできている。アメリカは一九六〇年代以降とくに深刻な政治不信・不満、政治的疎外感、政治参加の低下に呻吟してきた。こうした現象の背後に市民共同体と社会資本の衰退をパットナムは見、地理的移動性の増大や余暇活動の私化をもたらした情報技術力の変化がその原因であると指摘してきた。本書でも示されたトクヴィル的認識（公的生活の質、社会・組織パフォーマンスは自発的結社のあり方に強く影響される）から包括的に右の諸問題を扱った最近著『一人でボウリングを』（*Bowling Alone*）は、本書と同様に出版と同時に激しい論争を巻き起こしている。アメリカの社会資本は本当に低下し続けているのか（現状認識、変化認識の問題）、社会資本や市民的伝統はどのように測定されるのか（調査手法、データの質、分析方法、統計的手法の問題）、さらにより根本的な問題としてそのトクヴィル的視座（慣習《モーレス》が実践・構造を規定する）に疑問が提出されている。同種の批判は、本書にも寄せられた。

二一世紀の政治は、新たな社会的亀裂、新たな「飛び地」的ライフスタイル、サイバー・ポリティックスへの不可逆的昂進によって今まで以上に断片化、多元化、流動化を余儀なくされるであろう。そこから生まれる公的争点の絶えざる再定義化に従来の選挙政治、政党政治、利益媒介政治はいかに対応し、適応していけるのか。また責任能力と応答性の高い民主的な統治の有効な機能化はいかに展望できるのか。こうした問題の先行きは、市民の政治への積極的関与、政治的平等、連帯・信頼・寛容、創造的妥協、豊かな自発的結社を特徴とする市民共同体の創出あるいは再生に不可分に結び付いている。本書は、「自発する民主主義」を構想する「哲学する市民」に豊かな示唆を与えてくれるものと確信する。

最後に、訳出作業について一言すれば、原文中に二、三見られた明白な誤記のたぐいは訳者の判断と責任において訂正し、不分明な点は気がつく範囲で著者に指示を仰いで訂正した。

本書の出版にあたっては、小林順氏に校正の過程で貴重な助言をたまわった。また、ＮＴＴ出版の島崎勁一氏には、出版の細部にわたり適切なアドバイスをいただいた。両氏に厚くお礼を申し上げたい。

二〇〇一年二月

河田潤一

Reversing Industrial Decline? Industrial Structure and Policy in Britain and Her Competitors, eds. Paul Hirst and Jonathan Zeitlin (New York: Berg, 1989), pp.17-70を見よ。

91. John Friedmann, *Planning in the Public Domain: From Knowledge to Action* (Princeton: Princeton University Press, 1987), pp.185-223.

92. Vera Zamagni, *Industrializzazione e squilibri regionali in Italia: Bilancio dell'età giolittiana* (Bologna: Il Mulino, 1978), p.216.（強調は原文）

84. 第５章の注**５**を見よ。理論的に言えば，いっそう詳細な検討に値するもう１つの問題は，15世紀の黒死病，外国勢力の侵略，それ以外の社会的・経済的混乱直後の時期に協力の熱意が殺がれたことによって，北イタリアがなぜ市民的な均衡が全面的に動揺したり，また市民的伝統を灰燼に帰してもおかしくない一連の悪循環にすべり込まなかったのか，その理由である。

85. 例えば，Michael Thompson, Richard Ellis, and Aaron Wildavsky, *Cultural Theory* (San Francisco: Westview Press, 1990), p.21を見よ。彼らは，「価値と社会関係は互いに相互依存的で強化し合う。制度は，独特な一組の選好を生み出し，特定の価値への支持はそれに対応した制度的配置を正当化する。制度と価値はどちらが先かとか，あるいはどちらが因果的に優先されるべきかを問うことは，考えるのもばかばかしい」と述べている。また，Ronald Inglehart, “The Renaissance of Political Culture,” *American Political Science Review* 82 (1988): 1203-1230も参照。イングルハートは，政治文化，経済発展，安定した民主主義の相互連関を強調している。より古い語法は，制度パフォーマンスを「市民的徳」にまでたどっており，市民共同体を強調するわれわれの立場は，この研究方法に共鳴するものである。古典的な表現では，「共和政は有徳の人間を形成し，有徳の人間が共和政を形成した」(Richard Vetterli and Gary Bryner, *In Search of the Republic: Public Virtue and the Roots of American Government* [Towata, N.J.: Rowman and Littlefield, 1987], p.20)のであり，われわれの言葉では，市民共同体は自己強化的な均衡である。「契約《コヴナント》」(平等者間の自発的同意) 的政治文化と征服的な位階制的政体の示唆に富む区別については，Daniel J. Elazar, “Federal Models of (Civil) Authority,” *Journal of Church and State* 33 (1991): 231-254を見よ。

86. North, *Institutions, Institutional Change and Economic Performance*, p.100, p. 140 [『制度・制度変化・経済成果』132頁，185-186頁].

87. Samuel P. Huntington, *The Third Wave: Democratization in the Late Twentieth Century* (Norman, Okla.: University of Oklahoma Press, 1991) [前掲訳書『第三の道』].

88. Thompson, Ellis, and Wildavsky, *Cultural Theory*, p.2.

89. Silverman, “Agricultural Organizations, Social Structure and Values in Italy,” p.18. この問題の取り沙汰は，例えばアメリカにおける貧困の文化や最貧困階級に関する文献のなかに見られる。例えば，E.Banfield, *The Unheavenly City: The Nature and Future of Our Urban Crisis* (Boston: Little, Brown, 1970); Charles Valentine, *Culture and Poverty: Critique and Counter Proposal* (Chicago: University of Chicago Press, 1968); Oscar Lewis, “The Culture of Poverty” in *On Understanding Poverty: Perspectives from the Social Sciences*, ed. Daniel Moynihan (New York: Basic Books, 1968) を参照。

90. 信頼と協力的な社会関係は「創出され」うるのか，あるいは単に「発見される」のみなのか，という問題については，Charles F. Sabel, “Studied Trust: Building New Forms of Cooperation in a Volatile Economy,” in *Readings in Economic Sociology*, eds. Frank Romo and Richard Swedberg (New York: Russell Sage, 1992); Charles F. Sabel, “Flexible Specialisation and the Reemergence of Regional Economies,” in

75. Edward C. Banfield, *The Moral Basis of a Backward Society* (Chicago: The Free Press, 1958), p.85. この地獄のような社会環境から完全に飛び出すことは，もちろん1つの選択肢である。またいったん長旅が実現可能となると，他国への移住も普通のこととなった。

76. North, *Institutions, Institutional Change and Economic Performance*, p.35［前掲訳書『制度・制度変化・経済成果』46頁］.

77. Sugden, *Economics of Rights, Co-operation and Welfare*, pp.104-127, p.162. 厳密に言えば，「全面裏切り」が無限反復ゲームでの安定的均衡だというサグデンの立証は，プレーヤーは頻繁に「失敗」する，すなわちプレーヤーが協力するつもりだった時に裏切る，あるいはその逆といった当然考えられるべきことを想定する必要がある。サグデンが認めるように，彼の議論の大部分は，Michael Taylor, *Anarchy and Cooperation* (London: Wiley, 1976) と Axelrod, *Evolution of Cooperation*［前掲訳書『つきあい方の科学』］といった仕事に依拠している。「全プレーヤーが各々正直であることを期待していれば全員が正直になり，また全員が各々少々だましあうことが期待される場合，全員がそうなるであろう」安定した均衡の2形態に関係するゲーム（だがこの場合，繰り返し囚人のジレンマを伴わない）については，Dasgupta, "Trust as a Commodity," pp.56-59を見よ。ここで詳細に検討した諸理論は，「全面裏切り」と「助けの交換」が安定的均衡だと暗に意味しているが，これら以外の安定的均衡の存在の可能性を排除するものではない。

78. March and Olsen, *Rediscovering Institutions*, pp.55-56 and p.159［前掲訳書『やわらかな制度』82-83頁，234頁］.

79. これまで経済史家の大部分の仕事は，制度よりは科学技術に焦点を合わせてきたが，鍵となる重要な論点の多くはよく似ている。Paul David, "Clio and the Economics of QWERTY," *American Economic Review* 75(1985): 332-337; W. Arthur Brian, "Self-Reinforcing Mechanisms in Economics," in *The Economy as an Evolving Complex System*, eds. Philip W. Anderson, Kenneth J. Arrow, and David Pines (Reading, Mass.: Addison-Wesley, 1988); North, *Institutions, Institutional Change and Economic Performance*, pp.92-104［前掲訳書『制度・制度変化・経済成果』121-137頁］を見よ。ノースの卓越したこの著作は，本章ならびに前章で議論した問題と直接に関連している。

80. North, *Institutions, Institutional Change and Economic Performance*, p.93［前掲訳書，122頁］.

81. Ibid., pp.101-102; pp.112-117［前掲訳書，133-134頁，148-155頁］.

82. すべての歴史家が，このラテン・アメリカ史解釈に同意するわけではないであろう。というのも，数多くのごちゃごちゃとした変数が考えられそうだからである。だが，だとしても，この解釈は一応信頼できそうである。イタリアの事例は，分析的にはさらにいっそう雄弁である。というのは，イタリアの国内比較でより多くの諸変数が「コントロール」されており，また北と南の分岐化が南米と北米の差異よりもっと長期間にわたって存続しており，またイタリアの分岐化が，単一の中央政府になって1世紀も経つのに生き残り，広がってさえいるからである。

83. North, *Institutions, Institutional Change and Economic Performance*, Chapters 10-12［前掲訳書『制度・制度変化・経済成果』］.

な情報がないので，例えばサッカー・クラブ内の親交関係は全州にわたり等しく水平的であり，従って社会資本として等しく有効であると想定するしかない。事実，サッカー・クラブや他の任意団体は，市民度が低く，さほどそうした団体がうまく行っていない地域では，社会的により階層的に組織されているようだ。まさにこの点に関する証拠は，Caroline White, *Patrons and Partisans: A Study of Politics in Two Southern Italian Comuni* (New York: Cambridge University Press, 1980), pp.63–67 and pp.141–145を見られたい。もしこの考え方が当たっているのであれば，水平的ネットワークと制度的成功の実際の結び付きは，われわれのデータが示すよりもおそらくもっと強いであろう。

70. Mancur Olson, *The Rise and Decline of Nations: Economic Growth, Stagflation, and Social Rigidities* (New Haven: Yale University Press, 1982)［前掲訳書『国家興亡論』］.

71. Joel S. Migdal, "Strong States, Weak States: Power and Accommodation," in *Understanding Political Development*, eds. Myron Weiner and Samuel P. Huntington (Boston: Little, Brown, 1987), pp.391–434. 本文引用は，pp.397–398から。政治発展論の初期の研究者も，社会的流動性と大衆の政治参加は統治制度の安定性と有効性を低めると論じた。この見解の最もよく知られた解釈は，Samuel P.Huntington, *Political Order in Changing Societies* (New Haven: Yale University Press, 1968)［前掲訳書『変革期社会の政治秩序』］である。近年の諸研究を概観する上で有益な文献としては，Joan M. Nelson, "Political Participation," in *Understanding Political Development*, eds. Weiner and Huntington, pp.103–159, esp. pp.114–115を見よ。この理論とわれわれの理論の違いを明確にするには，水平的ネットワークと垂直的ネットワークの区別にもっと注意を払う必要がでてくる。

72. 1987年の1人当たりGRP（州民総生産）と1970年のGRPおよび1970年代の市民共同体との間の回帰係数をそれぞれ求めた。結果は，市民度で，回帰係数（β係数）＝0.35, p＝0.017（調整済決定係数R^2＝0.92），1970年のGRPで，回帰係数（β係数）＝0.64, p＝0.0001であった。データに弱点が多すぎるので他の代替的な理論が考えられないわけではないが，事実ははっきりしている。1970年に豊かな州は87年でも依然として豊かな州であった。この間，最も市民的な州がより急速に成長したのに対して，最も裕福な州の成長はよりゆっくりしたものであった。

73. イタリア語は，信頼と間抜けのこの密な関係を反映している。正直で礼儀正しく悪気のない人間は，*dabbene*と書くし，信じやすい間抜けはその人物をばかにして*dabbenaggine*と呼ぶ。こうした微妙な用語の意味については，フェデリコ・ヴァレーゼ教授にご教示いただいた。

74.「安定した均衡は，あるゲームを相互に繰り返し争う諸個人の共同体を指す，と定義される。こうしたゲームでは，ある戦略Iが一定の安定的な均衡だということは，次のように言うことにほかならない。他の誰もが，またはほぼ全員が同じことをするという前提で，戦略Iをとることは，各人の利益となる，と」(Sugden, *Economics of Rights, Co-operation and Welfare*, p.32. また，pp.19–31も参照)。「決して協力しないこと」が，繰り返し囚人のジレンマで安定的均衡である諸条件の細かな特定については，Sugden, *Economics of Rights, Co-operation and Welfare*, p.109を見よ。

North Carolina Press, 1986), p.15)。

59. 反復——同一プレーヤーが同一ゲームを巡次繰り返す——とは性格を異にする相互連結性——同一プレーヤーが複数の類似したゲームを同時に行う——については，James K.Sebenius, "Negotiation Arithmetic: Adding and Subtracting Issues and Parties," *International Organization* 37 (Spring 1983): 281-316; James Alt and Barry Eichengreen, "Paralle and Overlapping Games: Theory and an Application to the European Natural Gas Trade," *Economics and Politics* 1 (1989): 119-144を参照されたい。集合行為のジレンマを軽減させる「多重的」人間関係（1活動分野以上を含む絆）の効力については，Michael Taylor and Sara Singleton, "The Communal Resource: Transaction Costs and the Solution of Collective Action Problems" (University of Washington, unpub.ms., 1992) という卓越した論考を見られたい。

60. Ostrom, *Governing the Commons*, p.206.

61. 信頼，ネットワーク，情報については，Coleman, *Foundations of Social Theory*, chapter 8を見よ。

62. David Knoke, *Political Networks: The Structural Perspective* (New York: Cambridge University Press, 1990), pp.68-69.

63. North, *Institutions, Institutional Change and Economic Performance*, p.37［前掲訳書『制度・制度変化・経済成果』49頁］.「文化が，様々な行動戦略を組み立てる能力の守備範囲を用意する」という類似の議論については，Ann Swidler, "Culture in Action: Symbols and Strategies," *American Sociological Review* 51 (1986): 273-286（引用文は，p.284から）を見よ。

64. Coleman, *Foundations of Social Theory*, pp.286-287と比較されたい。

65. Julian Pitt-Rivers, *The People of the Sierra* (London: Weidenfeld and Nicolson, 1954), p.140［野村雅一訳『シエラの人びと』弘文堂，1980年，165頁］.

66. S. N. Eisenstadt and L. Roniger, *Patrons, Clients, and Friends: Interpersonal Relations and the Structure of Trust in Society* (New York: Cambridge University Press, 1984), pp.48-49.

67. Mark S. Granovetter, "The Strength of Weak Ties," *American Journal of Sociology* 78 (1973): 1360-1380. 引用は，同論文，p.1376から（強調は原文）。

68. 歴史的あるいは社会的な環境が異なれば，カトリックの諸集団への積極的な参加は，もっと市民的な含意を持つかもしれないが，それもそのような文脈での社会的・組織的現実次第である。ラテン・アメリカでの「制度的教会」の階統制的考えと「民衆的教会」の共同体的・平等主義的考えの対比については，Danile H. Levine, *Religion and Politics in Latin America: The Catholic Church in Venezuela and Colombia* (Princeton: Princeton University Press, 1981)，さらには *Religion and Political Conflict in Latin America*, ed. Levine 所収の事例研究を見よ。イタリアにおいては，教会内のより平等志向の平信徒集団（基礎信徒共同体）の一員であることと，市民度および制度パフォーマンスは正に相関するはずであることをわれわれの理論は示唆している。しかしながら，この仮説を立証する関連データはまったく探し出せなかった。

69. イタリアの多種多様な部分に存在する二次的結社内部の地位と権力に関するミクロ

49. North, *Institutions, Institutional Change and Economic Performance*, pp.36-45［『制度・制度変化・経済成果』48-61頁］. また，Kenneth Arrow, *The Limits of Organization*（New York: Norton, 1974), p.26［村上泰亮訳『組織の限界』岩波書店，1976年，22頁］; George Akerlof, "Loyalty Filters," *American Economic Review* 73 (1983): 54-63 （Mark Granovetter, "Economic Action and Social Structure: The Problem of Embeddedness," *American Journal of Sociology* 91 (November 1985): 489に引用）を見よ。

50. Marshall Sahlins, *Stone Age Economics*（Chicago: Aldine-Atherton, 1972)［山内昶訳『石器時代の経済学』法政大学出版局，1984年］は，「均衡のとれた」と「一般化された」という用語を使っている。Robert O. Keohane, "Reciprocity in International Relations," *International Organization* 40 (1986): 1-27は，「特定的」互酬性と「一般化された」互酬性の間に密接に関連する区別をする。互酬性の戦略（しっぺ返し）と互酬性の規範の区別は，両者が実証レベルで時々関連しているとしても重要である。ここでのわれわれの関心は，まずもって互酬性の規範である。Axelrod, *Evolution of Cooperation*［前掲訳書『つきあい方の科学』］; Axelrod, "An Evolutionary Approach to Norms" も参照のこと。

51. Alvin W. Gouldner, "The Norm of Reciprocity: A Preliminary Statement," *American Sociological Review* 25 (April 1960): 161に引用。

52. Ostrom, *Governing the Commons*, p.200, p.201. だがオストロームは，規範が目に見えない「頭のなかの」変数として扱われる説明には懐疑的である（p.38)。

53. Michael Taylor, *Community, Anarchy and Liberty*（New York: Cambridge University Press, 1982), pp.28-29（強調は原文). Gouldner, "The Norm of Reciprocity," p.173も見よ。

54. Keohane, "Reciprocity in International Relations," p.21.

55. Granovetter, "Economic Action and Social Structure." グラノベッターは，持説の「埋め込み」アプローチを，行為は役割や規範により全面的に決定されると考える人間行動の「過剰社会化」という考えとも，原子化されたアクターは社会的諸関係に拘束されないという「過少社会化」という考え（単純なゲーム理論ではもっと広くみられる考え方）とも区別する。社会的交換を強く支える無形の固定資産としてのネットワークと信頼については，Albert Breton and Ronald Wintrobe, *The Logic of Bureaucratic Conduct*（New York: Cambridge University Press, 1982), pp.61-88も参照されたい。

56. Granovetter, "Economic Action and Social Structure," pp.490-491.

57. R・ミヘルスのドイツ社会民主党の研究，*Political Parties: A Sociological Study of the Oligarchical Tendencies of Modern Democracy*（New York: Dover, 1959)［森博・樋口晟子訳『現代民主主義における政党の社会学』木鐸社，1990年］を見よ。

58. この区別とその広範な帰結は，もちろんマックス・ウェーバーが強調するところであった。「ウェーバーにとっては，教団的な宗教は小規模で自営型の信徒集団に組織化される。……教団的組織形態は信徒全員に参加を迫り，聖書に対する共同の信任を通して宗教知識へ等しく接近することを奨励し，信徒間の平等的地位を力説する」（*Religion and Political Conflict in Latin America*, ed. Daniel H. Levine (Chapel Hill: University of

37.「人々が互いに助力を広く求めれば求めるほど，そこに生まれる社会資本の量は増えるであろう。……社会的諸関係は，もしそれが維持されないのであれば消滅し，期待と義務もそのうち萎んでしまう。規範は，規則的なコミュニケーションに依存しているのである」(Coleman, *Foundations of Social Theory*, p.321)。

38. Coleman, Foundations of Social Theory, p.315. また，Ostrom, *Drafting Institutions*, p.38を見よ。オストロームは，「社会資本は，自動的にも自然発生的にも生じない」と述べている。Robert E. Lucas, Jr., "On the Mechanics of Economic Development," *Journal of Monetary Economics* 22(1988): 3-42は，人的資本の「外部経済的」(すなわち公共財的）特徴を強調している。Hechter, *Principles of Group Solidarity* は，「公共財」(供給の共同性と非排除可能性を特徴）と「集合財」(ある程度排除可能的かも）を区別している。少なくとも最初は，いくつかの種類の社会資本は排除可能性が特徴であったかもしれない。例えば，中世イタリアの塔仲間は，メンバー以外の人間を敵から防衛することはしなかった。だが，ヘクターが指摘するように（p.123 *et passim*)，元来は集合財の供給を目的として出現した非公式の集団から真の公共財を創出する公式集団が発生するかもしれない。最終的には，塔仲間と彼らが生み出したコムーネが促進した市民的秩序は，メンバー以外の人間も享受できた。

39. Coleman, *Foundations of Social Theory*, p.317; Dasgupta, "Trust as a Commodity," p.64 を見よ。

40. Coleman, *Foundations of Social Theory*, pp.317-318.

41. Kenneth J. Arrow, "Gifts and Exchanges," *Philosophy and Public Affairs* 1(Summer 1972): 357.

42. Anthony Pagden, "The Destruction of Trust and its Economic Consequences in the Case of Eighteenth-century Naples," in *Trust*, ed. Gambetta, pp.136-138. Antonio Genovesi, *Lezioni di economia civile* (1803)を引用。

43. Mark H. Lazerson, "Organizational Growth of Small Firms: An Outcome of Markets and Hierarchies?" *American Sociological Review* 53 (June 1988): 330-342は，経営者間の信頼と労働者と経営の間の信頼は，エミーリア・ロマーニャ州に散在する小規模企業の高い生産性にとって不可欠な要素であると報告している。

44. Dasgupta, "Trust as a Commodity, "pp.50-51 (強調は原文).

45. Bernard Williams, "Formal Structures and Social Reality," in *Trust*, ed. Gambetta, p.8, p.12. グレン・ラウリーは，個人的信頼の信頼は個々人の信頼度の差を想定するが，社会的信頼は個人的性格よりも状況構造の重要性を想定していることを筆者に指摘してくれた。

46. James G. March and Johan P. Olsen, *Rediscovering Institutions: The Organizational Basis of Politics* (New York: Free Press, 1989), p.27［前掲訳書『やわらかな制度』39頁］と比較されたい。

47. Coleman, *Foundations of Social Theory*, p.251.

48. March and Olsen, *Rediscovering Institutions*, p.27［『やわらかな制度』39頁］; Robert Axelrod, "An Evolutionary Approach to Norms," *American Political Science Review* 80 (December 1986): 1095-1111.

in the World Political Economy (Princeton: Princeton University Press, 1984) ［石黒馨・小林誠訳『覇権後の国際政治経済学』晃洋書房，1998年］)。

21. Coleman, *Foundations*, p.302, p.304, p.307.

22. Shirley Ardener, "The Comparative Study of Rotating Credit Associations," *Journal of the Royal Anthropological Institute of Great Britain and Ireland* 94 (1964): 201.

23. Ardener, "Comparative Study of Rotating Credit Associations"; Clifford Geertz, "The Rotating Credit Association: A 'Middle Rung' in Development," *Economic Development and Cultural Change* 10 (April 1962): 241-263; Carlos G. Vélez-Ibañez, *Bonds of Mutual Trust: The Cultural Systems of Rotating Credit Associations among Urban Mexicans and Chicanos* (New Brunswick, NJ: Rutgers University Press, 1983) を見よ。Timothy Beasley, Stephen Coate, and Glenn Loury, "The Economics of Rotating Savings and Credit Associations," *American Economic Review*, forthcoming 1992は，回転信用組合にフォーマル・モデルを適用している。

24. Vélez-Ibañez, *Bonds of Trust* は，メキシコのある刑務所内での囚人の間に見られるマリファナの回し飲みといった一種の回転信用組合のようなものについて報告している。だが，回転信用組合の積み金（pot）が「マリファナ（pot）」の語源という証拠はない。

25. Geertz, "The Rotating Credit Association," p.244.

26. Ardener, "Comparative Study of Rotating Credit Associations," p.216.

27. Ibid. 回転信用組合における評判の重要性に関しては，Michael Hechter, *Principles of Group Solidarity* (Berkeley: University of California Press, 1987), pp.109-111を見よ。

28. Vélez-Ibañez, *Bonds of Trust*, p.33. 信頼，仲介者，ネットワークについては，Coleman, *Foundations of Social Theory*, Chapter 8を見よ。

29. Besley, Coate, and Loury, "Economics of Rotating Savings and Credit Associations."

30. 実際のところ，利用できそうな代替肢がないこと自体が，回転信用組合の参加者としての彼らの信用を増大するのかもしれない。この観察は，グレン・ラウリーに知的に負うものである。

31. Ostrom, *Governing the Commons*, pp.183-184.

32. Geertz, "The Rotating Credit Association," p.243, p.251.

33. Ostrom, *Governing the Commons*, p.190.

34. A. O. Hirschman, "Against Parsimony: Three Easy Ways of Complicating Some Categories of Economic Discourse," *American Economic Review* Proceedings 74 (1984): 93. Partha Dasgupta, "Trust as a Commodity," in *Trust*, ed. Gambetta, p.56に引用。

35. Axelrod, *Evolution of Cooperation*, p.85［前掲訳書『つきあい方の科学』75頁］の，塹壕戦での「殺しも殺されもしない」やり方の説明を見よ。

36. Gambetta, "Can We Trust Trust?" p.234（強調は原文）.

ing and with incomplete information," *Econometrica* 54 (1986): 533-554。厳密に言えば，フォーク定理は，「全面裏切り」は一回限りのゲームの場合と同様，反復囚人のジレンマでも特有の均衡ではないと主張する。Robert Axelrod, *The Evolution of Cooperation* (New York: Basic Book, 1984)［松田裕之訳『つきあい方の科学』HBJ 出版局，1987年］; Michael Taylor, *Anarchy and Cooperation* (London: Wiley, 1976) も参照のこと。

14. North, *Institutions, Institutional Change and Economic Performance*, p.12［『制度・制度変化・経済成果』15頁］.

15. Oliver E. Williamson, *Markets and Hierarchies: Analysis and Antitrust Implications* (New York: Free Press, 1975)［浅沼萬里・岩崎晃訳『市場と企業組織』日本評論社，1980年］; Williamson, *The Economic Institutions of Capitalism* (New York: Free Press, 1985).

16. Ostrom, *Governing the Commons*.

17. Bates, "Contra Contractarianism."

18. Stephen Cornell and Joseph P. Kalt, "Culture and Institutions as Public Goods: American Indian Economic Development as a Problem of Collective Action," in *Property Rights, Constitutions, and Indian Economics*, ed. Terry L. Anderson (University of Nebraska Press, 1990), p.33. James Buchanan, "Before Public Choice," in *Explorations in the Theory of Anarchy*, ed. Gordon Tullock (Blacksburg, Virginia: Center for the Study of Political Choice, Virginia Polytechnic Institute, 1972) を引用。さらには，Jack Hirshleifer, "Comment on Peltzman," *Journal of Law and Economics* 19 (1976): 241-244; Douglass C. North, "Ideology and Political/Economic Institutions," *Cato Journal* 8 (Spring/Summer 1988): 15-28を見よ。

19. Bates, "Contra Contractarianism," p.398. また，Robert H. Bates, "Social Dilemmas and Rational Individuals: An Essay on the New Institutionalism" (Duke University, unpublished manuscript, 1992) も参照。

20. 社会資本の概念に関しては，James S. Coleman, *Foundations of Social Theory* (Cambridge, Mass.: Harvard University Press, 1990), pp.300-321を見よ。コールマンは，この概念の導入に当たってグレン・ラウリーに知的に負っていることを明記している。Glenn Loury, "A Dynamic Theory of Racial Income Differences," in *Women, Minorities, and Employment Discrimination*, eds. P. A. Wallace and A. Le Mund (Lexington, Mass.: Lexington Books, 1977); Glenn Loury, "Why Should We Care about Group Inequality?" *Social Philosophy and Policy* 5 (1987): 249-271. 社会資本の実際の適用に関してはまた，Elinor Ostrom, *Crafting Institutions for Self-Governing Irrigation Systems* (San Francisco: Institute for Contemporary Studies Press, 1992) を参照されたい。関連する議論については，Robert H. Bates, "Institutions as Investments," Duke University Program in Political Economy, Papers in Political Economy, Working Paper 133 (December 1990) を見られたい。社会資本が国内社会の協力を促進するという議論は，国際レジームが国際政治経済での協力を促進するというロバート・コヘインの命題と重要な点で類似している (Robert O. Keohane, *After Hegemony: Cooperation and Discord*

はいかないが，ここで追跡した歴史的連続性を説明できない。というのは，19世紀の大半の時期を通じて，イタリア人が大規模な移民を図ったのはおおむねイタリア北部だったからである。南部からの移住が多くなるのは，1890年代になってからのことである。Clark, *Modern Italy*, p.32, pp.165-166を見よ。

第６章　社会資本と制度の成功

1. もしも証拠を，と言うなら，われわれの調査は，これらの州では公的生活にも私的な将来見込みにもひどい不満が蔓延していることを見出している。自分たちの後進状態を南部人が楽しんでいる――南部人なりの公的生活を好んでいる――と外部の観察者がよく表現する南部観は，常識にも経験的証拠にも反している。

2. ジェフ・フリーデン，ピーター・ホール，ケン・シェプスルは，本章に知的刺激を与える様々な問題を提起してくれた。彼らの優れた洞察力には敬意の念を禁じえない。もちろん，本章の結果に対して彼らに一切の責任がないことは言うまでもない。

3. David Hume (1740), Book 3, Part 2, Section 5［大槻春彦訳『人性論（四）』岩波文庫，1952年，107頁］. Robert Sugden, *The Economics of Rights, Co-operation and Welfare* (Oxford: Basil Blackwell, 1986), p.106に引用。

4. Elinor Ostrom, *Governing the Commons: The Evolution of Institutions for Collective Action* (New York: Cambridge University Press, 1990), p.6. 成長株の集合行為のジレンマに関する急増する本格的な文献紹介については，オストロームの書以外にもRobert H. Bates, “Contra Contractarianism: Some Reflections on the New Institutionalism,” *Politics and Society* 16 (1988): 387-401が有益な見取り図を提供してくれる。

5. Diego Gambetta, “Can We Trust Trust?” in *Trust: Making and Breaking Cooperative Relations*, ed. Diego Gambetta (Oxford: Blackwell, 1988), p.216（強調は原文）.

6. Pietr Kropotkin, *Mutual Aid: A Factor of Evolution* (London: Heinemann, 1902), p.xv［前掲訳書『相互扶助論』17頁］.

7. Douglass C. North, *Institutions, Institutional Change and Economic Performance* (New York: Cambridge University Press, 1990), p.58［竹下公視訳『制度・制度変化・経済成果』晃洋書房，1994年，78-79頁］.

8. Gambetta, “Can We Trust Trust?”p.221.

9. North, *Institutions, Institutional Change and Economic Performance*, p.59［『制度・制度変化・経済成果』80頁］.

10. Bates, “Contra Contractarianism,” p.395.

11. Robert Sugden, *The Economics of Rights, Co-operation and Welfare*, p.105（強調は原文）. サグデンはここでは，匿名で反復される囚人のジレンマを議論しているが，同じ論点は一回限りの囚人のジレンマにも適用される。

12. Gambetta, “Can We Trust Trust?” p.217, note 6.

13. D. Fudenberg and E. Maskin, “A folk-theorem in repeated games with discount-

159. Sebastiano Brusco, “The Emilian Model: Productive Decentralisation and Social Integration,” *Cambridge Journal of Economics* 6 (1982): 167-184. Patrizio Bianchi and Giuseppina Gualtieri, “Emilia-Romagna and its Industrial Districts: The Evolution of a Model,” *The Regions and European Integration: The Case of Emilia-Romagna*, eds. Robert Leonardi and Raffaella Y. Nanetti (New York: Pinter, 1990), pp.83-108は，「第三のイタリア」での中小企業の成功を当初は税法や組合協定からの抜け駆けの蔓延のせいにできたが，その後の研究はこの種の解釈を広く退けるに至った点に言及している。

160. Mark H. Lazerson, “Organizational Growth of Small Firms: An Outcome of Markets and Hierarchies?” *American Sociological Review* 53 (June 1988): 331.

161. Michael J. Piore and Charles F. Sabel, “Italian Small Business Development: Lessons for U.S. Industrial Policy,” in *American Business in International Competition: Government Policies and Corporate Strategies*, eds. John Zysman and Laura Tyson (Ithaca: Cornell University Press, 1983), pp.401-402.

162. Piore and Sabel, *Second Industrial Devide* [前掲訳書『第二の産業分水嶺』351頁，339頁].

163. この段落が描くパターンの証拠については，Paolo Feltrin, “Regolazione politica e sviluppo economico locale,” *Strumenti* 1 (January-April 1988): 51-81のほか，*Industrial Districts and Inter-firm Co-operation in Italy*, eds.Pyke, Becatini, and Sengenberger 所収の以下の論文を参照のこと。Brusco, “The Idea of the Industrial District,” pp.15-16; Becattini, “The Marshallian Industrial District,” p.33 and p.39; Michael J. Peiore, “Work, Labour and Action: Work Experience in a System of Flexible Production,” p.55 and pp.58-59; Carlo Trigilia, “Work and Politics in the Third Italy's Industrial Districts,” pp.179-182. 市民的ネットワークは，イタリア以外でも経済的ダイナミズムを推し進めているようである。例えば，「シリコンバレーの回復力は，個々の企業家の努力と同じくらい社会的・専門的・商業的関係のネットワークの豊かさに負う」(AnnaLee Saxenian, “Regional Networks and the Resurgence of Silicon Valley,” *California Management Review* 33(Fall 1990): 89-112)。

164. *Atlas of Industrializing Britain, 1780-1914*, eds. John Langton and R. J. Morris (New York: Metheun, 1986), p.xxx.

165. Ginsborg, *History of Contemporary Italy*, p.219. 北米を基準にすれば，これらの数値は高くないが，多くの家族が今日でもひと所に何世代も住み続けているヨーロッパ大陸にあっては驚くべき数字である（今日でさえ，教育を受けたイタリア人が「どこのご出身ですか」と聞かれたら，数十年も前に親が移り住んだが本人は実際には住んだこともない小さな町をよく引き合いに出す)。もちろん，さらに何百万人というイタリア人が海外に移民した。実際に移民が市民意識の高い南部人に偏していたとすれば，彼ら「いい部分が南部からいなくなったこと」が南部の後進性を説明しうると議論されよう（若干の示唆的な証拠に関しては，Johan Galtung, *Members of Two Worlds* [New York: Columbia University Press, 1971], pp.190-192 (Barnes and Sani, “Mediterranean Political Culture and Italian Politics,” p.300に引用）を見よ)。この議論はまったく無視し去るわけにの表10 - 4(p.122) の縦列はあいにく逆さまに表示されてある); Vera Zamagni, *Industrializzazione e squilibri regionali in Italia: Bilancio dell'età giolittiana* (Bologna: Il Mulino, 1978), esp.pp.198-199; Tullio-Altan, *La nostra Italia*, pp.38-39; Clark, *Modern Italy*, p.24, p.31, p.132を見よ。トニオーロの近著は，1850年から1918年までのイタリアの経済発展を概観する上で有益かつ体系的である。

150. Zamagni, *Industrializzazione*, esp.pp.205-206; Istituto Guglielmo Tagliacarne, *I redditi e i consumi in Italia: Un'analisi dei dati provinciali* (Milan: Franco Angeli, 1988), esp.p.55を参照。

151. 州の格差を扱った経済学の文献入門としては，Robert J. Barro and Xavier Sala-i-Martin, "Convergence across States and Regions," *Brookings Papers on Economic Activity*, 1: 1991: 107-182を参照されたい。「南部問題」を扱った膨大な文献についての簡便な概説としては，Toniolo, *Economic History*, esp.pp.133-150; Clark, *Modern Italy*, esp.pp.23-28; Tarrow, *Peasant Communism in Southern Italy*, pp.17-28を参照されたい。

152. Zamagni, *Industrializzazione*, pp.199-201.

153. Toniolo, *Economic History*, p.148.

154. Ibid., p.52. 読み書き能力は，国家統一の時点では南よりも北で高く，このギャップは1871年から1911年までにいっそう開いた。教育は，北部のいっそう急速な進歩を説明する上で役立つ１つの重要な隠れた強みであった。だが，南北の教育格差は，経済や市民的伝統の南北ギャップが消えるどころか拡大しつつある現状にあって，ここ数十年の間に基本的には解消しつつある。第４章，142頁参照のこと。

155. Ibid., p.121, p.148.

156. J・R・シーゲンタラーは，「シチリアの社会・政治構造の硬直性が，島の経済的後進性の単一の最も重要な原因であり，その消滅が事実上，発展への唯一の道と見なされなければならない」(J.R.Siegenthaler, "Sicilian Economic Change since 1860," *Journal of European Economic History* no.2 (1973): 414. Zamagni, *Industrializzazione*, p.215に引用) と結論している。

157. Arnaldo Bagnasco, *Tre Italie: La problematica territoriale dello sviluppo italiano* (Bologna: Il Mulino, 1977); Bagnasco, *La costruzione sociale del mercato: Studi sullo sviluppo di piccola impresa in Italia* (Bologna: Il Mulino, 1988).

158. Michael J.Piore and Charles F.Sabel, *The Second Industrial Devide: Possibilities for Prosperity* (New York: Basic Books, 1984) [山之内靖・永易浩一・石田あつみ訳『第二の産業分水嶺』筑摩書房，1993年]. 産業地域，「柔軟な専門化」，それらの社会的前提条件に関する研究の有益な概要については，*Industrial Districts and Inter-firm Co-operation in Italy*, eds. Frank Pyke, Giacomo Becattini, and Werner Segenberger (Genova: International Institute for Labor Studies of the International Labor Organisation, 1990), とくに Sebastiano Brusco, "The Idea of the Industrial District: Its Genesis," pp.10-19 と Giacomo Becattini, "The Marshallian Industrial District as a Socioeconomic Notion," pp.37-51を参照されたい。「柔軟な専門化」という命題は，こうした産業地域が世界経済の「未来の波」を代表しているとの仮説を時に含むが，この点についてはここでは議論しない。

142. 1970年代の市民度を予測する調整済決定係数 R^2 は，0.86である。この値は，1860－1920年の市民的伝統との $r=0.93$ というきわめて強い相関性にもっぱら帰しうる。各社会経済的変数の回帰係数（β 係数）は，統計的にはまったく有意でない。

143. 1977年の農業雇用人口を予測すると，市民的伝統の回帰係数（β 係数）は，マイナス0.73（有意性＝0.0003）であったのに対して，1901年の農業雇用のそれは，0.26（有意性＝0.11）である。1977年の工業雇用人口を予測する場合，市民的伝統の回帰係数（β 係数）は，0.82（有意性＝0.005）であったのに対して，1901年の工業雇用のそれは，0.01（統計的に非有意）である。1977年の農業雇用に対する調整済決定係数 R^2 は，0.69であり，他方，1977年の工業雇用に対するそれは，0.63である。

144. 1977－85年の幼児死亡率を予測すると，市民的伝統の回帰係数（β 係数）は，マイナス0.75（有意性＝0.001）であったのに対して，1901－11年の幼児死亡率のそれは，0.19（統計的に非有意）である。また調整済決定係数 R^2 は，0.56である。

145. 州の１人当たり国民所得についての良いデータが，19世紀分については簡単に利用できない。1911年（一部データが利用可能となった年）頃は，所得と市民的伝統が十分に密接に相関している（$r=0.81$）ため，このタイプの統計分析には，多重共線性という統計技法上の問題のおそれがある。だが，1987年の所得を予測すると，1911年の市民的伝統の回帰係数（β 係数）は0.70（有意性＝0.0000）であるが，同年の所得の回帰係数（β 係数）は0.32（有意性＝0.003）である。調整済決定係数 R^2 は，0.96である。言い換えると，1911年の所得と市民的伝統は，1980年代の所得に独立して相関しているようだが，市民的伝統はやはり経済よりも強力な予想指標のようである。他方，市民的伝統（回帰係数（β 係数）＝0.90，有意性＝0.0003）をコントロールすると，1911年の所得は1970年代の市民度をまったく説明できない（回帰係数（β 係数）＝0.02，有意性＝0.91）。以上の点はすべて，雇用と乳児死亡率の検証で報告された結果とおおむね一致している。

146. 類似の議論については，「市民文化」の定義がわれわれと若干異なっているが，Ronald Inglehart, "The Renaissance of Political Culture," *American Political Science Review* 82 (1988): 1203-1230と比較せよ。

147. 労働組合加入率は，第１次大戦以前はかなり低かった。利用できるデータは必ずしも信頼できるものではない。理由の１つは，異なる政治色の農業組合，労働組合からデータを収集することが非常に複雑な作業だからである。

148. ドナルド・H・ベルは，セスト・サン・ジョヴァンニでの労働者階級組織を詳細に分析し，類似した次のような結論を得た。「前工場の文化的伝統は，近代のイタリア労働者階級の形成とその政治活動をかなりの程度条件づけた」(Donald Howard Bell, "Worker Culture and Worker Politics," p.20)。また，Bell, *Sesto San Giovanni: Workers, Cullture, and Politics in an Italian Town, 1880-1922* (New Brunswick: Rutgers University Press, 1986) も見よ。1921年の州レベルでの労組加入率は，工業労働人口率とは，$r=0.58$，また農業労働人口率とは，$r=-0.49$ で相関しているが，これらの相関係数は見かけのものであり，労組加入率と経済発展の２つの因子が市民的伝統に同時に従属していることにその原因を求めることができる。

149. この段落での評価を支える証拠に関しては，Vitali, *Aspetti dello sviluppo*, pp.360-361, pp.376-389; Toniolo, *Economic History*, esp. pp.5-8 and pp.120-123 （トニオーロ

る（Samuel H.Barnes and Giacomo Sani, “Mediterranean Political Culture and Italian Politics,” *British Journal of Political Science* 4 (July 1974): 289-303)。次章で強調するように，市民的な行動は，個人的な先天的愛好よりは，社会的規範・ネットワークに堅固につなぎ留められている。

133. 歴史的伝統の現代の市民文化や政府パフォーマンスへの強い影響に関するわれわれの結論は，Caroline White, *Patrons and Partisans: A Study of Politics in Two Southern Italian comuni* (New York: Cambridge University Press, 1980）の人類学的な発見と非常によく似ている。キャロライン・ホワイトは，アブルッツォ州の隣接する2つの町を研究した。X町は，1世紀もの長い間，積極的な市民参加，平等主義的な社会関係，「共同体意識」,「開かれた政治」，有効な地方政府を誇り，他方Y町は，恩顧＝庇護主義，社会的階統制，私益主義，派閥主義，無能な行政を特徴としてきた。対立的なこれらの症候群を，われわれ同様にホワイトも社会史的に説明する。ただ，彼女が農地の所有形態をとくに重視している点だけはわれわれの立場と異なる。

134. Hyde, *Society and Politics in Medieval Italy*, pp.17-37は，10世紀のイタリアでの主たる経済的対比は，後進的な内陸部と豊かな沿岸都市との間にあった（南・北両地域でもみられたが，とくに南部で顕著）と観察している。

135. Larner, *Italy*, pp.149-150 and 189-190 ; Becker, *Medieval Italy* と比較せよ。

136. 工業雇用者率は1970年代まで，イタリアの経済的近代化を見る上でかなり有力な測度であった。その後，脱工業・サービス中心経済が現れ，その結果，工業雇用者率はもはや無比の指標ではなくなった。19世紀の労働力人口を扱ったイタリアの実態調査の信頼性は非常に低いので，表５－２の1870年代，80年代に関するデータの評価には若干の注意を要する。われわれの分析は，1970年代にイタリア中央統計研究所が公表した公式の推定値に基づいている。だが，O. Vitali, *Aspetti dello sviluppo economico italiano alla luce della ricostruzione della popolazione attiva* (Rome: Università di Roma, 1970）に現れた調整済データは，本質的に同一の結果を生んでいる。

137. 幼児死亡率（全国）は，新生児1000人当たり155人であった。エミーリア・ロマーニャ州の数値は，171人，カラーブリアは151人であった。

138. 1977－85年の幼児死亡率は，新生児1000人当たり，カラーブリア州で15人，エミーリア・ロマーニャ州で11人であった。

139. Robert Leonardi, “Peripheral Ascendancy in the European Community: Evidence from a Longitudinal Study,” unpub. ms. (Brussels: European Commission, November 1991). スペイン，ギリシア，ポルトガルは，1970年時点ではＥＣ加盟国ではなく，分析から除いてある。

140. 以下の資料の暫定版は，われわれが共同執筆した “Institutional Performance and Political Culture: Some Puzzles about the Power of the Past,” *Governance* 1 (July 1988): 221-242に初めて現れた。

141. ここで報告された結果は，1901年の雇用に関するデータと，1901－10年の幼児死亡データによったが，類似の結果は1880－1920年のデータからも得られる。今日のデータは，1977年（雇用）と1977－85年（幼児死亡率）からのものであるが，結果はここでも確固としており，特定の選ばれた年月に左右されない。

117. Diego Gambetta, "Fragments of an Economic Theory of the Mafia," *European Journal of Sociology* 29 (1988); 127-145.引用は，同論文 p.128から。

118. Hess, *Mafia and Mafiosi*, p.67.

119. Gambetta, "Mafia: the Price of Distrust, "p.173.

120. Eisenstadt and Roniger, *Patrons, Clients, and Friends*, p.68; Hess, *Mafia and Mafiosi*.

121. Tullio-Altan, *La nostra Italia*, p.69.

122. Hess, *Mafia and Mafiosi*, pp.76-77.

123. 今日のイタリアにおけるマフィアとカモッラに関する同種の分析については，Ginsborg, "Family, Culture and Politics," pp.41-45を見よ。

124. Arlacchi, *Mafia, Peasants and Great Estates*.

125. 相互扶助協会の強さの測度は，1873年，78年，85年，95年，1904年のその種の協会員数（州人口にて標準化）の要約的因子スコアである。

126. 協同組合の強さの測度は，1889年，1901年，10年，15年のその種の組合員数（州人口にて標準化）の要約的因子スコアである。

127. 大衆政党の強さの測度は，1919年，21年の総選挙および同年の地方議会での社会党とカトリック人民党の勢力の要約的因子スコアである。

128. 選挙参加度の測度は，1919年，21年の総選挙の投票率と1920年の地方・県選挙での投票率の要約的因子スコアである。ファシズム誕生以前の男子普通選挙制下で行われた国政選挙はこれら２回のみである。

129. ここでの測度は，1982年の全国団体調査のなかで1860年以前に設立された地方のすべての文化・余暇団体の占める割合である。これが，間接的で不完全な指標だということは明らかである。というのは，そこには設立年が1860年以前だが1982年当時に消滅してしまっていた団体が含まれていないからだ。だが他方では，過去の地方の団体についてその実態を知る調査がまったくない現状では，このデータは，19世紀後半のイタリアの地方レベルの非政治的・非経済的なアソチアツィオニズモについて唯一利用できる全国規模の量的指数を提供している。

130. 後にフリウーリ＝ヴェネツィア・ジューリア州とトレンティーノ＝アルト・アーディジェ州となった領土の大部分は，第１次大戦が終わる頃になってようやくイタリアに併合された。従って，この時期ピエモンテの小さな一部分であったヴァッレ・ダオスタと同様にここでの歴史分析から両州は除かれている。

131. 図５－３に現れた市民度の長期にわたる安定性は，２つの時点ではいくぶん異なる変数のセットに基づいている。どの変数についても，１世紀の時間幅を有するデータは手元にない。だが，相互扶助協会，協同組合，選挙参加度，優先投票の利用といった項目は，10年刻みで観察してもきわめて高い安定性（一貫して，$r>0.9$）を示し，この10年ごとの非常に高い安定性は長期にわたる高い安定性と一致する。

132. Ｓ・Ｈ・バーンズとＧ・サーニの両教授は，政治行動のいくつかの測度（とくに優先投票や政治家への私的結合といった恩顧＝庇護主義の諸指標）により，南から北へ移り住んだ人々が，かつての同郷人よりも北部生まれの北部人と似ているという証拠を挙げ，支配的な共同体のパターンへの「文化変容」がかなり急激に起こりうることを示唆してい

101. Tarrow, *Peasant Communism in Southern Italy*, p.43.

102. Manlio Rossi-Coria, *Dieci Anni di Politica Agraria nel Mezzogiorno* (Bari: Laterza, 1958), p.23. Tarrow, *Peasant Communism*, p.61に引用。

103. Tarrow, *Peasant Communism*, p.7, pp.75-77, *et passim*; Henner Hess, *Mafia and Mafiosi: The Structure of Power*, trans.Edwald Osers (Lexington, Mass.: Lexington Books, 1973).

104. Graziano, "Patron-Client Relationships in Southern Italy," pp.5, 11. 引用文中の引用は，Pasquale Turiello, *Governo e governati in Italia* (Bologna: Zanichelli, 1882), p.148から。

105. A. Caracciolo, *Stato e società civile: Problemi dell'unificazione italiana* (Torino: Einaudi, 1977), p.86.Tullio-Altan, *La nostra Italia*, p.53に引用。

106. Pino Arlacchi, *Mafia, Peasants and Great Estates: Society in Traditional Calabria*, trans. Jonathan Steinberg (New York: Cambridge University Press, 1983); S. N. Eisenstadt and L. Roniger, *Patrons, Clients, and Friends: Interpersonal Relations and the Structure of Trust in Society* (New York: Cambridge University Press, 1984), pp.65-67; Tarrow, *Peasant Communism in Southern Italy*, p.68; Graziano, "Patron-Client Relationships in Southern Italy."

107. Leopoldo Franchetti, *Inchiesta in Sicilia* (Florence: Valecchi, 1974; originally published 1877). Tullio-Altan, *La nostra Italia*, p.63のなかで分かりやすく言い換えられている。チュリオ=アルタン（彼はまた N. Dalla Chiesa, *Il potere mafioso: Economia e ideologia* [Milan: Mazzotta, 1976], p.64を引用している）は，南部の恩顧＝庇護主義は，南部貴族制と北部ブルジョアジーの反動的部分の国家的な支配同盟の出現により，1876年以降強化されたと論じている。

108. Diomede Ivone, "Moral Economy and Physical Life in a Large Estate of Southern Italy in the 1800s," *Journal of Regional Policy* 11 (January/March 1991): 107-110. ここには，Marta Petrusewicz, *Latifondo: Economia morale e vita materiale una periferia dell'Ottocento* (Venice: Marsilio, 1989) が要約されてある。

109. Graziano, "Patron-Client Relationships in Southern Italy," p.26.

110. Clark, *Modern Italy*, pp.69-73.

111. Antonio Gramsci, *Antologia degli Scritti*, eds. Carlo Salinari and Mario Spinella (Rome: Riuniti, 1963) vol.1, p.74［参照，上村忠男編訳『知識人と権力』みすず書房，1999年，37頁］(Tarrow, *Peasant Communism*, p.3に引用).

112. Hess, *Mafia and Mafiosi*, p.18.

113. Ibid., p.25. Tullio-Altan, *La nostra Italia*, pp.67-76も見よ。また，Graziano, "Patron-Client Relationships in Southern Italy," p.10も参照のこと。L・グラツィアーノは，マフィアを「伝統的なシチリアの恩顧＝庇護主義の特殊な形態」と見ている。

114. Diego Gambetta, "Mafia: the Price of Distrust," in *Trust*, ed. Gambetta, p.162.

115. Franchetti, *Inchiesta in Sicilia*, pp.72-73. Tullio-Altan, *La nostra Italia*, pp.68-69に引用。

116. Ginsborg, *History of Contemporary Italy*, p.34.

88. Clark, *Modern Italy*, p.142.

89. Donald H. Bell, "Worker Culture and Worker Politics," *Social History* 3 (January 1978): 1-21.

90. Samuel H. Barnes, *Representation in Italy: Institutionalized Tradition and Electoral Choice* (Chicago: University of Chicago Press, 1977) が，この解釈を支持する体系的な証拠を提供している。

91. Sidney G. Tarrow, *Peasant Communism in Southern Italy* (New Haven: Yale University Press, 1967), esp.pp.239-241, pp.300-342; Luigi Graziano, "Patron-Client Relationships in Southern Italy," *European Journal of Political Research* 1 (1973): 3-34を見よ。ファシズムの幕間劇の後，アルチーデ・デ=ガスペリのようなかつての人民党の活動家が，キリスト教民主党を創設した。同党は，戦後のイタリア共和国の支配的な政治勢力となった。だが，人民党と異なり，キリスト教民主党は選挙支持の大半を南部社会の恩顧=庇護主義的ネットワークから引き出した。

92. Sydel F. Silverman, "Agricultural Organization, Social Structure, and Values in Italy," p.9.

93. Ginsborg, "Family, Culture and Politics," pp.28-29.

94. Piero Bevilacqua, "Uomini, terre, economie," in *La Calabria*, eds. Piero Bevilacqua and Augusto Placanica (Turin: Einaudi, 1985), pp.295-296から引用。

95. Denis Mack Smith, *Italy: A Modern History*, p.35.

96. 一部の研究者は，イタリアの社会的慣行，政治，社会関係，経済を説明する非常に重要な変数として農地所有形態を強調する。例えば，Silverman, "Agricultural Organization, Social Structure, and Values in Italy",（より一般的には）William Brustein, *The Social Origins of Political Regionalism: France, 1849-1981* (Berkeley: University of California Press, 1988) がある。この要因の重要性を頭ごなしに否定する気はないものの，それがわれわれが描く市民的連続性を説明できるかどうかは疑わしい。その理由の1つは，イタリアの伝統的な土地所有パターンは複雑，多様であり，市民的連続性とは相関するとしてもせいぜい不完全なものでしかない (Clark, *Modern Italy*, pp.12-18を参照)。さらには，こうした市民的連続性を創出し維持するのに独自の役割を果たしてきたのはイタリアの都市であり，また戦後南部の土地改革は，ここでも書いているように南部の政治文化にほとんど影響を与えた形跡はないということだ。A. Korovkin, "Exploitation, Co-operation, Collusion: An Enquiry into Patronage," *European Journal of Sociology* 29(1988): 105-126を参照のこと。

97. Paul Ginsborg, *A History of Contemporary Italy: Society and Politics 1943-1988* (London: Penguin Books, 1990), pp.33-34.引用の一節は，Piero Bevilacqua, "Quadri mentali, cultura e rapporti simbolici nella società rurale del Mezzogiorno," *Italia Contemporanea* 36 (1984): 69から。

98. これらの例とその他多くの例については，Tullio-Altan, *La nostra Italia*, p.27を見よ。

99. Tullio-Altan, *La nostra Italia*, p.13に引用。

100. Banfield, *Moral Basis of a Backward Society*.

French Revolution to the Second Republic, trans. Janet Lloyd (New York: Cambridge University Press, 1982), esp.pp.124-149.

72. Ibid., pp.131-132.

73. Ibid., p.128.

74. Ibid., pp.157, 302.

75. Ibid., p.150.

76. 1859年から60年にかけて，ピエモンテの君主制は複雑な外交上の駆け引きの後，イタリア半島の大部分を併合し，ヴィットーリォ=エマヌエーレ２世が1861年に統一イタリア王国を宣言した。ヴェネツィアは1866年に回収され，最後にローマが1870年に統合された。1870年は，一般にイタリア国家統一の達成の年として印される。その後，トリエステとトレンティーノ=アルト・アーディジェは，1919年のヴェルサイユ条約により併合された。より詳しくは，Hearder, *Italy in the Age of the Risorgimento: 1790-1870* を見よ。

77. この点でロンバルディア自由主義派を扱ったものとしては，Kent Roberts Greenfield, *Economics and Liberalism in the Risorgimento: A Study of Nationalism in Lombardia, 1814-48* (Baltimore: Johns Hopkins University Press, 1965); Raymond Grew, *A Sterner Plan for Italian Unity: The Italian National Society in the Risorgimento* (Princeton: Princeton University Press, 1963)を見よ。

78. Carlo Trigilia, "Sviluppo economico e trasformazioni sociopolitiche dei sistemi territoriali a economia diffusa," *Quaderni della Fondazione Giangiacomo Feltrinelli* (Milan) 16 (1981): 57.

79. Martin Clark, *Modern Italy 1871-1982* (New York: Longman, 1984), pp.76-77; Maurice F. Neufeld, *Italy: School for Awakening Countries: The Italian Labor Movement in Its Political, Social, and Economic Setting from 1800 to 1960* (Ithaca, New York: New York State School of Industrial and Labor Relations, Cornell University, 1961), pp.60, 175-176を見よ。19世紀，米国移民に急速に出現した少数エスニック集団の友愛組合的な組織は，相互扶助協会としての役割もしばしば果たした。Michael Hechter, *Principles of Group Solidarity* (Berkeley: University of California Press, 1987), pp.112-120を見よ。

80. Neufeld, *Italy: School for Awakening Countries*, pp.176-177.

81. Ibid., p.177.

82. Clark, *Modern Italy*, p.76.

83. Denis Mack Smith, *Italy: A Modern History* (Ann Arbor: University of Michigan Press, 1959), p.243.

84. Neufeld, *Italy: School for Awakening Countries*, p.185.

85. Ibid., p.64.

86. Clark, *Modern Italy*, p.87, p.107. また，Paul Ginsborg, "Family, Culture and Politics in Contemporary Italy," in *Culture and Conflict in Postwar Italy: Essays on Mass and Popular Culture*, eds. Zygmunt G. Baranski and Robert Lumley (London: Macmillan, 1990), p.29も見よ。

87. 第４章，128-130頁と比較されたい。

J.G.A.Pocock, *The Machiavellian Moment: Florentine Political Thought and the Atlantic Republican Tradition* (Princeton: Princeton University Press, 1975) を参照されたい。

59. Larner, *Italy*, p.51.

60. Bouwsma, "Italy in the Late Middle Ages and the Renaissance," p.1139.

61. 厳密に言えば，南部王朝のシチリア島と内陸部は，1282年，アラゴンとアンジュー両家に分裂していたが，結局その後両家は両シチリア王国として統一された。若干の辺境地域サルデーニャ，西ピエモンテ，トレンティーノが地図から省かれてあるが，各地域は当時それぞれスペイン，フランス，ドイツとより緊密な関係にあった。

62. Hearder, *Italy: A Short History*, pp.131-132, p.136; Waley, *Italian City-Republics*, p.17 (前掲訳書『イタリアの都市国家』62頁); Cipolla, *Before the Industrial Revolution*, p.162, p.262.

63. Carlo Tullio-Altan, in *La nostra Italia: Arretratezza socioculturale, clientelismo, trasformismo e rebellismo dall'Unitã ad oggi* (Milan: Feltrinelli, 1986), pp.31-35. マックス・ウェーバーにならい，イタリアの高名な社会学者のチュリオ=アルタンは，コムーネ共和主義の衰頽とそれが生んだ社会経済的進歩を反宗教改革のせいにしている。反宗教改革は，個人救済と社会的責任を結合するプロテスタンティズムの倫理が持つ影響力からイタリアを守ったというわけだ。いっそう歴史的に踏み込んだ説明となると，他の多くの要因のうち地中海から北大西洋に抜ける貿易ルートの変化を説明する必要があろう。

64. Sydel F. Silverman, *Three Bells of Civilization: The Life of an Italian Hill Town* (New York: Columbia University Press, 1975), pp.93-95; Silverman, "Agricultural Organization, Social Structure, and Values in Italy: Amoral Familism Reconsidered," *American Anthropologist* 70 (February 1968): 9.

65. Maurice Vaussard, *Daily Life in Eighteenth Century Italy*, trans. Michael Heron (New York: Macmillan, 1963), p.17.

66. コムーネ共和政の全盛期を通じ，北は南よりも都市的であったが，いつの時代もそうであったとは言えない。ナポリ，パレルモ，ローマという歴史上重要な南部の主要都市であったところを別にすれば，南部農民の大半は，「岳上集村」に昔から住み，耕地に通う生活を日常とした。第 4 章の注 **83** で書いておいたように，今日のイタリアでは，南が北より都市的である。

67. Harry Hearder, *Italy in the Age of the Risorgimento: 1790-1870* (New York: Longman, 1983), p.126.

68. Bouwsma, "Italy in the Late Middle Ages and the Renaissance," p.1139.

69. Gianni Toniolo, *An Economic History of Liberal Italy: 1850-1918*, trans. Maria Rees (New York: Routledge, 1990), p.38. P. Villani, *Mezzogiorno tra riforme e rivoluzione* (Bari: Laterza, 1973), p.155を引用。

70. Anthony Pagden, "The Destruction of Trust and its Economic Consequences in the Case of Eighteenth-century Naples," in *Trust: Making and Breaking Cooperative Relations*, ed. Diego Gambetta (Oxford: Blackwell, 1988), pp.127-141.

71. Maurice Agulhon, *The Republic in the Village: The People of the Var from the*

イタリアの銀行が支店を構えていた。Larner, *Italy*, pp.187, 189を見よ。

41. Becker, *Medieval Italy*, pp.85, 177（強調は原文）.また，Janet Coleman, "The Civic Culture of Contracts and Credit: A Review Article," *Comparative Studies in Society and History* 28(1986): 778-784も見よ。

42. Carlo M. Cipolla, *Before the Industrial Revolution: European Society and Economy, 1000-1700*, 2nd edition (London: Metheun, 1980), pp.198-199. また，Hyde, *Society and Politics in Medieval Italy*, p.71も見よ。

43. Larner, *Italy*, p.198.

44. Ibid., p.115.

45. Hyde, *Society and Politics in Medieval Italy*, p.94.

46. Bouwsma, "Italy in the Late Middle Ages and the Renaissance," p.1134. J・ラーナーとJ・K・ハイドは，パレルモを凌ぐ都市としてミラノとジェノヴァを挙げており，イタリアで最も大きな都市リストには若干の違いがあるが（Larner, *Italy*, p.183; Hyde, *Society and Politics in Medieval Italy*, p.153），ヨーロッパでイタリアが飛び抜けた存在であることは衆目の一致するところである。

47. Larner, *Italy*, p.29.

48. Bouwsma, "Italy in the Late Middle Ages and the Renaissance," p.1136.

49. J・ラーナーによれば，「16世紀中期までに，北・中部イタリアのカトリック教会は，土地の10－15％を占めるにすぎなかったが，南部ではその割合は依然高く，65－75％であった」(Larner, *Italy*, p.160)。

50. Cipolla, *Before the Industrial Revolution*, p.148. C・M・チポラはこの節で，ヨーロッパ共通の封建的パターンとコムーネ的パターンの相違を描いているが，この相違はイタリアの北と南の対比にとりわけ妥当することを明らかにしている。

51. Philip Ziegler, *The Black Death* (London: Penguin, 1970), pp.40-62; Hearder, *Italy: A Short History*, pp.98-99.

52. Hyde, *Society and Politics in Medieval Italy*, p.107.

53. Ibid., p.142.

54. J・ラーナーは，「シニョーレのより重要な国事行為を総参事会で追認する必要が感じられると，まさにその必要性こそ，『全員に関係があることは』全員に承認されるべきだという原則を堅持する精神構造を示唆している」と書いた（Larner, *Italy*, p.146)。Perry Anderson, *Lineages of the Absolutist State* (London: Verso, 1974), p.162も参照。

55. *The Times Atlas of World History*, p.124の便利な地図を参照。図5－1は，この地図に一部よっている。また，Hyde, *Society and Politics in Medieval Italy*, Map 4; Larner, *Italy*, pp.137-150も見よ。

56. Nicolò Machiavelli, *The Discourses* (London: Penguin Books, 1970), ed.Bernard Crick, trans.Leslie J. Walker, Book I, Chapter 55, p.243, p.246［永井三明訳『マキャヴェッリ全集２：ディスコルシ』筑摩書房，1999年，146頁，149頁］.

57. Bouwsma, "Italy in the Late Middle Ages and the Renaissance," p.1142.

58. Hyde, *Society and Politics in Medieval Italy*, p.8. 1430年代に出版されたMatteo Palmieri, *Della Vita Civile*の引用。この時代のイタリアの政治思想については，とくに

占的権力を利用した分配結託にすぎない。……それが，経済的効率を著しく損ね，技術革新を遅らせてしまう」(Mancur Olson, *The Rise and Decline of Nations: Economic Growth, Stagflation, and Social Rigidities* (New Haven: Yale University Press, 1982), p.125［加藤寛監訳『国家興亡論』ＰＨＰ研究所，1991年，156頁］)。ここは，中世のギルドの社会的結果を包括的に評価する場所ではないが，本書の議論の眼目は，ギルドが他に望ましくない効用が認められたとしても，統治と経済のパフォーマンスに好影響を与えた水平的な社会的ネットワークの発展にある重大な段階を画したということである。ギルドの積極的な役割に関する議論については，Charles R. Hickson and Earl A. Thompson, "A New Theory of Guilds and European Economic Development," *Explorations in Economic History* 28 (1991): 127-168; Avner Greif, Paul Milgrom, and Barry Weingast, "The Merchant Gild as a Nexus of Contracts," unpublished manuscript (Stanford, California: Hoover Institute, 1992) を見よ。

21. Kropotkin, *Mutual Aid*, p.174［前掲訳書『相互扶助論』196頁］.

22. Larner, *Italy*, p.196.

23. Ibid., p.113.

24. Hyde, *Society and Politics in Medieval Italy*, p.80.

25. Hearder, *Italy: A Short History*, p.76.

26. Becker, *Medieval Italy*, p.36, footnote 32.

27. Larner, *Italy*, p.114. タバッコによれば，13世紀初頭までにフィレンツェの私家用防御塔は150を数えた（Tabacco, *The Struggle for Power in Medieval Italy*, p.222)。

28. Waley, *Italian City-Republics*, pp.97, 114［前掲訳書『イタリアの都市国家』210頁，241頁］.

29. Hyde, *Society and Politics in Medieval Italy*, p.83.

30. Ibid., p.95.

31. Waley, *Italian City-Republics*, pp.32-36［『イタリアの都市国家』92-100頁］.

32. Ibid., p.13［前掲訳書，55頁］.

33. William J. Bouwsma, "Italy in the Late Middle Ages and the Renaissance," in *The New Encyclopedia Britannica: Macropaedia* (Chicago: Encyclopedia Britannica, 1978), vol.9, p.1134.

34. Martines, *Power and Imagination*, p.111.

35. Larner, *Italy*, p.189.

36. John Hicks, *A Theory of Economic History* (New York: Oxford University Press, 1969), Chapters 3-4［新保博訳『経済史の理論』日本経済新聞社，1970年］.

37. Hicks, *Theory of Economic History*, p.40［前掲訳書，63頁］.

38. Ibid., Chapter 5［前掲訳書，第5章「貨幣・法・信用」］.

39. Becker, *Medieval Italy*, p.19.

40. 手仕事や小製造所も，コムーネ共和政の経済にとって重要であった。例えば，毛織物業は，フィレンツェの人口の３分の１を食べさせた。もっとも，これらの経済活動は，イタリアの都市国家に固有のものではなかった。イタリア人はまた，長距離商業，金融の業務もほぼ独占していた。例えば，1290年までにロンドンには14の，またパリには20ものい過去の現実的かつ永続的な伝統を反映しているかどうかは，将来の研究にとって興味深い問題である。

3. *The Times Atlas of World History*, 3rd edition, ed.Geoffrey Barraclough and Norman Stone (London: Times Books, 1989), p.124.

4. Harry Hearder, *Italy: A Short History* (New York: Cambridge Univeristy Press, 1990), p.69.

5. John Larner, *Italy in the Age of Dante and Petrarch: 1216–1380* (New York: Longman, 1980), pp.27–28.

6. J. K. Hyde, *Society and Politics in Medieval Italy*, p.119.

7. Larner, *Italy*, pp.16–37.

8. *Times Atlas of World History*, p.124.

9. Denis Mack Smith, *A History of Sicily: Medieval Sicily: 800–1713* (New York: Viking Press, 1968), p.54; Larner, *Italy*, pp.28–29.

10. Larner, *Italy*, p.31.

11. Denis Mack Smith, *History of Sicily*, pp.55–56. また，Giovanni Tobacco, *The Struggle for Power in Medieval Italy: Structures of Political Rule* (New York: Cambridge University Press, 1989), p.191, pp.237–244も見よ。

12. Pietr Kropotkin, *Mutual Aid: A Factor of Evolution* (London: Heinemann, 1902), p.166［大杉栄訳『相互扶助論』同時代社，1996年，188頁］.

13. Frederic C. Lane, *Venice and History* (Baltimore: Johns Hopkins University Press, 1966), chapter 32, "At the Roots of Republicanism," p.535.

14. Hyde, *Society and Politics in Medieval Italy*, p.57. また，Larner, *Italy*, p.86: Tabacco, *Struggle for Power in Medieval Italy*, esp.p.188, pp.203–204も見よ。

15. L・マルチネスの積算では，コムーネ住民の2−12%に選挙権が与えられていた (Lauro Martines, *Power and Imagination: City-States in Renaissance Italy* (Baltimore: Johns Hopkins University Press, 1988), p.148.)。だが，ラーナーによれば，フィレンツェでは成人男子の５人に１人が政治的諸権利を有し (Larner, *Italy*, p.122)，またウェーリーはもう少し高めに見積もっている (Waley, *Italian City-Republics*, pp.51–54［前掲訳書『イタリアの都市国家』135-141頁］)。

16. Waley, *Italian City-Republics*, pp.29–31, 51–52［『イタリアの都市国家』88-92頁，135-137頁］.

17. Lane, *Venice and History*, p.524.

18. コムーネ共和政の統治制度に関する有益な概観は，Waley, *Italian City-Republics*, pp.25–54［『イタリアの都市国家』81-141頁］から得ることができる。

19. Marvin B. Becker, *Medieval Italy: Constraints and Creativity* (Bloomington: Indiana University Press, 1981), p.60.

20. 少なくとも18世紀以来，自由放任主義の立場に立つ経済学者や政治家は，同職組合（ギルド）の社会的・政治的効用を面白くは思っていなかった。近年では，マンサー・オルソンがその刺激的な著作『国家興亡論』のなかでこの点を再論している。彼が言うには，「ギルドは，そのメンバーにさまざまな特権と利益をもたらしはするが，所詮は，その独

32 (August 1988): 681-712.

85. Putnam, Leonardi, Nanetti, and Pavoncello, "Explaining Institutional Success," p.72.

86. 1978年から85年の最も成功した４つの州政府のうち３つが，1970年から85年にかけて共産党が州政府を主導した。また残りの１州も，1975年から85年にかけてそうであり，州政府のパフォーマンスはこの10年間で着実に向上した。だが，４州に共通しているのは，共産党支配という政治的経験よりも何世紀も以前に起源を有する市民的伝統（第５章で検討）である（市民度と共産党の強さとの間に因果関係があるとすれば，因果方向は前者から後者に向けてである）。重回帰分析の結果によれば，《市民共同体》指数（回帰係数（β係数）＝0.76，T＝9.19，p＜0.0000）と共産党政権担当年数（回帰係数（β係数）＝0.31，T＝3.73，p＜0.002）は，《制度パフォーマンス》指数の統計的に有意な予測変数である。他方，市民度をコントロールすると，共産党の政権参加は州政府への住民の満足度と関係がなくなる。

87. 1985年，20州で最も市民度が低いカラーブリア州政府に共産党が入閣した。同様のことが，やはりかなり市民度が低いサルデーニャ州政府で1984年から89年にかけて起こった。だが，本パフォーマンス評価はこの時期を扱ってはいない。

第５章　市民共同体の起源を探る

1. 本章でのイタリア人の市民生活についての歴史的概観が，８世紀にもわたる豊かなイタリア史の包括的な説明だと言うつもりはない。われわれの物語は，11世紀以降を取り扱う。その主たる理由は，ローマ帝国の崩壊から1000年までの暗黒時代は，社会的・政治的生活の性格が多くの点で依然としてはっきりしないからだ。本章が検討する理論的な議論という点から最も不運な点は，北イタリアのコムーネの起源や初期の発展に関する史料が乏しく，はっきりした点が分からないことである。J. K. Hyde, *Society and Politics in Medieval Italy: The Evolution of the Civil Life, 1000-1350* (London: Macmillan, 1973)の省察によると，「重要なことには，どの歴史家も，市民的諸制度がローマ時代後期から中世にかけて存続してきたことを，ローマ以北の各地の都市にも確認できなかった。……イタリアのコムーネの萌芽の片鱗を探究する作業は，大変フラストレーションが大きな仕事である。コムーネの成立をいつに見るか，史料によってその時期がばらばらであることがあまりにも多い」。Daniel Waley, *The Italian City-Republics*, 2nd ed. (New York: Longman, 1978), pp.1-8［森田鉄郎訳『イタリアの都市国家』平凡社，1971年，37-43頁］も見よ。われわれのような歴史の素人が，それでも蛮勇を奮ってそれなりに歴史研究を進められたのは，高名なイタリア中世史家リチャード・ゴールドウェイト教授のおかげである。われわれがとんでもないミスをしでかさないようにご教示いただいたのも同教授からである。ゴールドウェイト教授には，この点で改めて感謝申し上げたい。それでも残ってしまった誤りが教授の責任でないことは言うまでもない。

2. J. K. Hyde, *Society and Politics in Medieval Italy*, p.38. 南部のノルマン王朝と北部のコムーネ共和政の境界は，それ以前のビザンツ帝国とローマ・カトリック領地の境界と多くで照応している。この照応関係が，本章で議論される地域的な伝統よりもさらに遠

1983）を見られたい。

73. *Oxford English Dictionary* は，「良き市民性の欠如」と定義している。

74. Cicero, *Republic*, I, 25［岡道男訳「国家について」『キケロー選集 8 』岩波書店，1999年，37-38頁］（George H. Sabine, *A History of Political Theory*, 3rd ed.（New York: Holt, Rinehart, and Winston, 1961), p.166に引用）。

75. Edmund Burke, *Reflections on the Revolution in France*（1790, reprint ed., New York: Liberal Arts Press, 1955), p.110［半沢孝麿訳『フランス革命の省察』（エドマンド・バーク著作集 3 ）みすず書房，1978年，123頁］.

76. Gabriel A. Almond, "Comparative Political Systems," *Journal of Politics* 18(1956): 391-409. また，Gabriel A. Almond and G. Bingham Powell, *Comparative Politics: A Developmental Approach*（Boston: Little Brown, 1966); James Bryce, *Modern Democracies*（New York: The Macmillan Co., 1921), chapter 15［前掲訳書『近代民主政治』]; Robert A. Dalh, *Polyarchy: Participation and Opposition*（New Haven: Yale University Press, 1971), pp.110-111［前掲訳書『ポリアーキー』129-131頁］も見よ。

77. Giovanni Sartori, *Parties and Party Systems: A Framework for Analysis*（New York: Cambridge University Press, 1976), esp.chapters 6 and 10［岡沢憲芙・川野秀之訳『現代政党学』早稲田大学出版部，1980年].

78. G. Bingham Powell, *Contemporary Democracies: Participation, Stability, and Violence*（Cambridge: Harvard University Press, 1982), p.41.

79. Michael Walzer, "Civility and Civic Virtue in Contemporary America," p.69.

80. Barber, *Strong Democracy*, p.117.

81. Robert D. Putnam, Robert Leonardi, Raffaella Y. Nanetti, and Franco Pavoncello, "Explaining Institutional Success: The Case of Italian Regional Government," *American Political Science Review* 77（March 1983): 56, 67.

82. これらのデータは，1975年から89年にかけてユーロバロメーターが収集した比較意識調査による。それによれば，北部人の54%が，また南部人の57%が15歳までに学校を辞めている。1981年の国勢調査では，非識字者はわずかであり，あっても最高齢者群に偏っていることが判明した。だが，非識字率の地域差は，北部0.9%，南部4.6%と依然認められる。

83. 南部社会の都市化は，北イタリアより遅れているとしばしば考えられてきたが，それは事実とはかなり違っている。1986年，人口 2 万人以下の町に住んでいる者の割合は，北部で51%，南部で42%，また25万人以上の都市人口は，北部15%，南部22%であった。ラツィオ州（ローマが中心）を除いても，南部社会の値はそれぞれ46%と14%であった。要するに，北部よりも南部の方がやや都市的である。

84. Samuel P. Huntington, *Political Order in Changing Societies*（New Haven: Yale University Press, 1968)［前掲訳書『変革期社会の政治秩序』]; Nelson Polsby, "The Institutionalization of the U.S.House of Representatives," *American Political Science Review* 62(1968): 144-168; John Hibbing, "Legislative Institutionalization with Illustrations from the British House of Commons," *American Journal of Political Science*

民的な共同体に住む者ほど民主主義に関心を示し，権威を気にかけない傾向が強い。こうした文化的差異が重要だと確信する点で，イングルハートに賛成である。ただ，彼とはそうした文化的な違いがどうしたところからやってくるのかという起源の解釈が，いくぶん違ってはいる（第5章，第6章を見られたい）。

69. これらのデータは，ユーロバロメーターが1975年から89年にかけて収集した比較意識調査から引き出された。図4－14に要約されている結果は，「非常に満足」と「かなり満足」を「満足」に一まとめにしてある。サンプル数が多いので，州別の結果はきわめて信頼性が高い。生活への満足度を（長い間に起こりうる傾向を調べるために）収入，教会出席，市民共同体，年齢，教育，性別，面接時期から予測する重回帰分析では，最初の3因子のみが重要であった。信仰実践，収入，市民共同体の各回帰係数（β係数）は，順に0.16，0.15，0.14である。

70. 例えば，Richard Dagger, "Metropolis, Memory, and Citizenship," *American Journal of Political Science* 25(1981): 715-737; Alasdair MacIntyre, *After Virtue* (Notre Dame: Notre Dame University Press, 1981)［前掲訳書『美徳なき時代』]; Michael Taylor, *Community, Anarchy and Liberty* (New York: Cambridge University Press, 1982)を見よ。なるほど，市民共同体の理想を唱道する者がこぞって伝統的な村の生活を愛でてきたわけではない。例えばトクヴィルは，フランスの田舎でみられる親類縁者の力が市民的な積極的参加の足かせとなることを恐れた。村の集合財形成に農民がどの程度自発的に協力するかは，村によってまちまちである。そうした多様さについては，Robert Wade, *Village Republics: Economic Conditions for Collective Action in South India* (New York: Cambridge University Press, 1988) を見よ。

71. James Walston, *The Mafia and Clientelism: Roads to Rome in Post-War Calabria* (New York: Routledge, 1988), pp.98-99. 特別の場合に集まる貴族クラブ(Circolo dei Nobili）でさえも，Circoloとはあるが，名前からも判断できるように，平等主義的な社会的連帯のための一団とはおよそ言えるものではない。

72. われわれの物語は，都市アメリカでの情実任用を中心に組織されたマシーン政治の有効性をめぐる長年の論争と重なる。「良き統治」を声高に主張する白い手袋の面々（彼らの敵陣は，ときおり彼らを「政治改革屋」と冷やかした）は「ボス主義」を軽蔑したが，ひねくれた情実政治の弁護屋どもは，政党機構は移民集団を政治生活へと統合し，迅速な道路掃除を約束し，応答的な福祉職員を確保できたと弁護した。正規党員は，情実任用職による政府を要求した。われわれのイタリアの事例と対比すれば明らかなように，マシーン政治を擁護派も批判派も見逃している点は，基本的部分での社会的な平等主義と，大都市でさえ見られる，昔からアメリカの社会組織を作り上げてきた市民的な連帯の緊密な水平的ネットワークである。曖昧な言い方に聞こえようが，アメリカの都市には情実任用はあったが恩顧＝庇護主義はなかったのだ。都市の政党機構は，その擁護者が主張するように実際に効率的であったのだろうか。また他方で，そうした社会的織物が最近では危殆に瀕してしまったのだろうか。これらは，さらに探究すべき2つの重要な論点である。アメリカの都市政治に関する，われわれのイタリア研究といくつかの点でよく似た分析については，Terry Nicholas Clark and Lorna Crowley Ferguson, *City Money: Political Processes, Fiscal Strain, and Retrenchment* (New York: Columbia University Press,

差異は，性別と年齢をコントロールしても残る。このパラグラフで報告されている知見はすべてユーロバロメーターの1975－89年集計調査による。

60. Gianfranco Poggi, *Italian Catholic Action* (Stanford: Stanford University Press, 1967); Allum, "Uniformity Undone," esp.p.85, p.91; Paul Ginsborg, *A History of Contemporary Italy: Society and Politics 1943-1988* (London: Penguin Books, 1990), pp.169-170, p.348.

61. この帰納的結論には一部納得できる例外がある。それは，市民的な共同体の住民は，市民度が低い地域の市民より地元の問題に関心を示す点である。

62. このパラグラフでの一般化は，ユーロバロメーターの1975－89年集計調査による。

63. Sidney G. Tarrow, *Peasant Communism in Southern Italy* (New Haven: Yale University Press, 1967), esp.pp.80-81, pp.198-246. 引用は，p.7, p.75から（強調は原文）。

64. これらのデータの出所は，ユーロバロメーターが1986年と88年に行った比較意識調査である。「低い」教育程度は，15歳までに学校を辞めた成人人口の62%部分を言い，残りが教育程度が「高い」グループとなる。この無力感は，イタリアの民主主義の現状への不満に強く結び付いている。《無力感》指数と教育の相関係数は $r=-0.19$，以下，《市民共同体》指数とでは $r=-0.15$，「イタリアにおける民主主義の稼働の仕方」への満足度とは，$r=-0.26$である。

65. Benjamin Barber, *Strong Democracy: Participatory Politics for a New Age* (Berkeley: University of California Press, 1984), p.179.

66. 市民度が低い州の組織犯罪のより詳しい議論については，第５章（178-181頁）を参照。

67. 市民的な州でも，「信頼する」と答えた被験者は３分の１にすぎなかった。しかし，この値も，同時期の「信頼する」と回答したアメリカ人の割合より数%低いだけである (Eric M. Uslaner, "Comity in Context: Confrontation in Historical Perspective," *British Journal of Political Science* 21 (1991): 61を見よ)。

68.「法と秩序」に関連する項目は，サミュエル・H・バーンズとジャコーモ・サーニの両教授が指導した1972年全国調査から拝借した。両教授には，これらのデータを使わせていただき感謝の言葉もない。ロナルド・イングルハートは，著書 *The Silent Revolution: Changing Values and Political Styles among Western Publics* (Princeton: Princeton University Press, 1977)［三宅一郎・金丸輝男・富沢克訳『静かなる革命』東洋経済新報社，1978年］と *Culture Shift in Advanced Industrial Society* (Princeton: Princeton University Press, 1990)［前掲訳書『カルチャーシフトと政治変動』］のなかで，「物質主義」的価値と「脱物質主義」的価値のバランス加減が政治行動に重要な結果を招く，と論じている。1976年から89年にかけてユーロバロメーターが収集した比較意識調査において，年齢，教育，家族収入，教会出席率，性別，州の豊かさをコントロールすると，市民的な州の住民ほど，明確に「政府への発言権の増大」，「言論の自由の保護」を強調する傾向にあり，「国内秩序の維持」はさほど重視しないことが分かった。イングルハートの４番目の価値（「物価上昇との戦い」）における差は重要ではない。これらの差は絶対量では大きくないが，われわれの市民共同体についての報告と合致する。すなわち，同年齢で教育・富・信仰心・性別が同じ２人が，市民度で対照的な共同体に住んでいる場合，市

Participation: A Cross-National Comparison (Beverly Hills, Calif.: Sage, 1971) と比較のこと。

49. Harry Eckstein and Ted Robert Gurr, *Patterns of Authority: A Structural Basis for Political Inquiry* (New York: John Wiley and Sons, 1975).

50. この比較は，G・サルトーリが彼の編著 *Il Parlamento Italiano*, ed.Giovanni Sartori (Naples: Edizioni Scientifiche Italiane, 1963) のなかで行った報告，すなわち1946年から58年の代議士のうち上流階級出身者は南部議員で61%であり，この数字は，北・中部，言い換えれば市民度が高いといわれている地域の39%と好対照をなす，という報告と一致する。州会議員の出身階層は，どの州でも過大に評価すべきではない。第2章で論じたように南部においてさえ，彼らの大半は中間階級出身である。

51. 1970年と76年に州会議員全員に，「この州でも住民の参加が活発になっていることは望ましいという議論が多くあります。地域社会の住民は，地域の諸問題にどのような実際的な役割を担いうるか，貴方の意見をお聞かせください」と聞いてみた。回答は，積極的な住民参加への支持を含めて，多くの次元でコード化された。

52. ユーロバロメーターの1975－89年調査のデータを再構成して得られた所得分布（自己申告家族所得の州内変異係数）は，市民的な州ほど平等な傾向にある（$r=0.81$）。市民度をコントロールすると，所得上の不平等とパフォーマンスは，多重共線性が結果に影を落としているが相関はしていない。

53. Robert D. Putnam, "Studying Elite Political Culture: The Case of Ideology," *American Political Science Review* 65 (September 1971): 651-681は，イタリア（さらにはイギリス）の政治家の間で，一組の価値観・信念への強い傾倒と妥協への積極性が矛盾していないことを発見した。

54. Carol A. Mershon, "Relationships Among Union Actors after the Hot Autumn," *Labour* 4(1990): 46-52; I. Regalia, "Democracy and Unions: Towards a Critical Appraisal," *Economic and Industrial Democracy* 9(1988): 345-371を見よ。

55. Salvatore Coi, "Sindicati in Italia: iscritti, apparato, finanziamento," *Il Mulino* 28 (1979): 201-242. 引用は，p.206から。サルヴァトーレ・コイの指摘によれば，労働組合の組織化は，現実に工業部門より公共部門と農業部門で進んでいる。

56. 男性筋肉労働者の労組加入率は，市民度が低い州では21%にすぎないが，市民度の高い州では39%である。男性管理職・専門職の場合には，それぞれ8%と15%である。男子農民の組合加入率は，市民度が高い州で12%で市民度が低い州の4倍に上る。全体として，イタリア成人の約15%がなんらかの組合に加入しており，家族に組合員がいる世帯の比率は25%である。これらすべてのデータは，ユーロバロメーター調査（1976年，85年，88年，89年）による。

57. この点を歴史的に確認するには，第5章，193頁を見よ。

58. Percy Allum, "Uniformity Undone: Aspects of Catholic Culture in Postwar Italy," in *Culture and Conflict in Postwar Italy: Essays on Mass and Popular Culture*, edited by Zigmunt G. Baranski and Robert Lumley (London: Macmillan, 1990) を見よ。

59. 教会出席率は女性と高齢者世代で飛び抜けて高いが，市民的関与におけるこれらの

politicamente omogenee," *Polis* 1 (December 1987): 481-514を見よ。ヴァッレ・ダオスタ州は人口が少ないので１区の小選挙区であり，優先投票制度をとっておらず，従ってこの分析からは除いてある。

42. もう一度繰り返すことになるが，《優先投票》指数（1953－79年）は，６回の選挙での優先投票の主成分分析から析出された最適因子に基づく因子スコアである。

43. これらのデータは，サミュエル・H・バーンズ教授が1968年に実施した全国調査の二次分析から得られたものである。データの利用を許可してくださったバーンズ教授には心より感謝申し上げたい。調査や選挙データを州別に比較してみると，市民度が低い州の住民ほど優先投票の利用をやや誇張して報告しがちなのが分かる。だが，その原因はさておき，こうした多少の誇張も州別の基礎的比較を無効にはしない。

44. これらのデータの出所は，ユーロバロメーターが1975年，77年，83年，87年に集計した調査である。バーンズ教授の1968年調査を含めてこれらのデータを検討すると，成人が１つ以上の第二次集団に加入している割合は３分の１をいくぶん超え，労働組合を含めると団体総加入者の40％強に相当することが明らかになる（ベテランの研究者の考えでは，これらの調査ではどうしても精査部分が少ないために，調査結果は団体加入率を低く見積もる結果となる。だが，こうした歪みはどこの州でも起こる）。個人レベルの分析では，イタリア人の集団加入を予測する最も有力な要因は，教育，性別（労組とスポーツ・クラブが最も一般的に報じられる加入先），居住する共同体の市民度である。労働組合も含めたあらゆるタイプの集団を考えた場合，「市民度」は約10－15％，「男性」は約15－20％，「小学校以上の教育」は約20－25％程度，集団への加入率を押し上げる。最も非市民的な州に住む教育程度が低い女性となると，少なくとも1つの集団に加入している者の割合はわずか15％に満たない。これに対して，最も市民的な州の大学教育を受けた男性の値は66％と高い。

45. 制度パフォーマンスと市民共同体の測度間の相関係数は，図４－５の右上の12州で，$r=0.53$，左下の８州で，$r=0.68$である。双方とも統計的に有意である（$p<0.04$）。

46.《市民共同体》指数をコントロールすると，経済発展と制度パフォーマンスの偏相関係数は，$r=-0.34$で統計的に有意ではなく，また逆相関にあるが，《市民共同体》指数と制度パフォーマンスとの相関性は統計的に非常に高い有意性を示す（$p<0.0001$）。《市民共同体》指数と経済発展測度間の２変量相関は，$r=0.77$である。統計の専門家は，この点に多重共線性問題があると指摘するだろうが，われわれは第５章で経済発展と市民共同体の効果を区別する追加証拠を提示したい。貧困州への中央政治機構からの特別資金供与の再分配定式は思い起こしてみる価値がある。こうした富の移転は，貧しい州を貧困が生む悪影響から保護する目的で行われる。市民共同体度をコントロールすると，この外部からの援助は，州の富それ自体は制度パフォーマンスにプラスの方向に作用しはしない，といった事実を説明するのに役立つかもしれない。

47. バーンズ教授の1968年全国調査では，市民度が低い州の被験者の39％が自分は議員を個人的に知っていると主張し，市民度が高い州の23％と好対照をなす。われわれの1977年調査では，市民度が低い州の市民は，市民度の高い州の市民の２倍以上の割合で州庁役人と接触したことがある，と報告している。

48. Sidney Verba, Norman H. Nie, and N.-O.Kim, *The Models of Democratic* *tional Review of Community Development* 15 (1966): 55-66; Sydel F. Silverman, "Agricultural Organization, Social Structure, and Values in Italy: Amoral Familism Reconsidered," *American Anthropologist* 70, no.1 (February 1968): 1-19を見よ。バンフィールドの著作が巻き起こした論争は,「文化」と「構造」は因果的にどちらが先か，というそう広範な学問的論争の一部をなしてきた。この問題については第6章で触れたい。

35. *Le Associazioni Italiane*, ed.Alberto Mortara (Milan: Franco Angeli, 1985). データは，1982年現在。われわれの分析から，営利商業団体，旅行案内所，全国団体の地方支部は除いてある。地方支部を除いたのは,「外から持ち込まれた」組織は，地方の任意団体の傾向を検討する指標としては問題があると考えたからだ。労働組合，カトリック組織も同じ理由で省いたが，これら2組織に関しては，本章の後半，127-128頁，128-130頁でそれぞれ議論したい。

36. スポーツ・クラブとそれ以外の任意団体の簇生度は，イタリアのどの州でもかなりの相関性を示している ($r=0.59$)。任意団体加入の測度を単一の活動分野が左右するのを避けるため，これら2つのカテゴリー（スポーツとその他）をそれぞれ等しく加重する1つの因子スコアを作った。だが，本書で報告される統計結果はどれも，スポーツ・クラブに帰した正味加重に左右されない。

37. Tocqueville, *Democracy in America*, pp.517-518［前掲訳書『アメリカの民主政治（下)』208-210頁］.

38. 新聞購読状況のデータは，*Annuario Statistico Italiano* (Rome: Istituto Centrale di Statistica, 1975), p.135から得た。このデータは，ユーロバロメーターが1976年，80年，83年，86年，89年に集計した調査の証拠ときわめて強く一致する ($r=0.91$)。ユーロバロメーター・データは，任意団体加入と新聞購読の個人レベルでの相関性がきわめて強いことも例証している。なんらかの自発的な組織の一員である人の53%が週に一度は新聞を読んでおり，そうでない人の33%という数字をかなり上回っている。こうした傾向は，宗教系団体は別として，スポーツ・クラブを始め，あらゆる種類の団体メンバーに明瞭にうかがえる。

39. Roberto Cartocci, "Differenze territoriali e tipi di voto: le consultazioni del maggio-giugno 1985," *Rivista Italiana di Scienza Politica* 15(December 1985): 441. また，Pier Vincenzo Uleri, "The 1987 Referendum," in *Italian Politics: A Review*, vol.3, eds.Robert Leonardi and Piergiorgio Corbetta (New York: Pinter Publishers, 1989), pp.155-177も見よ。

40. 本書で扱う全指数と同様に,《国民投票への参加度》指数（1974－87年）は，5回の国民投票への参加度の主成分分析から析出された最適因子に基づく因子スコアである。本章で報告される国民投票に関連するすべての相関性は，別々に各国民投票の参加度に適用される。換言すれば，パターンは，各国民投票の争点内容にはまったく影響を受けていない。

41. 例えば，Richard S. Katz and Luciano Bardi, "Preference Voting and Turnout in Italian Parliamentary Elections," *American Journal of Political Science* 17 (1980): 97-114; Roberto Cartocci, "Otto risposte a un problema: La divisione dell'Italia in zone

21. Gianfranco Poggi, *Images of Society: Essays on the Sociological Theories of Tocqueville, Marx, and Durkheim* (Stanford: Stanford University Press, 1972), p.59［田中治男・宮島喬訳『現代社会理論の源流』岩波書店，1986年，53頁］.

22. Mark Granovetter, "Economic Action and Social Structure: the Problem of Embeddedness," *American Journal of Sociology* 91 (November 1985): 481-510.

23. Albert O.Hirschman, *Getting Ahead Collectively: Grassroots Experiences in Latin America* (New York: Pergamon Press, 1984), p.57 et passim.

24. Tocqueville, *Democracy in America*, pp.513-514［前掲訳書『アメリカにおけるデモクラシー』105-106頁］.

25. Ibid., p.515［『アメリカにおけるデモクラシー』109頁］.

26. Almond and Verba, *The Civic Culture*, chapter 11［前掲訳書『現代市民の政治文化』第11章「社会関係と市民的協同」］.

27. Arend Lijphart, *Democracy in Plural Societies* (New Haven: Yale University Press, 1977), pp.10-11［内山秀夫訳『多元社会のデモクラシー』三一書房，1979年，23頁］; Lipset, *Political Man*［前掲訳書『政治のなかの人間』］; David Truman, *The Governmental Process: Political Interests and Public Opinion* (New York: Knopf, 1951).

28.「私の考えによれば，アメリカの知的・道徳的結社ほど注目に値するものはない。アメリカ人の政治的・経済的結社は，われわれの感覚で容易に捉えられる。ところがその他の結社はわれわれの目に映らない」(Tocqueville, *Democracy in America*, p.517［『アメリカにおけるデモクラシー』110頁］。

29. Tocqueville, *Democracy in America*, p.190［前掲訳書『アメリカの民主政治(中)』47頁］。

30. 同じ考えの人々からなる自発的結社が，必ずしも民主的な目標に関わっているわけでも，平等原理に基づき組織化されているわけでもない。例えば，クー・クラックス・クランやナチス党を考えてみよう。どのような団体も，それが民主的な統治に与える結果の軽重を考え合わせるならば，寛容や平等といった他の市民的徳をも考慮しなければならない。

31. Milton J. Esman and Norman T. Uphoff, *Local Organizations: Intermediaries in Rural Development* (Ithaca: Cornell University Press, 1984), p.40.

32. Esman and Uphoff, *Local Organizations*, pp.99-180; David C. Korten, "Community Organization and Rural Development: A Learning Process Approach," *Public Administration Review* 40 (September-October 1980): 480-511. エスマンとアップホフは，天然資源，物的インフラ，経済的資源，所得配分，読み書き能力，党派的分極化といった要因は，地方の発展に対して地方諸組織が持つ効力とはどうも関係がないことを発見した。第三世界の発展での地方参加の効力のさらなる証拠については，John D. Montgomery, *Bureaucrats and People: Grassroots Participation in Third World Development* (Baltimore: Johns Hopkins University Press, 1988), pp.42-57と，同書に引用された文献を見られたい。

33. Banfield, *Moral Basis of a Backward Society*, p.10.

34. Alessandro Pizzorno, "Amoral Familism and Historical Marginality," *Interna-*

10. この広範な論争をめぐっては，（多くの類書があるが）以下の文献を参照のこと。Robert N. Bellah, Richard Madsen, William M. Sullivan, Ann Swidler, and Steven M. Tipton, *Habits of the Heart: Individualism and Commitment in American Life* (New York: Harper and Row, 1986)［島薗進・中村圭志訳『心の習慣』(みすず書房，1991年)］; Issac Kramnick, "Republican Revisionism Revisited," *American Historical Review* 87, no.3 (June 1982): 629-664; Alasdair MacIntyre, *After Virtue* (Notre Dame: Notre Dame University Press, 1981)［篠崎榮訳『美徳なき時代』みすず書房，1993年］; Pocock, *The Machiavellian Moment*; Dorothy Ross, "The Liberal Tradition Revisited and the Republican Tradition Addressed," in John Higham and Paul Conkin, eds., *New Directions in American Intellectual History* (Baltimore: Johns Hopkins University Press, 1979); Michael Sandel, "The Procedural Republic and the Unencumbered Self," *Political Theory* 12 (1984): 81-96; Quentin Skinner, "The Idea of Negative Liberty: Philosophical and Historical Perspectives," in *Philosophy in History*, eds., Richard Rorty, J. B. Schneewind, and Quentin Skinner (New York: Cambridge University Press, 1984); Michael Walzer, "Civility and Civic Virtue in Contemporary America," in his *Radical Principles* (New York: Basic Books, 1980); Gordon Wood, *The Creation of the American Republic: 1776-1787* (Chapel Hill: University of North Carolina Press, 1969).

11. Bellah et al., *Habits of the Heart*, p.28［前掲訳書『心の習慣』33-34頁］に引用。

12. Harry N. Hirsch, "The Threnody of Liberalism: Constitutional Liberty and the Renewal of Community," *Political Theory* 14(1986): 441.

13. William A. Galston, "Liberal Virtues," *American Political Science Review* 82 (1988): 1281.

14. 経験主義的政治学にあって，民主主義のパフォーマンスの違いの理解を目指すこのアプローチにとっての知的刺激の大半は，Gabriel A.Almond and Sidney Verba, *The Civic Culture: Political Attitudes and Democracy in Five Nations* (Princeton: Princeton University Press, 1963)［前掲訳書『現代市民の政治文化』］という画期的研究に求めることができる。

15. Walzer, "Civility and Civic Virtue," p.64.

16. Skinner, "The Idea of Negative Liberty," p.218.

17. Alexis de Tocqueville, *Democracy in America*, ed.J. P. Mayer, trans. George Lawrence (Garden City, N.Y.: Anchor Books, 1969), pp.525-528［岩永健吉郎・松本礼二訳『アメリカにおけるデモクラシー』研究社，1972年，119-123頁］.

18. Edward C. Banfield, *The Moral Basis of a Backward Society* (Chicago: The Free Press, 1958), p.85.

19. ここでもそうであるが，市民的徳に関するわれわれの議論全体が，Jeff W. Weintraub, *Freedom and Community: The Republican Virtue Tradition and the Sociology of Liberty* (Berkeley: University of California Press, 1992) の賢察の恩恵を受けている。

20. Walzer, "Civility and Civic Virtue," p.62.

なり満足している州は，「点が甘い人々」が住んでいるだけではないのだ。これらの事実は，第４章－第６章で提示する政府パフォーマンスの文脈的解釈と完全に一致する。

第４章　制度パフォーマンスを説明する

1. Robert A. Dahl, *Democracy and its Critics* (New Haven: Yale University Press, 1989), pp.251-254. また，Dalh, *Polyarchy*, pp.62-80［前掲訳書『ポリアーキー』77-97頁］も見よ。Seymour Martin Lipset, *Political Man* (New York: Doubleday, 1960), Chapter 2［前掲訳書『政治のなかの人間』第２章「経済的発展とデモクラシー」］は，この問題を扱った現代の実証的研究の水源である。C. F. Cnudde and D. Neubauer, *Empirical Democratic Theory* (Chicago: Markham, 1969)は，近代化および民主主義に関する1960年代の仕事の便利な論文集である。経済発展と民主主義の相互関係を論証しようとする近年の洗練された分析としては，John Helliwell, "Empirical Linkages between Democracy and Economic Growth," NBER Working Paper 4066 (Cambridge, Massachusetts: National Bureau of Economic Research, 1992）がある。

2. Kenneth A. Bollen and Robert W. Jackman, "Economic and Noneconomic Determinants of Political Democracy in the 1960s," *Research in Political Sociology* (1985), pp.38-39.Samuel P. Huntington, *The Third Wave: Democratization in the Late Twentieth Century* (Norman, Oklahoma: University of Oklahoma Press, 1991), p. 60［坪郷實・中道寿一・藪野祐三訳『第三の波』三嶺書房，1995年，60頁］に引用。

3. Robert C. Fried and Francine F. Rabinovitz, *Comparative Urban Politics: A Performance Approach* (Englewood Cliffs, N.J.: Prentice-Hall, 1980), p.66.

4. 経済的近代性は，ここでは1970－77年の１人当たり国民所得，州内総生産，農業・工業労働人口比，農業・工業付加価値比を基礎とした因子スコアにより測定された。これら諸要素は，非常に強く相関している（平均負荷値＝0.90）。豊かさや社会経済的近代化を表す他の多くの指標――自家用車から屋内配管設備まで――と同様に，これらのどの測度も本質的には同じ物語を口にしているのである。

5. 州の規模は，ロンバルディア州をバシリカータ州から区別するもう１つの要素であるが，20州全体を考えると，人口規模と制度パフォーマンスはまったく相関しない。

6. 経済的近代性と制度パフォーマンスの相関性は，図４－２の右上に散らばっているより発達した州にあって，$r=-0.03$，左下あたりの遅れた州では，$r=-0.05$である。

7. J. G. A. Pocock, *The Machiavellian Moment: Florentine Political Thought and the Atlantic Republican Tradition* (Princeton: Princeton University Press, 1975) を参照。

8. もちろん，「共和主義的」も「自由主義的」も，現代アメリカの党派的な政治とこの歴史的対話では使用法がまったく異なる。英米政治思想における古典的な自由主義的解釈に関しては，Louis Hartz, *The Liberal Tradition in America* (New York: Harcourt, Brace, 1955)［有賀貞訳『アメリカ自由主義の伝統』（講談社学術文庫，1994年）］を参照のこと。

9. Don Herzog, "Some Questions for Republicans," *Political Theory* 14 (1986): 473.

論研究所が，1977年，79年，81年，82年，87年，88年に実施した。各調査年の州のスコア間には強い相関性が認められた（r＝0.7−0.8。この相関係数は，標本誤差でかなり希薄化した値である)。《市民満足度》指数は，６回の各全国調査での州の平均満足値を主成分分析した結果得られた因子スコアである。この指数に関する平均負荷値は，0.87である。ヴァッレ・ダオスタとモリーゼは小州という理由で，DOXA の全調査から省いてあり，従って本分析からも省かれている。

29. トレンティーノ=アルト・アーディジェの州民の州政府満足度が，州政府のパフォーマンスが請け合うと思われる度合いを超えて高い理由は分からなくはない。アルプス地方のこの小州は，多数のドイツ語を話す民族意識がはっきりした少数民族を抱えており，州政府もかなりの民族的自治に配慮し，彼らの特別な地位を容認している。彼ら南チロル人は，公共政策における州政府のパフォーマンスとはまったく別に，この「特別」州の象徴的承認に特別の満足感を得ているのかもしれない。トレンティーノ=アルト・アーディジェ州を除けば，市民満足度と《制度パフォーマンス》指数の相関性を算出すると，相関係数は r＝0.90にはね上がる。

30. 市民満足度は，パフォーマンス指標１つずつと見てみると，ほぼすべての指標でかなり強い相関関係を確認できる。相関性が高いものを挙げれば，立法でのイノベーション（0.89)，内閣の安定性（0.80)，改革立法（0.74)，官僚の応答性（0.73）となる（括弧内の数字は相関係数 r)。

31. この帰納的結論は，全州，また各州内で妥当する。唯一の例外は，80年代後半多くの州で，全政府レベル（中央政府，地方政府，州政府）への満足度の増大が，大きな都市よりも小さな町々で若干速かった。この興味ある知見はどのように説明すればよいのかはっきり分からないが，この事実がここでのわれわれの議論を著しく損なうことはない。

32. 与党と野党の役割についての曖昧さを避けるべく，自分は共産党あるいはキリスト教民主党の支持者だと表明する支持者のみ，この数字に含めた。

33. 表２－５を見よ。

34. 方法論上，少ない標本数と標本誤差の効果は，人為的に相関性を押し下げる（「希薄にする」)。その希薄化を修正すれば，リーダーの見解とわれわれの指数間の相関性は高まろう。言い換えれば，図３－４のデータは，真の相関よりも低い値となっている。

35. 図３－４では，「特別」州と「普通」州を分けて分析した。分析結果は，標本数が過少で信頼度にやや問題があるとしても，「特別」，「普通」といった州の種類がパターンにちょとした違いをもたらすことを示唆している。州政府のパフォーマンスの違いが市民満足度に持つ効果は，普通州よりも特別州でやや大きいようである。たぶんその理由は，特別州の地域リーダーのほうが長期間にわたり，州政府の堅靭な批判者あるいは主唱者にならざるをえなかったからであろう。にもかかわらず，特別州，普通州それぞれの州群内では，市民満足度とパフォーマンスは密接に相関している。

36. 州政府のパフォーマンスと州政府への市民満足度は，補遺Ｅから明らかなように州内の地方政府のパフォーマンスと地方政府への市民満足度の順位とも相関している。この事実は，政府パフォーマンスの基本的規定要因は，特定の在職者の政策やパーソナリティよりは周囲の社会環境に関係があることを示唆している。これとは対照的に，中央政府に対する全体的満足は，これら他の評価のいずれとも相関しない。住民が州・地方政府にか

1984 (Rome: Sistema Permanente di Servizi, 1984), p.54。

19. *Primo rapporto sullo stato dei poteri locali/1984*, pp.50-51.

20. Ibid., p.220.

21. われわれの厳密な測度は，強く相互に関連した種々の年次測度の因子スコア指数である。すなわち，1979年に住宅資金支出で最も有効な州は，1981年，85年，87年も同じように最も有効な州であった。これらのデータの出所には，*XIII rapporto/1979 sulla situazione sociale del paese*, Censis Ricerca (Rome: Fondazione Censis, 1979), p.476, p.481; *XV rapporto/1981 sulla situazione sociale del paese*, Censis Ricerca (Rome: Franco Angeli, 1981), p.417; *Annuario 1985 delle autonomie locali*, ed. Sabino Cassese (Rome: Edizioni delle Autonomie, 1984), p.103; *XXI rapporto/1987 sulla situazione sociale del paese*, Censis Ricerca (Rome: Franco Angeli, 1987), p.794が含まれている。

22. このプロジェクトは，ボブが考えつき指導した。

23. これら３つのセクター——農業，保健，職業教育——全体で，州の全歳出の3分の2に相当する。すべての照会のうち，33％は書面による回答で得心できたが，57％は電話，残り10％は係まで出向く必要があった。

24. 12の測度の相関行列中の66の２変量相関係数の平均は，$r=0.43$である。66中65の相関係数は正値であった。また相関係数の３分の２は，変量の数があまり多くないにもかかわらず，統計的な有意水準αは，0.05（５％）であった。主成分因子分析——これに《制度パフォーマンス》指数は基づいている——から得られる第１因子は，12の測度の全共変量の半分以上を説明している。

25. 先に行ったこの研究の詳しい報告については，Robert D. Putnam, Robert Leonardi, Raffaella Y. Nanetti, and Franco Pavoncello, "Explaining Institutional Success: The Case of Italian Regional Government," *American Political Science Review* 77 (March 1983): 55-74を参照されたい。

26. 自治体サービスの市民評価の効用は，公共政策関連の文献で幅広く議論されている。この議論を巧みに概観した文献に，Jeffrey L. Brudney and Robert E. England, "Urban Policy Making and Subjective Service Evaluations: Are They Compatible?" *Public Administration Review* 42 (March-April 1982): 127-135がある。市民評価を肯定的に捉えるものには，Roger Parks, "Complementary Measures of Police Performance," in *Public Policy Evaluation*, Sage Yearbook in Politics and Public Policy, ed.Kenneth M. Dolbeare (Beverly Hills, California: Sage Publications, 1975), pp.185-215; Peter Rossi and Richard A. Berk, "Local Roots of Black Alienation," *Social Science Quarterly* 54 (March 1974): 741-758; H. Schuman and B. Gruenberg, "Dissatisfaction with City Services: Is Race an Important Factor?" in *People and Politics in Urban Society*, ed. Harlan Hahn (Beverly Hills, California: Sage, 1972), pp.369-392が，また批判的な立論として，Brian Stipak, "Citizen Satisfaction with Urban Services: Potential Misuse as a Performance Indicator," *Public Administration Review* 39 (January-February 1979): 46-52がある。

27. Stipak, "Citizen Satisfaction with Urban Services."

28. これらの全国調査は，われわれの依頼によりイタリアの調査機関であるＤＯＸＡ世

regionali" のなかで報告されている研究プロジェクトから州内閣の安定性に関するデータを借用させていただいた。教授のご厚意に心から感謝いたしたい。

9. データは，*Secondo rapporto sullo stato dei poteri locali/1985* (Rome: Sistema Permanente di Servizi, 1985), p.163から得，州政府から直接収集したデータにより補完した。

10. *XV rapporto/1981 sulla situazione sociale del paese*, Censis Ricerca (Rome: Franco Angeli, 1981), p.509.

11. 本章注 30 を見よ。州ごとの政策部門別スコアに関する説明と併せて，われわれの評価手続きに関する詳しい説明については，われわれの著書 *La Pianta e le Radici: Il radicamento dell'istituto regionale nel sistema politico italiano* (Bologna: Il Mulino, 1985), pp.203-278を参照していただきたい。20州の最も有効な的を射た政策発議の報告については，Raffaella Y. Nanetti, "Social, Planning, and Environmental Policies in a Post-Industrial Society," in *The Regions and European Integration: The Case of Emilia-Romagna*, edited by Robert Leonardi and Raffaella Y. Nanetti (New York: Pinter, 1990), pp.145-170を参照されたい。本研究プロジェクトでこの部分を担当したのは，R・Y・ナネッティ教授である。

12. Jack L. Walker, "The Diffusion of Innovations among the American States," *American Political Science Review* 63 (1969): 880-899を見よ。

13. 表3－1の「因子負荷」は，各単一指標と複合指数（12の副次スコアの主成分分析に基づく因子スコア）との相関度を示す。この方法は，ある理論的変数の多重指標を単一指数に総合する最も信頼性と妥当性が高い手段を用意する。R. A. Zeller and E. G. Carmines, *Measurement in the Social Sciences* (New York: Cambridge University Press, 1980) を見よ。本書で扱うすべての指数は，この統計技法に基づいている。

14. 厳密に言えば，ここでのスコアリングは，どこでもよいがある州でなんらかの模範法が初めて成立した日付と1984年12月（われわれの調査のこの部分について証拠を集め終わった年）までの間にその法律が施行されていた日数（月数で計算）の百分比に基づく。1984年12月現在，平均的な模範法は半数強の州で取り入れられていた。この変数について5つの特別州では，データは利用不可能である。

15. 保育所に関するこれらデータは，"Participation and Management in Child-Care Services" に関する国際セミナー（於　ボローニャ，1984年10月17－19日開催）でのピエルイージ・ベルサーニの報告（未公刊）による。

16. *XIII rapporto/1979 sulla situazione sociale del paese*, Censis Ricerca (Rome: Fondazione Censis, 1979), p.410.

17. 州別の産業政策の先導についての説明は，Nicola Bellini, Maria Grazia Giordani, and Francesca Pasquini, "The Industrial Policy of Emilia-Romagna: The Business Service Centres," in *Regions and European Integration*, edited by Leonardi and Nanetti, pp.171-186に詳しい。

18. フリウーリ＝ヴェネツィア・ジューリア，カラーブリアの両州は，当時中道政府が支配しており，この指標は，現行内閣のイデオロギー的な傾向をそのまま反映してはいないことを示唆している。データの出所は，*Primo rapporto sullo stato dei poteri locali/*

Germans: Public Opinion Polls, 1967–1980 (Westport, Connecticut: Greenwood Press, 1981), p.175，ならびにDOXA（ミラノ）に提供していただいたドイツ人の世論調査結果（未公刊）。Arnold Brecht, *Federalism and Regionalism in Germany* (New York: Oxford University Press, 1954) は，1870年代のドイツ統一以前からの当地の連邦主義と地域主義を検討している。ドイツの政府間関係に関する包括的概観を得るには，Joachim Jens Hesse, "The Federal Republic of Germany: From Co-operative Federalism to Joint Policy-Making," in *Tensions in the Territorial Politics of Western Europe*, edited by Rhodes and Wright, pp.70–87を見られたい。

66. *Il Messaggero* (Rome), August 10, 1991, p.12; *La Repubblica* (Rome), November 20, 1991, p.17; *Ottavo rapporto sullo stato dei poteri locali/1991*, pp.18–19を見よ。

第３章　制度パフォーマンスを測定する

1. Robert A. Dahl, "The Evaluation of Political Systems," in *Contemporary Political Sicence: Toward Empirical Theory*, edited by Ithiel de Sola Pool (New York: McGraw-Hill, 1967), p.179［内山秀夫・大森弥・石川一雄・長田研一訳『現代政治学の思想と方法』勁草書房，1970年，278頁］.

2. Kenneth Shepsle, "Responsiveness and Governance," *Political Science Quarterly* 103 (Fall 1988): 461–484.

3. Robert A. Dahl, *Polyarchy: Participation and Opposition* (New Haven: Yale University Press, 1971), p.1［前掲訳書『ポリアーキー』６頁］.

また，John Stuart Mill, "Of the Proper Functions of Representative Bodies," in "On Liberty" and "Considerations on Representative Government", ed. R.B. MacCallum (Oxford: Basil Blackwell, 1948)［「代議機関の本来の職務について」水田洋訳『代議制統治論』岩波文庫，1997年，第５章］も見よ。

4. 統計的手法の用語では，これら４つの検定は以下に相当する。額面上の妥当性（指標が額面上，制度的成功の著しい特徴を測定しているのか），内的妥当性（複数の指標が明瞭に相関し合い，それらを単一指数に無理なく総合できるのか），検定＝再検定妥当性（指数のスコアが長期間かなり安定しているのか），外的妥当性（指数のスコアが制度パフォーマンスの独立測度と強く相関しているのか）。

5. Harry Eckstein, "The Evaluation of Political Performance: Problems and Dimensions," *Sage Professional Papers in Comparative Politics* 2, no.1-17 (1971); Ted Robert Gurr and M. McClelland, "Political Performance: A Twelve-Nation Study," *Sage Professional Papers in Comparative Politics* 2, no.1-18 (1971).

6. J. Roland Pennock, "Political Development, Political Systems, and Political Goods," *World Politics* 18 (1966): 421.

7. Eckstein, "Evaluation of Political Performance," p.8.

8. ５つの「特別州」の選挙周期は，一般州と若干異なる暦による。だから，われわれとしては，1975－85年の時期と最もよく合致する立法期のデータを使用した。マルチェロ・フェデーレ教授には，同教授の論説 "I processi politico-istituzionali nei sistemi

51. Robert D. Putnam, "The Political Attitudes of Senior Civil Servants in Western Europe: A Preliminary Report," *British Journal of Political Science* 3 (1973): 278.

52. 皮肉にも，州政府の認識度は，州でも最古の部類に入る南部の２つの「特別」州において最低である。1982年当時，シチリア州とサルデーニャ州では，少なくとも半数の州民が，州設置後35年が経つにもかかわらず自分たちの州政府について一度も耳にしたことがないという始末であった。

53. M. Kent Jennings and Harmon Zeigler, "The Salience of American State Politics," *American Political Science Review* 64 (1970): 523-535.

54. 表２－７の質問への回答は，1980年代に行った何回かの調査を通じてきわめて安定していた。

55. 南部人が，自分たちの州政府の惨状に不満だらけなのにはそれなりのまともな言い分がある。この点は後ほど十分立証したいが，ここでは州の自治権拡大の意欲（表２－７の質問項目）においては，彼らが北部人に比べて別段遜色がない点は強調しておく必要があろう。

56. 本書のデータ分析は例外なく，「北」はトスカーナ，ウンブリア，マルケの３州より北を，また「南」はラツィオ，アブルッツォ以南の州を指している。

57. この一般化は，「大いに」あるいは「どちらかと言えば」満足と回答した被験者に当てはまる。20州中ヴァッレ・ダオスタとモリーゼの２州は小さすぎて，全国一般人標本には出てこず，やむなく本分析から除外した。

58. 図２－９はわれわれの1988年調査によるが，同じようなパターンはわれわれの全調査にうかがわれる。

59. これらの質問は，地域リーダーを対象としては1976年から始めたが，一般人対象は1981年になってからである。

60. 一般大衆を対象とした調査では，年齢が若いことと州政府の稼働に関する評価とはまったく相関していないが，常に若年齢は州改革の原則に対する支持的態度の強い予測変数である。言い換えれば，若いイタリア人ほど州改革に関して，「思いやりのある批判家」と言えそうだ。

61. Fedele, "I processi politico-istituzionali nei sistemi regionali" および50頁（本書）上に示された州政府の安定度を示す数値を参照のこと。

62. イタリアの調査機関のDOXAに対して，これまでの種々の研究を自由に利用させていただいたことを含め，本調査研究にご協力を頂いたことに感謝申し上げたい。

63. 長期間の比較可能性を確保すべく，表２－９の地域リーダーに関するデータはわれわれが任意に選んだ６州に限定した。だが，その他の州も標本に含めた1982年調査，89年調査においても，これら６州の意見分布は全国的な意見を正確に反映するものであった。

64. 1987年，南部有権者は，州改革の成果が良し悪しを聞く設問に37％対24％の比率で「良かった」と報告した。この数字は，北部有権者では45％対11％であった。89年，地域リーダーでは，南部で54％対15％，北部で68％対３％と「良かった」が勝った。本章注**55**も見られたい。

65. Elisabeth Noelle and Erich Peter Neumann, *Jahrbuch der Öffentlichen Meinung* (Allensbach: Institut für Demoskopie, 1967), p.458: Elisabeth Noelle-Neumann, *The*

調査報告に注意を促していただいたナンド・タシオッティ教授に感謝申し上げたい。

40. 1970年当時の平均的な州会議員は，州政府閣僚よりも地方党幹部と会う機会を多く持った。だが，このパターンは1989年までには逆転した。

41. 州会議員は，有権者の投票決定因として，全国・州・地方レベルの政党リーダーと州・地方レベルの党綱領を最も重要度が低いものと見なした。

42. 州代表会議の調査研究センターの見積りでは，「一般」州の利用可能な資源の82%が中央政府の決定に縛られている（「特別」州の場合にはわずか36%）。*Il Messaggero* (Rome), August 10, 19991, p.12を見よ。

43. Raphael Zariski, "Approaches to the Problem of Local Autonomy: The Lessons of Italian Regional Devolution," *West European Politics* 8 (July 1985): 64–81; Bruno Dente, "Intergovernmental Relations as Central Control Policies: The Case of Italian Local Finance," *Government and Policy* 3 (1985): 383–402.

44. M・グロッディンズは，アメリカの政府間関係を描くべくこの隠喩を持ち出した (Morton Grodzins, *The American System: A New View of Government in the United States*, edited by Daniel Elazar (Chicago: Rand McNally and Co., 1966), pp.8–9, p.14.)。

45. Zariski, "Approaches to the Problem of Local Autonomy"; Nicola Bellini, "The Management of the Economy in Emilia-Romagna: The PCI and the Regional Experience," in *The Regions and European Integration: The Case of Emilia-Romagna*, edited by Robert Leonardi and Raffaella Y. Nanetti (New York: Pinter, 1990), p.121を見よ。

46. 西欧諸国の地方分権と中心＝周辺関係に関する最近の文献はかなりの数に上っている。比較研究の概要を知るには，以下の文献が有益。*Territorial Politics in Industrial Nations*, edited by Tarrow, Katzenstein and Graziano; *Decentralist Trends in Western Democracies*, edited by L. J. Sharpe (Beverly Hills: Sage Publications, 1979); *Centre-Periphery Relations in Western Europe*, edited by Yves Mény and Vincent Wright (London: Allen & Unwin, 1985); *Tensions in the Territorial Politics of Western Europe*, edited by Rhodes and Wright; *Central and Local Government Relations: A Comparative Analysis of West European Unitary States*, edited by Edward C. Page and Michael J. Goldsmith (Beverly Hills: Sage Publications, 1987).

47. 大変興味深いことに，このスコアでは，一般有権者のほうが州にやや甘い。1982年，87年，88年調査において，この設問を支持した有権者比率は40－45%にとどまった。

48. 表２－５は，地域リーダー対象の1982年全国調査による。事実，同様の結果は，調査を行った複数の州の地域リーダーを対象とした1989年調査からも得られた。

49. のっぴきならないことに，こうした批判が最も厳しいのが，州政とのつき合いが最も頻繁なこれらのセクター（産業，労働，農業，商業）自体である。他方，地方政府の役人は，州政府の失政にはやや甘い。おそらく理由の１つは，役人たちはイタリアの公的行政管理の苛々がよく分かっているからであろう。

50. 詳細な分析が明示するように，ほぼどのセクターにおいても規模が小さい団体――都市，農民，実業等でも小規模なほど――の代弁者ほど州改革に好意的である。小規模な利益団体ほど，遠いローマの中央官僚制に比べ州と関係を持つ利点にとくに敏感なようである。

ことができる，と一般に論じられている。参考文献への言及だけでなく，この問題に関する理論的な議論については，Robert D. Putnam, *The Comparative Study of Political Elites* (Englewood Cliffs, N.J.: Prentice-Hall, 1976), pp.115-132を見られたい。

30. この段落で要約した分析は，Robert D. Putnam, *The Beliefs of Politicians: Ideology, Conflict, and Democracy in Britain and Italy* (New Haven: Yale University Press, 1973), pp.34-41のなかで議論したものと類似の「政治スタイル」の数量的コード化に基づく。1989年調査は，非自由回答式のみであったので，政策争点をめぐる議論は広がりようがなかった。

31. Giovanni Sartori, "European Political Parties: The Case of Polarized Pluralism," in *Political Parties and Political Development*, edited by Joseph LaPalombara and Myron Weiner (Princeton: Princeton University Press, 1966), pp.137-176.

32. 西欧政党システムの戦後変化との関連でこの「問題」を論じた文献として，Otto Kirchheimer, "The Transformation of the Western European Party Systems," in *Political Parties and Political Development*, edited by LaPalombara and Weiner, pp.177-200がある。

33. 州会議員の態度の変化を説明しそうな考え方を残らず考えると，様々な下位タイプや，特定議員の引退と人生周期による加齢効果の結合といったような混合型を思い描けよう（例えば，穏健化の原因を高齢議員の増加に求める説明は，議員の平均年齢がこれまでほぼ一定だということで説得力に欠けそうだ）。ほかにも複雑な説明の仕方が考えられるが，それらの説明力の違いを知るには，より精緻な分析手法としっかりしたデータが必要となろう。本書で議論された3つの考え方は，最も妥当かつ無理がないものである。

34. 1989年調査はパネル調査ではなかった――1981－82年調査の被験者は面接せず――ので80年代の変化に関して，詳細なこの分析をこれ以上進めることはできない。

35. 社会変動に関する統計的分析は迷宮のようだ，と評判はいま一つである。関係する証拠は，補遺Bに示されている。

36. Joseph LaPalombara, "Italy: Fragmentation, Isolation, and Alienation," in *Political Culture and Political Development*, edited by Lucian W. Pye and Sidney Verba (Princeton: Princeton University Press, 1965), pp.282-329; Putnam, *Beliefs of Politicians*, pp.56-58, pp.82-90を見よ。

37. Samuel P. Huntington, *Political Order in Changing Societies*, p.20［前掲訳書『変革期社会の政治秩序（上)』21頁］.

38. イタリアの州のなかで最も不調な州と誰もが見るカラーブリア州でさえも，州政府の誕生によって，代議士，大臣，県知事の重要度が極端に低下し，逆に州庁役人の力が増大した，とJ・ウォルストンは述べている (James Walston, *The Mafia and Clientelism: Roads to Rome in Post-War Calabria* (New York: Routledge, 1988), p.79, p.127)。

39. 中央の政治危機後半年内に崩壊した州の連立内閣の比率は，1970－75年の37％から1985－90年には8％に低下した。Marcello Fedele, "I processi politico-istituzionali nei sistemi regionali," a research to the Parliamentary Committee for Regional Questions, Dossier n.416, 10th Legislature (Rome: Camera dei Deputati, 1990) を参照のこと。この

落ち込んだ。集権的な課税権限と分権的な歳出権限の間に見られるこの乖離は，州の自治と予算責任にとって依然としてゆゆしき障害である。表2－7が示すように，イタリア人の多くは州の財政自治の拡大の要求を支持しており，1991年までにその線に沿った改革をもっと進めよ，という提言が活発に論議された。この点については，*Il Messaggero* (Rome), August 10, 1991, p.12を見よ。

21. Max Weber, "Politics as a Vocation," in *From Max Weber: Essays in Sociology*, eds. and trans. H. H. Gerth and C. Wright Mills (New York: Oxford University Press, 1958), p.128［脇圭平訳『職業としての政治』岩波文庫，1980年，101-102頁］.

22. 州の政治エリートの変化をめぐる本章の記述は，1970年，76年，81－82年，89年の色合いが違う6つの州の州会議員についての調査に基づいている。

23. Marcello Fedele, *Autonomia Politica Regionale e Sistema dei Partiti* (Milan: Giuffrè, 1988), p.18, p.42. フェデーレが対象とした州の標本は，バシリカータ州の代わりにトスカーナ州を含んでいる点を除けばわれわれの標本と変わらない。また，政党についてであるが，われわれは小政党も含めたが，フェデーレは，キリスト教民主党，共産党，社会党のみを扱っている。

24. 重要な例外はラツィオ州（ローマが中心）で，州会議員の約半数がラツィオ以外の州，とくに南部諸州の出身者であった。州外者がラツィオ州議会に占めるこの高い割合は，過去40年間における南部からローマへの急激なひっきりなしの人口移動を反映したものである。

25. 新旧議員の交替率の低下は，立法部の制度化を示す1つの指標として時には受け取られてきたが，イタリアの州の場合にはすっきりとそうとは言い切れない。交替率は，州創設世代の州会議員の場合かなり低かった（1970年当選組の3分の2が，75年選挙で再選された。3分の2という数字は，他の国の下位国家レベルの立法部と比べてかなり高い安定度を示す)。だが，次の立法期の交替率が50％程度にやや増えたので，州会議員の平均在職期間は，5年任期が2回弱程度で落ち着いてきた。

26. ここで提起された諸問題の多くは，米下院の制度化に関する議論が触れるところである。Nelson W. Polsby, "The Institutionalization of the U.S.House of Representatives," *American Political Science Review* 62 (March 1968): 144-168を参照。

27. この変化の大部分は，サッチャー，レーガンの登場以前にすでに起こっており，東欧での共産主義体制の崩壊以前に終了していた。

28. この結果は，州会議員に各政党を《左翼－右翼》尺度（0点－100点）上に位置づけてもらった設問が十分立証している。1970年から89年の間に，左翼政党の平均的位置は右方に移動し，右翼政党は左方に動いた。一方，中道政党は，尺度の中間あたりで小幅な動きを示した。結果として，政党は全体的に政治的スペクトラムの中央に着実に寄ってきた。

29. 比較調査研究により，エリート＝大衆間合意の対立的なパターンが明らかになった。それらは，「競争エリート」モデル（党派間距離はエリート・レベルで最大)，「合意エリート」モデル（党派間距離は大衆レベルで最大)，「連合エリート」モデル（党派間距離は中位の党活動家レベルで最大，エリート・レベルで最小）を含む。寡頭的支配体制だとしても，バラバラのエリートよりも一体的なエリートのほうが有効かつ安定した統治を行う

War II (New Haven: Yale University Press, 1973), pp.168-69; Raphael Zariski, *Italy: The Politics of Uneven Development* (Hinsdale, Illinois: Dryden Press, 1972), pp.121-122.

10. Percy A. Allum, *Italy: Republic without Government?* (New York: Norton, 1973), pp.221-223; Robert C. Fried, *The Italian Prefects* (New Haven: Yale University Press, 1963).

11. Clark, *Modern Italy*, pp.58-61.

12. 州改革が進行中の1970年代初めにおけるイタリアの中心＝周辺関係に関する類似の分析については，Sidney Tarrow, *Between Center and Periphery: Grassroots Politicians in Italy and France* (New Haven: Yale University Press, 1977) を見よ。

13. Clark, *Modern Italy*, pp.238-240.

14. 州制度改革運動のより詳しい説明については，以下の文献を参照のこと。Robert Leonardi, Raffaella Y. Nanetti, and Robert D. Putnam, "Devolution as a Political Process: The Case of Italy," *Publius* 11 (Winter 1981): 95-117; Robert Leonardi, Raffaella Y. Nanetti, and Robert D. Putnam, "Italy—Territorial Politics in the Post-War Years: The Case of Regional Reform," in *Tensions in Territorial Politics of Western Europe*, edited by R. A. W. Rhodes and Vincent Wright (London: Frank Cass & Company, 1987), pp.88-107; Peter Gourevitch, "Reforming the Napoleonic State: The Creation of Regional Governments in France and Italy," in *Territorial Politics in Industrial Nations*, edited by Sidney Tarrow, Peter J. Katzenstein and Luigi Graziano (New York: Praeger, 1978), pp.28-63; Tarrow, "Local Constraints on Regional Reform," pp.1-36.

15. 1949年までにシチリア，サルデーニャ，ヴァッレ・ダオスタ，トレンティーノ=アルト・アーディジェで州政府は創設された。5番目の特別州，フリウーリ=ヴェネツィア・ジューリアは，ユーゴスラビアとのトリエステ紛争の解決を待って1964年に州に昇格された。

16. 南部人全体の7％以上が，1958年から63年のわずか5年の間に北部に移動した。この点については，Paul Ginsborg, "Family, Culture and Politics in Contemporary Italy," in *Culture and Conflict in Postwar Italy: Essays on Mass and Popular Culture*, edited by Zygmunt G. Baranski and Robert Lumley (London: Macmillan, 1990), p.33; Paul Ginsborg, *A History of Contemporary Italy: Society and Politics 1943-1988* (London: Penguin Books, 1990), pp.218-220を見よ。

17. Allum, *Italy: Republic without Government?* p.236.

18. Clark, *Modern Italy*, pp.391-392.

19. *XV rapporto/1981 sulla situazione social del paese*, Censis Ricerca (Rome: Franco Angeli, 1981), p.503. 1991年までに，州庁役人の総数は9万に達していた (*Il Messaggero* (Rome), August 10, 1991, p.12)。

20. *Ottavo rapporto sullo stato dei poteri locali/1991* (Rome: Sistema Permanenti di Servizi, 1991), pp.231-240. 州の課税権限拡大の要求にもかかわらず，州が直接増やすことができた収入（国からの移譲財源とは別）は，1980年の4.3％から89年には1.8％にまで

18. Philip Selznick, *TVA and the Grass Roots: A Study in the Sociology of Formal Organization* (Berkeley, California: University of California Press, 1953), p.250.「経験的諸事実の寄せ集めを禁欲的に組織された一般命題の集合に還元する義務と，……独自な事例1つひとつをそのものとして理解するに十分なある独自の全体連関として扱う圧力」のはざまで社会科学者が直面するジレンマに関する議論については，Stein Rokkan, "The Structuring of Mass Politics in the Small European Democracies," *Comparative Studies in Society and History* 10 (1968): 173を参照のこと。

19. 知見が研究者にとって明々白々であれば，この検証をクリアしたことになる。

第2章　ルールの変更——制度発展の20年

1. Sidney Tarrow, "Local Constraints on Regional Reform: A Comparison of Italy and France," *Comparative Politics* 7 (October 1974): 36.

2. 制度化と政治発展に関する古典的な議論については，Samuel P. Huntington, *Political Order in Changing Societies* (New Haven: Yale University Press, 1968)［内山秀夫訳『変革期社会の政治秩序（上）（下）』サイマル出版会，1972年］を見よ。

3. James G. March and Johan P. Olsen, *Rediscovering Institutions: The Organizational Basis of Politics* (New York: The Free Press, 1989), p.159, p.164［前掲訳書『やわらかな制度』234頁，241頁（訳文は適宜変更。以下，断らない。)].

4. Harry Eckstein, "Political Culture and Change," *American Political Science Review* 84 (1990): 254に引用。1870年から1990年までのフランスにおける新たな下位国家制度創設の試みがもたらした結果については，Vivien A. Schmidt, *Democratizing France: The Political and Administrative History of Decentralization* (New York: Cambridge University Press, 1990) から概観を得ることができる。

5. Percy A. Allum and G. Amyot, "Regionalism in Italy: Old Wine in New Bottles?" *Parliamentary Affairs* 24 (Winter 1970/71): 53-78.

6. Emiliana Noether in *Regionalismo e centralizzazione nella storia di Italia e Stati Uniti*, Luigi De Rosa and Ennio Di Nolfo, eds. (Florence: Olschki, 1986), p.34.

7. Giulio Lepschy, "How Popular is Italian?" in *Culture and Conflict in Postwar Italy: Essays on Mass and Popular Culture*, Zygmunt G. Baranski and Robert Lumley, eds. (London: Macmillan, 1990), p.66.

8. Carlo Ghisalberti, "Accentramento e decentramento in Italia," in *Regionalismo e centralizzazione*, edited by De Rosa and Di Nolfo を見よ。イタリア国家統一者が，中央集権主義ではなく地域主義を否定する決定を行ったことは，いまだにイタリア史家によって議論されている。南部が社会文化的遅れのために地域的な自立化には準備不足だった，という周到な議論については，Carlo Tullio-Altan, *La nostra Italia: Arretratezza socioculturale, clientelismo, trasformismo e rebellismo dall'Unità ad oggi* (Milan: Feltrinelli, 1986), pp.50-52を見よ。

9. Martin Clark, *Modern Italy 1871-1982* (New York: Longman, 1984), p.58; Robert C. Fried, *Planning the Eternal City: Roman Politics and Planning since World

訳『代議制統治論』岩波文庫，1997年］のなかでの，ミルの比例代表，投票のやり方，議会制統治の役割と構造に関する議論を参照されたい。

11. Eckstein and Apter, *Comparative Politics*, p.98. この分野における他の例としては，James Bryce, *Modern Democracies* (New York: The Macmillan Co., 1921)［松山武訳『近代民主政治 第1巻－第4巻』岩波文庫，昭和4－5年］; Harold Laski, *A Grammar of Politics*, 4th ed. (London: George Allen and Unwin, 1938)［日高明三・横越英一訳『政治学大綱』法政大学出版局，1952年］などがある。第2次大戦時の様々な出来事に影響を受けた世代の研究者の間で，制度研究でも政治的帰結を規定する際に果たす選挙制度の重大な役割を強調する学派が人気となった。例えば，F. A. Hermens, *Democracy or Anarchy? A Study of Proportional Representation* (Notre Dame, Indiana: The Review of Politics, 1941); Maurice Duverger, *Political Parties: Their Organization and Activity in the Modern State* (New York: John Wiley, 1954)［岡野加穂留訳『政党社会学』潮出版，1970年］を見よ。

12. Arturo Israel, *Institutional Development: Incentives to Performance* (Baltimore: Johns Hopkins University Press, 1987)

13. Elinor Ostrom, *Governing the Commons: The Evolution of Institutions for Collective Action* (New York: Cambridge University Press, 1990). 集合行為のジレンマに関するより詳しい議論は，第6章を参照されたい。

14. Robert A. Dahl, *Polyarchy: Participation and Opposition* (New Haven: Yale University Press, 1971)［高畠通敏・前田脩訳『ポリアーキー』三一書房，1981年］; Seymour Martin Lipset, *Political Man* (New York: Doubleday, 1960)［内山秀夫訳『政治のなかの人間』東京創元社，1963年］.

15. Israel, *Institutional Performance*, p.112.

16. Gabriel A. Almond and Sidney Verba, *The Civic Culture: Political Attitudes and Democracy in Five Nations* (Princeton: Princeton University Press, 1963)［石川一雄・片岡寛光・木村修三・深谷満雄訳『現代市民の政治文化』勁草書房，1974年］。これ以外で，社会文化的変数を重視した広領域の比較政治学的分析については，例えば，Harry Eckstein and Ted Robert Gurr, *Patterns of Authority: A Structural Basis for Political Inquiry* (New York: John Wiley and Sons, 1975); Samuel Beer, *British Politics in the Collective Age* (New York: Norton, 1982); Anthony King, "Ideas, Institutions and the Policies of Government," *British Journal of Political Science* 3 (1973): 291-313; Ronald Inglehart, *Cultural Shift in Advanced Industrial Society* (Princeton, N.J.: Princeton University Press, 1990)［村山皓・富沢克・武重雅文訳『カルチャーシフトと政治変動』東洋経済新報社，1993年］; Michael Thompson, Richard Ellis, and Aaron Wildavski, *Cultural Theory* (San Francisco: Westview Press, 1990); Harry Eckstein, *Regarding Politics: Essays on Political Theory, Stability, and Change* (Berkeley: University of California Press, 1992), Chapters 7-8が重要である。

17. Alexis de Tocqueville, *Democracy in America*, ed. J. P. Mayer, trans. George Lawrence (Garden City, N.Y.: Anchor Books, 1969)［井伊玄太郎訳『アメリカの民主政治（上）（中）（下）』講談社学術文庫，1987年］.

1992).

第1章　はじめに——制度パフォーマンスの研究

1. この旅の案内図として，扉絵を参照。

2. セヴェソの大惨事とその後に関する広範な説明については，Michael R. Reich, *Toxic Politics: Responding to Chemical Disasters* (Ithaca: Cornell University Press, 1991), pp.98-139を見よ。

3. 以下を参照。Terry M. Moe, "The New Economics of Organization," *American Journal of Political Science* 78 (November 1984): 739-777; Geoffrey Brennan and James M. Buchanan, *The Reason of Rules: Constitutional Political Economy* (New York: Cambridge University Press, 1985); Kenneth A. Shepsle, "Institutional Equilibria and Equilibrium Institutions," in *Political Science: The Science of Politics*, Herbert F. Weisberg, ed. (New York: Agathon Press, 1986), pp.51-81; Elinor Ostrom, "An Agenda for the Study of Institutions," *Public Choice* 48 (1986): 3-25; Kenneth A. Shepsle, "Studying Institutions: Some Lessons from the Rational Choice Approach," *Journal of Theoretical Politics* 1 (1989): 131-137; Terry M. Moe, "Political Institutions: The Neglected Side of the Story," *Journal of Law, Economics, and Organization* 6 (1990): 213-253; Douglass C. North, "Institutions and a Transaction Costs Theory of Exchange," in *Perspectives on Positive Political Economy*, eds. James E. Alt and Kenneth Shepsle (New York: Cambridge University Press, 1990), Chapter 7.

4. James G. March and Johan P. Olsen, *Rediscovering Institutions: The Organizational Basis of Politics* (New York: The Free Press, 1989) ［遠田雄志訳『やわらかな制度』日刊工業新聞社，1994年］; *The New Institutionalism in Organizational Analysis*, eds. Walter W. Powell and Paul J. Dimaggio (Chicago: University of Chicago Press, 1991)を見よ。

5. Stephen Skowronek, *Building a New American State* (New York: Cambridge University Press, 1982); *Bringing the State Back In*, eds. Peter B. Evans, Dietrich Rueschemeyer, and Theda Skocpol (New York: Cambridge University Press, 1985); Peter Hall, *Governing the Economy: The Politics of State Intervention in Britain and France* (New York: Oxford University Press, 1986)を見よ。

6. この解釈の明解かつ説得的な説明については，Shepsle, "Studying Institutions" を参照。

7. 制度パフォーマンスの評価をめぐるより詳しい議論については，第3章を見られたい。

8. 政治分析の様式としての法形式論的研究と制度論の展開をめぐる議論については，*Comparative Politics: A Reader*, eds. Harry Eckstein and David Apter (London: The Free Press of Glencoe, 1963), pp.10-11を参照のこと。

9. Ibid., p.100.

10. とくに，John Stuart Mill, *Considerations on Representative Government* ［水田洋

注

序　文

1. 以下の文献を参照されたい。Robert D. Putnam,Robert Leonardi, and Raffaella Y. Nanetti, "Attitude Stability among Italian Elites," *American Journal of Political Science* 23 (August 1979): 463-494; Robert D. Putnam, Robert Leonardi, and Raffaella Y. Nanetti, "Le gegioni 'misurate'," *Il Mulino* 24 (March-April 1980): 217-243; Robert Leonardi, Raffaella Y. Nanetti, and Robert D. Putnam, "Devolution as a Political Process: The Case of Italy," *Publius* 11 (Winter 1981): 95-117; Robert D. Putnam, Robert Leonardi, Raffaella Y. Nanetti, and Franco Pavoncello, "Sul rendimento delle istituzioni: il caso dei governi regionali italiani," *Rivista Trimestrale del Diritto Pubblico* 2 (1981): 438-479; Robert D. Putnam, Robert Leonardi, Raffaella Y. Nanetti, and Franco Pavoncello, "L'evaluation de l'activitè regionale: le cas italien," *Pouvoirs* 19 (1981): 39-58; Robert D. Putnam, Robert Leonardi, and Raffaella Y. Nanetti, "L' istituzionalizzazione delle Regioni in Italia," *Le Regioni* 10 (November-December 1982): 1078-1107; Robert D. Putnam, Robert Leonardi, Raffaella Y. Nanetti, and Franco Pavoncello, "Explaining Institutional Success: The Case of Italian Regional Government," *American Political Science Review* 77 (1983): 55-74; Robert D. Putnam, Robert Leonardi, and Raffaella Y. Nanetti, *La Pianta e le Radici: Il Radicamento dell' Istituto Regionale nel Sistema Politico Italiano* (Bologna: Il Mulino, 1985); Robert Leonardi, Robert D. Putnam, and Raffaella Y. Nanetti, *Il Caso Basilicata: L'effetto Regione dal 1970 al 1986* (Bologna: Il Mulino, 1987); Raffaella Y. Nanetti, Robert Leonardi, and Robert D. Putnam, "The Management of Regional Policies: Endogenous Explanations of Performance," in *Subnational Politics in the 1980s: Organization, Reorganization and Economic Development*, Louis A. Ricard and Raphael Zariski, eds. (New York: Praeger, 1987), pp.103-118; Robert D. Putnam, Robert Leonardi, and Raffaella Y. Nanetti, "Indagini sul governo regionale del Friuli-Venezia Giulia," in Arduino Agnelli and Sergio Bartole, eds., *La Regione Friuli-Venezia Giulia* (Bologna: Il Mulino, 1987), pp.499-563; Robert Leonardi, Raffaella Y. Nanetti, and Robert D. Putnam, "Italy—Territorial Politics in the Post-War Years: The Case of Regional Reform," in R.A.W.Rhodes and Vincent Wright, eds., *Tensions in Territorial Politics of Western Europe* (London:Frank Cass, 1987), pp.88-107.

2. 以下をとくに参照されたい。Raffaella Y. Nanetti, *Growth and Territorial Policies: The Italian Model of Social Capitalism* (New York: Pinter, 1988); Robert Leonardi and Douglas A. Wertman, *Italian Christian Democracy: The Politics of Dominance* (London: Macmillan, 1989); Robert Leonardi and Raffaella Y. Nanetti, eds., *The Regions and European Integration: The Case of Emilia-Romagna* (New York: Pinter, 1990); Robert Leonardi, *Regions and the European Community: The Regional Response to the Single Market in the Underdeveloped Parts of the EC* (London: Frank Cass,

ナ

ノ

ハ

ヒ

ス

キ

索　引

叢書「世界認識の最前線」

著者・訳者紹介

ロバート・D・パットナム（Robert. D. Putnam）

ハーバード大学教授。1941年米国ロチェスター市生まれ。専攻，政治学。大学学部，大学院でアメリカ政治，比較政治，公共政策，国際関係論を講ずるかたわら，国家安全保障会議スタッフ，国務省顧問などを歴任。2001年9月から米国政治学会会長に就任予定。エリート論，政治文化論，民主主義論，比較政治学，イタリア政治論等多様な分野で数多くの著書，論文がある。

河田潤一（かわた・じゅんいち）

神戸学院大学法学部教授。1948年，神戸市生まれ。関西学院大学法学部政治学科卒業。神戸大学大学院法学研究科，甲南大学法学部教授，大阪大学大学院法学研究科教授を経て，2013年より現職。著書に『比較政治と政治文化』（ミネルヴァ書房，1989年），『現代政治学入門』（ミネルヴァ書房，1992年，編著），『政党派閥——比較政治学的研究』（ミネルヴァ書房，1996年，共編著），*Comparing Political Corruption and Clientelism* (ed) Ashgate, 2006，訳書に，チャールズ・P・ヘンリー『アメリカ黒人の文化と政治』（明石書店，1993年），ジェイムズ・ジェニングズ『ブラック・エンパワーメントの政治』（ミネルヴァ書房，1998年），ゲア・ルンデスタッド『ヨーロッパの統合とアメリカの戦略』（NTT出版，2005年），シーダ・スコッチポル『失われた民主主義』（慶應義塾大学出版会，2007年）などがある。

哲学する民主主義——伝統と改革の市民的構造

2001年3月30日　初版第1刷発行
2022年7月5日　初版第12刷発行

定価はカバーに表示してあります

著者　ロバート・D・パットナム
訳者　河田潤一
発行者　東明彦
発行所　NTT出版株式会社

〒108-0023　東京都港区芝浦3-4-1　グランパークタワー
営業担当　TEL 03(6809)4891　FAX 03(6809)4101
編集担当　TEL 03(6809)3276　https://www.nttpub.co.jp
印刷　株式会社厚徳社

ISBN 4-7571-4024-X C0036